Truman Capote · Die schönsten Erzählungen

Truman Capote

Die schönsten Erzählungen

Limes Verlag

Deutsch von Hansi Bochow-Blüthgen, Liselotte Fassbinder, Helen Ryhenstroth, Marguerite Schlüter, Elisabeth Schnack und Marion F. Steipe

Satz: LibroSatz, Kriftel
Druck und Bindung: May & Co., Darmstadt
Umschlagentwurf: Susanne R. Berner, München
Printed in Germany
ISBN 3-8090-2175-X

Baum der Nacht

Master Misery

Ihre hohen Absätze, die durch die marmorne Halle klapperten, ließen sie an das Geräusch von Eiswürfeln denken, die in einem Glas geschüttelt werden; und die Blumen, jene herbstlichen Chrysanthemen in der Vase beim Eingang, sie würden zerbrechen, in gefrorenen Staub zersplittern, wenn man sie berührte, dachte Sylvia; obgleich es in diesem Haus warm war, fast zu warm sogar, war es dennoch kalt, und Sylvia fröstelte, es war kalt wie die schneeweiße, aufgeschwemmte Öde im Gesicht der Sekretärin: Miss Mozart, die sich ganz weiß kleidete wie eine Krankenschwester. Vielleicht war sie es sogar; das könnte natürlich die Lösung sein. Mr. Revercomb, Sie sind wahnsinnig, und dies ist Ihre Krankenschwester; sie dachte einen Augenblick darüber nach: und doch, nein. Nun brachte der Diener ihren Schal. Sie war von seiner Schönheit berührt. Er war schlank, so sanft, ein Neger mit fleckiger Haut und rötlichen, unbewegten Augen. Als er die Tür öffnete, erschien Miss Mozart, ihre gestärkte Tracht raschelte kalt in der Halle. »Wir hoffen, daß Sie wiederkommen werden«, sagte sie und gab Sylvia einen verschlossenen Umschlag. »Mr. Revercomb war ganz außerordentlich zufrieden.«

Draußen fiel die Dämmerung wie in blauen Flocken herab, und Sylvia ging quer durch die Stadt, durch die Novemberstraßen, bis sie den einsamen oberen Teil der Fifth Avenue erreichte. Es fiel ihr ein, daß sie auch durch den Park nach Hause gehen könnte: Das war fast ein Aufbegehren, denn Henry und Estelle, die ewig auf ihre großstädtische Erfahrung pochten, hatten immer und immer wieder gesagt: »Du hast ja keine Ahnung, Sylvia, wie gefährlich es ist, nach Einbruch der Dunkelheit durch den Park zu gehen; schau, was Myrtle Calisher passiert ist. Wir sind hier nicht in Easton, Liebes.« Das war das zweite, das sie wieder und wieder sagten. Herrgott, sie war schon ganz krank davon. Aber wen kannte sie denn sonst schon noch in New York außer ein paar Stenotypistinnen bei Snug Fare, einer Handelsgesellschaft für Unterwäsche, bei der sie arbeitete? Oh, es wäre ja alles gut, wenn sie nur nicht bei ihnen wohnen müßte, wenn sie sich irgendwo ein kleines eigenes Zimmer leisten könnte; denn in dieser Wohnung, in der man glaubte, vor lauter Chintz zu ersticken, hatte sie manchmal das Gefühl, sie würde sie eines Tages beide erwürgen. Warum war sie denn überhaupt nach New York gekommen? Aus welchem Grund sie auch immer gekommen sein mochte – es hatte sich in der Tat allmählich alles ein bißchen verwischt –, mit ein Hauptgrund, Easton zu verlassen, war bestimmt der gewesen, sich von Henry und Estelle zu befreien; oder besser gesagt, von ihren Doppelgängern, wenn Estelle auch tatsächlich aus Easton stammte, einer Stadt nördlich von Cincinnati. Sie und Sylvia waren zusammen aufgewachsen. Das wirkliche Übel mit Henry und Estelle lag darin, daß sie so sehr miteinander verheiratet waren, daß es schon gar nicht mehr zu ertragen war. Schnucki-Putz und Butzili, und alles hatte einen Namen: Das Telefon hieß Klingel-Tillie, das Sofa Unsere Nelle, das Bett Großer Bär; ja, und dann das Getue mit den Seine-Ihre-Handtüchern, den Er-Sie-Kopfkissen. Es genügte, um einen verrückt zu machen. »Verrückt!« sagte sie laut, der stille Park verschluckte ihre Stimme. Jetzt fühlte sie sich wohl, sie hatte recht getan, hier entlangzugehen, wo der Wind durch die Blätter fegte und die Kreidezeichnungen der Kinder, rosa Vögel, blaue Pfeile und grüne Herzen beim Schein der eben angezündeten kugelförmigen Lampen aufleuchteten. Aber plötzlich, wie ein Paar unanständiger Worte, erschienen zwei junge Männer auf dem Weg: Sie hatten picklige Gesichter, grinsten, glommen durch die Dämmerung wie drohende Funken, und als Sylvia an ihnen vorbeiging, glaubte sie, in Flammen zu stehen, so als wäre sie mit einem offenen Feuer in Berührung gekommen. Sie kehrten um und folgten ihr an einem verlassenen Spielplatz vorbei, einer von ihnen ließ einen Stock an einem Eisenzaun entlanghüpfen, der andere pfiff: Diese Geräusche um sie herum schwollen an wie das immer stärker werdende Dröhnen einer herannahenden Lokomotive, und als einer von den Jungen lachend rief: »He, warum so eilig?« verzerrte sie den Mund, während sie nach Luft rang. »Tu es nicht«, redete sie sich zu bei dem Gedanken, einfach die Tasche hinzuwerfen und fortzulaufen. In diesem Augenblick aber trat ein Mann, der seinen Hund spazierenführte, aus einem Seitenweg, und sie folgte ihm auf den Fersen bis zum Ausgang. Würde das nicht eine Genugtuung für Henry und Estelle sein, würde es nicht heißen: »Haben wir es dir nicht gesagt!« wenn sie es ihnen erzählte? Aber was weit schlimmer war, Estelle würde es nach Hause schreiben, und in kurzer Zeit würde ganz Easton davon sprechen, daß sie im Central Park vergewaltigt worden war. Den Rest des Heimweges verbrachte sie damit, New York zu verachten: entsetzliche Anonymität; quietschende Wasserrohre, Licht die ganze Nacht hindurch; unaufhörliche Schritte; Untergrundbahn-Tunnel; numerierte Türen (3 C).

»Pst, Liebes«, sagte Estelle, seitlich aus der Küche kommend, »Butzi macht seine Hausarbeit.« Natürlich, Henry, ein Jurastudent von der Columbia-Universität, saß im Wohnzimmer über seinen Büchern, und Sylvia zog auf Estelles Bitte ihre Schuhe aus, bevor sie auf Zehenspitzen hindurchging. Als sie in ihrem Zimmer war, warf sie sich aufs Bett und legte die Hände über die Augen. War der heutige Tag Wirklichkeit gewesen? Miss Mozart und Mr. Revercomb, gab es sie wirklich in jenem großen Haus an der Achtundsiebzigsten Straße?

»So, Liebes, was war heute los?« Estelle war ohne zu klopfen hereingekommen.

Sylvia richtete sich auf und stützte sich auf ihre Ellenbogen. »Nichts. Außer daß ich siebenundneunzig Briefe getippt habe.«

»Worüber denn, Liebes?« fragte Estelle und nahm Sylvias Haarbürste.

»Zum Teufel, was stellst du dir so vor? Snug Fare, die Unterhose, die unsern führenden Männern der Industrie und Wissenschaft Sicherheit verleiht.«

»Mein Gott, Liebes, sei doch nicht so komisch. Manchmal weiß ich nicht, was mit dir los ist. Du bist so merkwürdig. Autsch! Warum kaufst du dir bloß keine neue Bürste? Die hier ist schon ganz verfilzt mit lauter Haaren . . .«

»Die meisten sind von dir.«

»Was hast du gesagt?«

»Nicht so wichtig.«

»Oh, ich dachte, du hättest etwas gesagt. Jedenfalls, wie ich schon sagte, ich wünschte mir, du müßtest nicht mehr in dieses Büro gehen und Tag für Tag, wenn du nach Hause kommst, so kaputt und schlechter Laune sein. Meiner Meinung nach, und ich habe das auch Butzi gerade gestern abend noch gesagt, und er gibt mir hundertprozentig recht, ich sagte: ›Butzi, ich denke, Sylvia sollte heiraten: Ein Mädchen, das so nervös ist wie sie, braucht ein weniger anstrengendes Leben.‹ Und es gibt keinen Grund auf dieser Welt, warum du es nicht solltest. Ich meine, vielleicht bist du nicht hübsch im üblichen Sinn, aber du hast schöne Augen und siehst intelligent und zuverlässig aus. Tatsächlich bist du genau der Typ von Mädchen, das zu bekommen jeden berufstätigen Mann glücklich machen würde. Und ich könnte mir denken, daß du . . . Sieh, was für ein anderer Mensch aus mir geworden ist, seit ich Henry geheiratet habe. Fühlst du dich nicht einsam, wenn du siehst, wie glücklich wir sind? Ich muß dir sagen, Liebes, nichts ist so, wie nachts im Arm eines Mannes zu liegen und . . .«

»Estelle! Um Himmels willen!« Sylvia setzte sich kerzengerade in ihrem Bett auf, ihre Wangen brannten vor Empörung, als hätte sie Rouge aufgelegt. Aber einen Augenblick später biß sie sich auf die Lippen und senkte ihren Blick. »Es tut mir leid«, sagte sie,

»ich wollte nicht schreien. Nur, bitte, red' nicht mehr so.«

»Ist schon gut«, sagte Estelle und lächelte verlegen und verwirrt. Dann ging sie hin und gab Sylvia einen Kuß. »Ich versteh' schon, Liebes. Es ist ja nur, weil du so völlig am Ende bist. Und ich wette, du hast auch noch nichts gegessen. Komm in die Küche, ich mach dir Rührei.«

Als Estelle ihr die Eier hinstellte, war Sylvia ganz beschämt; trotz allem, Estelle versuchte, nett zu sein; und darum sagte sie, als wollte sie alles wieder gutmachen: »Es war doch etwas los heute.«

Estelle setzte sich mit einer Tasse Kaffee ihr gegenüber, und Sylvia fing an: »Ich weiß nicht, wie ich es erzählen soll. Es ist so merkwürdig. Aber – na schön, zum Lunch war ich heute im Automaten, ich saß mit diesen drei Männern zusammen an einem Tisch. Ich hätte aber ebensogut unsichtbar sein können, weil sie über die intimsten Dinge sprachen. Einer von ihnen erzählte, daß seine Freundin ein Kind bekäme und er nicht wüßte, woher er das Geld nehmen sollte, um etwas dagegen zu tun. Ein anderer fragte ihn, warum er nicht irgend etwas verkaufe. Er antwortete, daß er nichts besäße, was er verkaufen könnte. Worauf der dritte (er hatte ein recht gutes Benehmen und sah gar nicht so aus, als ob er zu den andern gehörte) sagte, daß es etwas gäbe, was er verkaufen könne: Träume. Sogar ich lachte, aber der Mann schüttelte den Kopf und sagte sehr ernst: Nein, es sei vollkommen wahr, die Tante seiner Frau, Miss Mozart, arbeite bei einem reichen Herrn, der Träume kaufe, richtige Nacht-Träume – von jedermann. Und er schrieb den Namen

und die Adresse des Herrn auf und gab sie seinem Freund; der ließ sie aber einfach auf dem Tisch liegen. Das sei ihm zu verrückt, sagte er.
»Mir auch«, warf Estelle ein und tat ein bißchen moralisch.
»Ich weiß nicht«, sagte Sylvia und zündete sich eine Zigarette an. »Es ging mir nicht aus dem Kopf. Der Name, der auf dem Zettel stand, lautete A. F. Revercomb und die Adresse East Seventy-eighth Street. Ich sah ihn nur einen Moment flüchtig an, aber es war . . . ich weiß nicht, ich schien es nicht vergessen zu können. Ich fing an, davon Kopfschmerzen zu bekommen. So verließ ich frühzeitig das Büro . . .«
Langsam und mit Nachdruck stellte Estelle ihre Kaffeetasse hin. »Hör mal, Liebes, du willst doch nicht sagen, daß du zu ihm gegangen bist, zu diesem Revercomb-Idioten?«
»Ich hatte nicht die Absicht«, sagte Sylvia, plötzlich verwirrt. Sie erkannte jetzt, daß es ein Fehler gewesen war, den Versuch zu machen, darüber zu sprechen. Estelle hatte keine Phantasie, sie würde es niemals verstehen. So wurden ihre Augen ganz schmal, wie immer, wenn sie eine Lüge ersann. »Ich war wirklich nicht da«, sagte sie obenhin. »Ich machte mich zwar auf den Weg, aber dann kam mir zum Bewußtsein, wie verrückt es war, und ich ging statt dessen spazieren.«
»Das war vernünftig«, sagte Estelle, während sie das Geschirr ins Spülbecken stellte. »Stell dir vor, was alles hätte passieren können. Träume kaufen! Wer hat so etwas je gehört! Oh, Liebes, wir sind hier nicht in Easton.«
Bevor Sylvia zu Bett ging, nahm sie eine Schlafta-

blette, etwas, was sie selten tat, aber sie wußte, daß sie sonst nie zur Ruhe kommen würde mit ihren erregten, purzelbaumschlagenden Gedanken; dann empfand sie auch eine seltsame Traurigkeit, sie hatte das Gefühl eines Verlustes, als ob sie das Opfer eines richtigen oder auch eines moralischen Diebstahls geworden wäre, als ob die jungen Männer, denen sie im Park begegnet war (hastig knipste sie das Licht an), tatsächlich ihre Tasche gestohlen hätten. Der Umschlag, den Miss Mozart ihr gegeben hatte: er war in der Tasche, bis jetzt hatte sie ihn vergessen. Sie riß ihn auf. Es war ein blauer Briefbogen darin, in dem ein Geldschein lag; auf dem Bogen stand: Fünf Dollars, gezahlt für einen Traum. Und nun glaubte sie es; es war wahr, sie hatte Mr. Revercomb einen Traum verkauft. War das wirklich so einfach? Sie lachte ein wenig, als sie das Licht wieder auslöschte. Wenn sie nur zweimal in der Woche einen Traum verkaufte, man bedenke, was sie dann anfangen konnte: Ein Plätzchen irgendwo ganz für mich allein, dachte sie in Schlaf sinkend; Behagen flackerte über sie hin wie ein Feuerschein, und dann kam der Augenblick, in dem die Bilder undeutlich wurden wie aus einer Laterna magica, tief und tiefer. Seine Lippen, seine Arme kamen zu ihr herab, sie sah sie wie durch ein Fernrohr; angewidert stieß sie die Bettdecke zurück. Waren diese kalten Männerarme die Arme, von denen Estelle gesprochen hatte? Mr. Revercombs Lippen berührten leicht ihr Ohr, als er sich weit in ihren Schlaf neigte. Erzählen Sie mir? flüsterte er.

Eine Woche verging, ehe sie ihn wiedersah, an einem

Sonntagnachmittag Anfang Dezember. Sie hatte die Wohnung in der Absicht verlassen, sich einen Film anzusehen, aber auf irgendeine Weise, als wäre es ohne ihr Wissen geschehen, fand sie sich in der Madison Avenue wieder, zwei Häuserblocks von Mr. Revercomb entfernt. Es war ein kalter Tag mit einem silbergrauen Himmel und einem Wind, der scharf und reißend war wie Stockrosen; in den weihnachtlich geschmückten Schaufenstern funkelten Eiszapfen in Bergen von glitzerndem Schnee: alles nur zu Sylvias Qual, denn sie haßte Feiertage, Zeiten, in denen man am einsamsten ist. In einem Fenster sah sie ein Schauspiel, das sie stehenbleiben ließ. Es war ein lebensgroßer, künstlicher Nikolaus; während er sich auf den Leib schlug, schwankte er nach rückwärts und vorwärts in einer wahnsinnigen elektrischen Lustigkeit. Man konnte durch die dicke Glasscheibe sein quiekendes, rasendes Gelächter hören. Je länger sie zuschaute, desto teuflischer erschien er ihr, bis sie sich endlich mit Schaudern abwandte und ihren Weg in die Straße nahm, in der sich Mr. Revercombs Haus befand. Von außen war es ein gewöhnliches Stadthaus, vielleicht eine Kleinigkeit weniger gepflegt, weniger imposant als manches andere, aber dennoch relativ großartig. Der winterwelke Efeu krümmte sich über die wie mit Blei übergossenen Fensterscheiben und kroch mit Polypenarmen über die Tür; zu beiden Seiten der Tür standen zwei kleine steinerne Löwen mit blinden, abgebröckelten Augen. Sylvia holte tief Luft, dann läutete sie. Mr. Revercombs bleicher, bezaubernder Neger erkannte sie mit höflichem Lächeln wieder.

Beim vorigen Besuch war sie in dem Zimmer, in dem

sie darauf gewartet hatte, von Mr. Revercomb empfangen zu werden, allein gewesen. Dieses Mal waren noch andere Leute da, Frauen von verschiedenem Aussehen und ein übermäßig nervöser junger Mann mit Stechmücken-Augen. Wäre diese Gruppe das gewesen, wonach sie aussah, nämlich Patienten in dem Wartezimmer eines Arztes, dann hätte man ihn entweder für einen Mann gehalten, der gerade Vater werden sollte, oder für einen vom Veitstanz Besessenen. Sylvia saß neben ihm, und mit einer rasenden Geschwindigkeit zogen seine ruhelosen Augen sie förmlich aus: Aber was er auch immer sah, es interessierte ihn offenbar sehr wenig, und Sylvia war froh, als er sich wieder seinen fahrigen Bewegungen überließ. Nach und nach kam ihr zum Bewußtsein, welches Interesse die Versammelten an ihr zu nehmen schienen; bei dem trüben, dämmrigen Licht in dem mit Pflanzen überfüllten Raum waren ihre musternden Blicke härter als die Stühle, auf denen sie saßen; eine Frau war besonders unbarmherzig. Normalerweise hatte sie wohl ein ganz gewöhnlich liebenswürdiges und sanftes Gesicht, aber jetzt, da sie Sylvia anschaute, war es häßlich von Mißtrauen und Eifersucht. Als ob sie versuchte, irgendein Tier zu zähmen, das plötzlich mit bleckenden Zähnen hätte aufspringen können, so saß sie da und streichelte einen von Motten zerfressenen Pelzkragen; ihr Starren setzte seine Angriffe fort, bis der einem Erdbeben gleichende Schritt von Miss Mozart in der Halle zu hören war. Plötzlich, als wären es erschreckte Schüler, zerfiel die Gruppe wieder in einzelne Persönlichkeiten, die von ihren Stühlen aufsprangen. »Sie, Mr. Poker«, sagte Miss Mozart wie

anklagend, »Sie sind der Nächste!« Und Mr. Poker folgte ihr händeringend und mit nervös zuckenden Augen. In dem dämmrigen Raum ließen sich die Anwesenden wieder nieder wie Sonnenstäubchen.
Es fing dann an zu regnen; von den abtauenden Fenstern zitterten reflektierte Bilder auf den Wänden. Und Mr. Revercombs junger Diener, der langsam durch das Zimmer glitt, schürte das Feuer im Kamin und stellte Teegeschirr auf einen Tisch. Sylvia, die dem Feuer am nächsten saß, wurde schläfrig von der Wärme und dem Geräusch des Regens; ihr Kopf kippte zur Seite, sie schloß die Augen, schlief aber weder, noch war sie richtig wach. Eine lange Zeit zerkratzte nur das kristallene Ticken einer Uhr die polierte Stille in Mr. Revercombs Haus. Und dann gab es jäh einen ungeheuren Aufruhr in der Halle, der das Zimmer in eine Raserei von Lauten stürzte. Eine bullentiefe Stimme, ordinär wie schreiendes Rot, brüllte: »Oreilly aufhalten? Dieser Diener mit seiner Ballett-Figur, oder wer sonst noch?« Der Besitzer der Stimme, ein faßförmiger, ziegelroter kleiner Mann, bahnte sich seinen Weg bis zur Schwelle des Wartezimmers, wo er stehenblieb, von einem Fuß auf den andern schwankend, er war betrunken. »Gut, gut, gut«, sagte er und seine ginheisere Stimme kletterte die ganze Tonleiter herunter, »und all diese Damen vor mir? Aber Oreilly ist ein Gentleman, Oreilly wartet, bis er dran ist.«
»Nicht hier, hier nicht«, sagte Miss Mozart, die sich von hinten an ihn herangeschlichen hatte, und packte ihn fest beim Kragen. Sein Gesicht wurde noch röter und seine Augen quollen heraus: »Sie würgen mich

ab«, keuchte er, aber Miss Mozart, deren grünlichbleiche Hände stark waren wie Eichenwurzeln, zog seine Krawatte noch fester zusammen und wirbelte ihn zur Tür hin, die gleich darauf mit einem Knalleffekt zuschlug: Eine Teetasse schepperte, und trockene Dahlienblätter fielen herab. Die Dame mit dem Pelz schob sich ein Aspirin in den Mund. »Ekelhaft«, sagte sie, und alle anderen, außer Sylvia, lachten leise und bewundernd, als Miss Mozart vorüberschritt und sich die Hände abstäubte.

Es regnete in Strömen, als Sylvia Mr. Revercombs Haus verließ. Sie sah sich in der verlassenen Straße nach einem Taxi um; es war jedoch keins da und auch kein Mensch; doch, einer war da, der betrunkene Mann, der den Aufruhr verursacht hatte. Wie ein einsames Großstadtkind lehnte er an einem parkenden Auto und ließ einen Gummiball auf- und niederspringen.

»Schau her, Kind«, sagte er zu Sylvia, »schau her, eben hab ich diesen Ball gefunden. Glaubst du, daß das Glück bringt?« Sylvia lächelte ihn an; denn trotz seiner Prahlerei kam er ihr ziemlich harmlos vor, und irgend etwas hatte er in seinem Gesicht, eine grinsende Traurigkeit, die an einen ungeschminkten Clown erinnerte. Mit seinem Ball jonglierend, hüpfte er hinter ihr her, als sie in Richtung Madison Avenue vorausging. »Ich wette, ich habe mich dort wie ein Narr benommen«, sagte er. »Wenn ich so etwas getan habe, möchte ich mich am liebsten hinsetzen und weinen.« Das lange Stehen im Regen schien ihn beträchtlich ernüchtert zu haben. »Aber sie hätte mich nicht so würgen sollen; verdammt, sie ist zu grob. Ich

kenn' ein paar rohe Weiber: Meine Schwester Berenice konnte dem wildesten Bullen das Zeichen einbrennen; aber die hier, das ist die schlimmste von allen. Merk dir, Oreillys Ehrenwort, sie wird noch auf dem elektrischen Stuhl landen«, sagte er und schmatzte mit den Lippen. »Die haben gar keinen Grund, mich so zu behandeln. Es ist sowieso alles nur seine Schuld. Ich hatte von Anfang an schon nicht so schrecklich viel, aber er nahm mir noch das bißchen, und nun habe ich nichts mehr, niente, Kind, niente.«
»Das ist sehr schlimm«, sagte Sylvia, obgleich sie nicht wußte, wofür sie Mitgefühl zeigte. »Sind Sie ein Clown, Mr. Oreilly?«
»War einer«, sagte er.
Mittlerweile hatten sie die Allee erreicht, aber Sylvia schaute sich nicht einmal mehr nach einem Taxi um; sie wollte weiter so durch den Regen gehen mit dem Mann, der ein Clown gewesen war. »Als ich noch klein war, mochte ich nur Clown-Puppen«, erzählte sie ihm. »In meinem Zimmer zu Haus sah es aus wie im Zirkus.«
»Ich bin auch noch anderes gewesen als ein Clown. Ich hab auch als Vertreter für eine Lebensversicherung gearbeitet.« »Oh?« sagte Sylvia enttäuscht. »Und was machen Sie im Augenblick?«
Oreilly kicherte und warf seinen Ball besonders hoch; als er ihn wieder aufgefangen hatte, blieb sein Kopf schräg nach oben gewandt. »Ich seh mir den Himmel an«, sagte er. »Dort wandre ich mit meinem Koffer durchs Blaue. Dort streicht man herum, wenn man sonst nirgendwohin gehen kann. Aber was tu ich auf diesem Planeten? Ich hab gestohlen, gebettelt und

meine Träume verkauft – alles nur für Whisky. Ein Mann kann nicht durchs Blaue wandern ohne eine Flasche. Das bringt uns auf eine Frage: Was würdest du sagen, Baby, wenn ich mir einen Dollar von dir leihen würde?«

»Ich würde es nett finden«, antwortete Sylvia und hielt inne, unsicher, was sie nun weiter sagen sollte. Sie schlenderten ganz langsam dahin, der strömende Regen schloß sie ein, und sie standen wie unter einem isolierenden Druck; es war, als ob sie mit einer Puppe aus ihrer Kinderzeit spazierenginge, einer lebensgroßen Puppe voller Zauber und besonderer Fähigkeiten; sie tastete nach seiner Hand und hielt sie fest: lieber Clown, der durchs Blaue wandert. »Aber ich hab keinen Dollar. Ich hab nur noch siebzig Cents.«

»Macht nichts«, sagte Oreilly. »Aber ehrlich, ist das der Preis, den er neuerdings bezahlt?«

Sylvia wußte, wen er meinte. »Nein, nein – wirklich, ich hab ihm keinen Traum verkauft.« Sie machte nicht den Versuch, es zu erklären; sie verstand es selbst nicht. Der grauen Undurchsichtigkeit Mr. Revercombs gegenüber (er schien unfehlbar, genau wie eine Waage, war von Eau de Cologne umgeben, das nach Krankenhaus roch; seine flachen grauen Augen schienen wie Samen in die Anonymität seines Gesichtes gepflanzt, das aussah, als wäre es mit stahltrüben Linsen versiegelt), ihm gegenübersitzend, konnte sie sich an keinen Traum mehr erinnern, und so erzählte sie von zwei Dieben, die sie durch einen Park verfolgt hatten, an den Schaukeln eines Spielplatzes vorbei. »Halt, sagte er, machen wir Schluß, es gibt Träume und Träume, das ist kein richtiger, das ist einer, den

Sie erfunden haben! Nun was glauben Sie, woher er das wußte? Ich erzählte ihm dann einen andern Traum; er handelte von ihm, er hielt mich in einer Nacht voller steigender Ballons und fallender Monde im Arm. Er sagte, er sei nicht interessiert an Träumen, in denen er selbst vorkommt.« Miss Mozart, die die Träume mitstenografierte, wurde angewiesen, den Nächsten zu rufen. »Ich glaube nicht, daß ich dort noch einmal hingehen werde«, sagte sie.

»Du wirst«, sagte Oreilly. »Sieh mich an, sogar ich geh wieder hin, und er hat schon seit langem mit mir Schluß gemacht, der Master Misery.«

»Master Misery? Warum nennen Sie ihn so?«

Sie hatten die Ecke erreicht, wo der wahnsinnige Nikolaus torkelte und brüllte. Sein Gelächter hallte in der regennassen, quietschenden Straße wider und sein Schatten schwankte auf dem Pflaster in Regenbogenfarben hin und her. Oreilly wandte sich von dem Nikolaus ab, lächelte und sagte: »Ich nenne ihn Master Misery auf Grund dessen, was er ist. Master Misery. Du nennst ihn vielleicht nur irgendwie anders; jedenfalls ist es derselbe Bursche, und du mußt ihn kennen. Alle Mütter erzählen ihren Kindern von ihm: Er lebt in hohlen Bäumen, er kommt durch den Schornstein spät in der Nacht, lungert auf Friedhöfen herum, und man kann seine Schritte auf dem Speicher hören. Dieser Sohn einer Hündin, er ist ein Dieb und eine Gefahr: Er nimmt einem alles, was man hat, läßt einem nichts, nicht einmal die Träume. Ha!« Er schrie und lachte lauter als der Nikolaus. »Weißt du nun, wer es ist?«

Sylvia nickte. »Ich weiß, wer es ist. Bei uns nannte

man ihn irgendwie anders. Aber ich kann mich nicht mehr erinnern, wie. Es ist schon so lange her.«
»Aber du erinnerst dich an ihn?«
»Ja, ich erinnere mich an ihn.«
»Dann nenn ihn Master Misery«, sagte er und ging mit seinem Ball spielend ohne sie weiter. Seine Stimme schwebte allmählich nur noch wie eine Motte in der Luft: »Mas-ter Mis-er-y . . .«

Es war schwer, Estelle anzusehen, weil sie vor einem Fenster stand, durch das die Sonne hereinschien, die Sylvias Augen wehtat, und die Scheiben klirrten im Wind, wovon ihr der Kopf schmerzte. Außerdem hielt Estelle eine Standpauke. Ihre näselnde Stimme klang, als sei ihre Kehle ein Abladeplatz für rostige Rasierklingen. »Ich wünschte, du könntest dich sehen«, sagte sie. Oder hatte sie das schon vor einer ganzen Weile gesagt? Es war ja gleich. »Ich weiß nicht, was mit dir passiert ist: Ich wette, du wiegst keine hundert Pfund mehr, jeden Knochen und jede Ader kann man sehen, und dein Haar! Du siehst aus wie ein Pudel.«
Sylvia strich sich mit der Hand über die Stirn. »Wie spät ist es, Estelle?«
»Es ist vier«, sagte sie, sich nur so lange unterbrechend, wie sie brauchte, um auf die Uhr zu schauen. »Aber, wo ist deine Uhr?«
»Ich hab sie verkauft«, sagte Sylvia, zu müde um zu lügen. Darauf kam es auch schon nicht mehr an. Sie hatte so vieles verkauft einschließlich ihres Biberpelzmantels und der Abendtasche aus Netzgold.
Estelle schüttelte den Kopf. »Ich geb es auf, Liebes,

ich geb es einfach auf. Und das war die Uhr, die deine Mutter dir zum Examen geschenkt hat. Es ist eine Schande«, sagte sie und machte ein Geräusch mit dem Mund wie eine alte Jungfer, »schade und eine Schande. Ich werde nie verstehen, warum du von uns fortgegangen bist. Es ist natürlich deine Sache; nur wie hast du uns verlassen können wegen dieses . . . dieses . . .?«

»Häßlichen Lochs«, kam Sylvia ihr zu Hilfe, absichtlich diesen Ausdruck gebrauchend. Es war ein möbliertes Zimmer im Osten, zwischen Second und Third Avenue. Groß genug für eine Bettcouch und einen abgesplitterten alten Schreibtisch mit einem Spiegel, der aussah wie ein Auge, das den grauen Star hat; es hatte ein Fenster, das auf einen großen freien Platz hinausging (am Nachmittag konnte man hier die rauhen Stimmen wild umherlaufender Jungen hören), und in der Ferne stand wie ein Ausrufungszeichen am Himmel der schwarze Schornstein einer Fabrik. Dieser Schornstein kam häufig in ihren Träumen vor; er verfehlte nie, Miss Mozart in Bewegung zu bringen: »Phallisch, phallisch«, murmelte sie dann jedesmal und sah von ihrem Stenogramm auf. Der Boden des Zimmers war ein Abfallhaufen, der aus angefangenen und nie zu Ende gelesenen Büchern bestand, aus alten Zeitungen, sogar Apfelsinenschalen lagen herum, Obstreste, Unterwäsche und eine ausgeschüttete Puderdose. Estelle bahnte sich in diesem Durcheinander den Weg und setzte sich auf die Couch. »Liebes, du kannst es nicht wissen, aber ich hab mich wahnsinnig um dich gesorgt. Ich meine, ich hab schon meinen Stolz und all das, und wenn du mich nicht magst, gut, o. k.; aber du hast kein Recht, so wegzubleiben und über einen Monat nichts von dir hören zu lassen. Heute sagte ich zu Butzi: ›Butzi, ich hab das Gefühl, als ob etwas Schreckliches mit Sylvia passiert ist.‹ Du kannst dir vorstellen, wie mir war, als ich in deinem Büro anrief und man mir sagte, du hättest dort schon seit vier Wochen nicht mehr gearbeitet. Was ist geschehen? Bist du geflogen?«

»Ja, ich bin geflogen.« Sylvia fing an, sich aufzusetzen. »Bitte, Estelle – ich muß mich fertigmachen; ich hab eine Verabredung.«

»Sei still. Du wirst nicht fortgehen, bis ich weiß, was mit dir los ist. Die Wirtin unten hat mir erzählt, daß man dich beim Schlafwandeln gefunden hat . . .«

»Was denkst du dir dabei, mit ihr zu reden? Warum spionierst du mir nach?«

Estelles Augen zogen sich zusammen, als ob sie anfangen wollte zu weinen. Sie legte ihre Hand auf die Sylvias und streichelte sie sanft.

»Sag, Liebes, steckt ein Mann dahinter?«

»Ja, es steckt ein Mann dahinter«, sagte Sylvia und war nahe daran zu lachen.

»Du hättest vorher zu mir kommen sollen«; Estelle seufzte. »Ich kenne die Männer. Deshalb brauchst du dich doch nicht zu schämen. Ein Mann kann in einer Weise mit einer Frau umgehen, daß sie alles sonst vergißt. Wenn Henry nicht der anständige, ehrliche zukünftige Rechtsanwalt wäre, der er ist, nun, ich würde ihn auch dann lieben und Dinge für ihn tun, von denen ich vorher, bevor ich wußte, was es bedeutet, mit einem Mann zu leben, gedacht habe, daß sie empörend und schrecklich seien. Aber, Liebes, dieser

Mensch, mit dem du dich eingelassen hast, er nutzt dich aus.«

»Es ist keine solche Beziehung«, sagte Sylvia, stand auf und machte ein Paar Strümpfe in dem Durcheinander ihrer Schreibtisch-Schubfächer ausfindig. »Es hat nicht das mindeste mit Liebe zu tun. Vergiß es. Wirklich, geh nach Haus und vergiß mich.«

Estelle sah sie prüfend an. »Ich hab Angst um dich, Sylvia; ich hab wirklich Angst um dich.« Sylvia lachte und zog sich weiter an. »Erinnerst du dich, daß ich dir vor einiger Zeit sagte, du solltest heiraten?«

»Uuuh. Nun hör du mir einmal zu.« Sylvia drehte sich herum; in ihrem Mund steckte eine Reihe Haarklemmen; sie zog eine nach der andern heraus, während sie weitersprach. »Du redest übers Heiraten, als ob es die einzige mögliche Lösung wäre; na schön, bis zu einem gewissen Grad geb ich dir recht. Sicher, ich möchte geliebt werden; wer zum Teufel möchte das nicht? Aber selbst wenn ich gewillt wäre, Kompromisse zu schließen, wo ist der Mann, den ich heiraten könnte? Glaub mir, er muß in ein Mannloch gefallen sein. Ich meine es ernst, wenn ich sage, daß es in New York keine Männer gibt – und selbst wenn es welche gäbe, wie trifft man sie? Jeder Mann, den ich bisher hier getroffen habe und der auch nur ein bißchen anziehend zu sein schien, war entweder schon verheiratet, zu arm, um zu heiraten oder homosexuell. Und überhaupt ist dies hier keine Umgebung, in der man sich verlieben könnte; hier sollte man herkommen, wenn man vom Verliebtsein genug hat. Sicher, ich glaub schon, daß ich irgendwen heiraten könnte; aber will ich das? Will ich das denn?«

Estelle zuckte die Achseln. »Ja, was willst du denn überhaupt?«
»Mehr als mir zukommt.« Sie steckte die letzte Haarklammer an ihren Platz, dann strich sie sich die Augenbrauen vor dem Spiegel glatt. »Ich hab eine Verabredung, Estelle, und es ist jetzt Zeit, daß du gehst.«
»Ich kann so nicht von hier fortgehen«, sagte Estelle, mit ihrer Hand hilflos durchs Zimmer weisend. »Sylvia, du warst von Kindheit an meine Freundin.«
»Das ist es gerade: Wir sind keine Kinder mehr; jedenfalls ich nicht. Nein, ich möchte, daß du nach Hause gehst, und ich möchte nicht, daß du jemals wieder hierherkommst. Ich möchte, daß du mich vergißt.«
Estelle fuhr sich mit dem Taschentuch über die Augen, und in der Zeit, die sie brauchte, um bis zur Tür zu kommen, weinte sie laut. Sylvia konnte sich keine Gewissensbisse leisten: Nachdem sie nun schon gemein gewesen war, blieb nichts anderes übrig, als noch gemeiner zu sein. »Geh«, sagte sie, Estelle in das Treppenhaus folgend, »und schreib irgendeinen Blödsinn über mich nach Hause, wenn du willst!« Einen Klagelaut ausstoßend, der die andern Mieter an ihre Türen trieb, floh Estelle die Treppe hinunter.
Danach ging Sylvia in ihr Zimmer zurück, sie lutschte ein Stück Zucker, um den bitteren Geschmack in ihrem Mund zu verlieren. Es war ein Rezept ihrer Großmutter gegen schlechte Laune. Dann kniete sie sich hin und zog unter dem Bett eine Zigarrenkiste hervor, die sie dort versteckt hielt. Wenn man die Kiste öffnete, hörte man die selbstgemachte, ein bißchen verworrene Melodie des Liedes: »Oh, wie haß ich es am Morgen aufzustehn.« Ihr Bruder hatte diese

Spieldose selbst gebastelt und sie ihr zu ihrem vierzehnten Geburtstag geschenkt. Als sie den Zucker gegessen hatte, hatte sie an ihre Großmutter gedacht, als sie diese Melodie hörte, mußte sie an ihren Bruder denken; die Zimmer des Hauses, in dem sie gewohnt hatten, kreisten vor ihren Blicken, alles war dunkel, nur sie bewegte sich wie ein Licht in ihnen: die Treppen hinauf und hinunter, sie ging aus und ein, spürte die Süßigkeit des Frühlings, lila Schatten zogen durch die Luft und dann das Knarren einer Schaukel auf der Veranda. Alles vorbei, dachte sie und rief ihre Namen, und jetzt bin ich vollkommen allein. Die Musik war zu Ende. Aber in ihrem Kopf ging sie weiter; sie übertönte das Kindergeschrei auf dem freien Platz draußen. Und sie störte sie beim Lesen. Sie las in einem kleinen tagebuchartigen Heft, das sie in der Kiste versteckt hielt. In dieses Heft schrieb sie das Wesentliche ihrer Träume; sie waren jetzt endlos, und es war so schwer, sie zu behalten. Heute würde sie Mr. Revercomb von den drei blinden Kindern erzählen. Es würde ihm gefallen. Die Preise, die er zahlte, schwankten, und sie war überzeugt, daß dies mindestens ein Zehn-Dollar-Traum war. Die Melodie der Spieldose verfolgte sie die Treppe hinunter und durch die Straßen, und sie sehnte sich danach, sie zu vergessen.

In dem Laden, in dem der Nikolaus gewesen war, hatte man jetzt eine neue, ähnlich entnervende Auslage. Sogar wenn Sylvia es eilig hatte, um zu Mr. Revercomb zu kommen, wie im Augenblick, fühlte sie sich dennoch gezwungen, an diesem Fenster stehenzubleiben. Ein Mädchen aus Gips mit leuchtenden

Glasaugen saß auf einem Fahrrad und trat in wahnsinnigem Tempo die Pedale; obgleich die Radspeichen zum Schwindligwerden herumwirbelten, rührte sich das Rad natürlich nicht von der Stelle: Trotz all der Anstrengung kam das arme Mädchen nicht vom Fleck. Es war eine mitleiderregende menschliche Situation, und Sylvia konnte sie so haargenau auf sich selbst beziehen, daß sie jedesmal einen richtigen Schlag spürte. Die Spieldose marterte immer noch ihren Kopf: Die Melodie, ihr Bruder, das Haus, ein Ball der High School, das Haus, die Melodie! Konnte Mr. Revercomb sie nicht auch hören? Sein durchdringender Blick war voll verhaltenem Mißtrauen. Aber er schien mit ihrem Traum zufrieden, und als sie fortging, gab Miss Mozart ihr einen Umschlag mit zehn Dollars.

»Ich hab einen Zehn-Dollar-Traum gehabt«, erzählte sie Oreilly, und Oreilly rieb sich die Hände, sagte: »Fein! Fein! Das ist mein Glück, Baby, du hättest vorher hier sein sollen, ich hab was Schreckliches getan. Ich ging in ein Spirituosen-Geschäft, ein Stückchen von hier weg, schnappte mir eine Liter-Flasche und rannte auf und davon.« Sylvia glaubte ihm nicht, bis er eine Flasche Bourbon aus seinem mit Sicherheitsnadeln zusammengehaltenen Mantel hervorholte, sie war schon halb leer. »Du wirst dich noch eines Tages ins Unglück bringen«, sagte sie, »und was soll dann aus mir werden? Ich weiß nicht, was ich ohne dich tun soll.« Oreilly lachte und goß sich einen Schluck Whisky in ein Wasserglas. Sie saßen in einer die ganze Nacht hindurch geöffneten Selbstbedienungsgaststätte, einem riesigen, grellen Nahrungsmitteldepot, das mit blauen Spiegeln und rohen Wandgemälden belebt war. Obgleich Sylvia fand, daß es ein gräßliches Lokal war, trafen sie sich hier häufig zum Abendessen, aber selbst wenn sie es sich hätte leisten können, sie hätte nicht gewußt, wo sie sonst hätten hingehen sollen, denn sie boten zusammen einen merkwürdigen Anblick: ein junges Mädchen und ein torkelnder, angetrunkener Mann. Sogar hier starrten die Leute sie oft an; wenn jemand sie zu lange anschaute, richtete sich Oreilly mit Würde auf und sagte: »Hallo, Schatzi, kennen wir uns nicht? Arbeitest du immer noch in der Herren-Toilette?« Aber gewöhnlich ließ man sie in Ruhe, und manchmal saßen sie bis zwei oder drei Uhr morgens zusammen und sprachen miteinander.

»Es ist gut, daß die andern von Master Miserys Meute nicht wissen, daß er dir die zehn Dollars gegeben hat. Irgendeiner würde bestimmt sagen, du hättest den Traum gestohlen. Mir ist das mal passiert. Der Neid fraß sie schier auf. Nie hab ich so viel Gauner auf einem Haufen gesehen, sie waren schlimmer als Schauspieler oder Clowns oder Kaufleute. Eigentlich wahnsinnig, wenn man überlegt; man quält sich, ob man schlafen wird, ob man einen Traum haben wird, ob man sich an den Traum auch erinnern wird. Das geht immer im Kreis herum. Bekommt man ein paar Dollars, stürzt man sich in das nächste Schnapsgeschäft – oder zum nächsten Schlaftabletten-Automaten. Und ehe man sich umsieht, ist man in der Sch. . . gasse gelandet. Ja, Baby, weißt du, was das ist? Das ist eben das Leben!«

»Nein, Oreilly, so ist das nicht. Das hat überhaupt

nichts mit Leben zu tun. Es ist eher wie Totsein. Mir ist, als ob man mir alles fortnähme, als ob ein Dieb mich bis aufs Hemd ausraubte. Oreilly, ich sag dir etwas, ich hab kein bißchen Ehrgeiz mehr, und früher hatte ich so viel. Ich versteh das nicht, und ich weiß nicht, was ich tun soll.«
Er grinste. »Und du sagst, das ist nicht wie das Leben? Wer versteht denn das Leben, und wer weiß schon, was er tun soll?«
»Bleib ernst«, sagte sie. »Bleib ernst, tu den Whisky fort und iß deine Suppe, bevor sie eiskalt wird.« Sie zündete sich eine Zigarette an, der Rauch kam ihr in die Augen und verstärkte die Falten auf ihrer Stirn, »wenn ich nur wüßte, was er mit den getippten und einsortierten Träumen will. Was macht er damit? Du hast recht, wenn du sagst, er ist der Master Misery ... Er kann nicht nur einfach so ein Scharlatan sein; so sinnlos kann es nicht sein. Aber warum will er gerade Träume? Hilf mir, Oreilly, überleg doch, überleg doch mal: Was hat das zu bedeuten?«
Oreilly blinzelte mit einem Auge und goß sich noch ein Glas voll; sein clownhaft verzerrter Mund verhärtete sich und bekam einen Zug gelehrter Korrektheit. »Diese Frage ist eine Million Dollar wert, Kind. Warum fragst du nicht etwas Leichteres, wie man eine gewöhnliche Erkältung kuriert zum Beispiel? Ja, Kind, was hat es zu bedeuten? Ich hab schon oft darüber nachgedacht. Ich hab darüber nachgedacht, wenn ich bei einer Frau lag und mitten bei einer Partie Poker.« Er goß den Whisky die Kehle hinunter und schüttelte sich. »Nun, irgendein Laut kann einen Traum auslösen; der Lärm eines Autos, das nachts

vorbeifährt, kann Hunderte von Schlafenden in die tiefsten Schichten ihres Selbst versenken. Es ist komisch, an das eine Auto zu denken, das durch die Dunkelheit rast und so viele Träume nach sich zieht. Das Geschlecht, ein plötzlicher Wechsel der Beleuchtung, eine unbequeme Lage, das alles sind kleine Schlüssel, die unser Inneres auch öffnen können. Aber zu den meisten Träumen kommt es, weil Furien in uns sind, die all die Türen aufsprengen. Ich glaube nicht an Jesus Christus, aber ich glaube an die menschliche Seele; und ich stell es mir so vor, Baby: In den Träumen äußert sich die Seele, sie enthalten die geheime Wahrheit über uns. Nun hat der Master Misery vielleicht keine Seele, und da borgt er sich nach und nach die deine, er stiehlt sie, wie er dir deine Puppen stehlen könnte oder den Hühnerflügel von deinem Teller. Hunderte von Seelen sind durch ihn hindurchgegangen und in einem Ordner gelandet.«

»Oreilly, sei ernst«, sagte sie wieder und war ärgerlich, weil sie dachte, er mache nur Spaß. »Und schau, deine Suppe ist . . .« jäh hielt sie inne, durch Oreillys eigenartigen Gesichtsausdruck erschreckt. Er sah zum Eingang. Drei Männer standen da, zwei Polizisten und einer in Zivil, er hatte einen Kittel an, wie ihn die Verkäufer tragen. Der Verkäufer zeigte auf ihren Tisch. Oreillys Augen kreisten durch den Raum mit der Verzweiflung eines Gefangenen; dann seufzte er, lehnte sich in seinem Stuhl zurück und goß sich großspurig noch ein Glas voll. »Guten Abend, meine Herren«, sagte er, als die amtlichen Personen ihm gegenüberstanden, »wollen Sie ein Gläschen mit uns trinken?«

»Sie können ihn nicht einsperren«, schrie Sylvia, »man kann doch einen Clown nicht einsperren!« Sie warf ihnen ihren Zehndollarschein hin, aber die Polizisten nahmen von ihr keine Notiz, und so begann sie, mit den Fäusten auf den Tisch zu hämmern. Alle Gäste im Lokal starrten sie an, der Geschäftsführer kam angelaufen und rang die Hände. Die Polizei sagte, Oreilly solle aufstehn. »Gewiß«, sagte Oreilly, »obgleich ich es empörend finde, daß Sie sich mit einem so geringfügigen Vergehen wie dem meinigen abgeben müssen, wo doch überall Meisterdiebe unterwegs sind. Zum Beispiel dieses hübsche Mädchen«, er trat jetzt zwischen die Beamten und zeigte auf Sylvia, »sie ist das jüngste Opfer eines Kapitalverbrechers: Armes Kind, man hat ihr die Seele gestohlen.«

Nach Oreillys Verhaftung verließ Sylvia zwei Tage lang nicht das Zimmer: Die Sonne schien ins Fenster, und es wurde wieder dunkel. Am dritten Tag gingen ihr die Zigaretten aus, und so wagte sie sich bis zum Delikatessengeschäft an der Ecke. Sie kaufte eine Packung Keks, eine Büchse Ölsardinen, eine Zeitung und Zigaretten. Während der ganzen Zeit hatte sie nichts gegessen, und das gab ihr ein wunderbar leichtes, belebendes Gefühl; aber das Treppensteigen und das erlösende Gefühl, die Tür geschlossen zu haben, hatten sie so erschöpft, daß sie nicht einmal ihr Bett machen konnte. Sie glitt zu Boden und rührte sich nicht, bis es wieder hell wurde. Hinterher dachte sie, sie hätte nur zwanzig Minuten so gelegen. Während sie das Radio so laut aufdrehte, wie es nur ging, zerrte sie einen Stuhl zum Fenster und breitete die Zeitung auf ihrem Schoß aus: Lana leugnet, Rußland legt Veto ein, Die Grubenarbeiter einigen sich: Von allem war dies das Traurigste, daß das Leben weiterging: Wer seinen Liebsten verläßt, für den sollte das Leben aufhören, und wenn man aus dieser Welt geht, sollte die Welt auch aufhören zu sein; aber das gab es nicht. Und die meisten Leute standen morgens nur auf, weil ihnen doch alles egal war. Aber wenn Mr. Revercomb schließlich Erfolg damit hatte, alle Träume aus den Köpfen der Menschen zu sammeln, vielleicht – der Gedanke entfiel ihr, wurde durch das Radio und die Zeitung vertrieben. Sinkende Temperaturen. Ein Schneesturm über Colorado, über dem ganzen Westen, er suchte all die kleinen Städte heim, machte jedes Licht gelb, verwischte alle Fußspuren, war auch hier schon; wie schnell er doch gekommen war, der Schneesturm: Die Dächer, der freie Platz, die ganze Gegend war in ein tiefes Weiß gehüllt, hüllte sich immer tiefer ein, wie in Schlaf. Sie sah in die Zeitung und schaute den Schnee an. Es mußte den ganzen Tag über geschneit haben. Es konnte nicht erst eben angefangen haben. Man hörte nichts vom Verkehr; in den wirbelnden Schneemassen tanzten die Kinder auf dem freien Platz um ein offenes Feuer; ein Auto war eingeschneit, ließ seine Scheinwerfer aufleuchten: Hilfe, Hilfe! Stumm wie ein kummervolles Herz. Sie zerbröckelte ein Keks und streute es auf das Fensterbrett: Wintervögel würden kommen und ihr Gesellschaft leisten. Sie ließ das Fenster für sie offen. Der Wind trieb Schneeflocken herein, die sich auf dem Boden auflösten wie Aprilscherz-Juwelen. Wir bringen: Das Leben kann schön sein. »Drehen Sie das Radio leiser!«

Die Hexe aus den Wäldern pochte an ihre Tür: »Ja, Mrs. Halloran«, sagte Sylvia und drehte das Radio ganz aus. Verschneites Schweigen, Schlafensstille, nur die am Feuer singenden Kinder waren in der Ferne zu hören; und das Zimmer war blau von Kälte, kälter als die Eiseskälte in den Märchen: Schlafe, mein Herz, zwischen den Iglu-Blumen aus Schnee. Mr. Revercomb, warum warten Sie vor der Tür? Ah, kommen Sie doch herein, draußen ist es so kalt.

Aber als sie aufwachte, fühlte sie sich warm und geborgen. Das Fenster war geschlossen, und die Arme eines Mannes umschlangen sie. Er sang ihr etwas vor, seine Stimme war sanft, aber voller Übermut: »Kirschbeeren-, Geldbeeren-, Glücksbeeren-Torte, doch die beste aller Torten ist die Liebesbeeren-Torte . . .«

»Oreilly, bist du – bist du es wirklich?«

Er drückte sie an sich. »Baby ist aufgewacht. Und wie fühlt es sich?«

»Ich dachte, ich wäre tot«, sagte sie und ein glückhaftes Gefühl stieg in ihr auf wie ein flügellahmer Vogel, der doch noch ein bißchen fliegen kann. Sie versuchte, ihn zu umarmen, aber sie war zu schwach. »Ich liebe dich, Oreilly; du bist mein einziger Freund, und ich hatte solche Angst. Ich dachte, ich würde dich nie mehr wiedersehen.« Sie hielt inne und dachte nach. »Aber warum bist du nicht im Gefängnis?« Oreilly strahlte über das ganze Gesicht. »Ich war überhaupt nicht im Gefängnis«, sagte er geheimnisvoll. »Aber laß uns erst etwas essen. Ich hab heute morgen ein paar Sachen aus dem Delikatessen-Geschäft mitgebracht.«

Sie hatte plötzlich das Gefühl zu schweben. »Wie lange bist du schon hier?«

»Seit gestern«, sagte er und machte sich mit den Päckchen und Papiertellern zu schaffen. »Du selber hast mich hereingelassen.«

»Das ist unmöglich. Ich kann mich nicht daran erinnern.«

»Ich weiß«, sagte er und ließ es dabei. »Hier, sei brav und trink deine Milch, ich erzähl dir auch eine ganz tolle Geschichte. Oh, die ist wirklich gut«, versprach er ihr, und während er sich vergnügt auf die Schenkel klatschte, sah er noch mehr als bisher aus wie ein Clown. »Also, es ist so wie ich schon sagte, ich bin gar nicht im Gefängnis gewesen. Und zwar hatte ich Glück, denn als mich jene Burschen durch die Straßen zerrten, wer anders kam da angeschaukelt als das Gorilla-Weib: Du weißt schon, wen ich meine: Miss Mozart. ›Hi‹, sagte ich zu ihr, ›unterwegs zum Friseur, wollen sich wohl rasieren lassen?‹ ›Es ist höchste Zeit, daß man Sie in Sicherheit bringt‹, sagte sie, und lächelte einen der Polizisten an. ›Tun Sie Ihre Pflicht, Wachtmeister!‹ ›Oh‹, sagte ich zu ihr, ›man hat mich nicht verhaftet. Ich bin gerade auf dem Weg zum Polizeirevier, um dich anzuzeigen, du dreckiger Kommunist.‹ Du kannst dir vorstellen, was für ein Geschrei sie anstimmte, sie ging auf mich los, aber die Polizisten packten sie. Ich kann nicht sagen, daß ich sie nicht warnte: ›Paßt auf, Jungens‹, sagte ich, ›die hat Haare auf der Brust.‹ Und sie setzte sich natürlich auch ganz schön zur Wehr. So ging ich dann also seelenruhig davon. Ich hab nie was davon gehalten, sich so hinzustellen und zuzuschauen bei einer Prügelei, wie es die Leute in dieser Stadt tun.«

Oreilly blieb übers Wochenende bei ihr. Es waren die schönsten Tage, die sie je mit einem Menschen verbracht hatte; erstens einmal hatte sie noch nie so viel gelacht, und dann hatte ihr noch keiner, gewiß keiner in ihrer Familie, so das Gefühl gegeben, geliebt zu werden. Oreilly war ein guter Koch, und er zauberte köstliche Gerichte auf dem kleinen elektrischen Kocher; einmal schöpfte er Schnee vom Fensterbrett und machte ein gefrorenes Dessert mit Erdbeergeschmack. Am Sonntag war sie schon kräftig genug, um zu tanzen. Sie drehten das Radio an und tanzten, bis sie atemlos und lachend auf die Knie sank. »Ich werde nie wieder Angst haben«, sagte sie. »Ich weiß kaum noch, wovor ich mich gefürchtet habe.«

»Vor demselben, vor dem du dich immer wieder fürchten wirst«, sagte Oreilly ruhig. »Das ist das Wesen des Master Misery: Niemand weiß, wer er ist – nicht einmal die Kinder, und die wissen doch meistens alles.«

Sylvia ging zum Fenster; in der Stadt war es weiß wie in der Arktis, aber es hatte aufgehört zu schneien, und der Abendhimmel war klar wie Eis: Dort sah sie den ersten Stern über dem Fluß aufsteigen. »Ich seh den ersten Stern«, sagte sie und legte zwei Finger übereinander.

»Und was wünschst du dir?«

»Ich wünsche mir, daß ich noch einen Stern sehe«, sagte sie.

»Das wünsche ich mir meistens«.

»Aber heute abend?«

Sie setzte sich auf den Fußboden und lehnte ihren Kopf an sein Knie. »Heute abend wünsch ich mir, daß ich meine Träume zurückbekommen könnte.«

»Wollen wir das nicht alle?« sagte Oreilly und strich ihr übers Haar. »Aber was würdest du dann tun? Ich meine, was würdest du tun, wenn du sie wiederhaben könntest?«

Sylvia war einen Augenblick still; als sie wieder sprach, waren ihre Augen ganz weit fort. »Ich würde nach Hause gehen«, sagte sie langsam. »Und das ist ein schrecklicher Entschluß, weil es bedeuten würde, daß ich die meisten meiner andern Träume aufgeben müßte. Aber wenn Mr. Revercomb sie mir wiedergeben würde, dann würde ich morgen noch nach Hause gehen.«

Oreilly sagte nichts, ging zum Schrank und kam mit ihrem Mantel wieder. »Aber warum?« fragte sie, als er ihr hineinhalf. »Frag nicht«, sagte er, »tu, was ich dir sage. Wir werden Mr. Revercomb einen Besuch abstatten und du wirst ihn bitten, daß er dir deine Träume wiedergibt. Es ist eine Chance.«

Sylvia blieb an der Tür stehen. »Bitte, Oreilly, laß uns nicht gehen. Ich kann nicht, bitte, ich hab Angst.«

»Ich denke, du hast gesagt, du würdest nie wieder Angst haben.«

Aber als sie erst einmal auf der Straße waren, eilte er so schnell mit ihr gegen den Wind vorwärts, daß sie keine Zeit hatte, sich zu fürchten. Es war Sonntag, die Läden hatten geschlossen, und die Verkehrsampeln schienen nur für sie aufzuleuchten, denn in der tiefverschneiten Allee fuhr kein einziges Auto. Sylvia vergaß sogar, wohin sie gingen, und plapperte die nebensächlichsten Dinge vor sich hin: Rechts hier an der Ecke hatte sie einmal die Garbo gesehen, und dort drüben war die alte Frau überfahren worden. Mit einem Mal blieb sie jedoch stehen, außer Atem und von der plötzlichen Vorstellung dessen, was ihr bevorstand, überwältigt. »Ich kann nicht, Oreilly«, sagte sie und zog ihn zurück. »Was soll ich ihm sagen?«

»Mach es wie bei einem Geschäft«, sagte Oreilly. »Sag ihm geradeheraus, daß du deine Träume wiederhaben willst, und wenn er sie dir gibt, wirst du ihm das ganze Geld zurückzahlen: in Raten natürlich. Es ist ganz einfach. Kind. Warum, zum Teufel, sollte er sie nicht zurückgeben können? Sie sind doch alle in einem Ordner.«

Diese Worte waren irgendwie überzeugend, und mit ihren verfrorenen Füßen einherstampfend, ging Sylvia mit einem gewissen Mut weiter. »Dieses Kind«, sagte er. Sie trennten sich an der Third Avenue, denn Oreilly war der Meinung, daß Mr. Revercombs unmittelbare Nähe für ihn im Augenblick nicht gerade das Sicherste sei. Er drückte sich in eine Toreinfahrt, zündete ab und zu ein Streichholz an und sang laut: »Aber die beste aller Torten ist die Whiskybeeren-Torte!« Ein langer dürrer Hund, der aussah wie ein Wolf, kam über die Mondstreifen unter der Hochbahn dahergetrottet, und auf der anderen Straßenseite sah man verschwommen die Gestalten von Männern, die sich um eine Bar herumdrängten: Der Gedanke, daß er sich dort vielleicht ein Glas Whisky erbetteln könnte, machte ihn ganz krank.

Gerade als er sich entschlossen hatte, etwas Derartiges zu versuchen, erschien Sylvia. Und sie lag in seinen

Armen, bevor er überhaupt erkannte, daß sie es war. »Es kann nicht so schlimm sein, Liebling«, sagte er sanft und drückte sie an sich, so zärtlich er nur konnte. »Wein nicht, Baby; es ist doch viel zu kalt zum Weinen: deine Haupt springt dir ja ganz auf.« Als sie nach Worten rang, ging ihr Weinen in ein zitterndes, unnatürliches Lachen über. Die Luft war erfüllt von den Rauchschwaden ihres Gelächters. »Weißt du, was er gesagt hat?« keuchte sie. »Weißt du, was er gesagt hat, als ich um meine Träume bat?« Ihr Kopf fiel zurück, und ihr Gelächter erhob sich und wurde über die Straße getragen wie ein losgerissener grellfarbiger Papierdrachen. Oreilly packte sie schließlich bei den Schultern und schüttelte sie. »Er sagte – ich könne sie nicht wiederhaben, weil – weil er sie alle verbraucht habe.«

Dann war sie still, ihr Gesicht glättete sich zu einer ausdruckslosen Ruhe. Sie hakte Oreilly ein, und sie gingen zusammen die Straße hinunter; aber es war, als ob sie Freunde wären, die einen Bahnsteig entlangschreiten, einer auf des andern Zug wartend; und als sie zur Ecke kamen, räusperte er sich und sagte: »Ich glaube, es ist besser, wenn ich umkehre. Diese Stelle ist dazu ebenso geeignet wie jede andere.«

Sylvia hielt ihn am Ärmel fest. »Aber wohin willst du gehen, Oreilly?«

»Durchs Blaue wandern«, sagte er und versuchte zu lächeln, was ihm aber nicht sehr gut gelang.

Sie öffnete ihren Geldbeutel. »Ein Mann kann nicht durchs Blaue wandern ohne eine Flasche«, sagte sie, und während sie ihn auf die Wange küßte, ließ sie fünf Dollars in seine Tasche gleiten.

»Gott segne dich, Baby.«
Es war nicht wichtig, daß es ihr letztes Geld war, daß sie nun zu Fuß nach Hause gehen mußte, und allein. Die Schneehaufen waren wie weiße Wogen auf einem weißen Meer, und sie glitt auf ihnen dahin, vom Wind getragen und vom Schein des Mondes. Ich weiß nicht, was ich will, und vielleicht werde ich es nie wissen, aber mein einziger Wunsch an jeden Stern wird immer noch ein Stern sein; und wirklich, ich habe keine Angst, dachte sie. Zwei junge Männer kamen aus einer Bar und starrten sie an; vor einiger Zeit hatte sie in irgendeinem Park auch zwei junge Männer gesehen, es waren vielleicht dieselben. Wirklich, ich habe keine Angst, dachte sie, als sie ihre vom Schnee gedämpften Schritte hinter sich hörte; und schließlich war ihr ja nichts geblieben, was man hätte stehlen können.

Der silberne Krug

Nach der Schule arbeitete ich immer im Walhalla-Drugstore. Er gehörte meinem Onkel, Mr. Ed. Marshall. Ich nenne ihn Mr. Marshall, weil alle, einschließlich seiner Frau, ihn Mr. Marshall nannten. Trotzdem war er ein netter Mensch.

Sein Drugstore war vielleicht ein bißchen altmodisch, aber er war groß und dunkel und kühl: Während der Sommermonate gab es keinen angenehmeren Ort in der ganzen Stadt. Wenn man hineinkam, stand zur Linken der Ladentisch für Tabakwaren und Zeitschriften, hinter dem Mr. Marshall gewöhnlich saß: Ein untersetzter Mann mit einem viereckigen, geröteten Gesicht und einem gezwirbelten, männlichen weißen Schnurrbart. Dem Ladentisch gegenüber stand die prächtige Sodabar. Sie war sehr alt und aus feinem gelblichen Marmor hergestellt, der sich ganz glatt anfühlte, aber nicht mit billiger Glasur überzogen war. Mr. Marshall hatte sie 1910 auf einer Auktion in New Orleans erstanden und war sehr stolz darauf. Wenn man auf einem der hohen, schlanken Hocker saß und über die Bar blickte, konnte man sich verschwommen, wie bei Kerzenlicht, in einer Reihe alter Mahagonispiegel betrachten. Auch die einfache Ware war in Vitrinen untergebracht, hinter Glastüren, die mit Messingschlüsseln verschlossen waren. Diese Vitrinen sahen aus, als enthielten sie kostbare Raritäten.

Es lag immer ein Geruch von Sirup, Muskatnuß und anderen köstlichen Dingen in der Luft.
Im Walhalla traf sich die ganze Wachata County, bis ein gewisser McPherson in die Stadt kam und einen zweiten Drugstore eröffnete, auch auf dem Rathausplatz, direkt gegenüber. Dieser Rufus McPherson war ein ganz gemeiner Kerl; er nahm meinem Onkel nämlich die Kundschaft fort. Er richtete sich sehr modern ein, hatte zum Beispiel elektrische Ventilatoren und farbige Glühbirnen; er trug den Vorüberfahrenden die Waren ans Auto und machte gegrillte Käse-Sandwiches auf Bestellung. Wenn auch manche Mr. Marshall treu blieben, die meisten konnten Rufus McPherson doch nicht wiederstehen.
Eine geraume Zeit versuchte Mr. Marshall, ihn zu übersehen: Wenn man McPhersons Namen erwähnte, ließ er so etwas wie ein Schnauben vernehmen, zwirbelte seinen Schnurrbart und blickte fort. Aber man sah, daß er wütend war. Und er wurde immer wütender. Eines Tages dann, es war so Mitte Oktober, kam ich ins Walhalla und sah ihn an der Bar sitzen, Domino spielen und mit Hamurabi Wein trinken.
Hamurabi war ein Ägypter und so etwas Ähnliches wie ein Dentist, wenn er auch nicht viel zu tun hatte, denn die Leute haben hier in der Gegend ungewöhnlich gesunde Zähne, die sie einem besonderen Stoff, den das Wasser enthält, zu verdanken haben. Die meiste Zeit lungerte er im Walhalla herum, und er war der beste Freund meines Onkels. Es war ein hübsches Mannsbild, dieser Hamurabi, dunkelhäutig und fast zwei Meter groß. Die Mütter unserer Stadt steckten ihre Töchter hinter Schloß und Riegel und machten

ihm selber schöne Augen. Er hatte überhaupt keinen fremden Akzent, und ich war immer der Überzeugung, daß er so wenig ein Ägypter war wie der Mann im Mond.
Jedenfalls tranken sie da nun in großen Zügen roten italienischen Wein aus einem Vier-Liter-Krug. Es war ein betrüblicher Anblick, denn Mr. Marshall war weit und breit als Antialkoholiker bekannt. So war natürlich mein erster Gedanke: O Himmel, Rufus McPherson hat es also doch geschafft. Das war aber gar nicht der Fall.
»Komm her, mein Sohn«, sagte Mr. Marshall, »und trink ein Glas Wein mit uns.«
»Ja«, sagte Hamurabi, »du mußt uns helfen, ihn leer zu machen. Er ist aus dem Laden, wir können ihn nicht verkommen lassen.«
Viel später, als der Krug geleert war, nahm Mr. Marshall ihn auf und sagte: »Na, wir werden ja sehn!« Und damit verschwand er in den Nachmittag.
»Wo will er denn hin?« fragte ich.
»Tja«, war alles, was Hamurabi antwortete. Es machte ihm Spaß, mich zu foppen.
Eine halbe Stunde verstrich, ehe mein Onkel wiederkam. Er ging ganz krumm und stöhnte unter der Last, die er trug. Er stellte den Krug auf die Bar, trat zurück und rieb sich lächelnd die Hände. »Nun, was haltet ihr davon?«
»Hm«, schnurrte Hamurabi.
»O je . . .«, sagte ich.
Es war derselbe Weinkrug, bei Gott, aber er hatte sich inzwischen wunderbar verändert; denn er war jetzt bis zum Rand mit Fünf- und Zehncentstücken vollge-

pfropft, die matt durch das dicke Glas schimmerten.
»Hübsch, was?« sagte mein Onkel. In der First National habe ich das machen lassen. Größere Stücke als Fünfer gingen nicht 'rein. Aber es ist trotzdem 'ne Menge Geld drin, das kann ich euch sagen.«
»Aber was soll das, Mr. Marshall?« sagte ich. »Ich meine, was hat das für einen Sinn?«
Mr. Marshalls Lächeln ging in ein Grinsen über. »Das hier ist ein Krug voll Silber, man könnte sagen . . .«
»Das Schüsselchen am Ende des Regenbogens«, unterbrach Hamurabi.
». . . und der Sinn, wie du es nennst ist der, daß die Leute raten sollen, wieviel Geld da drin ist. Sagen wir zum Beispiel, du kaufst etwas für fünfundzwanzig Cents – gut, damit erwirbst du dir die Chance, zu raten. Je mehr du kaufst, desto öfter darfst du raten. Und ich werde bis zum Heiligen Abend alle Zahlen in mein Hauptbuch eintragen. An diesem Tag aber bekommt derjenige, der der richtigen Summe am nächsten gekommen ist, den ganzen Ramsch.«
Hamurabi nickte feierlich. »Er spielt den Weihnachtsmann – einen ganz schön gerissenen Weihnachtsmann«, sagte er. »Ich geh jetzt nach Haus und schreib ein Buch: Der raffinierte Mord an Rufus McPherson.«
Um die Wahrheit zu sagen, er schrieb wirklich manchmal Geschichten und schickte sie an verschiedene Magazine. Aber sie kamen immer wieder zurück.
Es war überraschend und kam einem Wunder gleich, wie die Wachata County den Krug aufnahm. Seit den Tagen des Bahnvorstehers Tully, der armen Seele, hatte das Walhalla kein solches Geschäft mehr gemacht. Tully war damals plötzlich verrückt geworden

und hatte überall verbreitet, er habe hinter dem Bahnhof Öl entdeckt, was zur Folge hatte, daß die Stadt von wilden Ölsuchern überschwemmt wurde. Sogar die größten Trunkenbolde, die nie einen Cent für etwas anderes ausgaben als für Whisky oder Weiber, hielten jetzt ihr Geld zusammen und legten es in Milchmischgetränken an. Ein paar ältliche Damen mißbilligten zwar öffentlich Mr. Marshalls Unternehmen als eine Art von Glücksspiel, aber sie machten uns weiter keine Scherereien, und einige kamen uns sogar gelegentlich besuchen und wagten mitzuraten. Die Schulkinder waren ganz besessen von der Sache, und ich wurde bei ihnen sehr beliebt, weil sie dachten, ich wüßte die richtige Antwort.

»Ich will dir sagen, warum das alles so ist«, sagte Hamurabi und zündete sich eine der ägyptischen Zigaretten an, die er sich von einer New Yorker Firma mit der Post schicken ließ. »Es ist nämlich nicht das, was man zunächst annehmen könnte; mit anderen Worten, es ist nicht Habgier. Nein, es ist das Geheimnis, das einen solchen Zauber verbreitet. Man braucht sich ja bloß mal diese Fünf- und Zehncentstücke anzuschaun. Was denkt man dabei: Ah, *so* viel! Nein, nein. Man denkt: Ah, *wie* viel? Und das ist in der Tat eine tiefgründige Frage. Für jeden bekommt sie eine andere Bedeutung. Verstehst du?«

Und Rufus McPherson war vielleicht empört! Wenn man ein Geschäft hat, rechnet man um die Weihnachtszeit mit einem großen Teil seines jährlichen Verdienstes, und gerade jetzt tat er sich schwer, einen Kunden zu finden. So versuchte er, das mit dem Krug nachzumachen; aber weil er ein solcher Geizhals war, tat er nur Eincentstücke hinein. Er schrieb auch einen Brief an die Redaktion des »Banners«, unserer Wochenzeitung, in dem er sagte, daß man Mr. Marshall »teeren und federn und aufhängen sollte, weil er kleine unschuldige Kinder in gewiegte Spieler verwandelt und sie auf den Weg zur Hölle führt«! Es läßt sich denken, wie lächerlich er sich machte. Niemand hatte für McPherson etwas anderes übrig als Spott. Und so stand er ab Mitte November etwa nur noch vor seinem Laden auf der Straße und starrte bitterböse auf das fröhliche Treiben jenseits des Platzes.

Um diese Zeit etwa tauchten Appleseed und seine Schwester zum erstenmal auf. Er war in unserer Stadt nicht bekannt. Wenigstens konnte sich niemand erinnern, ihn je zuvor gesehen zu haben. Er erzählte, daß er eineinhalb Kilometer hinter Indian-Branches auf einer Farm wohne; berichtete, daß seine Mutter nur vierundsiebzig Pfund wiege und daß er noch einen älteren Bruder habe, der auf Hochzeiten für fünfzig Cents Geige spielte. Er behauptete, daß Appleseed der einzige Name sei, den er habe und daß er zwölf Jahre alt sei. Aber Middy, seine Schwester, sagte er, sei erst acht. Sein Haar war glatt und dunkelblond. Er hatte ein schmales, wettergebräuntes Gesicht mit unruhigen grünen Augen, die einen sehr weisen und erfahrenen Ausdruck hatten. Er war klein und schmächtig und nervös; und er hatte immer dieselben Sachen an: einen roten Pullover, blaue Drillichhosen und ein Paar Stiefel von Männergröße, die bei jedem Schritt schlappten. Es regnete, als er zum erstenmal ins Walhalla kam; das Haar klebte an seinem Kopf, als hätte er eine Kappe auf, und seine Stiefel waren vom braunen Lehm der

Feldwege dick überkrustet. Middy zottelte hinter ihm her, während er großspurig wie ein Cowboy an die Bar trat, wo ich gerade Gläser wusch.

»Ich hab gehört, ihr habt da Geld in 'ne Flasche gesteckt und wollt die jetzt wegschenken«, sagte er und sah mich dabei ruhig an. »Wo ihr's doch sowieso hergebt, da wär'n wir sehr dankbar, wenn ihr's uns denn geben tätet. Ich heiße Appleseed, das hier is' meine Schwester Middy.«

Middy war ein ganz armselig aussehendes Kind. Sie war ein gutes Stück größer als ihr Bruder und sah auch älter aus: eine richtige Bohnenstange. Sie hatte kurzes, flachsblondes Haar, das aussah wie abgehackt, und ein blasses, erbarmungswürdiges kleines Gesicht. Sie trug ein verschossenes Baumwollkleidchen, das ihr knapp bis zu den spitzen Knien reichte. Irgend etwas mit ihren Zähnen stimmte nicht, und sie suchte es zu verbergen, indem sie den Mund immer fest zusammenpreßte wie eine alte Dame.

»Tut mir leid«, sagte ich, »aber da mußt du mit Mr. Marshall reden.«

Und das tat er natürlich. Ich hörte, wie mein Onkel ihm erklärte, was er tun müsse, um den Krug zu gewinnen. Appleseed hörte aufmerksam zu, nickte dann und wann. Plötzlich kam er zurück, stellte sich vor den Krug, streichelte ihn ganz vorsichtig und sagte: »Is' sich nich' 'n hübsches Ding, Middy?«

Middy sagte: »Kriegen wir sie?«

»Nee. Was man da erst machen muß, du, man muß raten, wieviel Geld drin is'. Und man muß für fünfundzwanzig Cents was kaufen, um erst ma' raten zu können.«

»Ooch, wir haben doch aber gar nich' fünfundzwanzig Cents. Was meinst, wie wir fünfundzwanzig Cents kriegen sollen?« Appleseed runzelte die Stirn und rieb sich das Kinn. »Das wird noch das einfachste sein, überlaß das man mir. Viel schwieriger ist: Wenn ich 'ne Chance hab, kann ich nich' nur raten ... ich muß *wissen.*«

Nun gut, ein paar Tage später sah man sie wieder. Appleseed ließ sich auf einem Barhocker nieder und verlangte ganz ungeniert zwei Glas Wasser, eins für sich und eins für Middy. Das war die Gelegenheit, bei der er uns die Informationen über seine Familie gab: » ... dann is' noch Pappa Daddy da, das is' der Pappa von meiner Mamma, das is' 'n Indianer, weil er nämlich nich' gut Englisch sprechen kann. Mein Bruder, der wo Geige spielt, der is' schon dreimal im Kittchen gewesen ... wegen ihm mußten wir weg von Louisiana. Bei 'ner Messerstecherei hat er einen schlimm zugerichtet, wegen 'ner Frau, die war zehn Jahr' älter wie er. Sie hatte blonde Haare.« Middy, die sich im Hintergrund herumdrückte, sagte nervös: »Du mußt nich' die ganzen privaten Sachen von unsrer Familie erzähln, Appleseed.«

»Halt 'n Mund, Middy,« sagte er, und sie war still. »Sie is' 'n liebes Ding«, fügte er hinzu, drehte sich um und tätschelte ihren Kopf, »aber sie darf sich nich' alles erlauben. Geh jetzt und schau dir die Bilder in den Zeitschriften an, Liebes, und hör auf, mit den Zähnen so zu machen. Appleseed muß jetzt'n bißchen überlegen.« Das Überlegen bestand darin, daß er unentwegt den Krug anstarrte, als wolle er ihn mit den Augen verschlingen. Das Kinn in die Hand gestützt, sah er ihn lange Zeit an, ohne ein einziges Mal seine Augenlider zu bewegen. »Eine Dame in Louisiana hat gesagt, daß ich sehn kann, was andre Leute nich' sehn können, weil ich mit 'ner Glückshaube auf die Welt gekommen bin.«

»Ist doch klar, daß du nicht sehn kannst, wieviel da drin ist«, sagte ich zu ihm. »Warum läßt du dir nicht einfach eine Zahl einfallen, vielleicht ist das die richtige.«

»Hoch«, sagte er, »das is' verdammt riskant. Ich . . . so kann ich das nich' machen. Ich hab mir überlegt, ganz sicher is' die Sache nur, wenn man jeden Fünfer und jeden Zehner zählt.«

»Zählen!«

»Was zählen?« fragte Hamurabi, der gerade hereingekommen war und sich an die Bar setzte.

»Der Junge da sagt, er will zählen, wieviel in dem Krug drin ist«, erklärte ich.

Hamurabi sah Appleseed interessiert an. »Wie willst du das bewerkstelligen, mein Sohn?«

»Oh, eben zählen«, sagte Appleseed sachlich.

Hamurabi lachte. »Dann mußt du schon Röntgenaugen haben, mein Sohn, mehr kann ich dazu nicht sagen.«

»Oh, nein. Die Hauptsache is' nur, daß man mit 'ner Glückshaube auf die Welt gekommen is'. Eine Dame in Louisiana hat das zu mir gesagt. Das war 'ne Hexe; sie hatte mich gern, und als meine Mamma mich nich' zu ihr geben wollte, hat sie sie verhext, und darum wiegt meine Mamma nur noch vierundsiebzig Pfund.«

»Seh-r in-te-res-sant«, bemerkte Hamurabi nur und sah Appleseed ganz merkwürdig an.

Middy bummelte so durch die Gegend und griff nach einer Ausgabe der »Filmgeheimnisse«. Sie zeigte Appleseed ein Photo und sagte: »Is' diese Dame nich' hübsch? Sieh doch nur, Appleseed, siehst du, was die für schöne Zähne hat? Die sind nich' so durcheinander.«

»Mach dir man darum keine Sorgen mehr«, sagte er.

Als sie gegangen waren, bestellte Hamurabi sich eine Flasche Orangeade und trank sie langsam aus, während er eine Zigarette rauchte. »Glaubst du, bei dem Kleinen stimmt da oben alles?« fragte er plötzlich mit nachdenklicher Stimme.

In den kleinen Städten läßt sich Weihnachten am allerbesten feiern, glaube ich. Die Stimmung breitet sich in ihnen schneller aus, sie verwandeln sich und kommen unter diesem Zauber zu einem völlig neuen Leben. Schon in der ersten Dezemberwoche wurden die Haustüren mit Kränzen geschmückt, und in den Schaufenstern sah man schimmernde rote Papierglocken und glitzernden Schnee. Die Kinder wanderten in die Wälder hinaus und kamen mit duftenden Weihnachtsbäumen schwer beladen zurück. Die Frauen fingen an, ihre Stollen zu backen, sie machten die Einmachgläser mit dem Mincemeat auf und die Flaschen mit dem Brombeer- und Scuppernong-Wein. Auf dem Rathausplatz wurde ein riesengroßer Baum mit Lametta und elektrischen Kerzen geschmückt, die nach Sonnenuntergang angezündet wurden. Spät am Nachmittag konnte man den Chor der Presbyterianerkirche Weihnachtslieder für das alljährlich stattfindende Krippenspiel üben hören. In

der ganzen Stadt standen die Kamelien in voller Blüte.
Der einzige Mensch, der nicht im geringsten von dieser zu Herzen gehenden Atmosphäre berührt zu sein schien, war Appleseed. Er ging seiner Beschäftigung nach, das Kruggeld zu zählen, und er tat das mit großer und beharrlicher Sorgfalt. Jeden Tag kam er nun ins Walhalla und konzentrierte sich auf den Krug, wobei er finster vor sich hinblickte und murmelte. Anfangs waren wir alle fasziniert, aber allmählich wurde es langweilig, und niemand kümmerte sich mehr um ihn. Er kaufte nie etwas, offensichtlich war es ihm nicht gelungen, die fünfundzwanzig Cents aufzutreiben. Manchmal sprach er mit Hamurabi, der ein zärtliches Interesse an ihm nahm und ihm gelegentlich Bonbons oder für einen Cent Lakritze schenkte.
»Glauben Sie immer noch, daß er 'n bißchen spinnt?« fragte ich.
»Ich bin mir nicht ganz sicher«, sagte Hamurabi. »Aber du wirst es schon noch erfahren. Er ißt nicht genug. Ich werd' ihn mal ins Café Regenbogen mitnehmen und ihm einen Teller Gulasch bestellen.«
»Fünfundzwanzig Cents wären ihm wahrscheinlich lieber.« »Nein. Er braucht eine ordentliche Portion Gulasch. Außerdem wäre es für ihn besser, wenn er nie zum Raten käme. Ein so nervöses, so ungewöhnliches Kind, ich möchte nicht dafür verantwortlich sein, wenn er verliert. Sag' doch selbst, es wär' schrecklich.«
Ich will zugeben, daß Appleseed mir zu der Zeit nicht ganz richtig vorkam. Mr. Marshall hatte Mitleid mit

ihm. Die Kinder versuchten ihn zu necken, gaben es aber bald auf, weil er sich einfach nicht um sie kümmerte. Den ganzen Tag sah man ihn nur an der Bar sitzen, mit gerunzelter Stirn, die Augen unentwegt auf den Krug gerichtet. Und er war so abwesend, daß man manchmal das schrecklich unheimliche Gefühl hatte, er existiere vielleicht gar nicht. Und wenn man schon beinah wirklich davon überzeugt war, wachte er auf und sagte so etwas Ähnliches wie: »Weißt, hoffentlich is' 'n Buffalo-Fünfer drin, von 1913. So'n Junge hat mir gesagt, wo man für 'nen Buffalo-Fünfer von 1913 fünfzig Dollars kriegt.« Oder: »Middy soll 'ne berühmte Dame beim Film werden. Die verdienen 'ne Menge Geld, die Damen, die beim Film mitmachen. Dann essen wir aber keinen Grünkohl mehr, solang wir leben. Nur Middy sagt, sie kann nich' zum Film, wenn sie keine schönen Zähne hat.«

Middy kam nicht immer mit ihrem Bruder mit. An den Tagen, an denen sie nicht dabei war, schien er nicht er selbst zu sein; er war dann scheu und ging bald wieder.

Hamurabi hielt sein Versprechen und lud ihn zu einem Gulasch ins Café ein. »Mr. Hamurabi is' nett, doch, doch«, sagte Appleseed hinterher, »aber er hat so komische Ansichten: Er is' der Meinung, daß er König wär' oder so was Ähnliches, wenn er an einem Ort leben würde, der Ägypten heißt.«

Und Hamurabi sagte: »Dieses Kind hat ein rührendes Vertrauen. Es ist schön, wenn man das so sieht. Aber ich fange an, die ganze Sache zu verabscheuen.« Und er zeigte zum Krug hinüber. »Eine derartige Hoffnung in einem Menschen zu erwecken ist grausam, und es tut mir verdammt leid, daß ich anfangs mitgemacht habe.«

Im Walhalla vertrieb man sich am liebsten die Zeit damit, zu überlegen, was man kaufen würde, wenn man den Krug bekäme. Unter denen, die dabei mitmachten, waren: Salomon Katz, Phoebe Johnes, Carl Kuhnhardt, Pully Simmons, Eddie Foxcroft, Marvin Finkle, Trudy Edwards und ein Neger namens Erskine Washington. Ein paar ihrer Wünsche waren: eine Reise nach Birmingham, um sich dort Dauerwellen machen zu lassen, ein gebrauchtes Klavier, ein Shetland-Pony, ein goldenes Armband, eine vollständige Ausgabe von Rover-Boys-Büchern und eine Lebensversicherung.

Einmal fragte Mr. Marshall, was Appleseed sich denn wünsche. »Das is' 'n Geheimnis«, war die Antwort, und kein noch so dringendes Bitten konnte ihn dazu bringen, es zu verraten. Aber wir waren davon überzeugt, daß es ein ganz brennender Wunsch sein mußte, was es auch immer sein mochte.

Richtig Winter wird es bei uns in der Regel erst Ende Januar, und dann ist er auch noch ziemlich mild und dauert nicht lange.

Aber in dem Jahr, von dem ich schreibe, waren wir schon in der Woche vor Weihnachten mit einem ungewöhnlichen Kälteeinbruch gesegnet. Mancher redet heute noch davon, denn es war ganz schrecklich: Die Wasserleitungen froren ein; viele Leute mußten, in ihre Decken gehüllt, den ganzen Tag im Bett bleiben, weil sie es versäumt hatten, genug Holz für den Kamin zu besorgen; der Himmel verwandelte sich in jenes seltsam trübe Grau, das er kurz vor einem Gewitter zeigt, und die Sonne war so blaß wie der abnehmende Mond. Ein scharfer Wind blies. Er fegte die alten, vertrockneten Blätter des vergangenen Herbstes auf den vereisten Boden, und der Tannenbaum auf dem Rathausplatz wurde zweimal seines ganzen Weihnachtsschmuckes beraubt. Wenn man atmete, entstanden Rauchschwaden. Unten bei der Seidenspinnerei, wo die Ärmsten der Armen wohnten, drängten sich die Familien abends in der Dunkelheit zusammen und erzählten sich Geschichten, um sich von der Kälte abzulenken. Draußen auf dem Land bedeckten die Farmer ihre empfindlichen Pflanzen mit Hanfsäcken und beteten; manche nutzten das Wetter aus, schlachteten ihre Schweine und brachten frische Wurst in die Stadt. Mr. R. C. Judkins, der Trunkenbold der Stadt, staffierte sich mit einem roten Rupfengewand aus und spielte den Weihnachtsmann in dem Geschäft, in dem es nur Sachen für fünf und zehn Cents zu kaufen gibt. Mr. R. C. Judkins war Vater einer großen Familie, und alle waren glücklich, ihn einmal so nüchtern zu erleben, daß er in der Lage war, einen Dollar zu verdienen. Auf einer der Feiern, die die Kirche jetzt veranstaltete, standen sich Mr. Marshall und Rufus McPherson plötzlich von Angesicht zu Angesicht gegenüber: Bittere Worte wurden gewechselt, aber es kam zu keiner Schlägerei.

Wie schon erwähnt, lebte Appleseed auf einer Farm, eineinhalb Kilometer hinter Indian-Branches, also annähernd fünf Kilometer von unserer Stadt entfernt; ein riesig langer und einsamer Weg. Aber trotz der Kälte kam er jeden Tag ins Walhalla und blieb bis

Ladenschluß, das bedeutete, da die Tage nun kürzer waren, bis nach Einbruch der Dunkelheit. Gelegentlich konnte er den halben Weg mit dem Vorarbeiter von der Seidenspinnerei mitfahren, aber das kam nicht oft vor. Er sah müde aus und bekam tiefe Falten um den Mund. Er fror dauernd und bibberte furchtbar vor Kälte. Ich glaube nicht, daß er irgend etwas Warmes unter seinem roten Pullover und seinen blauen Drillichhosen anhatte.

Es war drei Tage vor Weihnachten, als er plötzlich aus heiterem Himmel verkündete: »Nun, ich bin fertig. Ich meine, ich weiß jetzt, wieviel in der Flasche drin is'.« Er brachte das mit einer solch ernsthaften, feierlichen Sicherheit heraus, daß es schwerfiel, daran zu zweifeln.

»Jetzt hör aber mal auf, mein Sohn«, sagte Hamurabi, der auch gerade da war. »Das kannst du gar nicht wissen. Es ist falsch, sich das einzubilden; du bist drauf und dran, dir nur weh zu tun.«

»Sie brauchen mir keine Predigt zu halten, Mr. Hamurabi. Ich weiß schon, was ich tu. 'ne Dame in Louisiana hat zu mir gesagt . . .«

»Ja, ja, ja – aber du solltest das vergessen. Wenn ich du wäre, würde ich jetzt schön nach Hause gehn und dort auch bleiben und diesen gottverdammten Krug vergessen.«

»Mein Bruder geht heute abend rüber nach Cherokee City, auf 'ne Hochzeit, er soll dort wieder spielen, und er wird mir dann die fünfundzwanzig Cents geben«, sagte Appleseed halsstarrig. »Morgen werd' ich mein Glück versuchen.«

Am nächsten Tag war ich daher einigermaßen aufgeregt, als Appleseed und Middy ankamen. Er hatte wirklich seine fünfundzwanzig Cents: Zur Sicherheit waren sie in den Zipfel eines roten Taschentuches eingebunden.
Die beiden wanderten Hand in Hand an den Auslagen entlang und beratschlagten flüsternd, was sie sich kaufen sollten. Schließlich entschieden sie sich für ein fingerhutgroßes Fläschchen Gardenia-Cologne, das Middy sofort aufmachte und sich zur Hälfte aufs Haar goß. »Es riecht wie . . . oh, liebe Mutter Gottes, ich hab noch nie so was Süßes gerochen. Komm Appleseed, Liebling, laß mich auch was auf dein Haar spritzen.«
Aber er ließ es nicht zu.
Mr. Marshall suchte sein Hauptbuch heraus, das alle Zahlen enthielt, während Appleseed zur Bar schlenderte; er legte beide Hände um den Krug und streichelte ihn sanft. Seine Augen leuchteten und seine Wangen glühten vor Erregung. Ein paar Leute, die im Augenblick gerade im Drugstore waren, drängten sich näher heran. Middy stand im Hintergrund, kratzte sich seelenruhig am Bein und roch an dem Cologne. Hamurabi war nicht da.
Mr. Marshall leckte an seiner Bleistiftspitze und lächelte. »O.k., mein Sohn, was soll ich nun schreiben?«
Appleseed holte tief Luft. »Siebenundsiebzig Dollar und fünfunddreißig Cents«, platzte er heraus.
Mit dem Nennen einer so ungeraden Zahl bewies er Originalität, weil im großen und ganzen nur runde Ziffern geraten worden waren. Mr. Marshall wiederholte feierlich den Betrag, während er ihn niederschrieb.

»Wann erfahr' ich, ob ich gewonnen hab?«
»Am Heiligen Abend«, sagte irgend jemand.
»Das is' morgen, wie?«
»Ja, so ist es«, sagte Mr. Marshall ohne jegliche Überraschung. »Komm um vier Uhr.«

Während der Nacht sank das Thermometer noch tiefer, und gegen Morgen gab es einen jener heftigen sommergleichen Regengüsse, so daß der nächste Tag heiter und frostig war. In der Stadt sah es aus wie auf einer Ansichtskarte aus dem Norden, mit weißen glitzernden Eiszapfen an den Bäumen und Eisblumen auf allen Fensterscheiben. Mr. R. C. Judkins stand in aller Frühe auf, stampfte ohne ersichtlichen Grund durch die Straßen und läutete mit einer Tischglocke; ab und zu blieb er stehen, um einen Schluck Whisky aus einer kleinen Flasche zu nehmen, die er in seiner hinteren Tasche verborgen hielt. Da der Tag windstill war, stieg aus vielen Schornsteinen der Rauch gemächlich und geradenwegs zum klaren, frostigen Himmel auf. Ein bißchen später war der Presbyterianische Chor schon in vollem Schwung; und die Kinder (sie trugen schreckenerregende Masken wie am Abend vor Allerheiligen) jagten einander rund um den Platz und machten einen ohrenbetäubenden Lärm.
Hamurabi kam gegen Mittag, um uns beim Ausschmücken von Walhalla behilflich zu sein. Er brachte eine große Tüte mit Mandarinen mit, die wir zusammen alle aufaßen; die Schalen warfen wir in den neuen dickbauchigen Ofen (ein Geschenk Mr. Marshalls an sich selbst), der in der Mitte des Ladens stand. Dann nahm mein Onkel den Krug von der Bar, polierte ihn

blank und stellte ihn auf einen Tisch, von dem aus man ihn gut sehen konnte. Danach war er für uns überhaupt keine Hilfe mehr, denn er hockte auf einem Stuhl und verbrachte die ganze Zeit damit, eine zerknitterte grüne Schleife um den Krug zu binden und sie wieder abzunehmen. So mußten Hamurabi und ich das übrige allein machen: Wir fegten den Boden, rieben die Spiegel blank, staubten die Vitrinen ab und zogen rote und grüne Bänder aus Kreppapier von einer Wand zur andern. Als wir fertig waren, sah alles sehr hübsch und elegant aus.

Aber Hamurabi sah trübselig auf unser Werk und sagte: »Nun, ich denke, ich mach jetzt, daß ich fortkomme.«

»Du willst nicht bleiben?« fragte Mr. Marshall betroffen.

»Oh, nein, nein«, sagte Hamurabi und schüttelte langsam seinen Kopf. »Ich will nicht das Gesicht dieses Kindes sehen. Heut ist Weihnachten, und ich hab die Absicht, mich zu amüsieren. Und das kann ich nicht, nicht, wenn ich mir das aufs Gewissen lade. Teufel, ich könnt nicht mal schlafen.«

»Mach, was du willst«, sagte Mr. Marshall. Und er zuckte die Achseln, aber man konnte sehen, daß er sich verletzt fühlte. »So ist das Leben eben – und außerdem, wer weiß denn, ob er nicht gewinnt?«

Hamurabi seufzte schwermütig. »Was hat er geraten?«

»Siebenundsiebzig Dollar und fünfunddreißig Cents«, sagte ich.

»Gebt doch zu, das ist doch hirngespinstig«, sagte Hamurabi. Er ließ sich neben Mr. Marshall auf einen Stuhl fallen, schlug die Beine übereinander und zündete sich eine Zigarette an. »Wenn du Baby Ruth dahast, möcht' ich gern eins, ich hab 'nen ganz bitteren Geschmack im Mund.«

Der Nachmittag schlich dahin, und wir saßen alle drei um den Tisch herum und fühlten uns schrecklich elend. Es wurde kaum ein Wort gesprochen, und als die Kinder nun den Platz verlassen hatten, hörte man nur noch die Uhr vom Rathausturm die Stunden schlagen. Das Walhalla war geschlossen, aber ständig gingen Leute vorbei und schauten verstohlen ins Fenster. Um drei Uhr sagte Mr. Marshall mir, ich solle die Tür aufschließen.

Innerhalb von zwanzig Minuten war der Raum proppenvoll; alle hatten sie ihre Sonntagskleider an, und in der Luft lag ein süßlicher Geruch, denn die meisten der kleinen Mädchen von der Seidenspinnerei hatten sich mit Vanille einparfümiert. Sie drängten sich an den Wänden entlang, setzten sich auf die Bar, quetschten sich hinein, wo immer sie konnten; bald zog sich die Menge bis auf die Straße hinaus. Der Platz war mit Pferdegespannen und T.-Ford-Modellen umsäumt, die die Farmer mit ihren Familien in die Stadt gebracht hatten. Es gab viel Gelächter und Schreien und Spaß – ein paar empörte Damen beklagten sich über das Fluchen und rücksichtslose Schieben und Drängen der jungen Burschen, aber niemand ging fort. Am Seiteneingang hatte sich eine ganze Menge Neger zusammengefunden, und sie amüsierten sich am meisten. Jeder versuchte das Beste aus einer guten Sache zu machen. Denn in unserer Gegend ist es für gewöhnlich sehr ruhig: Es geschieht nicht viel. Man kann mit Sicherheit sagen, daß nahezu die ganze Wachata County anwesend war, mit Ausnahme der Kranken natürlich und – Rufus McPhersons. Ich sah mich nach Appleseed um, konnte ihn aber nirgends entdecken. Mr. Marshall räusperte sich und klatschte in die Hände, um sich Ruhe zu verschaffen. Als sich der Lärm gelegt hatte und die Atmosphäre genügend gespannt war, erhob er seine Stimme wie ein Auktionator und rief: »Nun hört alle mal her, in diesem Umschlag, den ihr hier in meiner Hand seht« – und er hob ein gelbes Kuvert hoch über seinen Kopf – »hier also steht die Lösung drin, die bis zu diesem Augenblick niemand kennt, außer dem lieben Gott und der First National Bank, ha, ha. Und in dieses Buch« – er hob nun das Hauptbuch mit der anderen Hand hoch –, »hab ich alles aufgeschrieben, was ihr geraten habt. Hat noch jemand eine Frage?« Alles war still. »Schön. Wenn wir jetzt noch jemand haben könnten, der freiwillig . . .« Nicht eine lebende Seele rührte sich von der Stelle: Es war, als ob eine entsetzliche Scheu die Menge überfallen hätte, und auch diejenigen, die sonst die größten Angeber waren, scharrten nur verlegen mit den Füßen. Da rief jemand, es war Appleseeds Stimme: »Durchlassen . . . Ma'am, gehn' se bitte aus'm Weg.« Als er sich nun nach vorn drängte, trotteten Middy und ein magerer, verschlafen aussehender Bursche hinter ihm her, es war offensichtlich der geigende Bruder. Appleseed hatte dasselbe an wie immer, aber sein Gesicht war sauber geschrubbt und rosig, die Stiefel waren geputzt, und das Haar hatte er mit Pomade glatt zurückgekämmt. »Kommen wir noch zur Zeit?« keuchte er.

Aber Mr. Marshall sagte: »Du willst also unser Freiwilliger sein?«
Appleseed sah ihn verwirrt an, nickte dann aber heftig.
»Hat irgend jemand etwas gegen diesen jungen Mann einzuwenden?«
Immer noch herrschte Totenstille. Mr. Marshall übergab Appleseed den Umschlag, der ihn ruhig entgegennahm. Er nagte an seiner Unterlippe und sah ihn erst noch einen Moment an, bevor er ihn aufriß.
In der ganzen Versammlung gab es keinen Laut, außer einem gelegentlichen Husten und dem gedämpften Klingeln von Mr. R. C. Judkins' Tischglocke. Hamurabi lehnte an der Bar und starrte zur Decke; Middy stierte mit leerem Blick über die Schulter des Bruders, und als er daranging, den Umschlag aufzureißen, stieß sie einen leisen, ängstlichen Seufzer aus.
Appleseed zog einen rosa Zettel heraus, und während er ihn so vorsichtig hielt, als ob er zerbrechen könnte, murmelte er das, was darauf geschrieben stand, leise vor sich hin. Plötzlich wurde sein Gesicht ganz blaß und Tränen glänzten in seinen Augen.
»He, nu red' schon, Junge«, brüllte irgendwer.
Hamurabi trat vor und riß ihm beinahe den Zettel aus der Hand. Er räusperte sich und fing an zu lesen, während sich sein Gesicht ganz komisch veränderte.
»Heilige Mutter Gottes . . .«, sagte er.
»Lauter, lauter«, forderte man ärgerlich im Chor.
»Betrügerbande!« brüllte Mr. R. C. Judkins, der um diese Zeit schon wieder einen in der Krone hatte. »Ich rieche eine Ratte, und sie stinkt schon zum Himmel!«

Worauf ein Wirbelsturm von Schreien und Pfiffen die Luft erfüllte.

Appleseeds Bruder fuhr herum und schüttelte seine Fäuste.

»Maul halten, Maul halten, sonst hau ich euch eure verdammten Köpfe zusammen, daß ihr Beulen kriegt, wie'n Kürbis so groß, versteht ihr?«

»Bürger«, schrie Bürgermeister Mawes, »Bürger – hört doch, heut ist Weihnachten . . . so hört doch . . .«

Und Mr. Marshall sprang auf einen Stuhl, klatschte in die Hände und stampfte mit den Füßen, bis wieder einigermaßen Ruhe herrschte. Es soll hier schon gleich erwähnt werden, daß Rufus McPherson dem Mr. R. C. Judkins Geld dafür gegeben hatte, damit er jenen Wirbel verursache, wie wir später erfuhren. Jedenfalls, als der Tumult vorüber war, hatte natürlich niemand anderes den Zettel in Händen als ich . . . aber man frage mich nicht, wie es dazu gekommen ist. Ohne zu überlegen, schrie ich: »Siebenundsiebzig Dollar und fünfunddreißig Cents.« Natürlich verstand ich in der Aufregung zuerst nicht, was das bedeutete; es war nur eine Zahl. Aber dann brach Appleseeds Bruder in sein Freudengeheul aus, und nun begriff ich; der Name des Gewinners wurde schnell bekannt, und das ehrfurchtsvolle Geflüster hörte sich an wie ein Gewitterregen. Aber Appleseed selbst bot einen jammervollen Anblick. Er weinte, als ob er tödlich verwundet wäre, doch als Hamurabi ihn dann auf seine Schultern hob, damit die Menge ihn bewundern konnte, trocknete er sich die Augen mit dem Ärmel seines Pullovers und fing an zu grinsen. Mr. R. C. Judkins brüllte: »Zigeuner! Lausiger Zigeuner!« Aber seine Stimme ging in einem ohrenbetäubenden Applaus unter.

Middy packte meinem Arm. »Meine Zähne«, quietschte sie. »Jetzt krieg' ich meine Zähne!«

»Zähne?« fragte ich noch ganz betäubt.

»Falsche«, sagte sie. »Das ist es doch, was wir uns für das Geld kaufen wollen – ein schönes weißes Gebiß.«

Aber im Augenblick interessierte mich einzig und allein, wie Appleseed auf diese Zahl gekommen war.

»Komm, erzähl mir«, sagte ich verzweifelt, »erzähl mir, wie, in Gottes Namen, konnte Appleseed wissen, daß es gerade siebenundsiebzig Dollar und fünfunddreißig Cents waren?«

Middy sah mich verständnislos an. »Warum, ich denke, er hat es dir gesagt«, antwortete sie ganz ernst. »Er hat gezählt.«

»Ja, aber wie – wie?«

»Geh, weißt du nicht mal, wie man zählt?«

»Aber ist das alles?«

»Nun ja«, sagte sie, und es folgte eine nachdenkliche Pause. »'n bißchen gebetet hat er auch noch.« Sie machte Anstalten davonzustürzen, drehte sich aber noch einmal um und rief: »Außerdem ist er mit 'ner Glückshaube auf die Welt gekommen.«

Und mehr hat nie jemand über dieses Geheimnis erfahren. Wenn man Appleseed später fragte: »Wie hast du das gemacht?« lächelte er nur seltsam und wechselte das Thema.

Viele Jahre später zog er mit seiner Familie irgendwohin nach Florida, und man hörte nie wieder von ihm. In unserer Stadt aber ist diese Legende immer noch lebendig; und bis zu seinem Tod im April des vergangenen Jahres wurde Mr. Marshall am Heiligen Abend immer in die Bibelstunde der Baptisten eingeladen, um die Geschichte von Appleseed zu erzählen. Hamurabi schrieb auch einmal einen Bericht darüber und schickte ihn an verschiedene Magazine. Er wurde aber nie gedruckt. Ein Redakteur schrieb zurück: »Wenn aus dem kleinen Mädchen wirklich ein Filmstar geworden ist, läßt sich vielleicht etwas mit Ihrer Geschichte anfangen.« Aber das ist nie geschehen, und warum soll man lügen?

Ohne Ziel

> Jene sind abtrünnig geworden vom Licht und kennen seinen Weg nicht und kehren nicht wieder zu seiner Straße.
> Im Finstern bricht man in die Häuser ein; des Tages verbergen sie sich miteinander und scheuen das Licht.
> Denn wie wenn der Morgen käme, ist ihnen allen die Finsternis; denn sie sind bekannt mit den Schrecken der Finsternis.
>
> *Hiob 24: 13, 16, 17*

Vincent knipste das Licht in der Galerie aus. Als die Tür verschlossen war, strich er draußen die Krempe seines eleganten Panamas glatt und ging in Richtung der Third Avenue, seinen Schirm tapp – tapp – tapp auf das Pflaster stoßend. Der Regen, der kommen sollte, hatte den Tag seit der Morgendämmerung verdüstert, und aufgeblasene Wolken am Himmel trübten die Fünf-Uhr-Sonne; es war aber trotzdem heiß und feucht wie in tropischem Nebel, und die Stimmen, die durch die graue Julistraße hallten, klangen gedämpft und seltsam, trugen einen verdrießlichen Unterton. Vincent war es, als ob er sich auf dem Grund des Meeres bewege. Autobusse, die durch die Fünfundsiebzigste Straße kreuzten, sahen aus wie grünbauchige Fische, und kaum erkennbare Gesichter wiegten sich wie wellenreitende Masken. Er sah jeden Vorübergehenden genau an, denn er suchte jemand, und plötzlich sah er sie, ein Mädchen in einem grünen Regenmantel. Sie stand da an der Ecke der Fünfundsiebzigsten Straße und der Third Avenue und rauchte eine Zigarette. Irgendwie hatte man den Eindruck, als ob sie eine Melodie vor sich hinsumme. Der Regenmantel war durchsichtig. Sie hatte dunkle Slacks an, keine Strümpfe, ein Paar mexikanische Sandalen und ein weißes Herrenhemd. Ihr Haar war rehbraun und wie das eines Jungen geschnitten. Als sie merkte, daß Vincent zu ihr herüberkam, ließ sie die Zigarette fallen und eilte den Häuserblock entlang zum Eingang eines Antiquitätengeschäftes.

Vincent verlangsamte seine Schritte. Er zog ein Taschentuch heraus und tupfte sich die Stirn ab; wenn er nur fortkönnte, ans Meer, in der Sonne liegen. Er kaufte sich eine Nachmittagszeitung und griff ungeschickt nach seinem Wechselgeld. Es rollte in den Rinnstein und verschwand lautlos in einem Abflußloch. »War ja nur 'n Fünfer, Menschenskind«, sagte der Zeitungsverkäufer, denn Vincent sah aus, als ob ihm das Herz gebrochen wäre, obgleich er in Wirklichkeit den Verlust gar nicht bemerkt hatte. Und so war es jetzt oft, er war nie richtig in Kontakt mit der Umwelt, nie sicher, ob der nächste Schritt ihn zurück oder vorwärts bringen würde, auf- oder abwärts. Gleichgültig, den Regenschirm über den Arm gehängt und seine Augen auf die Schlagzeilen der Zeitung gerichtet – aber was stand überhaupt in dem verdammten Ding? –, setzte er seinen Weg in die Innenstadt fort. Eine dunkelhäutige Frau, die eine

Einkaufstasche trug, rempelte ihn an, sah auf und brummte etwas in einem vulgären, heftigen Italienisch. Ihre rauhe, scharfe Stimme schien durch Lagen von Wolle zu kommen. Als er sich dem Antiquitätengeschäft näherte, wo das Mädchen im grünen Regenmantel wartete, ging er noch langsamer, er zählte eins, zwei, drei, vier, fünf, sechs – bei sechs blieb er vor dem Schaufenster stehen.

Das Fenster glich einer Rumpelkammer; was so im Laufe eines ganzen Menschenlebens von irgendwelchen Leuten ausrangiert worden war, erhob sich hier zu einer Pyramide ohne besonderen Wert: leere Bilderrahmen, eine lavendelfarbene Perücke, verschnörkelte Rasierbecken, Lampenschirme aus Perlen. Eine orientalische Maske hing an einer Schnur von der Decke herab, und der Luftzug eines im Laden laufenden Ventilators drehte sie langsam im Kreis herum. Vincent erhob allmählich seinen starren Blick und sah unmittelbar zu dem Mädchen hin. Sie bewegte sich im Türeingang hin und her, so daß er ihre grüne Erscheinung durch das doppelte Glas verzerrt und gewellt sah; die Hochbahn stampfte oben vorbei und das Fenster zitterte. Ihr Bild zerfloß wie die Spiegelung auf einem silbernen Gefäß, festigte sich dann allmählich wieder: sie beobachtete ihn.

Er hängte sich eine Old Gold zwischen die Lippen, wühlte in seinen Taschen nach einem Streichholz und seufzte, als er keines fand. Das Mädchen trat aus dem Eingang. Sie hielt ihm ein billiges kleines Feuerzeug hin; als die Flamme aufsprang, sahen ihn ihre blassen, flachen, katzengrünen Augen mit beunruhigender Eindringlichkeit an. Ihre Augen hatten einen erstaunten, einen erschreckten Ausdruck, als ob sie ein furchtbares Geschehen, von dem sie Zeuge gewesen waren, weit aufgerissen hätte. Unbekümmerte Ponies hingen ihr in die Stirn; der jungenhafte Haarschnitt betonte noch das kindliche, beinahe poetische Aussehen ihres schmalen, hohlwangigen Gesichts. Es war ein Gesicht, wie man es manchmal bei Jünglingen auf mittelalterlichen Bildern findet.

Vincent blies den Rauch durch die Nase und wußte, daß es sinnlos war zu fragen, hätte aber, wie immer, gern gewußt, wovon sie lebte und wo. Er schnippte die Zigarette fort, denn er hatte sie gar nicht anzünden wollen, dann drehte er sich um und ging schnell unter der Hochbahn hindurch weiter; als er den Bordstein erreichte, hörte er das Quietschen von Bremsen, und als ob ein Wattepfropf aus seinen Ohren gesprengt worden wäre, überfiel ihn plötzlich der Straßenlärm. Ein Taxichauffeur schrie: »Verflixt nochmal, Kleine, hast du Blei im Hintern?« Aber das Mädchen machte keine Anstalten, auch nur den Kopf herumzudrehen; sie bewegte sich völlig abwesend und von ihrer Umgebung unberührt wie eine Schlafwandlerin über die Straße und starrte zu Vincent hin, der sie sprachlos beobachtete. Ein farbiger Junge in einem lebhaften, purpurroten Anzug faßte sie beim Ellenbogen. »Krank, Fräulein?« fragte er und führte sie weiter. Sie antwortete nicht. »Sie sehen mächtig komisch aus, Fräulein. Wenn Sie krank sind, ich . . .« dann, als er der Richtung ihrer Augen folgte, ließ er sie los. Da war etwas, was ihn verstummen ließ. »O je«, murmelte er und zog sich mit einer grinsenden Zurschaustellung seiner zahnsteinbedeckten Zähne zurück.

So fing Vincent an, entschlossen weiterzugehen, und sein Regenschirm klopfte Häuserblock um Häuserblock entlang, als ob er geheime Zeichen gäbe. Sein Hemd war von beißendem Schweiß durchnäßt, und die nun so harten Geräusche dröhnten in seinem Kopf: Eine Autohupe heulte »My Country, 'tis of Thee«, blauer elektrischer Sprühregen sprang aus donnernden Schienen, Whisky-Gelächter kam wie ein ständiger Schluckauf durch schmale Türen der nach abgestandenem Bier riechenden Bars, in denen mit Orchideen bemalte Musikautomaten USA-Musik fabrizierten – »I got spurs that jingle jangle jingle . . .« Gelegentlich erhaschte er einen Schimmer von ihr, einmal spiegelte sie sich im Fenster von Pauls Seefisch-Palast, wo sich scharlachrote Hummer auf einem Strand von zerhackten Eisstückchen sonnten. Sie folgte dicht hinter ihm, die Hände in die Taschen ihres Regenmantels geschoben. Von einer Kino-Reklame schimmerte messingfarbenes Licht herüber, und er dachte daran, wie gern sie Filme sah: schaurige Mord-, Spionage- und Wildwest-Filme. Er ging in eine Seitenstraße, die zum East River führte; es war still hier, ruhig wie am Sonntag: Ein dahinschlendernder Matrose aß schmatzend ein Stückchen Torte mit Schlagsahne, eifrige Zwillinge sprangen Seil, eine alte Dame in Samt mit gardenienweißem Haar schob einen Spitzenvorhang zur Seite und starrte gleichgültig in die regendunkle Leere – das Bild einer Stadt im Juli. Und hinter ihm das weiche, immerwährende Schlappen der Sandalen. Die Verkehrsampel an der Second Avenue leuchtete rot auf; an der Ecke jammerte ein bärtiger Zwerg, es war Ruby, der Popcorn-Mann, vor sich hin:

»Heißes Popcorn, in Butter geröstet, eine große Tüte gefällig?« Vincent schüttelte den Kopf, und der Zwerg sah wie vernichtet aus, dann: »Sehn Se?« höhnte er und stieß seine Schaufel in den von einer Kerze erleuchteten Kasten, wo zerplatzende Körner herumsprangen wie wahnsinnige Motten. »Sehn Se, det Mädelchen weiß, daß Popcorn nahrhaft is'.« Sie kaufte sich für einen Zehner davon, es war in einer grünen Tüte, die zu ihrem Regenmantel paßte und zu ihren Augen.

Dies ist meine Gegend, meine Straße, in dem Haus mit dem Toreingang wohne ich. Es war notwendig, daß er sich daran erinnerte, weil er sein Wirklichkeitsbewußtsein durch ein Wissen um Zeit und Ort ersetzt hatte. Dankbar sah er mürrische ältliche Damen an, ebenso die Männer, die auf den Vortreppen der Sandsteinhäuser herumhockten und ihre Pfeife rauchten. Neun kleine blasse Mädchen kreischten um einen Blumenkarren an der Ecke herum, sie bettelten um Margueriten, die sich sich ins Haar stecken wollten, aber der Hausierer rief: »Schuuh«, und wie Perlen eines zerrissenen Armbandes stoben sie auseinander und kreisten auf der Straße umher; die wilden sprangen davon und lachten, und die scheuen hoben still und für sich ihr sommermüdes Gesicht zum Himmel: Der Regen, würde er denn überhaupt nicht mehr kommen?

Vincent wohnte im Souterrain, er stieg ein paar Stufen hinunter und nahm sein Schlüsseletui heraus; dann blieb er hinter der Eingangstür stehen und sah durch das Guckloch zurück. Das Mädchen wartete oben auf dem Bürgersteig; sie lehnte am Treppengeländer eines

Hauses, ihre Arme hingen schlaff herunter – und Popcorn lag, wie Schnee, verschüttet um sie herum. Ein schmutziger kleiner Junge kroch verwegen heran und las es auf wie ein Eichhörnchen.

2

Für Vincent war es ein Feiertag. Den ganzen Vormittag über war niemand in die Galerie gekommen, was nicht ungewöhnlich war, wenn man das arktische Wetter in Betracht zog. Er saß an seinem Schreibtisch, verschlang Mandarinen und amüsierte sich sehr über eine Geschichte von Thurber in einer alten Ausgabe des New Yorkers. Er lachte laut und hörte nicht, wie das Mädchen eintrat, sah sie nicht über den dunklen Teppich kommen, bemerkte sie tatsächlich überhaupt nicht, bis das Telefon läutete. »Galerie Garland, hallo.« Sie war komisch, ganz zweifellos, dieser auffällige Haarschnitt, die Augen ohne jegliche Tiefe – »Ah, Paul, Comme ci, comme ça, und dir?« – Sie sah aus wie eine Vogelscheuche, hatte keinen Mantel an, nur ein großkariertes Hemd, eine marineblaue Hose und – sollte es ein Scherz sein? – rosa Knöchelsöckchen, ein Paar mexikanische Sandalen. »Das Ballett? Wer tanzt denn? Ach die!« Unter dem Arm trug sie ein flaches Paket, das in die Comics-Seiten einer Zeitung eingepackt war – »Hör zu, Paul, ich ruf dich nochmal an. Es ist jemand hier . . .«, und während er den Hörer auflegte, nahm er ein geschäftsmäßiges Lächeln an und erhob sich.

»Ja?«

Ihre aufgesprungenen Lippen zitterten von ungeformten Worten, als ob sie einen Sprachfehler hätte, und ihre Augen rollten in den Höhlen wie lose Murmeln. Es war eine ängstliche Schüchternheit, wie man sie bei Kindern findet.

»Ich habe ein Bild«, sagte sie. »Kaufen Sie Bilder?«

Vincents Lächeln erstarrte. »Wir stellen aus.«

»Ich hab es selbst gemalt«, sagte sie, und ihre rauhe, die Silben verschluckende Stimme hatte einen südlichen Akzent. »Mein Bild – *ich* hab es gemalt. Eine Dame sagte mir, hier in der Gegend würden Bilder gekauft.«

Vincent sagte: »Ja, natürlich, aber es ist so« – und er machte eine hilflose Bewegung –, »es ist nämlich so, ich habe gar keine Vollmacht. Mr. Garland – dies ist seine Galerie, wissen Sie – ist außerhalb.« Während sie da auf dem weiten, schönen Teppich stand, sackte ihr Körper unter dem Gewicht des Pakets zur Seite, und sie sah aus wie eine traurige, aus Flicken zusammengenähte Puppe. »Vielleicht«, begann er wieder, »vielleicht bei Henry Krueger, die Straße hinauf, Nummer fünfundsechzig . . .«, aber sie hörte gar nicht zu.

»Ich hab es selbst gemacht«, betonte sie sanft. »Dienstag und Donnerstag waren unsere Maltage, und ein ganzes Jahr hab ich gearbeitet. Die andern, die haben immer wieder daran herumgepatzt, und Mr. Destronelli . . .« Plötzlich, als würde sie sich einer Indiskretion bewußt, hielt sie inne und biß sich auf die Lippen. Ihre Augen wurden ganz schmal. »Sind sie nicht mit ihm befreundet?«

»Mit wem?« fragte Vincent verwirrt.

»Mit Mr. Destronelli.«

Er schüttelte den Kopf und wunderte sich, warum

solch ein exzentrisches Wesen immer in ihm diese merkwürdige Bewunderung hervorrief. Es war das gleiche Gefühl, das er als Kind den närrischen Gestalten im Karneval gegenüber gehabt hatte. Und es war wahr, daß alle, die er je geliebt hatte, immer irgendwie verkehrt und in sich gebrochen gewesen waren. Doch seltsamerweise rief diese Veranlagung zwar eine Faszination in ihm hervor, zerstörte sie aber am Ende gewöhnlich wieder. »Natürlich habe ich keinerlei Vollmachten«, wiederholte er und warf die Mandarinenschalen in den Papierkorb, »aber wenn Sie wollen, könnte ich mir Ihre Arbeit ja mal ansehen.«

Eine Pause; dann begann sie, auf dem Boden knieend, das Packpapier mit den Comics abzuwickeln. Vincent bemerkte, daß es ursprünglich ein Teil der New Orleans Times Picayune gewesen war. »Kommen vom Süden, was?« sagte er. Sie blickte nicht auf, aber er sah, wie sie in den Schultern erstarrte. »Nein«, sagte sie. Lächelnd überlegte er einen Augenblick und kam zu dem Schluß, daß es taktlos wäre, bei einer so offensichtlichen Lüge noch einmal zu fragen. Oder konnte sie ihn falsch verstanden haben? Und plötzlich fühlte er ein übermächtiges Verlangen, ihren Kopf zu berühren und ihr über das jungenhafte Haar zu streichen. Er vergrub die Hände in seine Taschen und sah zum Fenster hinaus. Es war von der Februarkälte gefroren, und irgendein Vorübergehender hatte etwas Unanständiges auf das Glas gekritzelt.

»Da«, sagte sie.

Eine Gestalt ohne Kopf, in einem mönchartigen Gewand, lehnte selbstzufrieden an einem schäbigen

Artistenkoffer; in der einen Hand hielt sie eine räuchernde blaue Kerze, in der andern einen winzigkleinen, goldenen Käfig, der abgeschlagene Kopf lag blutend zu ihren Füßen: Es war der des Mädchens, dieser Kopf, aber hier war das Haar lang, sehr lang, und ein kleines Kätzchen, das aussah wie ein Schneeball, mit kristallenen, blitzenden Augen, spielte mit den Enden der ausgebreitet daliegenden Haare wie mit einer Garnrolle. Ein Falke, auch er hatte keinen Kopf – mit scharlachroter Brust und kupferfarbenen Klauen verhängte mit seinen Flügeln den Hintergrund, so daß er aussah wie ein Abendhimmel. Es war ein grelles Bild, die harten, unvermischten Farben waren mit männlicher Grausamkeit aufgetragen, aber wenn es auch technisch nicht viel taugte, war es doch von einer Kraft, wie man sie oft bei tiefempfundenen Dingen sieht, auch wenn sie in primitiver Weise dargestellt sind. Vincent reagierte genau so, wie er es immer dann tat, wenn eine Melodie ein bestürztes inneres Wiedererkennen hervorrief, oder wenn Zeilen in einem Gedicht ein Geheimnis enthüllten, das ihn ganz besonders betraf: Es lief ihm vor Freude kalt den Rücken hinunter. »Mr. Garland ist in Florida«, sagte er vorsichtig, »aber ich finde, er sollte es sich anschaun; könnten Sie es nicht hierlassen für, sagen wir, eine Woche?«

»Ich hab einen Ring gehabt und ich hab ihn verkauft«, er hatte das Gefühl, als rede sie in Trance. »Es war ein hübscher Ring, ein Ehering – nicht mein eigener, mit einer Inschrift. Ich hatte auch einen Mantel.« Sie drehte an einem Knopf ihres Hemdes, zog daran, bis er absprang und auf den Teppich rollte wie ein Perlen-

auge. »Ich will gar nicht viel – fünfzig Dollars; ist das unverschämt?«
»Zu viel«, sagte Vincent schroffer, als es seine Absicht gewesen war. Er wollte ihr Bild jetzt haben, aber nicht für die Galerie, sondern für sich selbst. Es gibt gewisse Kunstwerke, die mehr Interesse an ihrem Schöpfer erwecken als an dem, was er geschaffen hat, gewöhnlich weil man in diesem Werk irgend etwas mit dem identifizieren kann, was bis zum Augenblick eine ganz persönliche und unaussprechliche Empfindung zu sein schien, und man fragt verwundert: Wer ist es, der mich so genau kennt, und wie ist er? »Ich gebe Ihnen dreißig.«
Einen Augenblick stierte sie ihn blöde an, dann holte sie tief Luft und streckte ihre Hand aus, die Handfläche nach oben. Diese Unmittelbarkeit, die zu harmlos war, um abstoßend zu wirken, traf ihn unvorbereitet. Fast verlegen sagte er: »Es tut mir schrecklich leid, aber ich muß Ihnen einen Scheck zuschicken. Könnten Sie . . .?« Das Telefon unterbrach ihn, und als er hinging, um sich zu melden, folgte sie ihm mit ausgestreckter Hand, ein irrer Blick verzerrte ihr Gesicht.
»Ach Paul, kann ich dich nicht anrufen? Ja, ich verstehe. Gut, warte eine Sekunde.« Er klemmte den Hörer gegen seine Schulter und schob einen Schreibblock und einen Bleistift über den Tisch. »Hier, schreiben Sie bitte Ihren Namen und Ihre Adresse auf.«
Aber sie schüttelte den Kopf, der verwirrte, ängstliche Ausdruck wurde stärker.
»Einen Scheck«, sagte Vincent, »ich muß Ihnen einen Scheck schicken. Bitte, Ihren Namen und Ihre

Adresse.« Er lächelte ihr ermutigend zu, als sie schließlich zu schreiben begann.
»Tut mir leid, Paul . . . wer gibt die Party? Nanu, die kleine Bestie, mich hat sie nicht . . . he!« rief er, denn das Mädchen wandte sich zur Tür. »Bitte, he!« Kalte Luft zog durch die Galerie, und die Tür knallte zu, daß das Glas klirrte. »Hallohallohallo.« Vincent antwortete nicht; er stand da und zerbrach sich den Kopf über die merkwürdige Adresse, die sie in Druckbuchstaben auf seinem Block zurückgelassen hatte: D. J. – Y. W. C. A. »Hallohallohallo.«
Es hing über seinem Kamin, das Bild, und in den Nächten, in denen er nicht schlafen konnte, goß er sich ein Glas Whisky ein und sprach mit dem Falken, der keinen Kopf hatte, erzählte ihm die Geschichte seines Lebens: Er sei, so sagte er, ein Dichter, der noch nie ein Gedicht geschrieben hätte, ein Maler, der noch nie gemalt hätte, ein Liebender, der noch nie geliebt hätte (wirklich); kurz, jemand ohne Richtung, ganz ohne Ziel. Oh, es lag nicht daran, daß er es nicht versucht hätte – es hatte immer gut angefangen und war schlecht ausgegangen, immer. Vincent, weiß, männlich, sechsunddreißig Jahre, Akademiker: Ein Mann auf See, fünfzig Meilen von der Küste entfernt; ein Opfer, nur geboren, um eines Tages umgebracht zu werden, entweder von sich selbst oder von irgendeinem andern; ein Schauspieler ohne Engagement. Und all dies war in dem Bild enthalten, alles zusammenhanglos und in einer phantastischen, absurden Weise. Wer war sie, daß sie das alles kannte? Nachforschungen, die er angestellt hatte, hatten zu nichts geführt; man kannte sie in keinem anderen Geschäft,

und nach einer D. J. zu suchen, die vermutlich in einer Y. W. C. A. wohnte, schien Wahnsinn. Und dann hatte er auch ganz sicher erwartet, daß sie wiederkommen würde, aber der Februar ging vorbei und der März. Eines Abends, als er die Plaza überquerte, geschah etwas Merkwürdiges. Die Kutscher der altmodischen, zweirädrigen Droschken, die diesen Ort umsäumten, zündeten die Lampen ihrer Wagen an, denn es wurde dämmrig, und das Lampenlicht drang durch das sich bewegende Laub. Eine Droschke stieß vom Bordstein ab und rollte fort in die Dämmerung. Sie hatte einen einzigen Fahrgast, dessen Gesicht er nicht sehen konnte, aber es war ein Mädchen mit kurzgeschnittenen, rehbraunen Haaren. So setzte er sich auf eine Bank und vertrieb die Zeit, indem er sich mit einem Soldaten unterhielt und mit einem homosexuellen Farbigen, der Gedichte rezitierte, und mit einem Mann, der seinen Dackel ausführte: Leute, wie man sie abends trifft. Mit ihnen wartete er – aber die Droschke mit der einen, auf die er wartete, kam nicht mehr zurück. Er sah sie wieder (oder glaubte sie zu sehen), als er die Treppe zur Untergrundbahn hinunterging, und dieses Mal verlor er sie in dem gekachelten Tunnel mit den bunten Pfeilen und Kaugummi-Automaten aus den Augen. Es war, als ob ihr Gesicht in seine Sinne geprägt wäre; er konnte es nicht loswerden, so wie ein Toter zum Beispiel seine legendären Augen nicht von dem Bild befreien kann, das er zuletzt gesehen hat. Mitte April ging er nach Connecticut, um ein Wochenende bei seiner verheirateten Schwester zu verbringen; er war in einer nervösen Spannung und so bissig, daß sie sich beklagte, er sei gänzlich anders als sonst. »Was hast du denn, Vinny, Liebling – wenn du Geld brauchst . . .« »Oh, hör auf!« sagte er. »Dann muß es die Liebe sein«, neckte ihn sein Schwager. »Komm, Vinny, nun beicht' mal; wie sieht sie aus?« Und all das verärgerte ihn so, daß er mit dem nächsten Zug nach Hause fuhr. Von einer Telefonzelle im Hauptbahnhof rief er an, um sich zu entschuldigen, aber eine quälende Nervosität summte in seinem Innern, und er hängte ein, während die Telefonistin noch versuchte, die Verbindung herzustellen. Er wollte etwas trinken. In der Commodore Bar blieb er ungefähr eine Stunde und kippte vier Daiquiris hinunter – es war Samstag, es war neun Uhr, er hatte nichts zu tun, es sei denn, daß er allein irgend etwas unternahm. Er tat sich selbst leid. Im Park hinter der Volksbücherei gingen Liebespaare unter den Bäumen umher und flüsterten, und die Trinkwasser-Fontänen sprudelten leise wie deren Stimmen; doch ihm, Vincent, der ein bißchen angetrunken hier umherirrte, sagte der weiße April-Abend nur, daß er ebensogut hätte alt sein können, wie die alten Leute die in heiser schleppendem Gespräch auf den Bänken herumsaßen. Auf dem Land ist der Frühling eine Zeit geringfügiger Begebenheiten, die sich still ereignen. Hyazinthen schießen in den Gärten aus der Erde, die Wiesen brennen plötzlich in einem eisigen grünen Feuer, die Abende werden durch eine langsam dahinfließende Dämmerung verlängert, und der mitternächtliche Regen öffnet die Fliederdolden; aber in der Stadt gibt es – wie Fanfaren – die Leierkastenmänner; Gerüche, die der Winterwind nicht vertreiben konnte, verpesten die Luft; Fenster, die lange geschlossen waren, öffnen sich, und die Unterhaltung, die ziellos durch einen Raum schwebt, stößt mit dem Mißton einer Hausiererklingel zusammen. Es ist die verrückte Jahreszeit der Luftballons und der Rollschuhe, der Baritone in den Hinterhöfen und der Leute mit den merkwürdigsten Unternehmungen; zum Beispiel jener Mann, der aus dem Boden schoß wie die Spielzeugfiguren, die aus einem Kasten schnellen, wenn man den Deckel abnimmt. Er war alt, er hatte ein Fernrohr und ein Aushängeschild: 25 Cent. Betrachten Sie den Mond! Betrachten Sie die Sterne! 25 Cent. Kein Stern konnte den Lichtschein über der Stadt durchdringen, aber Vincent sah den Mond, ein rundes, dunstiges, weißes Gebilde, und dann die grelle Flamme elektrischer Glühbirnen: Four Roses, Bing Cro – er bewegte sich durch schalen Karamelgeruch, schwamm durch Ozeane voll käsiger Gesichter, Neon und Dunkelheit. Durch das Gekreisch eines Musikautomaten dröhnte ein Schuß, eine Pappente plumpste herab, und irgend jemand schrie: »I Gott!« Es war ein Vergnügungslokal am Broadway, in dem ein Automat neben dem andern stand, und das bis zum Rand vollgepfropft war mit Leuten, bei denen es samstags hoch hergeht. Er sah sich einen Gruselfilm an (Was der Schuhputzer sah), ließ sich von einer wächsernen Hexe, die hinter einer Scheibe saß und ihn angrinste, sein Schicksal sagen: »Sie sind ein liebevoller und zärtlicher Mensch . . .«, aber er las nicht weiter, denn in der Nähe des Musikautomaten gab es einen neuen Anziehungspunkt. Eine Horde von Halbwüchsigen klatschte im Takt zu Jazzmusik und hatte um zwei Tanzende einen Kreis gebildet. Es waren zwei farbige

Mädchen. Sie schwangen langsam und leicht zusammen wie Liebende, wiegten sich, stampften und rollten ernst und wild mit den Augen; sie paßten sich im Rhythmus dem Geriesel einer Klarinette ebenso an wie dem aufsteigenden Dröhnen einer Trommel. Vincents Blick schweifte die Reihe der Zuschauer entlang, und als er sie sah, durchfuhr ihn ein leuchtender Schauer; denn etwas von der Leidenschaft des Tanzes spiegelte sich in ihrem Gesicht wider. Sie stand da neben einem großen, häßlichen Burschen, und es sah aus, als schliefe sie, und die Negerinnen wären ihr Traum. Das Orchestrion, das hinter der quäkenden Stimme eines Mädchens gebrüllt hatte, wimmerte jetzt einem jähen Ende entgegen. Das Klatschen hörte auf, die Tanzenden trennten sich. Sie war nun allein; obgleich Vincents Instinkt ihm riet, zu gehen, bevor sie ihn bemerkte, ging er doch hin und berührte so leicht ihre Schultern wie jemand, der ganz sacht einen Schlafenden weckt. »Hallo«, sagte er mit viel zu lauter Stimme. Sie drehte sich herum, starrte ihn an, und ihre Augen waren ganz leer. Schrecken zuerst und dann Verwirrung ersetzten den toten, verlorenen Blick. Sie trat dann einen Schritt zurück, und gerade als der Musikautomat wieder zu lärmen anfing, ergriff er sie beim Handgelenk: »Erinnern Sie sich an mich«, beschwor er sie, »die Galerie? Ihr Bild?« Sie blinzelte, ließ die Lider müde über ihre Augen sinken, und er fühlte, wie die Spannung in ihrem Arm langsam nachließ. Sie war schlanker als in seiner Erinnerung, auch hübscher, und ihr Haar, das etwas gewachsen zu sein schien, hing unordentlich herum. Ein schmales silbernes Bändchen von Weihnachten baumelte traurig von einer vereinzelten Locke herunter. Er wollte sagen: »Möchten Sie etwas trinken?« Aber sie lehnte sich an ihn, ihr Kopf ruhte an seiner Brust wie der eines Kindes, und so fragte er: »Wollen Sie mit zu mir kommen?« Sie sah ihn an; und die Antwort, die dann kam, war ein Hauch, ein Flüstern: »Bitte«, sagte sie.

Vincent zog sich aus, hängte seine Sachen ordentlich in den Schrank und bewunderte sich in seiner Nacktheit vor einer Tür, in die ein Spiegel eingelassen war. Er war nicht ganz so hübsch, wie er gedacht hatte, aber immerhin doch hübsch. Für seine mittlere Größe war er außerordentlich gut proportioniert; er hatte dunkelblondes Haar, und sein schmales, ziemlich stumpfnasiges Gesicht hatte eine zarte, frische Farbe. Das Rauschen laufenden Wassers unterbrach die Stille; sie war im Badezimmer und richtete sich ein Bad. Er zog einen weiten, flanellenen Schlafanzug an, zündete eine Zigarette an und sagte: »Alles in Ordnung?« Das Wasser hörte auf zu laufen, es war lange still, dann: »Ja, danke.« Auf der Heimfahrt im Taxi hatte er den Versuch gemacht, sich mit ihr zu unterhalten, aber sie hatte nichts gesagt, nicht einmal als sie die Wohnung betraten – und das beleidigte ihn; denn weil er stolz auf seine Wohnung war wie eine Frau, hatte er wenigstens eine anerkennende Bemerkung erwartet. Es war ein außergewöhnlich hohes Zimmer, ein Bad, eine kleine Küche und ein Hintergarten. In der Einrichtung hatte er moderne mit antiken Möbeln kombiniert und ein ausgezeichnetes Ergebnis erzielt. An den Wänden hingen ein Trio von Toulouse-Lautrec-Drucken, ein gerahmtes Zirkus-Plakat, D.J.s

Gemälde und Fotografien von Rilke, Nijinsky und der Duse. Ein Leuchter mit schlanken blauen Kerzen brannte auf einem Tisch; das Zimmer, das in ihr irres Licht getaucht war, schwankte. Eine Glastür führte in den Garten. Hier hielt er sich nicht viel auf, denn es war ein Platz, den man unmöglich sauberhalten konnte. Da standen ein paar verwelkte dunkle Tulpenstengel im Mondlicht, ein winziger Paradiesbaum und ein alter verwitterter Stuhl, den der letzte Mieter hier zurückgelassen hatte. Er ging auf den kalten Fliesen hin und her, er hoffte, daß die kühle Luft das narkotisch trunkene Gefühl in ihm vertreiben würde. In der Nähe wurde ein Klavier malträtiert, und über ihm war an einem Fenster das Gesicht eines Kindes. Er griff gerade nach einem Grashalm, als ihr langer Schatten in den Garten fiel. Sie stand in der Tür. »Kommen Sie nicht heraus«, sagte er und ging auf sie zu. »Es ist ein bißchen kühl geworden.«
Sie war jetzt von einer erregenden Sanftheit; sie schien irgendwie weniger eckig, weniger durcheinander als bisher, und als Vincent ihr ein Glas Sherry anbot, war er entzückt von der Zartheit, mit der sie es an die Lippen hob. Sie hatte seinen Frottée-Morgenrock an; er war um Ellen zu lang. Sie war barfuß und zog die Füße neben sich auf die Couch. »Es ist wie in Glas Hill, das Kerzenlicht«, sagte sie und lächelte. »Großmama wohnte in Glas Hill. Es war manchmal sehr schön dort; wissen Sie, was sie immer sagte? Sie sagte, ›Kerzen sind wie ein Zauberstab; man zündet eine an, und die Welt ist ein Märchenbuch.‹« »Was für eine schwermütige alte Dame muß das gewesen sein«, sagte Vincent trunken. »Wahrscheinlich hätten wir einander gehaßt.«

»Großmama hätte Sie geliebt«, sagte sie prompt. »Sie liebte alle Männer, alle, die ihr je begegnet sind, sogar Mr. Destronelli.«
»Destronelli?« er hatte den Namen schon einmal gehört.
Mit einem schlauen Blick sah sie ihn von der Seite an, und dieser Blick schien zu sagen: Zwischen uns braucht es doch keine Ausflüchte zu geben, wir verstehen uns doch und haben das nicht nötig. »Oh, Sie wissen doch«, sagte sie mit einer Überzeugung, die unter normalen Umständen überraschend gewesen wäre. Es war jedoch, als ob ihn zeitweilig die Fähigkeit, überrascht sein zu können, im Stich ließ. »Alle kennen ihn.«
Er legte seinen Arm um sie und zog sie näher zu sich heran. »Ich nicht, ich kenn' ihn nicht«, sagte er und küßte ihren Mund, ihren Hals; sie kam ihm nicht besonders entgegen, aber er sagte – und seine Stimme war ganz jung und unsicher geworden –, »bin ihm nie begegnet, diesem Herrn Wer-auch-immer.« Er ließ eine Hand unter ihren Mantel gleiten und streifte ihn von ihren Schultern. Über einer Brust hatte sie ein Muttermal, klein und sternförmig. Er starrte zu der Spiegeltür, bei dem flackernden Licht wellte sich ihr Bild darin und machte sie blaß und undeutlich. Sie lächelte. »Der Herr Wer-auch-immer«, sagte er, »wie sieht er aus?« Der Anflug ihres Lächelns verging wieder, und ein leichtes Stirnrunzeln, wie das eines Affen, huschte über ihr Gesicht. Sie betrachtete ihr Gemälde über dem Kamin, und es fiel ihm auf, daß sie es jetzt erst ansah; sie schien einen bestimmten Gegenstand des Bildes zu studieren, aber ob es der Falke oder der

Kopf war, konnte er nicht feststellen. »Nun«, sagte sie und drückte sich fester an ihn, »er sieht aus wie du, wie ich, wie die meisten Menschen.«

Es regnete; in dem feuchten Mittagslicht brannten noch zwei Kerzenstumpen, und an dem offenen Fenster wehten die grauen Vorhänge verloren hin und her. Vincent machte seinen Arm frei; er war völlig abgestorben unter dem Gewicht ihres Körpers. Vorsichtig, um kein Geräusch zu machen, hob er sich aus dem Bett, blies die Kerzen aus, ging auf Zehenspitzen ins Badezimmer und tauchte sein Gesicht in kaltes Wasser. Auf dem Weg zur Küche reckte er sich und fühlte, wie schon lange nicht mehr, eine übermäßige Freude an seiner männlichen Kraft, eine gesunde Ganzheit seiner Persönlichkeit. Er toastete Rosinenbrot, machte Orangensaft und eine Kanne Tee zurecht und stellte alles auf ein Tablett; und so unbeholfen, daß alles schepperte, brachte er das Frühstück hinein und stellte es auf einen Tisch neben dem Bett.
Sie hatte sich nicht bewegt; ihr zerzaustes Haar lag fächerartig auf dem Kopfkissen, und eine Hand ruhte in der Höhlung, in der sein Kopf gelegen hatte. Er beugte sich über sie und küßte ihre Lippen, ihre Augenlider zitterten und waren noch ganz dunkel von Schlaf. »Ja, ja, ich bin schon wach«, murmelte sie, und der Regen, der mit dem Wind daherstob, sprühte gegen das Fenster wie der Gischt einer Brandung. Irgendwie wußte er, daß es bei ihr keine der üblichen Künste geben würde: Kein Meiden der Augen, keine verschämte, vorwurfsvolle Stille. Sie stützte sich auf ihre Ellenbogen; sie sieht mich an, dachte Vincent, als

ob ich ihr Mann wäre, und als er ihr nun den Orangensaft reichte, lächelte er ihr dankbar zu.
»Was ist heute?«
»Sonntag«, antwortete er und legte sich wieder zu ihr unter die Steppdecke, während er das Tablett über seine Beine stellte. »Aber die Glocken läuten ja gar nicht«, sagte sie, »und es regnet.«
Vincent brach ein Stück Toast durch. »Du machst dir nichts daraus, oder? Regen – solch ein beruhigendes Geräusch.« Er goß Tee ein. »Zucker? Sahne?«
Sie achtete nicht auf das, was er sagte, und sprach weiter: »Heute ist Sonntag? Was? Ich meine, was für ein Monat?«
»Wo hast du bisher gelebt, unter der Erde?« fragte er grinsend. Und er war bestürzt bei dem Gedanken, daß sie es ernst meinen könnte.
»Oh, April . . . April vielleicht.«
»April«, wiederholte sie. »Bin ich schon lange hier?«
»Erst seit gestern abend.«
»Oh.«
Vincent rührte seinen Tee um, der Löffel klang in der Tasse wie eine Glocke. Brotkrumen verstreuten sich zwischen den Bettüchern, und er dachte an die Tribune und die Times, die draußen vor der Tür auf ihn warteten, aber heute morgen hatten sie für ihn keinen Reiz; es war besser, hier neben ihr im warmen Bett zu liegen, Tee zu schlürfen und dem Regen zuzuhören. Komisch, wenn man darüber nachdachte, wirklich sehr komisch. Sie kannte seinen Namen nicht, und er nicht den ihren. Und so sagte er: »Ich bin dir noch dreißig Dollars schuldig, weißt du das? Es ist natürlich deine Schuld – solch eine blödsinnige Adresse

dazulassen. D. J., was soll man sich darunter vorstellen?«

»Ich glaub' nicht, daß es gut wäre, dir meinen Namen zu sagen«, antwortete sie. »Ich könnte leicht einen erfinden: Dorothy Jordan, Delilah Johnson; siehst du? Man kann alle möglichen Namen daraus machen, und wenn *er* nicht wäre, würde ich dir den richtigen Namen schon sagen.«

Vincent stellte das Tablett auf den Fußboden. Er rollte sich auf die Seite, und während er sie anschaute, schlug sein Herz schneller. »Wer ist *er?«* Obgleich ihr Gesichtsausdruck unbewegt blieb, erstickte Ärger ihre Stimme, als sie sagte: »Wenn du ihn nicht kennst, dann sag mir, warum ich hier bin?«

Stille, draußen schien der Regen plötzlich ausgesetzt zu haben. Eine Schiffsirene stöhnte auf dem Fluß. Er drückte sie fest an sich, kämmte mit seinen Fingern durch ihr Haar, und während er sich sehr wünschte, daß sie ihm glauben möge, sagte er: »Weil ich dich liebe.«

Sie schloß die Augen. »Was ist aus ihnen geworden?«

»Aus wem?«

»Aus den andern, denen du das schon gesagt hast.«

Es fing wieder an, der Regen klatschte eintönig ans Fenster, fiel auf die ausgestorbenen sonntäglichen Straßen; während Vincent zuhörte, dachte er nach. Er erinnerte sich an seine Cousine Lucille, arme, schöne, dumme Lucille, den ganzen Tag saß sie da und stickte Seidenblumen auf Stoffreste. Und Allen T. Baker – da war der Winter, den sie in Havanna verbracht hatten; das Haus, in dem sie gewohnt hatten, rosa Muschelkalk bröckelte von den Zimmerwänden; arme Allen, er hatte gedacht, es würde für immer sein. Auch bei Gordon. Gordon mit den lockigen strohblonden Haaren, den Kopf voller alter elisabethanischer Balladen. Ob es stimmte, daß er sich erschossen hatte? Und Connie Silver, das taube Mädchen, das war die, die Schauspielerin hatte werden wollen – was mochte aus ihr geworden sein? Oder Helen, Louise, Laura? »Es war nur eine«, sagte er, und selbst seinen eigenen Ohren klang es, als wäre es wahr. »Nur eine, und sie ist tot.« Zärtlich, wie aus Mitgefühl, berührte sie seine Wange. »Ich glaube, *er* hat sie getötet«, sagte sie, ihre Augen waren den seinen so nah, daß er sehen konnte, wie der Umriß seines Gesichtes in ihrem Grün gefangen war. »Er hat auch Miss Hall getötet, weißt du. Die liebste Frau auf der ganzen Welt, Miss Hall, und so schön, daß es einem den Atem nahm. Ich hatte bei ihr Klavierstunden, wenn sie ›hallo‹ sagte, und wenn sie ›auf Wiedersehen‹ sagte – dann war mir immer, als bliebe mir das Herz stehen.« Ihre Stimme hatte jetzt einen unpersönlichen Klang, als ob sie von Dingen spräche, die einem andern Jahrhundert angehörten und von denen sie nicht unmittelbar betroffen war. »Der Sommer ging schon zu Ende, als sie *ihn* heiratete – im September, denke ich. Sie ging nach Atlanta, und dort wurden sie getraut, und sie kam nie mehr zurück. So plötzlich geschah es«, sie schnippte mit den Fingern. »Gerade so. Ich sah ein Bild von ihm in der Zeitung. Manchmal denke ich, wenn sie gewußt hätte, wie sehr ich sie liebte – warum gibt es Menschen, denen man es nie zeigen kann? –, ich denke, vielleicht hätte sie nicht geheiratet; vielleicht wäre dann alles anders geworden, so wie ich es mir wünschte.« Sie vergrub ihr Gesicht ins Kopfkissen, und wenn sie weinte, so ohne Laut.

Am 20. Mai wurde sie achtzehn; es schien unglaubwürdig – Vincent hatte sie um viele Jahre älter geschätzt. Er wollte sie bei einer Surprise-Party vorstellen, aber schließlich mußte er sich eingestehen, daß dieser Plan unpassend war. Erstens hatte er seinen Freunden gegenüber D. J. bisher nicht ein einziges Mal erwähnt, obgleich er an nichts anderes mehr dachte; zweitens konnte er sich entmutigend genau vorstellen, welchen Spaß ihnen die Begegnung mit einem Mädchen liefern würde, von dem er nichts wußte, nicht einmal den Namen, obgleich sie ganz öffentlich in derselben Wohnung wohnten. Aber irgendwie mußte der Geburtstag doch gefeiert werden. Sie zum Essen oder ins Theater auszuführen war hoffnungslos. Sie besaß kein einziges Kleid, und es war nicht seine Schuld. Er hatte ihr über vierzig Dollars gegeben, damit sie sich Kleider kaufen sollte, und dies sind die Sachen, für die sie das Geld ausgab: Eine lederne Windjacke, eine Garnitur Militärbürsten, ein Regenmantel, ein Feuerzeug. Auch in ihrem Suitcase, das sie in die Wohnung gebracht hatte, war nichts gewesen als Seife aus einem Hotel, eine Schere, die sie brauchte, um sich die Haare zu schneiden, zwei Bibeln und ein abscheuliches farbiges Foto. Das Foto zeigte eine affektiert lächelnde Frau in mittleren Jahren mit einem aufgedunsenen Gesicht. Da war eine Widmung: Die besten Wünsche und viel Glück! Martha Lovejoy Hall.
Weil sie nicht kochen konnte, mußten sie auswärts

essen; wegen seines Gehaltes und der Grenzen, die durch ihre Garderobe gesetzt waren, blieben sie meistens auf den Automaten angewiesen – hierhin ging sie am liebsten: Die Makkaroni waren so köstlich –, oder sie aßen in einem der Restaurants mit Bar und Grill an der Third. Und so wurde das Geburtstagsessen im Automaten eingenommen. Sie hatte sich das Gesicht so lange geschrubbt, bis die Haut rot glänzte, hatte sich die Haare gewaschen und geschnitten und die Fingernägel lackiert, ungeschickt wie eine Sechsjährige, die Erwachsensein spielt. Sie hatte die Lederjacke an, an die das Veilchensträußchen gesteckt war, das er ihr geschenkt hatte; er sah wohl lächerlich aus, denn zwei streitsüchtige Mädchen, die an ihrem Tisch saßen, kicherten wie wahnsinnig. Vincent sagte, wenn sie nicht aufhörten . . .

»Bah, was denken Sie wohl, wer Sie sind?«

»Super-Mann. Der Bursche denkt, er ist ein Super-Mann.« Das war zuviel, und Vincent wurde heftig. Er rückte vom Tisch fort und kippte dabei eine Ketchup-Flasche um. »Zum Teufel, laß uns hier verschwinden«, aber D. J. löffelte weiter ihr Brombeerkompott; so wütend er auch war, er wartete doch ruhig, bis sie fertig gegessen hatte, denn er respektierte ihre Entrückung, hätte aber doch gern gewußt, in welcher Zeit sie eigentlich lebte. Er hatte eingesehen, daß es nutzlos war, nach ihrer Vergangenheit zu fragen; aber der Gegenwart schien sie sich auch nur hier und da bewußt zu sein; und es war, als ob ihr auch die Zukunft nicht viel bedeutete. Ihr Geist war wie ein Spiegel, der in einem leeren Raum die blaue Unendlichkeit reflektiert.

»Was möchtest du jetzt tun?« fragte er, als sie auf die Straße kamen. »Wir könnten in einer Droschke durch den Park fahren.« Sie wischte sich mit ihrem Ärmel die Brombeerreste aus den Mundwinkeln und sagte: »Ich möchte ins Kino gehen.«
Ins Kino. Schon wieder. Im letzten Monat hatte er so viele Filme gesehen, daß Fetzen von Hollywood-Dialogen schon durch seine Träume schwirrten. An einem Samstag hatten sie auf ihr Drängen Karten für drei verschiedene Vorstellungen gekauft, billige Plätze, wo der Geruch nach Desinfektionsmitteln aus den Toiletten die Luft verpestete. Jeden Morgen, bevor er zur Arbeit ging, legte er fünfzig Cents auf den Kamin – und ob es regnete oder ob die Sonne schien, sie ging ins Kino. Aber Vincent war sensibel genug, um zu erkennen, warum: es hatte auch in seinem Leben sozusagen eine Zeit des Fegefeuers gegeben, in der auch er jeden Tag ins Kino gegangen war, und oft war er mehrere Vorstellungen desselben Films hindurch sitzen geblieben; es war auf seine Weise wie Religion, denn während er den wechselnden schwarzen und weißen Formen zuschaute, spürte er eine Erleichterung seines Gewissens, wie sie ein Mensch erfahren mag, der seinem Priester beichtet.
»Handschellen«, sagte sie und spielte auf eine Begebenheit in dem Film Die 39 Schritte an, den sie im Beverly gesehen hatten, in einem Programm alter Hitchcock-Filme. »Die blonde Frau und der Mann mit Handschellen aneinandergefesselt – mir fiel dabei etwas ein.« Sie schlüpfte in einen seiner Schlafanzüge und steckte das Veilchensträußchen an eine Ecke ihres

Kopfkissens, dann kuschelte sie sich ins Bett. »So ist man gefangen, zusammengeschmiedet.«
Vincent gähnte. »Uh hua«, machte er und drehte das Licht aus. »Nochmals, herzlichen Glückwunsch zum Geburtstag, Liebling, *war* es ein schöner Geburtstag?«
Sie sagte: »Einmal war ich irgendwo, da tanzten zwei Mädchen; sie waren so frei, es gab nur sie und nichts sonst, es war schön wie Sonnenuntergang.« Eine ganze Weile war sie still; dann kamen in ihrem langsamen, südlichen Dialekt schleppend die Worte: »Es ist furchtbar nett von dir, daß du mir die Veilchen geschenkt hast.«
»Freut mich, daß du sie magst«, antwortete er schon halb im Schlaf.
»Es ist schade, daß sie sterben müssen.«
»Ja, gute Nacht.«
»Gute Nacht.«
Großaufnahme. O John, es geht doch nicht um mich, aber wir müssen an die Kinder denken, eine Scheidung würde ihr Leben vernichten. Abgeblendet. Die Leinwand zittert, Trommelwirbel, Trompetenstöße: RKO zeigt Ihnen . . .
Hier ist ein Korridor ohne Ausgang, ein Tunnel ohne Ende. An der Decke funkeln Kronleuchter, und windgebeugte Kerzen tanzen in der bewegten Luft. Vor ihm schaukelt ein alter Mann in einem Schaukelstuhl, ein alter Mann mit blondgefärbten Haaren, gepuderten Wangen und einem Puppenmund: Vincent erkennt Vincent. Fort, kreischt Vincent der junge, hübsche, aber Vincent der alte, abscheuliche kriecht auf allen Vieren vorwärts und klettert wie eine Spinne auf seinen Rücken. Drohungen, Beschwörungen,

Püffe, nichts vertreibt ihn. Und so läuft er mit seinem Schatten um die Wette, seinen Reiter hin- und herstoßend. Ein züngelnder Blitz flammt auf, und mit einemmal wimmelt es in dem Tunnel von Männern im Frack mit weißen Krawatten, und Frauen in Brokatkleidern. Er fühlt sich gedemütigt; wie tölpelhaft muß er ihnen vorkommen, so wie er in diesem vornehmen Kreis erscheint, auf seinem Rücken – wie Sindbad – einen heruntergekommenen alten Mann. Die Gäste stehen paarweise wie versteinert da, niemand spricht ein Wort. Er bemerkt nun, daß auch viele von ihnen mit bösartigen Ebenbildern ihrer selbst beladen sind, mit sichtbaren Verkörperungen ihres inneren Verfalls. Gleich neben ihm reitet ein Mann, der einer Eidechse ähnlich sieht, auf einem rotäugigen Neger. Ein anderer Mann tritt auf ihn zu, es ist der Gastgeber; klein, kahlköpfig und mit rosigem Gesicht kommt er mit leichten und gemessenen Schritten daher, in Schuhen aus feinstem Leder; auf einem Arm, den er steif angewinkelt hält, trägt er einen großen Falken ohne Kopf, dessen Krallen sich in sein Handgelenk bohren, daß es blutet. Die Flügel des Falken breiten sich aus, während sein Herr mit ihm vorbeistolziert. Auf einem Podest steht ein altmodisches Grammophon. Der Gastgeber legt eine neue Platte auf, während er die Handkurbel dreht: Ein blecherner abgespielter Walzer versetzt den Schalltrichter in Schwingungen. Er hebt seine Hand und kündigt mit einer sopranhellen Stimme an: »Achtung! Der Tanz beginnt.« Alle verneigen sich und drehen sich im Kreis, während der Gastgeber mit dem Falken an ihnen vorbei hin- und hergeht. Die Wände dehnen sich, und die Decke wächst hoch. Ein Mädchen gleitet in Vincents Arme, und in einer krächzenden grauenhaften Imitation seiner Stimme hört er: »Lucille, wie himmlisch; dieser wunderbare Duft, ist es Veilchen?« Es ist seine Cousine Lucille, und während sie durch den Raum kreisen, verwandelt sich ihr Gesicht. Er tanzt jetzt mit einer anderen. »Ach, Connie, Connie Silver! Wie wunderbar dich wiederzusehen«, brüllt jene Stimme, denn Connie ist völlig taub. Plötzlich tritt ein Herr mit einem Loch im Kopf zwischen sie: »Gordon, verzeih mir, ich wollte nie . . .« aber sie sind schon fort, Gordon und Connie tanzen zusammen weiter. Wieder eine neue Partnerin. Es ist D. J. Auch ihr hat sich eine Gestalt an den Rücken geklettet, ein bezauberndes Kind mit kastanienbraunem Haar; gleichsam als Zeichen seiner Unschuld drückt es ein schneeweißes Kätzchen an seine Brust. »Ich bin schwerer als ich ausschaue«, sagt es, und die schreckliche Stimme erwidert: »Aber ich bin von allen am schwersten.« Von dem Augenblick an, da ihre Hände sich berühren, fühlt er, wie das Gewicht, das auf ihm lastet, abnimmt, der alte Vincent schwindet dahin. Seine Füße lösen sich vom Boden, ihre Berührung macht, daß er schwebt. Das Grammophon dreht sich immer noch, laut wie zuvor, aber er hebt sich empor und die weißen, immer mehr zurückweichenden Gesichter glimmen unten wie Pilze auf einer dunklen Wiese. Der Gastgeber macht den Falken los und läßt ihn aufsteigen. Vincent denkt: »Vor den Blinden sind die Bösen sicher.« Aber der Falke kreist über ihm und stößt hinunter mit ausgestreckten Krallen; am Ende weiß er, daß es nie eine Befreiung geben wird.

In seine Augen strömte die Dunkelheit des Zimmers. Sein Arm hing über die Bettkante, das Kopfkissen war auf den Fußboden gefallen. Instinktiv griff er neben sich, denn es verlangte ihn nach der Zärtlichkeit des Mädchens. Bettücher, glatt und kalt; Leere und der aufdringliche Duft welkender Veilchen. Steil fuhr er hoch: »Du, wo bist du?«

Die Glastüren standen offen. Eine aschfarbene Mondspur wiegte sich auf der Türschwelle, denn es war noch nicht hell, und in der Küche schnurrte der Eisschrank wie eine riesengroße Katze. Ein Stoß von Papieren raschelte auf dem Tisch. Vincent rief noch einmal, ganz leise jetzt, als ob er wünschte, nicht gehört zu werden. Er stand auf, taumelte mit unsicheren Beinen vorwärts und schaute in den Garten. Hier war sie, halb kniend lehnte sie an dem Paradiesbaum. »Was?« und sie fuhr herum. Sie war nicht gut zu erkennen, er sah nur eine dunkle, kompakte Gestalt. Sie kam näher, einen Finger auf den Mund gepreßt.

»Was ist los?« flüsterte er.

Sie stellte sich auf die Zehenspitzen, und ihr Atem kribbelte in seinem Ohr.

»Ich warne dich, geh hinein.«

»Hör mit diesem Blödsinn auf«, sagte er mit normaler Stimme. »Barfuß hier draußen, du wirst dich . . .« aber sie hielt ihm den Mund zu.

»Ich hab ihn gesehen«, flüsterte sie. »Er ist hier.«

Vincent stieß ihre Hand fort. Es fiel ihm schwer, sie nicht zu schlagen. »ER! ER! ER! was ist los mit dir? Bist du« – zu spät versuchte er das Wort – »verrückt?« nicht auszusprechen. Da, das war das Eingeständnis dessen, was er schon lange wußte, was er seinem

Verstand aber zu kristallisieren bisher nicht gestattet hatte. Und er dachte: was ist nun anders geworden? Ein Mensch kann nicht zur Rechenschaft gezogen werden für die, die er liebt. Das war doch nicht wahr, Lucille, sie hatte keinen großen Verstand und stickte Mosaiken auf Seide, stickte seinen Namen auf die Krawatten; Connie, sie lebte in ihrer stillen tauben Welt, wartete auf seine Schritte, ein Laut, den sie mit Sicherheit hören konnte; Allen T. Baker, die Fotografie, die sie von ihm besaß, war vom vielen Anschaun ganz abgegriffen, sie brauchte auch noch Liebe, aber sie war jetzt alt und verloren – alle hatte er betrogen. Und sich selbst hatte er auch betrogen mit den Begabungen, die er nicht ausgenutzt hatte, den Reisen, die er nicht unternommen hatte, den Versprechen, die er nicht gehalten hatte. Es hatte so ausgesehen, als wäre ihm nichts geblieben, bis – oh, warum mußte er in denen, die er liebte, immer das gebrochene Spiegelbild seiner selbst finden? Und als er sie nun im alternden Morgengrauen ansah, war sein Herz kalt, die Liebe tot.

Sie ging fort, unter den Baum. »Laß mich hier«, sagte sie, und ihre Augen liefen prüfend an den Fenstern des Hauses entlang. »Nur einen Augenblick.«

Vincent wartete und wartete. Von allen Seiten sahen die Fenster herunter wie Türen, die in Träume führen; über ihm im vierten Stock zerrte bei einer Familie Wäsche an der Leine. Der untergehende Mond sah aus wie der frühe Mond der Abenddämmerung, ein dunstiges Wagenrad; und der Himmel, der Dunkelheit beraubt, war grau getüncht. Die Blätter des Paradiesbaumes bewegten sich im Wind der aufgehenden

Sonne, und in dem verblassenden Licht gewann der Hof Gestalt, die Gegenstände einen festen Platz. Von den Dächern kam das heisere morgendliche Gegurre der Tauben. Ein Licht ging an. Und noch eins. Schließlich ließ sie den Kopf sinken; wonach sie auch immer ausgeschaut hatte, sie hatte es nicht gefunden. Oder doch, fragte sich Vincent verwundert, als sie sich ihm mit vorgeschobenen Lippen zuwandte.

»Na, Sie sind aber ziemlich früh wieder zu Haus, Mr. Waters.« Es war Mrs. Brennan, die krummbeinige Frau des Hausmeisters. »Ja, und, Mr. Waters – schönes Wetter, nich'? Wir müssen da beide was besprechen.«
»Mrs. Brennan –« wie schwer es ihm fiel zu atmen, zu reden; die Worte rieben sich an seiner wunden Kehle, klangen laut wie Donnerschläge – »ich fühle mich ziemlich elend, wenn es Ihnen recht ist . . .« und er versuchte, an ihr vorbeizueilen.

»So, das tut mir aber leid. Nahrungsmittelvergiftung, das is' sicher 'ne Nahrungsmittelvergiftung. Sie, ich sag' Ihnen was, der Mensch kann nich' vorsichtig genug sein. Kommt nur von den Juden, wissen Sie. Denen gehören doch all diese Delikateßläden. Puh, nichts für mich, dieser Judenfraß.« Sie trat vor das Tor, versperrte ihm den Weg und hob warnend den Finger: »Ärger mit Ihnen, Mr. Waters, deshalb, weil Sie sich nich' an die Vorschriften halten.«
Ein peinigender Knoten lag mitten in seinem Kopf, wie ein bösartiger Edelstein; bei jeder schmerzenden Bewegung blitzten juwelengeschmückte farbige Na-

delspitzen auf. Die Frau des Hausmeisters schwatzte weiter, aber es gab glücklicherweise ruhige Augenblicke, in denen er absolut nichts hören konnte. Es war wie beim Radio – wenn es leise und dann wieder zu voller Lautstärke aufgedreht wird. »Ich weiß ja, sie is' 'ne anständige, christlich gesinnte Dame, Mr. Waters, sonst würde ein Gentleman wie Sie ja nich' – hm. Nur Tatsache is', daß Mr. Cooper keine Lügenmärchen erzählt, er is' wirklich ein ruhiger Mensch. Is' in diesem Bezirk Gasableser, ich weiß nich', wie lang schon.« Ein Sprengwagen rollte die Straße entlang, ihre Stimme ging unter und tauchte wieder auf, wie ein Haifisch. »Mr. Cooper hat allen Grund zu glauben, daß sie ihn umbringen wollte – na, Sie können sich vorstellen, wie sie da stand mit dieser Schere und schrie. Sie redete ihn mit einem iiitalienischen Namen an. Aber wenn Sie sich Mr. Cooper mal ansehen würden, dann würden Sie mir glauben, daß er kein Iiitaliener is'. Ja, Mr. Waters, Sie müssen schon einsehen, daß so ein Benehmen das Haus in schlechten . . .« Die schwache Sonne nahm Besitz von der Tiefe seiner Augen und ließ sie tränen. Die Frau des Hausmeisters, die den Finger hin und herbewegte, schien in einzelne Stücke zu zerfallen: eine Nase, ein Kinn, ein rotes, rotes Auge. »Mr. Destronelli«, sagte er, »entschuldigen Sie. Mrs. Brennan, ich möchte mich entschuldigen.« Sie denkt ich bin betrunken, und ich bin doch krank, sieht sie denn nicht, daß ich krank bin? »Mein Besuch wird gehen, heute noch, und nicht wiederkommen.«

»Ja, nun, das sollten sie nich' sagen«, antwortete Mrs. Brennan und schnalzte mit der Zunge. »Man sieht ihr an, daß sie ein Ruheplätzchen braucht, armes, kleines Ding. So blaß irgendwie. Klar, ich möcht' mit diesen Iitalienern auch nichts zu tun haben, wie alle andern! Aber Mr. Cooper für 'nen Iitaliener zu halten! Stell' man sich das mal vor. Warum, er is' doch weiß wie Sie, wie ich.« Sie klopfte ihm besorgt auf die Schulter. »Tut mir leid, daß Sie sich nicht wohl fühlen, Mr. Waters; 'ne Nahrungsmittelvergiftung, sag ich Ihnen. Der Mensch kann nich' vorsichtig ge . . .«

Im Stiegenhaus roch es nach Essen und Ofenasche. Da war eine Treppe, die er noch nie benutzt hatte, weil seine Wohnung unten lag, ganz geradeaus. Ein Streichholz flammte auf, und Vincent sah, als er sich vorwärtstastete, einen kleinen Jungen – er war nicht älter als drei oder vier Jahre – im Treppenschacht kauern; er spielte mit einer großen Haushaltsschachtel Streichhölzer und Vincents Gegenwart schien ihn nicht zu interessieren. Er zündete einfach ein neues Streichholz an. Vincent konnte seinen Kopf nicht dazu bringen, eine Ermahnung zu formulieren, und als er hier nun mit gelähmter Zunge wartete, öffnete sich eine Tür, es war seine Tür.

Verbergen. Denn wenn sie ihn hier jetzt sähe, würde sie wissen, daß irgend etwas nicht stimmte, würde Verdacht schöpfen. Und wenn sie anfinge zu sprechen, wenn ihre Augen sich begegneten, dann würde er nicht fähig sein, es durchzuhalten. So drückte er sich in eine dunkle Ecke hinter den kleinen Jungen, und dieser fragte: »Was soll ich tun, Mister?« Sie kam, er hörte das Schlappen ihrer Sandalen, das grüne Gewisper ihres Regenmantels. »Was soll ich tun, Mister?« Während ihm das Herz bis in den Hals hinauf schlug, bückte er sich, preßte den Jungen an sich und hielt ihm den Mund so fest zu, daß er keinen Laut von sich geben konnte. Er sah sie nicht vorbeigehen; erst später, als die Haustür zuschlug, wurde er sich bewußt, daß sie nun fort war. Der kleine Junge rutschte zur Erde. »Was soll ich tun, Mister?«

Vier Aspirin nahm er kurz nacheinander und ging zurück in sein Zimmer; das Bett war schon eine Woche lang nicht mehr gemacht worden, ein umgeworfener Aschenbecher lag am Boden, die verschiedensten Kleidungsstücke hingen an unmöglichen Stellen, zum Beispiel an den Lampenschirmen. Aber wenn es ihm morgen besser gehen sollte, dann würde er großreinemachen; vielleicht würde er die Wände neu anstreichen, möglicherweise auch den Garten in Ordnung bringen. Ab morgen würde er sich auch wieder um seine Freunde kümmern, sie zu sich bitten und Einladungen annehmen. Und doch war diese Aussicht, die er im voraus genoß, ohne Reiz: alle, die er früher gekannt hatte, erschienen ihm heute hohl und unecht. Schritte im Stiegenhaus; konnte sie so schnell zurück sein, war das Kino schon aus, der Nachmittag vorbei? Das Fieber kann die Zeit so merkwürdig verstreichen lassen, und einen Augenblick lang war es ihm, als ob alle Knochen einzeln in seinem Innern herumschwirrten. Klapp-klapp, das waren die schlürfenden Schritte eines Kindes, sie gingen vorbei, die Treppe hinauf, und Vincent machte sich auf, schwebte zu dem Schrank mit dem Spiegel. Er hatte den Wunsch, sich zu beeilen, er wußte, daß es sein mußte, aber die Luft schien zäh zu sein wie Gummi. Er nahm ihr Suitcase vom Schrank und stellte es auf das Bett, ein armseliges, billiges Köfferchen mit rostigen Schlössern und gewellter Oberfläche. Er betrachtete es voller Schuld. Wohin würde sie nun gehen? Wie würde sie leben? Als er mit Connie, Gordon und all den andern Schluß gemacht hatte, hatte über allem schließlich doch eine gewisse Würde gelegen. Wirklich, aber – und er hatte es sich gründlich überlegt – es gab keinen andern Weg. So suchte er ihre Sachen zusammen. Miß Martha Lovejoy Hall lugte unter der ledernen Windjacke hervor, ihr Musiklehrerinnengesicht lächelte ihn mit verborgenem Vorwurf an. Vincent drehte sie um, mit dem Gesicht nach unten, und steckte einen Umschlag mit zwanzig Dollars in den Rahmen. Dafür konnte sie eine Fahrkarte nach Glass Hill kaufen, oder woher sie auch immer gekommen sein mochte. Nun versuchte er das Köfferchen zu schließen, war aber vom Fieber so geschwächt, daß er auf dem Bett zusammenbrach. Flinke gelbe Flügel glitten durch das Fenster. Ein Schmetterling. Er hatte noch nie einen Schmetterling in dieser Stadt gesehen, und er sah aus wie eine schwebende, geheimnisvolle Blume, wie irgendein Zeichen, und er sah ihm beinahe mit Entsetzen zu, wie er in der Luft tanzte. Draußen fing irgendwo die Drehorgel eines Bettlers an zu dudeln. Sie klang wie ein kaputtes Klavier und spielte die Marseillaise. Der Schmetterling ließ sich auf ihrem Gemälde nieder, kroch über kristallene Augen und breitete seine Flügel flach über dem losgelösten Kopf auseinander, wie eine Seidenschleife. Vincent wühlte in ihrem Köfferchen herum, bis er die Schere fand. Er hatte zunächst die Absicht, dem Schmetterling die

Flügel zu zerfetzen, dieser kreiste aber zur Decke und blieb dort hängen wie ein Stern. Die Schere durchbohrte das Herz des Falken, fraß sich durch die Leinwand wie ein gieriges Maul aus Stahl; Fetzen des Bildes lagen am Boden verstreut wie abgeschnittenes Haar. Er kniete nieder, scharrte die Stücke auf einen Haufen zusammen, legte sie in das Köfferchen und schlug den Deckel zu. Er weinte. Und durch seine Tränen wuchs der Schmetterling an der Decke, wurde riesengroß wie ein Vogel; und mehr noch: eine Anhäufung von leichtbewegtem, leuchtendem Gelb; einsam raunend, wie eine Brandung, die den Strand zerfrißt. Der Windhauch seiner Flügel wehte das Zimmer ins Nichts. Vincent schleppte sich vorwärts und riß die Tür auf, während das Köfferchen ständig gegen sein Bein stieß. Ein Streichholz flammte auf. Der kleine Junge fragte: »Kann ich was tun, Mister?« Vincent grinste blöde, während er den Koffer ins Stiegenhaus stellte. Er machte die Tür wieder zu wie ein Dieb, verriegelte das Sicherheitsschloß, zerrte einen Stuhl heran und schob ihn schräg unter den Drücker. Im stillen Raum war nur das milde, sich verändernde Sonnenlicht und ein dahinkriechender Schmetterling; er wurde hinuntergetrieben wie ein eigenwilliges Blatt Papier und landete auf einem Leuchter. »Manchmal ist er gar kein Mensch« – hatte sie erzählt, sich hier auf das Bett geworfen und hastig gesprochen, in den Minuten vor der Dämmerung –, »manchmal ist er etwas ganz anderes: ein Falke, ein Kind, ein Schmetterling.« Und dann hatte sie gesagt: »Dort, wo sie mich hingebracht haben, waren Hunderte von alten Damen und jungen Männern, und

einer von den jungen Männern erzählte mir, daß er ein Seeräuber sei, und eine von den alten Damen – sie war fast neunzig – ließ mich immer ihren Magen fühlen. ›Fühl hier‹, sagte sie, ›fühl mal, wie er stößt.‹ Diese alte Dame war auch in der Zeichenklasse, und ihre Bilder sahen aus wie bunte Flickendecken. Und er war natürlich auch dort. Mr. Destronelli. Nur nannte er sich hier Gum. Doktor Gum. Oh, mich täuschte er nicht, auch wenn er eine graue Perücke trug und sich so herrichtete, daß er ganz alt und freundlich aussah, ich wußte doch Bescheid. Und eines Tages ging ich auf und davon, rannte einfach weg und versteckte mich hinter einem Fliederbusch; und ein Mann kam vorbei in einem kleinen roten Auto, er hatte einen Mauseschnurrbart und kleine, grausame Augen. Aber das war *er* auch. Und als ich ihm sagte, wer er sei, warf er mich aus seinem Auto raus. Ein anderer Mann, es war in Philadelphia, gabelte mich in einem Café auf und nahm mich in eine Seitengasse mit. Er sprach italienisch und war überall tätowiert. Das war *er* auch. Und der nächste, das war der, der sich die Fußnägel lackierte, der setzte sich in einem Kino neben mich, weil er dachte, ich sei ein Junge. Als er sah, daß er sich geirrt hatte, wurde er nicht wütend, sondern ließ mich bei sich wohnen und machte uns nette Sachen zu essen. Aber er trug ein silbernes Medaillon, und eines Tages sah ich hinein, und es war ein Bild von Miss Hall darin. Da wußte ich, daß *er* es war, ich fühlte, daß sie tot war, und ich erkannte, daß er auch mich umbringen würde. Und er wird es tun. Er wird es tun.«
Dämmerung, die Nacht brach an. Und die Lautfasern, die man Schweigen nennt, woben eine leuchtendblaue

Maske. Als er aufwachte, lugte er durch schmale Augenschlitze, hörte den wahnsinnigen Pulsschlag seiner Uhr, das Kratzen eines Schlüssels in einem Schloß. Irgendwo löst sich in dieser Stunde der Dämmerung ein Mörder aus dem Dunkel und folgt mit einem Strick dem Schimmer seidener Beine eine verhängnisvolle Treppe hinauf. Und der Träumende hier starrt durch seine Maske und träumt von Betrug. Ohne nachzuschauen weiß er, daß das Suitcase fort ist, daß sie da war und wieder gegangen ist; warum aber empfindet er so wenig Freude über seine Sicherheit, warum fühlt er sich nur betrogen und klein – klein wie in jener Nacht, als er den Mond durch das Fernrohr eines alten Mannes suchte?

3

Wie Fetzen eines alten Briefes lag Popcorn verstreut und zertreten umher, und während sie sich in der Haltung eines Aufsehers zurücklehnte, erlaubte sie ihrem Blick, darin herumzusuchen, als ob sie hier und da ein Wort, eine Antwort entzifferte. Ihre Augen wandten sich vorsichtig dem Manne zu, der die Treppen hinaufstieg, Vincent. Er war frisch wie nach einem Bad, nach dem Rasieren oder wie Eau de Cologne. Aber ein schreckliches Blau lag um seine Augen, und der weiß-blau gestreifte Anzug, den er an hatte, war für einen stärkeren Mann angefertigt worden: Vier lange Wochen Lungenentzündung und schlaflose, brennende Nächte hatten sein Gewicht um ein Dutzend Pfund und mehr verringert. Jeden Morgen und jeden Abend, wenn er sie hier an seiner Tür traf oder in der Nähe der Galerie oder vor dem Restaurant, in dem er aß, wurde in ihm eine namenlose Unordnung ausgelöst, eine Paralyse der Zeit und der Persönlichkeit. Die wortlosen Gebärden, mit denen sie ihn verfolgte, schnürten ihm das Herz ab. Es gab Tage, an denen er sich wie im Koma fühlte, dann schien sie nicht nur *eine* Person zu sein, sondern alle, sich aus vielen zusammenzusetzen, und er folgte ihrem Schatten auf der Straße, jedem Schatten und wurde verfolgt. Und einmal, als sie beide allein in einem Fahrstuhl gewesen waren, hatte er geschrien: »Ich bin nicht *er:* Sondern ich, nur ich!« Aber sie hatte gelächelt, wie sie gelächelt hatte, als sie von dem Mann mit den lackierten Fußnägeln erzählte, denn sie wußte es trotz allem besser.

Es war Zeit zum Abendessen, und da er nicht wußte, wo er es einnehmen sollte, blieb er unter einer Straßenlaterne stehen, die plötzlich aufglomm und ein verschwommenes Licht auf das Pflaster warf. Während er hier wartete, donnerte es, und auf der ganzen Straße stürzten die Gesichter davon, nur zwei nicht, das des Mädchens und das seine. Ein Windstoß, der vom Fluß herüberkam, schüttelte das Gelächter der Kinder durcheinander, die eingehängt daherstolzierten wie Karussellpferdchen, und er trug die Stimme einer Mama herüber, die sich aus einem Fenster lehnte und schrie: »Der Regen, Rachel, der Regen – es hat angefangen zu regnen, es hat angefangen zu regnen!« Und der mit Efeu und Gladiolen beladene Blumenkarren rumpelte wie verrückt dahin, als der Hausierer, mit einem Auge zum Himmel schielend, davonrannte, um irgendwo Schutz zu suchen. Ein Geranientopf fiel herunter, und die kleinen Mädchen sammelten die Blüten auf und steckten sie sich ins Haar. Die Spritzer der vorbeieilenden Füße, die sich mit den Regentropfen vermischten, machten den Bürgersteig zu einem Xylophon – Türen wurden geschlagen, Fenster geschlossen, dann nichts als Stille und Regen. Plötzlich kam sie mit langsamen, schlürfenden Schritten unter die Lampe, um sich neben ihn zu stellen, und es war, als ob der Himmel ein vom Donner zersprengter Spiegel wäre, denn der Regen fiel zwischen ihnen nieder wie ein Vorhang aus zersplittertem Glas.

Kindergeburtstag

(Diese Geschichte ist Andrew Lyndon gewidmet)

Gestern nachmittag wurde Miss Bobbit vom Sechs-Uhr-Bus überfahren. Ich weiß wirklich nicht, was ich dazu sagen soll; denn obgleich sie erst zehn Jahre alt war, weiß ich, daß es keinen Menschen in unserer ganzen Stadt gibt, der sie je vergessen wird. Erstens war alles, was sie tat, ungewöhnlich, vom ersten Augenblick an, als wir sie sahen, und das war vor einem Jahr. Miss Bobbit und ihre Mutter kamen mit demselben Sechs-Uhr-Bus an, der von Mobile hier durchfährt. Mein Vetter Billy Bob hatte gerade Geburtstag, daher waren die meisten Kinder der Stadt bei uns zu Besuch. Wir tummelten uns auf der vorderen Veranda herum, aßen Tutti-Frutti und Schokoladenkuchen, als der Bus um die Todeskurve raste. Es war der Sommer, in dem es nie regnete; rötlich-braune Dürre herrschte weit und breit; wenn ein Auto vorbeifuhr, stand der aufgewirbelte Staub manchmal eine Stunde und länger in der unbewegten Luft. Tante El sagte, sie würde hinunter ans Meer ziehen, wenn nicht endlich die Straße gepflastert würde; aber das sagte sie schon so lange. Wir saßen also auf der Veranda, das Tutti-Frutti schmolz auf unseren Tellern, als plötzlich, gerade als wir uns wünschten, daß etwas geschähe, wirklich etwas geschah; aus dem roten Straßenstaub trat

Miss Bobbit. Es war ein sehniges kleines Mädchen in einem gestärkten zitronengelben festlichen Kleid, das daherkam mit dem affektierten Gebaren einer Erwachsenen, eine Hand hatte sie in die Hüfte gestützt, in der anderen trug sie einen Regenschirm, wie eine alte Jungfer. Ihre Mutter schleppte zwei Pappkoffer und ein Aufziehgrammophon hinter ihr her. Es war eine hagere, ungepflegte Frau mit ruhigen Augen und einem hungrigen Lächeln.

Alle Kinder auf der Veranda waren ganz still geworden, und als ein Wespenschwarm summend aufflog, brachen die Mädchen nicht einmal in ihr übliches Geschrei aus. Ihre Aufmerksamkeit war zu sehr auf das Herannahen von Miss Bobbit und ihrer Mutter gerichtet, die inzwischen die Gartenpforte erreicht hatten. »Verzeihung«, rief Miss Bobbit mit einer Stimme, die zugleich seidenweich und kindlich war wie eine hübsche Schleife und makellos exakt wie die eines Filmstars oder einer pedantischen alten Lehrerin, »aber könnten wir bitte die Erwachsenen dieses Hauses sprechen?« Das richtete sich also an Tante El und, wenigstens bis zu einem gewissen Grad, auch an mich. Aber Billy Bob und all die andern Jungen folgten uns nach an die Pforte, obgleich keiner von ihnen über dreizehn war. Ihren Gesichtern nach zu urteilen, hatten sie noch nie ein Mädchen gesehen. Allerdings sicher noch nie eins wie Miss Bobbit. Tante El sagte zum Beispiel: Hat man je von einem Kind gehört, das sich schminkt? Denn Miss Bobbits Lippen schimmerten orangefarben von einem Lippenstift, ihr Haar, das wie eine Perücke wirkte, bildete eine Masse rötlicher Locken, und die Augen waren offensichtlich mit einem Stift nachgezogen. Sie war von einer hageren Vornehmheit, war eine Dame, und was weit mehr ist, sie konnte einen mit männlicher Unerschrockenheit ansehen. »Ich bin Miss Lily Jane Bobbit, Miss Bobbit von Memphis, Tennessee«, sagte sie feierlich. Die Jungen blickten hinunter auf ihre Fußspitzen, die Mädchen auf der Veranda brachen in lautes Gekicher aus, von Cora McCall angeführt, der Billy Bob zu jener Zeit gerade den Hof machte. »Sie sind eben aus der Provinz«, sagte Miss Bobbit mit verständnisvollem Lächeln und ließ ihren Schirm keck durch die Luft wirbeln. »Meine Mutter«, und die einfache Frau erlaubte sich ein hastiges Nicken mit dem Kopf, um sich vorzustellen, »meine Mutter und ich haben hier Zimmer gemietet. Würden Sie so freundlich sein und uns das Haus zeigen? Es gehört einer Mrs. Sawyer.« Ja, natürlich, sagte Tante El, das kann nur bei Mrs. Sawyer sein, gleich hier schräg gegenüber. Es ist die einzige Pension hier in der Gegend, ein altes großes dunkles Haus mit ungefähr zwei Dutzend Blitzableitern auf dem Dach: Mrs. Sawyer hat nämlich schreckliche Angst vor einem Gewitter.

Billy Bob verfärbte sich und sah aus wie ein rotbackiger Apfel, als er sagte: Bitte, Ma'am, es ist doch so heiß heut und so weiter, ob sie sich nicht erst ein bißchen ausruhn und etwas Tutti-Frutti mit uns essen wollten? Und Tante El sagte: Ja, natürlich. Aber Miss Bobbit schüttelte den Kopf: »Tutti-Frutti macht zu dick, doch ich danke Ihnen herzlich.« Und sie machten sich auf, gingen quer über die Straße, wobei die Mutter ihr Gepäck halb am Boden dahinschleifte. Da drehte sich Miss Bobbit noch einmal mit ganz ernstem Gesicht um; das Sonnenblumen-Gelb ihrer Augen trübte sich, und sie rollte sie leicht zur Seite, als ob sie versuchte, sich an ein Gedicht zu erinnern. »Meine Mutter hat einen Sprachfehler, deshalb muß ich für sie reden«, verkündete sie eilig und seufzte. »Meine Mutter ist eine sehr gute Schneiderin; sie hat für die beste Gesellschaft in kleinen und großen Städten genäht, einschließlich Memphis und Tallahassee. Zweifellos haben Sie das Kleid, das ich anhabe, bemerkt und bewundert. Jeden Stich hat meine Mutter mit der Hand genäht. Sie kann jedes Modell nacharbeiten, gerade kürzlich hat sie einen Preis von fünfundzwanzig Dollars im Ladies' Home Journal gewonnen. Meine Mutter kann auch häkeln, stricken und sticken. Wenn Sie irgend etwas zu nähen haben, kommen Sie bitte zu meiner Mutter. Empfehlen Sie uns auch Ihren Freunden und Ihrer Familie. Vielen Dank.« Dann hörte man nur noch ein Rascheln und Knistern, und fort war sie. Cora McCall und die andern Mädchen zupften nervös und mißtrauisch an ihren Haarschleifen, sie sahen völlig verwirrt aus und machten ganz dumme Gesichter. Ich bin Miss Bobbit, sagte Cora und verzerrte ihr Gesicht, um sie nachzumachen, was ihr aber schlecht gelang, und ich bin Prinzessin Elisabeth, daß ihr's nur wißt, ha, ha, ha. – Außerdem, so sagte sie – das Kleid war schäbig wie nur irgendwas, ich bekomme meine Kleider alle von Atlanta; ein Paar Schuhe habe ich sogar aus New York, und von meinem silbernen Türkisring will ich gar nicht reden, der ist aus Mexiko. Tante El meinte, sie sollten sich nicht so über ein Kind lustig machen, das fremd war in unserer Stadt, aber die Mädchen benahmen sich weiter wie wildgewordene Hexen und ein paar Jungen, die albern genug waren und den Mädchen gefallen wollten, machten mit und sagten Dinge, bei denen Tante El rot wurde und erklärte, sie würde sie sofort alle nach Hause schicken und ihren Vätern sagen, daß sie Prügel verdient hätten. Aber sie konnte ihre Drohung nicht wahrmachen, denn Miss Bobbit selbst kam ihr dazwischen. Sie schlenderte über die Sawyersche Veranda und war in einer neuen und aufsehenerregenden Weise kostümiert.

Die älteren Jungen wie Billy Bob und Preacher Star, die ruhig geblieben waren, als die Mädchen sich über Miss Bobbit lustig gemacht hatten, und die mit düsteren und angestrengten Gesichtern das Haus beobachtet hatten, in dem sie verschwunden war, standen jetzt auf und gingen gemächlich zur Pforte hinunter. Cora McCall rümpfte die Nase und schob die Unterlippe vor, aber wir andern gingen und setzten uns auf die Treppe. Miss Bobbit schenkte uns gar keine Beachtung. Der Sawyersche Garten liegt hinter Maulbeerbäumen verborgen, es wachsen dort Gras und wilde Rosen. Manchmal, wenn es geregnet hat, kommt der Duft der Rosen bis zu uns herüber; und in der Mitte des Gartens ist eine Sonnenuhr, die Mrs. Sawyer im Jahre 1912 dort hinbauen ließ zur Erinnerung an ihren Boston-Terrier Sunny, der starb, nachdem er einen Eimer mit Farbe ausgetrunken hatte. Miss Bobbit stolzierte mit dem Grammophon durch den Garten und stellte es auf die Sonnenuhr; sie zog es auf, ließ eine Platte abspielen, und man hörte den Grafen von Luxemburg. Es war nun schon fast dunkel, die Stunde der Glühwürmchen, blau wie Milchglas; Vögel stießen wie Pfeile zusammen und stürzten sich in die schützende Tiefe der Bäume. Vor einem Gewitter scheinen Blätter und Blüten in einem eigenen Licht, in einer geheimnisvollen Farbe zu leuchten; und Miss Bobbit, die in ihrem kurzen weißen Röckchen aussah wie eine Puderquaste, schien mit den golden-glitzernden Bändern im Haar in der Dunkelheit ringsumher gesetzt zu sein, um dieses Leuchten zu entfalten. Sie hatte die Arme in weitem Bogen hoch über ihren Kopf gehoben, ihre Hände sahen aus wie müde Lilien, und sie stand auf Zehenspitzen aufrecht da. So verharrte sie eine lange Zeit, und Tante El sagte, das sei recht gekonnt. Dann fing sie an, sich zu drehen, rundherum ging es und immer wieder rundherum und rundherum, bis Tante El sagte, ihr sei schon ganz schwindlig vom bloßen Zuschaun. Sie hörte nur auf, wenn das Grammophon aufgezogen werden mußte; und als der Mond über den Dachfirst heruntergerollt kam und die letzte Glocke zum Abendessen geläutet hatte, als alle Kinder schon nach Hause gegangen waren und die schwarze Iris sich zu öffnen begann, drehte sich Miss Bobbit immer noch wie ein Kreisel in der Dunkelheit.

Danach sahen wir sie eine Zeitlang nicht wieder. Preacher Star kam jeden Morgen zu uns und blieb den ganzen Tag da bis zum Abendessen. Preacher ist ein spindeldürrer Bursche mit einem struppigen roten Haarschopf. Er hat elf Brüder und Schwestern, und sogar die fürchten sich vor ihm, denn er hat einen schrecklichen Charakter, und er ist weit und breit wegen seiner Eifersüchteleien und Gemeinheiten bekannt: Am vierten Juli des vergangenen Jahres verprügelte er Ollie Overton so, daß dessen Eltern ihn nach Pensacola ins Krankenhaus bringen mußten; und ein anderes Mal biß er einem Maulesel das halbe Ohr ab, kaute es und spuckte es dann auf den Boden. Als Billy Bob noch nicht so groß war wie heute, trieb Preacher auch mit ihm sein Unwesen. Er steckte ihm Kletten in den Kragen, rieb ihm Pfeffer in die Augen und zerriß seine Hausaufgaben. Aber jetzt sind sie die dicksten Freunde in der ganzen Stadt: Sie haben die gleiche Art zu reden, haben den gleichen Gang, und manchmal verschwinden sie zusammen ganze Tage lang. Niemand weiß, was sie treiben. Aber in dieser Zeit, in der Miss Bobbit nicht erschien, blieben sie in der Nähe des Hauses. Sie trieben sich im Garten herum und versuchten, mit einer Schleuder die Spatzen von den Telefonmasten zu schießen, und manchmal spielte Billy Bob auch auf seiner Hawaii-Gitarre. Dann sangen sie: *Schreib mir einen Brief, schick ihn mir per Post, schick ihn ins Gefängnis nach Birmingham.* Sie sangen so laut, daß Onkel Billy Bob, der hier Richter ist, Einspruch erhob und sagte, sie seien bis zum Rathaus zu hören. Nur Miss Bobbit hörte sie nicht; zumindest steckte sie nie ihren Kopf zur Tür heraus. Dann kam Mrs. Sawyer eines Tages zu uns herüber, um sich eine Tasse Zucker zu borgen, und dabei bekamen wir eine Menge über ihre neuen Mieter zu hören: Wissen Sie, sagte sie und blinzelte mit ihren kükenhellen Augen, ihr Mann ist ein Verbrecher, puh, das Kind hat es mir selbst erzählt. Das hat nich' für fünf Cents Schamgefühl, kein bißchen. Sagt, ihr Daddy sei der allerliebste Daddy, und niemand in ganz Tennessee könne so schön singen wie er . . . Und ich sagte, wo ist er denn, Liebling? Und so ungeniert, wie man es sich nur vorstellen kann, antwortete sie, oh, er ist im Zuchthaus, und wir haben nichts mehr von ihm gehört. Sagen Sie bloß, läuft es einem da nich' ganz kalt den Rücken 'runter? Na, und ich denk mir, die Mama, die, denk ich, muß 'ne Ausländerin sein: Sagt nie ein Wort, und manchmal sieht es so aus, als ob sie gar nich' versteht, was man zu ihr sagt. Und wissen Sie, alles essen die roh. Ungekochte Eier, rohe Rüben und Karotten – und überhaupt kein Fleisch. Aus gesundheitlichen Gründen, sagt das Kind, pah! Dabei liegt sie schon seit letztem Dienstag mit Fieber fest im Bett.

Am selben Nachmittag ging Tante El hinaus, um ihre Rosen zu gießen, aber sie mußte feststellen, daß sie fort waren. Es waren ganz besondere Rosen, und sie hatte die Absicht gehabt, sie zur Blumenausstellung nach Mobile zu schicken, daher wurde sie natürlich ein bißchen hysterisch. Sie rief den Sheriff an und sagte: Hören Sie, Sheriff, Sie müssen sofort herkommen. Irgend jemand ist mit all meinen Lady Annes auf und davon, die ich seit dem Frühjahr mit so viel Liebe gehegt und gepflegt habe. Als das Auto des Sheriffs vor unserem Hause hielt, kamen alle Nachbarn ringsherum auf ihre Verandas, und Mrs. Sawyer, die auf ihrem Gesicht Schichten von Cold Cream hatte, so daß es ganz weiß war, kam im Trab über die Straße: Oh, verflixt, sagte sie, enttäuscht darüber, daß nicht mindestens jemand umgebracht worden war, oh, verflixt, sagte sie, die Rosen hat niemand gestohlen. Euer Billy Bob hat sie zu uns 'rübergebracht und für die kleine Bobbit abgegeben. Tante El sagte kein Wort. Sie ging nur ruhig zum Pfirsichbaum und schnitt sich einen Stecken ab. Ohhh, Billy Bob, sie zog die Straße entlang und rief seinen Namen, bis sie ihn unten bei der Garage von Speedy fand, wo er und Preacher zusahen, wie Speedy einen Motor auseinandernahm. Sie zog ihn einfach an den Haaren hoch, und während sie ihn grün und blau schlug, schleppte sie ihn nach Hause. Aber sie konnte ihn nicht dazu bringen, zu sagen, daß es ihm leid täte, und sie brachte ihn auch nicht zum Weinen. Und als sie ihn endlich losließ, rannte er hinters Haus in den Garten, kletterte in die Spitze eines Pecan-Nußbaumes und schwor, daß er nie wieder 'runterkommen würde. Dann kam sein Vater nach Hause, und es war Zeit zum Abendessen. Sein Vater stellte sich ans Fenster und rief: Mein Sohn, wir sind dir nicht mehr böse, so komm also herunter und iß dein Abendbrot. Aber Billy Bob rührte sich nicht. Tante El ging hin und lehnte sich an den Baum. Sie sprach mit einer Stimme, die so sanft war wie das erste Morgenlicht: Es tut mir leid, mein Sohn, sagte sie, ich wollte dich nicht so sehr schlagen. Ich hab ein feines Abendessen gemacht, Kartoffelsalat und gekochten Schinken und Sol-Eier. Geh weg, sagte Billy Bob, ich will kein Abendbrot und ich haß' dich wie den Teufel. Sein Vater sagte, er solle nicht so mit seiner Mutter reden, und sie fing an zu weinen. Sie stand da unter dem Baum, weinte und wischte sich mit ihrem Rock die Tränen ab. Ich haß' dich nicht, mein Sohn ... wenn ich dich nicht liebhätte, würde ich dich nicht schlagen. Die Blätter des Pecan-Nußbaumes fingen an zu rascheln und Billy Bob glitt langsam zu Boden. Tante Els Finger strichen durch sein Haar, und sie zog ihn an sich. Ach, Ma, sagte er, ach, Ma.

Nach dem Abendessen kam Billy Bob und warf sich auf das Fußende meines Bettes. Er roch säuerlich-süß, wie das bei Jungen so ist, und er tat mir sehr leid, besonders weil er so gequält aussah. Seine Augen waren ganz klein vor Kummer. Das gehört sich doch so, daß man kranken Leuten Blumen schickt, sagte er selbstgerecht. Um diese Zeit hörten wir das Grammophon, eine beschwingte ferne Melodie; ein Nachtfalter flog durch das Fenster herein und schwebte so leicht durch die Luft wie die Musik. Aber es war schon dunkel, und man konnte nicht sehen, ob Miss Bobbit tanzte. Billy Bob krümmte sich auf meinem Bett, als ob er Schmerzen hätte, klappte zusammen wie ein großes Taschenmesser; aber sein Gesicht war plötzlich klar, und seine schmuddeligen Bubenaugen zuckten wie Kerzenlicht. Sie ist so drollig, flüsterte er, sie ist das drolligste Teufelchen, das ich je gesehen hab. Verflucht nochmal, was macht es mir schon aus, ich würd' die Rosen von ganz China für sie pflücken.

Und Preacher wäre ebenfalls bereit gewesen, die Rosen von ganz China für sie zu pflücken. Er war genauso verrückt nach ihr wie Billy Bob. Aber Miss Bobbit beachtete sie gar nicht. Die einzige Verbindung, die wir mit ihr hatten, war ein Briefchen an Tante El, in dem sie ihr für die Blumen dankte. Tag für Tag saß sie auf der Veranda, immer war sie irgendwie aufgeputzt, oft stickte sie, manchmal drehte sie sich auch Locken ins Haar oder las im Webster – sie war zurückhaltend, aber immer freundlich; wenn man ihr Guten Tag sagte, sagte auch sie Guten Tag. Trotzdem schienen die Jungen nie den Mut aufzubringen, zu ihr hinüberzugehen und sich mit ihr zu unterhalten, und meistens übersah Miss Bobbit sie auch vollkommen, obgleich sie wie die Kater auf der Straße hin- und herstrichen und versuchten, ihre Aufmerksamkeit zu erregen. Sie machten Ringkämpfe, spielten Tarzan, vollführten die verrücktesten Kunststücke auf dem Fahrrad. Es war eine mühsame Angelegenheit. Aber auch eine Menge Mädchen schlenderte zwei- oder dreimal in einer Stunde an dem Sawyerschen Haus vorbei, nur um Miss Bobbit zu sehen. Unter ihnen waren: Janice Ackermann, Mary Murphy Jones, Cora McCall. Aber Miss Bobbit zeigte auch für sie keinerlei Interesse. Cora sprach nicht mehr mit Billy Bob. Genauso war es mit Janice und Preacher. Janice schrieb Preacher tatsächlich einen Brief mit roter Tinte und auf einem Bogen mit Spitzenrand. Sie schrieb, daß er der gemeinste Mensch auf der ganzen Welt sei, daß sie ihre Freundschaft als aufgelöst betrachte und daß er das ausgestopfte Eichhörnchen, das er ihr geschenkt hatte, wiederhaben könne. Preacher sagte darauf, er wolle anständig sein, und hielt sie an, als sie das nächstemal an unserm Haus vorbeikam, und er sagte, nun, also gut, sie könne das olle Eichhörnchen ruhig behalten, wenn ihr was dran läge. Als Janice darauf heulend davonrannte, begriff er nicht, warum.

Eines Tages dann benahmen sich die Jungen noch verrückter als sonst. Billy Bob versank in der Khaki-Uniform seines Vaters aus dem Ersten Weltkrieg, Preacher lief mit nacktem Oberkörper herum und hatte sich mit einem alten Lippenstift von Tante El eine nackte Frau auf die Brust gemalt. Sie sahen aus wie zwei vollkommene Idioten, Miss Bobbit

aber lehnte sich in ihrer Schaukel zurück und gähnte nur.
Es war um die Mittagszeit und niemand war auf der Straße außer einem Negermädchen, das fett war wie ein Baby und eine Figur hatte wie eine Zuckerpflaume. Sie kam summend daher und trug einen Eimer mit Brombeeren. Die Jungen quälten sie wie lästige Mücken, faßten sich bei den Händen und wollten sie nicht durchlassen, nicht, bis sie ein Lösegeld gezahlt hätte. Ich weiß nich', was für'n Lösegeld, sagte sie, was für'n Lösegeld meinen die Herren? Ein Rendezvous in der Scheune, sagte Preacher durch die Zähne. Ein tolles Rendezvous in der Scheune. Und mit ärgerlichem Achselzucken antwortete sie, daß sie keinen Wert auf ein Rendezvous in 'ner Scheune lege. Daraufhin kippte Billy Bob ihr den Eimer mit den Beeren aus, sie quiekte verzweifelt wie ein Schwein, und als sie sich dann vorbeugte und mit vergeblichen Gesten bemüht war, den Eimer zu retten, gab Preacher, der gemein sein kann wie der Teufel, ihr einen Fußtritt in das Hinterteil, daß sie hinfiel und wie Pudding zwischen den Beeren im Schmutz lag. Jetzt kam Miss Bobbit über die Straße gerast, ihr Finger wackelte hin und her wie der Pendel eines Metronoms; sie klatschte in die Hände wie eine Lehrerin, stampfte mit dem Fuß und sagte: »Es dürfte doch wohl bekannt sein, daß ein Gentleman dafür da ist, eine Lady zu beschützen. Glaubt ihr, daß sich ein Junge in Memphis, New York, London, Hollywood oder Paris so benehmen würde?« Die Jungen zogen sich zurück und schoben die Hände in die Hosentaschen. Miss Bobbit half dem Negermädchen wieder

auf die Beine, sie klopfte sie ab, trocknete ihr die Tränen, hielt ihr ein Taschentuch hin und sagte, sie solle sich die Nase putzen. »Schöne Zustände«, sagte sie, »schöne Zustände sind das, wenn eine Dame nicht einmal bei hellichtem Tag ihres Lebens sicher ist.« Dann gingen sie beide zusammen zurück und setzten sich auf Mrs. Sawyers Veranda; und in dem ganzen nun folgenden Jahr sah man sie fast immer nur zusammen, Miss Bobbit und dieses Elefantenbaby, das Rosalba Cat hieß. Anfangs regte sich Mrs. Sawyer furchtbar darüber auf, daß Rosalba so oft in ihrem Haus war. Sie sagte zu Tante El, es gehe ihr gegen den Strich, daß da vor aller Augen immer ein Nigger auf ihrem Balkon herumlungere. Aber Miss Bobbit hatte so etwas wie eine magische Kraft, was sie auch immer tat, es geschah mit einer solchen Vollkommenheit, so unbeirrt und ernsthaft, daß man nichts anderes tun konnte, als ja dazu zu sagen. Die Kaufleute in der Stadt zum Beispiel grinsten anfangs immer, wenn sie *Miss* Bobbit zu ihr sagten; aber nach und nach war sie eben Miss Bobbit, und sie machten sogar eine kleine Verbeugung, wenn sie vorbeieilte und ihren Sonnenschirm durch die Luft wirbeln ließ. Miss Bobbit erzählte allen Leuten, Rosalba sei ihre Schwester, was Anlaß zu manchem Scherz gab; aber wie die meisten ihrer Einfälle schien auch dieser allmählich ganz natürlich, und bald lachten wir nicht mehr, wenn wir hörten, wie sie sich Schwester Rosalba und Schwester Bobbit nannten. Aber Schwester Rosalba und Schwester Bobbit taten die merkwürdigsten Dinge. Da war zum Beispiel die Geschichte mit den Hunden. Nun, es gibt viele Hunde in unserer Stadt, Schnauzer, Hühnerhunde und Bluthunde; sie streunen in müden Gruppen zu sechs bis zwölf durch die ausgestorbenen, mittäglich heißen Straßen und warten nur auf die Dunkelheit und auf den Mond. Dann aber kann man sie in seinen einsamen Stunden heulen hören: Jetzt stirbt gerade wer, irgend jemand ist tot. Miss Bobbit beklagte sich beim Sheriff: Sie sagte, daß manche von den Hunden sich gerade immer unter ihrem Fenster aufpflanzten, und daß sie erstens einmal einen sehr leichten Schlaf habe; und was weit schlimmer sei, Schwester Rosalba habe gesagt, sie glaube gar nicht, daß das überhaupt Hunde seien, es seien eine Art Teufel. Der Sheriff tat natürlich nichts; und so nahm sie die Sache selbst in die Hand. Eines Morgens, nach einer besonders lauten Nacht, sah man sie, Rosalba zur Seite, durch die Stadt ziehen; Rosalba trug einen Blumenkorb voller Steine. Wo sie nur einen Hund fanden, blieben sie stehen, und Miss Bobbit schaute ihn sich ganz genau an. Manchmal schüttelte sie den Kopf, aber meistens sagte sie: »Ja, das ist einer, Schwester Rosalba«, und Schwester Rosalba nahm dann in wildem Grimm einen Stein aus ihrem Korb und knallte ihn dem Hund zwischen die Augen.

Dann geschah das mit Mr. Henderson. Mr. Henderson bewohnte ein Hinterzimmer im Sawyerschen Haus; er war ein zähes kleines Männchen von fast siebzig und hatte früher in Oklahoma auf eigene Faust nach Öl gebohrt. Wie viele alte Männer war auch er nur davon besessen, ob sein Körper funktionierte. Außerdem trank er furchtbar. Einmal war er vierzehn Tage hindurch nur betrunken gewesen; immer wenn er Miss Bobbit oder Schwester Rosalba im Haus herumgehen hörte, stürzte er auf den obersten Treppenabsatz und brüllte zu Mrs. Sawyer hinunter, daß da Zwerge in den Mauern seien, die versuchten, an seine Toilettenpapierbestände zu kommen. Für fünfzehn Cents etwa haben sie mir schon gestohlen, sagte er. Als die beiden Mädchen eines Abends gerade unter einem Baum im Garten saßen, kam Mr. Henderson nur mit einem Nachthemd bekleidet auf sie losgestürzt. Wollt mir mein ganzes Toilettenpapier stehlen, was, schrie er. Ich werd's euch Zwergen schon zeigen ... Man muß mir helfen! Diese Biester bringen es fertig und nehmen der ganzen Stadt bis aufs letzte Blatt alles weg. Es waren Billy Bob und Preacher, die Mr. Henderson packten und so lange festhielten, bis erwachsene Männer kamen und ihn fesselten. Miss Bobbit, die bewundernswert ruhig geblieben war, sagte den Männern, daß sie keinen richtigen Knoten machen könnten, und übernahm das selbst. Sie leistete so gute Arbeit, daß Mr. Henderson Hände und Füße abstarben und es einen Monat lang dauerte, bis er wieder gehen konnte.

Kurz darauf stattete Miss Bobbit uns einen Besuch ab. Sie kam am Sonntag, und ich war allein zu Hause, die andern waren alle in der Kirche. »In der Kirche riecht es so aufdringlich«, sagte sie und beugte sich mit korrekt gefalteten Händen etwas vor. »Sie müssen nicht denken, daß ich eine Heidin bin, Mr. C.; ich habe genug erfahren, um zu wissen, daß es einen Gott gibt und auch einen Teufel. Aber das ist nicht der richtige Weg, mit dem Teufel fertigzuwerden, wenn man in die Kirche geht und sich anhört, was für eine sündige gemeine Kreatur er sei. Nein, man muß den Teufel ebenso lieben wie Jesus: Er ist stark und leistet einem gute Dienste, wenn er sieht, daß man ihm vertraut. Wie oft hat er mir zum Beispiel in der Ballettschule in Memphis geholfen ... ich habe ihn immer angefleht, mir die Hauptrolle in unserer alljährlichen Aufführung zu geben. Das ist gesunder Menschenverstand: Sehen Sie, ich weiß doch, daß Jesus keine Beziehung zum Tanzen hat. Und auch kürzlich habe ich erst wieder den Teufel angerufen. Er ist der einzige, der mir helfen kann, aus dieser Stadt hinauszukommen. Ich wohne hier, aber leben tu ich hier eigentlich nicht. Ich sehne mich immer irgendwo anders hin, irgendwohin, wo alles Tanz ist, wo die Menschen auf der Straße tanzen und alles schön ist wie auf einem Kindergeburtstag. Mein lieber Papa sagte immer, daß ich im Himmel lebe. Aber hätte er ein bißchen mehr im Himmel gelebt, dann wäre er so reich geworden, wie er es sich immer gewünscht hat. Das Unglück mit meinem Papa war, daß nicht er den Teufel liebte, sondern daß er zuließ, daß der Teufel ihn liebte. Ich bin in dieser Beziehung sehr geschickt; ich weiß, daß das Nächstliegende oft das Beste ist. Das Nächstliegende für uns war, in diese Stadt zu ziehen; und weil ich hier meine Ausbildung nicht weitermachen kann, ist das Nächstliegende, ein bißchen was nebenbei zu verdienen. Und ich hab mir auch schon etwas gesucht. Ich habe die Generalvertretung für eine ganze Menge von Magazinen für diesen Bezirk übernommen, einschließlich Reader's Digest, Popular Mechanics, Dime Detective und Child's Life. Sie brauchen keine Angst zu haben, Mr. C., ich bin nicht gekommen, um Ihnen etwas anzubieten. Aber ich habe da eine Idee. Ich habe an diese beiden Jungen gedacht, die sich hier immer herumtreiben. Es ist mir eingefallen, daß sie ja schließlich schon beinahe richtige Männer sind. Glauben Sie nicht auch, daß sie ganz brauchbare Vertreter abgeben würden?«

Billy Bob und Preacher arbeiteten schwer für Miss Bobbit und auch für Schwester Rosalba. Schwester Rosalba vertrieb eine Reihe kosmetischer Artikel unter dem Namen »Tautropfen«, und es gehörte mit zu dem Job der Jungen, daß sie die bestellten Sachen zu Rosalbas Kundschaft brachten. Billy Bob war abends immer so müde, daß er kaum noch sein Essen hinunterbrachte. Tante El sagte, es sei eine Schande und ein Jammer, und als Billy Bob dann eines Tages mit einem richtigen Sonnenstich nach Hause kam, sagte sie, jetzt wäre aber Schluß und Billy Bob hätte bei Miss Bobbit aufzuhören. Billy Bob beschimpfte sie so, daß sein Vater ihn in sein Zimmer einsperren mußte; worauf er erklärte, er werde sich umbringen. Man brauche bloß Sirup über eine Portion Grünkohl zu gießen und das dann zu essen. Daran gehe man genauso sicher zugrunde, als wenn man sich erschieße, das hatte irgendein Koch ihm erzählt; und genau das tat er auch. Ich sterbe, jammerte er und wälzte sich in seinem Bett hin und her, ich sterbe und niemand kümmert sich um mich.

Miss Bobbit kam herüber und sagte ihm, er solle sich beruhigen. »Dir fehlt nichts, mein Junge«, sagte sie. »Du hast dir nichts weiter als den Magen verdorben.« Dann tat sie etwas, worüber Tante El entsetzt war: Sie schlug Billy Bobs Bettdecke zurück und rieb ihn vom Kopf bis zu den Zehenspitzen mit Alkohol ab. Als Tante El ihr erklärte, sie fände, daß sich das für ein kleines Mädchen nicht gehöre, antwortete Miss Bobbit: »Ich weiß nicht, ob es sich gehört oder nicht, auf jeden Fall ist es sehr erfrischend.« Danach tat Tante El alles, was sie nur konnte, um Billy Bob davon abzubringen, weiter für Miss Bobbit zu arbeiten, aber sein Vater sagte, sie solle ihn in Ruhe lassen, er müsse sein eigenes Leben leben.

Mit Geld war Miss Bobbit sehr genau. Sie zahlte Billy Bob und Preacher die Provision immer richtig aus und ließ sich nie von ihnen in den Drugstore oder ins Kino einladen, was sie oft genug versuchten. »Ihr solltet euer Geld lieber sparen«, sagte sie. »Vielleicht geht ihr mal auf ein College. Und keiner von euch ist begabt genug, ein Stipendium zu bekommen, nicht einmal ein Fußballstipendium.« Aber gerade ums Geld ging es, als Billy Bob und Preacher heftig aneinandergerieten; natürlich war es nicht der wirkliche Grund. In Wirklichkeit waren sie wegen Miss Bobbit aufeinander eifersüchtig. Eines Tages also sagte Preacher zu Miss Bobbit, und er hatte die Unverfrorenheit, es in Billy Bobs Gegenwart zu tun, sie solle ihre Rechnungen besser kontrollieren, denn ihm sei mehr als einmal der Verdacht gekommen, daß Billy Bob nicht *alles* Geld abliefere, das er einnahm. Das ist eine ganz gemeine Lüge, sagte Billy Bob, und mit einem sauberen linken Haken beförderte er Preacher von der Sawyerschen Veranda hinunter und sprang ihm nach auf ein Beet mit Kapuzinerkresse. Doch als es Preacher gelang, ihn zu packen, hatte Billy Bob keine Chancen mehr. Preacher rieb ihm sogar Erde in die Augen. Während dies geschah, sah Mrs. Sawyer von einem der oberen Stockwerke zum Fenster hinaus und kreischte wie ein Adler, und Schwester Rosalba frohlockte: Bring ihn um! Bring ihn um! Bring ihn um! ohne daß man wußte, wen sie nun eigentlich meinte. Nur Miss Bobbit schien zu wissen, was zu tun war. Sie drehte den Gartenschlauch auf, bespritzte die Jungen so, daß sie nichts mehr sehen konnten, und bereitete dem Kampf damit ein Ende. Keuchend kam Preacher hoch. Oh, Liebling, sagte er, und schüttelte sich wie ein nasser Hund, Liebling, du mußt jetzt entscheiden. »*Was* entscheiden?« fuhr Miss Bobbit an ihn. Oh, Liebling, japste Preacher, du kannst nicht wollen, daß wir beide uns gegenseitig umbringen. Du mußt entscheiden, wer wirklich dein Freund ist. »Freund, du meine Güte«, sagte Miss Bobbit. »Ich hab was Besseres zu tun, als mich mit Kindern aus der Provinz abzugeben. Aus dir wird nie ein richtiger Geschäftsmann. Hör mir einmal gut zu, Preacher Star: Ich will keinen Freund, und wenn ich einen wollte, dann bestimmt nicht dich. Du stehst ja nicht einmal auf, wenn eine Dame ins Zimmer kommt.«

Preacher spuckte aus und ging stolz zu Billy Bob hinüber. Komm, sagte er, als wäre nichts geschehen, die hat ja kein Herz, die will weiter nichts, als zwei gute Freunde auseinanderbringen. Einen Augenblick lang sah es so aus, als ob Billy Bob sich wieder mit ihm versöhnen wolle; aber plötzlich besann er sich und zog sich mit einer unmißverständlichen Geste zurück. Eine volle Minute sahen die Jungen einander an, und alle Vertrautheit zwischen ihnen bekam einen häßlichen Anstrich: So haßt man nicht, wenn man nicht ebensosehr liebt. All das konnte man in Preachers Gesicht lesen. Aber es blieb ihm nichts anderes übrig, als fortzugehen. Ach ja, Preacher, an jenem Tag sahst du so verlassen aus, daß ich dich zum erstenmal richtig gernhatte, wie du da ausgemergelt und armselig und verloren ganz allein die Straße hinuntergingst.

Preacher und Billy Bob vertrugen sich nicht wieder; das kam nicht etwa daher, weil sie es nicht gewollt hätten, sondern sie schienen nicht den rechten Weg zu finden, ihre Freundschaft weiter fortzusetzen. Ganz loskommen konnten sie von dieser Freundschaft aber auch nicht: Jeder wußte immer, was der andere gerade tat; und als Preacher einen neuen Kameraden fand, lief Billy Bob tagelang niedergeschlagen herum, fing etwas an, ließ es wieder liegen, oder tat plötzlich irgend etwas ganz Verrücktes, so steckte er zum Beispiel mit Absicht einen Finger in den Ventilator. Abends blieb Preacher manchmal an unserer Pforte stehen und unterhielt sich mit Tante El. Ich glaube, er tat es nur, um Billy Bob zu quälen, aber er war weiterhin freundlich zu uns allen, und zu Weihnachten brachte er uns sogar eine riesengroße Büchse mit geschälten Erdnüssen. Er ließ auch ein Geschenk für Billy Bob da. Es stellte sich heraus, daß es ein Buch von Sherlock Holmes war; und auf dem ersten Blatt stand gekritzelt: »Freunde müssen fallen wie der Efeu von der Mauer.«

So was Kitschiges hat die Welt noch nich' gesehn, sagte Billy Bob. Lieber Gott, is' das 'n Esel! Dann aber ging er, obgleich es ein kalter Wintertag war, hinaus in den Garten, kletterte auf den Pecan-Nußbaum und verkroch sich dort den ganzen Nachmittag über in den blauen Dezemberästen.

Aber meistens war er glücklich, denn Miss Bobbit war da, und sie war jetzt immer sehr nett zu ihm. Sie und

Schwester Rosalba behandelten ihn wie einen Mann; was bedeutet, daß sie ihm erlaubten, alles für sie zu tun. Andererseits ließen sie ihn dafür beim Bridge gewinnen, sie zeigten es ihm nicht, wenn sie merkten, daß er schwindelte, und sie machten ihn nicht mutlos bei all seinen Bemühungen. Es war eine glückliche Zeit. Jedoch fing das Elend wieder an, als die Schule begann. Miss Bobbit weigerte sich, hinzugehen. »Das ist doch lächerlich«, sagte sie, als eines Tages der Direktor, Mr. Copland, vorbeikam, um sich zu erkundigen. »Das ist doch wirklich lächerlich; ich kann lesen und schreiben, und es gibt Leute hier in der Stadt, die ganz gut wissen, daß ich auch mit Geld umgehen kann. Nein, Mr. Copland, überlegen Sie einen Augenblick, und sie werden einsehen, daß wir beide dafür weder Zeit noch Kraft haben. Am Ende käme es nur darauf hinaus, wem die Nerven zuerst durchgehen würden, Ihnen oder mir. Und außerdem, was können Sie mir schon beibringen? Ja, wenn Sie etwas vom Tanzen verstünden, das wäre etwas anderes; aber unter diesen Umständen, Mr. Copland, ja, unter diesen Umständen ist es, glaube ich, am besten, wir vergessen die ganze Geschichte.« Mr. Copland war absolut bereit dazu. Aber die übrige Stadt war der Meinung, Miss Bobbit hätte Prügel verdient. Horace Deasly schrieb einen Artikel in der Zeitung mit der Überschrift: Eine tragische Situation. Seiner Meinung nach war es eine tragische Situation, wenn ein kleines Mädchen sich dem widersetzen konnte, was er mit gutem Grund die Verfassung der Vereinigten Staaten nannte. Der Artikel endete mit einer Frage: *Wird sie damit durchkommen?* Sie tat es; und ebenso Schwester

Rosalba. Nur war die eine Farbige, und deshalb kümmerte sich kein Mensch um sie. Billy Bob war nicht so glücklich. Er mußte in die Schule, na schön. Aber er hätte ebensogut zu Hause bleiben können, wenn man bedenkt, was sie ihm nützte. In seinem ersten Zeugnis hatte er drei Sechser, ein Rekord besonderer Art. Aber er ist im Grunde ein gescheiter Bursche. Ich glaube, es lag nur daran, daß er die Stunden ohne Miss Bobbit nicht ertragen konnte; wenn er nicht bei ihr war, schien er nur halb wach zu sein. Und immer schlug er sich mit irgendwem herum; entweder hatte er ein blaues Auge, oder seine Lippen waren aufgeschlagen, oder er hinkte. Er sprach nie über diese Kämpfe, aber Miss Bobbit war klug genug, den Grund zu erkennen. »Du bist sehr lieb, ich weiß, ich weiß. Und ich schätze dich sehr, Billy Bob. Nur schlage dich nicht meinetwegen mit den Leuten herum. Natürlich reden sie gemeine Dinge über mich. Aber weißt du warum, Billy Bob? Das ist nur eine Art von Kompliment. Denn in ihrem tiefsten Inneren denken sie ja doch, daß ich einfach wunderbar bin.«
Und sie hatte recht; wenn man nicht bewundert wird, machen sich die Leute auch nicht die Mühe, über einen herzuziehen. Aber wir hatten keine Ahnung, wie wunderbar Miss Bobbit wirklich war, bis jener Mann auftauchte, der als Manny Fox bei uns bekannt wurde. Das geschah Ende Februar. Das erste, was wir von Manny Fox sahen, war eine Serie lustiger Plakate, die überall in den Läden der Stadt hingen: Manny Fox zeigt die Schleiertänzerin ohne Schleier; und dann kleiner darunter: Außerdem ein sensationelles Amateurprogramm, ausgeführt von Ihren eigenen Nach-

barn. Erster Preis: Richtige Probeaufnahmen in Hollywood. Und all das sollte am nächsten Donnerstag stattfinden. Die Eintrittskarten kosteten einen Dollar pro Person, was für die Leute hier eine Menge Geld bedeutet; aber Vorstellungen, in denen wir nacktes Fleisch zu sehen bekommen, gibt es nicht oft bei uns, und so rückte man allgemein mit dem Geld heraus und machte viel Aufhebens von der Sache. Die ganze Woche über führten die Cowboys im Drugstore schmutzige Reden, am meisten über die Schleiertänzerin ohne Schleier, die Mrs. Manny Fox war, wie sich herausstellte. Sie wohnten im Touristen-Camp, draußen an der Landstraße; aber den ganzen Tag über hielten sie sich an der Straße auf und fuhren in einem alten Packard herum, auf dessen vier Türen mit Schablonen Manny Fox' voller Name gemalt war. Seine Frau war eine Rothaarige mit einem ausdruckslosen Gesicht und einer spitzen Zunge, sie hatte immer nasse Lippen und feuchte Augenlider; sie war in Wirklichkeit ziemlich groß, aber im Vergleich zu Manny Fox schien sie beinahe zerbrechlich, denn er war ein Bulle von einem Mann.

Im Billardsaal errichteten sie ihr Hauptquartier, jeden Nachmittag sah man sie hier Bier trinken und mit den Müßiggängern der Stadt scherzen. Wie sich herausstellte, beschränkten sich die Geschäfte von Manny Fox nicht nur auf das Theater. Er hatte auch so etwas wie ein Büro für Arbeitsuchende: Langsam ließ er durchsickern, daß er jedem abenteuerliebenden Burschen für eine Gebühr von einhundertfünfzig Dollars einen erstklassigen Job verschaffen könne, als Arbeiter auf Obstdampfern, die von New Orleans nach

Südamerika fuhren. Die Chance des Lebens nannte er es. Es gibt keine zwei Burschen hier in der Gegend, die auch nur fünf Dollars in der Hand haben; trotzdem gelang es einem guten Dutzend, dieses Geld aufzubringen. Ada Willingham nahm alles, was sie gespart hatte, um ihrem Mann einen Grabstein mit einem Engel zu kaufen, und gab es ihrem Sohn, und Acey Trumps Vater verkaufte seine Baumwollernte vom Feld weg.

Aber dann der Abend der Vorstellung! Es war ein Abend, an dem alles vergessen war: Der Gerichtsvollzieher und das schmutzige Geschirr in der Küche. Tante El sagte, man könnte denken, es ginge in die Oper, alle waren danach angezogen, aufgeputzt und wohlriechend. Das Odeon war seit dem Abend, an dem man das echte, silberne Besteck hatte gewinnen können, nicht mehr so voll gewesen. Praktisch hatte jeder einen Angehörigen, der mitmachte, und so wurde allgemein gegen eine ziemliche Nervosität angekämpft. Miss Bobbit war die einzige Teilnehmerin, die wir wirklich gut kannten. Billy Bob konnte nicht stillsitzen; er ermahnte uns immer und immer wieder, bei keinem anderen zu klatschen als bei Miss Bobbit. Tante El sagte, das wäre unhöflich, worauf er Zustände bekam; und als sein Vater jedem von uns eine Tüte Popcorn kaufte, rührte er die seine nicht an, weil seine Hände davon fettig würden, und dann noch etwas, bitte, wir sollten ja keinen Krach machen und etwa unsres essen, wenn Miss Bobbit dran war. Die Nachricht, daß sie überhaupt mitmachen würde, hatte uns erst in der letzten Minute überrascht. Es war eigentlich ganz klar, denn es hatte Anzeichen genug gegeben, an denen wir es schon vorher hätten merken können; die Tatsache zum Beispiel, daß sie wer weiß wie viele Tage lang nicht aus dem Sawyerschen Haus gekommen war. Das Grammophon hatte bis in die Nacht hinein gespielt, ihr herumwirbelnder Schatten war auf den Fenstervorhängen zu sehen gewesen, und dann das geheimnisvolle, vielsagende Gesicht von Schwester Rosalba, wenn man sie fragte, wie es denn Schwester Bobbit ginge. Ihr Name stand also tatsächlich an zweiter Stelle auf dem Programm, aber es dauerte lange, bis sie endlich erschien. Zuerst kam Manny Fox, schmierig und schielend, und erzählte eine Reihe ganz bestimmter Witze, sich selbst immer Beifall klatschend, ha, ha, ha. Tante El sagte, wenn er noch einen solchen Witz erzählte, würde sie aufstehn und sofort nach Hause gehen: Er tat es, aber sie blieb. Elf Personen traten vor Miss Bobbit auf, einschließlich Eustacia Bernstein, die Filmschauspieler imitierte, so daß sie sich alle anhörten wie Eustacia; und dann war da noch ein ganz außergewöhnlicher Mann, Mr. Buster Riley, ein Hinterwäldler mit abstehenden Ohren, der auf einer Säge »Matilda tanzt Walzer« spielte. Bis zu diesem Augenblick war er der Schlager der Vorstellung; nicht daß es einen wesentlichen Unterschied darin gegeben hätte, wie die einzelnen aufgenommen wurden, denn allen wurde großzügig applaudiert. Nur Preacher Star machte eine Ausnahme. Er saß zwei Reihen vor uns und begrüßte jede neue Nummer mit lautem Gebrüll wie ein Esel. Tante El sagte, sie werde nie wieder ein Wort mit ihm sprechen. Miss Bobbit war die einzige, der er Beifall klatschte. Zweifellos stand ihr heute der Teufel bei, aber sie verdiente es auch. Sie kam heraus, wiegte sich in den Hüften, warf die Locken zurück und rollte die Augen. Man konnte mit Sicherheit sagen, daß es keine ihrer klassischen Nummern werden würde. Sie tappte auf Zehenspitzen über die Bühne, ihr himmelblaues Röckchen zu beiden Seiten graziös ein wenig hochhaltend. Das ist das Goldigste, was ich je gesehen habe, sagte Billy Bob und klatschte sich auf den Oberschenkel, und auch Tante El mußte zugeben, daß Miss Bobbit wirklich sehr süß aussah. Als sie anfing herumzuwirbeln, brachen die Zuschauer in spontanen Beifall aus; so tat sie es immer und immer wieder, während sie »Schneller! Schneller!« zu der armen Miss Adelaide hinüberzischte, die am Klavier ihr Bestes gab wie in der Bibelstunde. »Ich bin in China geboren und wuchs auf in Japan . . .« Wir hatten Miss Bobbit bisher nie singen hören, ihre Stimme war rauh wie Sandpapier. ». . . wenn du meine Pfirische nicht magst, geh von meiner Dose weg, oho, oho!« Tante El rang nach Luft; und sie tat es noch einmal, als Miss Bobbit zum Schluß mit einem Ruck ihren Rock hob und das mit blauen Spitzen verzierte Höschen sehen ließ. Dafür erntete sie all die Pfiffe, die sich die Burschen eigentlich für die Schleiertänzerin ohne Schleier aufgespart hatten, was aber gut war, wie sich später herausstellte, denn jene Dame erfüllte ihre Pflicht – nach der Melodie von »Einen Apfel für den Lehrer« und begleitet von Zurufen wie Schwindel, Schwindel – in einem Badeanzug. Aber die Zurschaustellung ihres Hinterteils war nicht Miss Bobbits endgültiger Triumph. Miss Adelaide begann mit unheilvollem Donner auf den tieferen Tasten, und in diesem Augenblick stürzte Schwester Rosalba mit einer brennenden Wunderkerze auf die Bühne und reichte sie Miss Bobbit, die gerade mitten in einem Spagat war, den sie auch tatsächlich fertigbrachte; und gerade in diesem Augenblick zerbarst die Wunderkerze in leuchtend rote, weiße und blaue Kugeln, und wir mußten uns alle von unseren Plätzen erheben, weil sie das »Sternenbanner« sang, so laut sie eben konnte. Tante El sagte hinterher, es sei das Großartigste gewesen, was sie je auf einer amerikanischen Bühne gesehen hätte.

Ja, sie verdiente wirklich die Probeaufnahmen in Hollywood, und da sie den Wettstreit gewann, sah es ganz danach aus. Manny Fox bestätigte es dann auch: Meine Liebe, sagte er, du hast wirklich das Zeug zu einem Star. Nur verschwand er am nächsten Tag aus der Stadt und ließ nichts zurück als liebenswürdige Versprechungen. Wartet die Post ab, meine Freunde, ihr werdet alle von mir hören. Das sagte er zu den Jungen, deren Geld er eingesteckt hatte, und das sagte er auch zu Miss Bobbit. Dreimal am Tag kommt die Post, und eine beträchtliche Gruppe von Menschen versammelte sich jedesmal vor dem Postamt, eine fröhliche Gruppe zunächst die nach und nach aber immer trostloser wurde. Wie ihre Hände zitterten, wenn ein Brief in den Kasten fiel. Ein schreckliches Schweigen kam über sie, je mehr Tage vergingen. Jeder wußte, was der andere dachte, aber niemand wagte es auszusprechen, nicht einmal Miss Bobbit. Die Postbotin Patterson sagte es endlich frei heraus. Der Mann ist ein Betrüger, sagte sie, das hab ich mir von Anfang an gedacht, und wenn ich mir noch einen

Tag länger eure Gesichter ansehen muß, schieß ich mich tot.

Miss Bobbit war es, die nach vierzehn Tagen endlich den Bann brach. Ihr Blick war so leer geworden, wie man es nie für möglich gehalten hätte. Aber eines Tages dann, als die letzte Post vorbei war, war ihr alter Auftrieb wieder da. »Ok., Jungen, jetzt zur Lynch-Justiz«, sagte sie und nahm den ganzen Trupp mit zu sich nach Hause. Das war das erste Treffen des Manny-Fox-Henker-Clubs, einer Organisation, die in einer etwas geselligeren Form bis auf den heutigen Tag fortbesteht, obgleich Manny Fox schon lange festgenommen und, sozusagen, gehenkt worden ist. Das aber ist allein Miss Bobbits Verdienst. Innerhalb einer Woche hatte sie über dreihundert Beschreibungen von Manny Fox verfertigt und diese an die Sheriffs im ganzen Süden geschickt; sie schrieb auch Briefe an die Zeitungen aller bedeutenderen Städte und erregte damit großes Aufsehen. Ein Erfolg war, daß vier der betrogenen Jungen von der United Fruit Company einen gutbezahlten Job angeboten bekamen. Und als der Frühling zu Ende ging und Manny Fox bereits in Uphigh, Arkansas, eingesperrt war, wo er es mit demselben Trick versucht hatte, bekam Miß Bobbit von den Sunbeam-Girls von Amerika eine Auszeichnung für eine Gute Tat. Aus irgendeinem Grund legte sie Wert darauf, daß die Welt erfuhr, daß sie keineswegs davon beeindruckt war. »Ich kann der Organisation nicht beipflichten«, sagte sie. »Dieses laute Ins-Horn-Blasen! Es zeugt weder von einem guten Herzen, noch ist es besonders weiblich. Und was ist denn schließlich eine gute Tat? Laßt euch nicht dumm machen, eine gute Tat ist etwas, was man tut, weil man sich etwas davon verspricht.« Es wäre beruhigend, wenn man berichten könnte, daß sie sich irrte, und daß die verdiente Auszeichnung, die sie dann schließlich bekam, aus wirklicher Herzensgüte und Liebe verliehen wurde. Das war aber nicht der Fall. Vor ungefähr einer Woche erhielten die von dem Betrug betroffenen Jungen alle einen Scheck von Manny Fox in der Höhe ihres Verlustes, und mit starrköpfiger Entschlossenheit ging Miss Bobbit zu dem nächsten Treffen des Henker-Clubs, der jetzt nur noch ein Vorwand ist, um an jedem Donnerstagabend Bier zu trinken und zu pokern. »Schaut, Jungen«, sagte sie geradeheraus, »keiner von euch hat damit gerechnet, daß er dieses Geld jemals wiedersieht, aber da ihr es jetzt habt, solltet ihr es in etwas Nützliches investieren – in mich zum Beispiel.« Ihr Vorschlag war, daß sie das Geld zusammenlegen sollten, um ihr die Fahrt nach Hollywood zu finanzieren; sie wollte ihnen dafür ihr Leben lang zehn Prozent ihrer Einnahmen geben. Und wenn sie dann ein Star geworden wäre, was bestimmt nicht lange dauern würde, würden sie alle reich werden. »Wenigstens«, wie sie sagte, »für eure Begriffe hier.« Keiner von den Jungen hatte Lust dazu: Aber wenn Miss Bobbit einen ansah, was konnte man da schon machen.

Seit Montag regnete es wohltuend, und manchmal schien die Sonne ein wenig. In den Nächten aber war es dunkel und voller Unruhe, von den Blättern tropfte es, in den Kaminen stand das Wasser, man wälzte sich schlaflos hin und her. Billy Bob ist hellwach, seine Augen brennen, aber alles, was er tut, ist wie eingefroren, und seine Zunge ist steif wie ein Glockenschwengel. Miss Bobbits Fortgehn ist nicht leicht für ihn. Weil sie mehr für ihn war als das. Als was? Als dreizehn Jahre alt zu sein und verrückt vor Liebe. Sie war ein Teil des Seltsamen, das in ihm war, wie der Pecan-Nußbaum, oder daß er Bücher mochte, oder daß er die Menschen so dicht an sich heranließ, daß sie ihm wehtun konnten. Sie gehörte zu den Dingen, die er niemand zeigen konnte. Und in der Dunkelheit rieselte die Musik durch den Regen: Gibt es nicht Nächte, in denen man sie hört, gerade als ob sie Wirklichkeit wäre? Und Nachmittage, an denen sich die Schatten sofort verwischen, und sie kommt und sich über den Rasen breitet wie ein hübsches Seidenband? Sie lächelte Billy Bob an, sie hielt seine Hände und küßte ihn sogar. »Ich sterbe doch nicht«, sagte sie. »Du wirst zu uns kommen, wir werden uns einen Berggipfel suchen und dort alle zusammen leben, du und ich und Schwester Rosalba.« Aber Billy Bob wußte, daß das nie geschehen würde, und als nun die Musik durch die Dunkelheit zu ihm herüberkam, vergrub er seinen Kopf im Kissen.

Allein, über dem gestrigen Tag liegt ein seltsames Lächeln, es ist der Tag, an dem sie uns verließ. Um die Mittagszeit kam die Sonne heraus und lockte alle Süßigkeit aus den Glyzinien. Tante Els gelbe Lady Annes blühten wieder, und sie tat etwas Wunderbares, sie erlaubte, daß Billy Bob sie pflückte und Miss Bobbit zum Abschied schenkte. Den ganzen Nachmittag über saß Miss Bobbit auf der Veranda, umgeben von Leuten, die stehenblieben, um ihr alles Gute zu wünschen. Sie sah aus, als ob sie zur Kommunion ginge, sie war ganz in Weiß und hatte einen weißen Sonnenschirm. Schwester Rosalba hatte ihr ein Taschentuch gegeben, aber sie mußte es sich wieder ausleihen, weil sie nicht aufhören konnte zu weinen. Ein kleines Mädchen brachte ein gebratenes Hühnchen, vermutlich sollte es für die Fahrt sein. Nur hatte sie vergessen, es vor dem Braten auszunehmen. Miss Bobbits Mutter sagte, das mache nichts, ein Hühnchen sei ein Hühnchen: Ein denkwürdiger Ausspruch, weil es das einzige Mal war, daß sie je eine Meinung äußerte. Nur etwas störte. Stundenlang trieb sich Preacher Star unten an der Ecke herum, manchmal stand er am Bordstein und spielte mit einem Geldstück, dann versteckte er sich wieder hinter einem Baum, als wolle er nicht, daß ihn irgend jemand sähe. Alle machte er nervös. Ungefähr zwanzig Minuten bevor der Bus eintraf, kam er dahergeschlendert und lehnte sich an unsere Pforte. Billy Bob war noch im Garten und pflückte die Rosen; sie hätten für ein großes Fest gereicht, und ihr Duft war lastend wie die Luft. Preacher sah so lange zu ihm hin, bis er den Kopf hob. Als sie einander ansahen, fing es wieder an zu regnen, es sprühte, ganz fein wie Gischt, und da war ein Regenbogen. Ohne ein Wort zu sagen, ging Preacher hinüber und machte sich daran, Billy Bob zu helfen, die Rosen in zwei riesengroße Sträuße aufzuteilen. Zusammen trugen sie sie dann bis an den Bordstein. Auf der anderen Straßenseite ging es zu wie in einem Wespennest. Aber als Miss Bobbit sie sah, die beiden Jungen, deren Gesichter hinter den Blumen verborgen waren und aussahen wie kleine gelbe Monde, stürzte sie mit ausgebreiteten Armen die

Treppe hinunter. Man konnte sehen, was geschehen mußte; wir schrien alle auf, unsere Stimmen fuhren wie Blitze durch den Regen, aber Miss Bobbit lief den Monden aus Rosen entgegen und schien uns nicht zu hören. Und da geschah es, daß der Sechs-Uhr-Bus sie überfuhr.

Miriam

Seit Jahren lebte Mrs. H. T. Miller nun schon allein in einer hübschen Wohnung (zwei Zimmer und eine kleine Küche) in einem umgebauten Sandsteinhaus in der Nähe des East Rivers. Sie war Witwe. Mr. H. T. Miller hatte ihr eine leidliche Lebensversicherung hinterlassen. Ihre Interessen waren begrenzt, sie hatte kaum Freunde, und selten kam sie weiter hinaus als bis zum Kaufmann an der Ecke. Die andern Leute im Haus schienen sie gar nicht zu bemerken: Ihre Kleider waren einfach, ihr Haar grau, kurz geschnitten und leicht gewellt, sie benutzte keine Schönheitsmittel, ihr Gesicht war einfach und unscheinbar, an ihrem letzten Geburtstag war sie einundsechzig Jahre alt geworden. Ihr Unternehmungsgeist war nicht sehr groß: Sie hielt ihre zwei Zimmer tadellos in Ordnung, rauchte gelegentlich eine Zigarette, kochte sich das Essen selbst und sorgte für einen Kanarienvogel.

Da traf sie Miriam. An diesem Abend schneite es. Mrs. Miller hatte das Abendbrotgeschirr zu Ende abgetrocknet und las flüchtig das Abendblatt, als sie die Anzeige eines Films entdeckte, der in der Nähe gespielt wurde. Der Titel klang gut, also zwängte sie sich mühsam in ihren Biberpelz, schloß die Überschuhe und verließ die Wohnung. Eine Lampe in der Diele ließ sie brennen: Vor nichts fürchte sie sich mehr als vor der Dunkelheit.

Der Schnee war leicht, fiel ruhig hernieder und hinterließ noch keine Spuren auf dem Pflaster. Der Wind, der vom Fluß herüberkam, war nur an den Straßenkreuzungen schneidend. Mrs. Miller hetzte voran, mit gesenktem Kopf. Sie achtete nicht auf den Weg, wie ein Maulwurf, der sich blind vorwärtswühlt. Bei einem Drugstore hielt sie an und kaufte sich eine Rolle Pfefferminz.

Eine lange Schlange stand vor der Kasse. Sie stellte sich an das Ende. Man würde nicht lange warten müssen, und es seien noch Karten für alle Plätze da, stöhnte eine müde Stimme. Mrs. Miller wühlte in ihrer Lederhandtasche, bis sie das Eintrittsgeld passend zusammen hatte. Die Schlange schien sich Zeit zu lassen. Während sie ein bißchen herumblickte, um sich zu zerstreuen, entdeckte sie am äußersten Ende des Eingangs ein kleines Mädchen.

Ihr Haar war so lang und seltsam, wie Mrs. Miller es nie gesehen hatte: vollkommen weiß wie bei einem Albino. Es fiel in weichen Strähnen bis zur Taille locker herab. Sie war dünn und zerbrechlich. Es lag eine schlichte, ganz eigene Eleganz in der Art wie sie da stand, die Daumen in den Taschen eines geschneiderten pflaumenblauen Samtmantels.

Mrs. Miller fühlte sich merkwürdig erregt, und als das kleine Mädchen sie anschaute, lächelte sie freundlich. Das kleine Mädchen ging zu ihr hinüber und sagte: »Würden Sie mir bitte einen Gefallen tun?«

»Gern, wenn ich kann«, sagte Mrs. Miller.

»Oh, es ist ganz einfach. Ich möchte Sie bloß bitten, eine Eintrittskarte für mich zu kaufen; man läßt mich sonst nicht hinein. Hier ist das Geld.« Und dankbar

reichte sie Mrs. Miller zwei Zehncentstücke und einen Fünfer.
Sie gingen zusammen hinein. Eine Platzanweiserin führte sie in eine Vorhalle. In zwanzig Minuten würde der Film zu Ende sein.
»Ich komme mir wie ein richtiger Verbrecher vor«, sagte Mrs. Miller fröhlich, als sie sich setzte. »Ich glaube, was wir tun, ist gegen die Bestimmungen, nicht wahr? Hoffentlich habe ich nichts Falsches getan. Deine Mutter weiß doch, wo du bist, Liebes? Sie weiß es doch – oder nicht?«
Das kleine Mädchen antwortete nicht. Sie knöpfte ihren Mantel auf und legte ihn über ihrem Schoß zusammen. Das Kleid, das sie darunter anhatte, war sauber und dunkelblau. Eine goldene Kette baumelte ihr um den Hals, und ihre Finger – feinnervig und musikalisch – spielten damit. Mrs. Miller kam zu dem Schluß, daß das eigentlich hervorstechende Merkmal nicht ihre Haare, sondern ihre Augen waren; sie waren nußbraun, ruhig und hatten überhaupt nichts Kindliches, sie waren so groß, daß sie das kleine Gesicht zu verschlingen schienen.
Mrs. Miller bot ihr ein Pfefferminzbonbon an. »Wie heißt du, Liebling?«
»Miriam«, sagte sie, als ob es irgendwie eine bereits intime Auskunft wäre.
»Aber ist das nicht merkwürdig – ich heiße auch Miriam. Und den Namen gibt es gar nicht einmal so schrecklich oft. Nun erzähl mir bloß nicht, daß du mit dem Nachnamen auch Miller heißt.«
»Einfach Miriam.«
»Aber ist das nicht seltsam?«

»Mäßig«, sagte Miriam und ließ das Pfefferminzbonbon auf der Zunge rollen. Mrs. Miller errötete und rutschte unbehaglich auf ihrem Platz hin und her.
»Du hast einen ziemlich großen Wortschatz für ein so kleines Mädchen.«
»So?«
»Doch, ja«, sagte Mrs. Miller, hastig zu der Frage übergehend: »Gehst du gern ins Kino?«
»Das kann ich wirklich nicht sagen«, antwortete Miriam. »Ich war noch in keinem!«
Die Vorhalle begann sich mit Frauen zu füllen; entfernt hörte man das dröhnende Explodieren von Bomben in der Wochenschau. Mrs. Miller erhob sich und klemmte ihre Tasche unter den Arm. »Ich glaube, ich muß mich beeilen, wenn ich noch ein Platz bekommen will«, sagte sie. »Es war nett, daß wir uns getroffen haben.«
Miriam nickte ganz leicht mit dem Kopf.

Es schneite die ganze Woche über. Räder und Tritte bewegten sich lautlos auf der Straße, als ob das Leben heimlich hinter einem blassen aber undurchdringlichen Vorhang weiter verlief. In dieser herabgesunkenen Stille gab es weder Himmel noch Erde, nur Schnee, der im Wind wirbelte, die Fensterscheiben bemalte, die Räume auskühlte und die Stadt tötete, sie zum Schweigen brachte. Den ganzen Tag über mußte man Licht brennen lassen, und Mrs. Miller verlor jegliches Zeitgefühl: Der Freitag unterschied sich in nichts vom Samstag, und am Sonntag ging sie zum Kaufmann: Er hatte natürlich geschlossen.
An jenem Abend machte sie sich Rührei und Tomatensuppe. Dann zog sie ein flanellenes Nachthemd an,

kremte sich das Gesicht ein und machte sich das Zubettgehen mit einer Wärmflasche am Fußende angenehmer. Sie las gerade die Times, als es an der Tür schellte. Zuerst dachte sie, daß sich jemand geirrt hätte und daß er wieder gehen würde. Aber es schellte und schellte, wurde zu einem ununterbrochenen Surren. Sie sah auf die Uhr: Es war kurz nach elf; das war doch nicht möglich, sonst schlief sie schon immer um zehn. Sie kletterte aus dem Bett und tappte barfuß durch das Wohnzimmer. »Ich komm ja schon, bitte, hören Sie auf.« Der Türriegel hatte sich verklemmt. Sie versuchte, ihn nach der einen und nach der anderen Seite zu schieben, während die Glocke nicht einen Augenblick lang eine Pause machte. »Schluß jetzt«, schrie Mrs. Miller. Der Riegel gab nach, und sie öffnete die Tür einen kleinen Spalt. »Was ist los, um Himmels willen?« »Hallo«, sagte Miriam.

»Oh . . . was ist denn, hallo«, sagte Mrs. Miller und trat zögernd ins Treppenhaus. »Du bist doch das kleine Mädchen von neulich.«

»Ich dachte schon, Sie würden nicht aufmachen, aber ich hielt die ganze Zeit meinen Finger auf den Klingelknopf; ich wußte nämlich, daß Sie zu Hause sind. Freuen Sie sich nicht, daß ich gekommen bin?«

Mrs. Miller wußte nicht, was sie sagen sollte. Sie sah, daß Miriam denselben Mantel aus pflaumenblauem Samt trug und jetzt noch eine dazu passende Baskenmütze aufhatte; ihr weißes Haar war zu zwei glänzenden Zöpfen geflochten, mit riesengroßen weißen Schleifen an den Enden.

»Wo ich nun schon so lange gewartet habe, könnten Sie mich doch endlich hineinlassen«, sagte sie.

»Es ist schon schrecklich spät . . .«

Miriam sah sie bestürzt an. »Was ist denn dabei? Lassen Sie mich hinein. Es ist kalt hier draußen, und ich habe ein Seidenkleid an.« Dann schob sie Mrs. Miller sanft beiseite und betrat die Wohnung.

Sie ließ den Mantel und die Mütze auf einen Stuhl fallen. Sie hatte wirklich ein Seidenkleid an. Weiße Seide. Weiße Seide im Februar. Das Kleid hatte einen wunderschönen Faltenrock und lange Ärmel; es raschelte leise, als sie im Zimmer herumwanderte. »Mir gefällt es bei Ihnen«, sagte sie. »Ich mag den Teppich, blau ist meine Lieblingsfarbe.« Sie berührte eine Papierrose in einer Vase auf dem Kaffeetisch. »Imitation«, bemerkte sie leise. »Das ist traurig. Sind Imitationen nicht traurig?« Sie setzte sich aufs Sofa, ihren Rock sorgfältig um sich ausbreitend.

»Was willst du hier?« fragte Mrs. Miller.

»Setzen Sie sich doch«, sagte Miriam. »Es macht mich nervös, wenn jemand so herumsteht.«

Mrs. Miller sank auf einen Fußschemel. »Was willst du hier?« wiederholte sie.

»Wissen Sie, ich glaube gar nicht, daß Sie sich über mein Kommen freuen.«

Zum zweitenmal wußte Mrs. Miller nichts zu antworten; ihre Hand machte eine vage Geste. Miriam kicherte und kuschelte sich in einen Berg von Kissen, die mit Chintz bezogen waren. Mrs. Miller sah jetzt, daß das Mädchen weniger blaß war als in ihrer Erinnerung; ihre Wangen waren gerötet.

»Woher weißt du, wo ich wohne?«

Miriam runzelte die Stirn. »Das ist doch kein Problem. Wie heißen Sie? Und wie heiße ich?«

»Aber ich steh nicht im Telefonbuch.«
»Oh, lassen Sie uns über etwas anderes sprechen.«
Mrs. Miller sagte: »Deine Mutter muß wahnsinnig sein, daß sie ein Kind wie dich noch so spät in der Nacht herumlaufen läßt und in so lächerlichem Aufzug. Sie kann nicht normal sein.«
Miriam stand auf und ging in eine Ecke, wo ein zugedeckter Vogelkäfig an einer Kette von der Zimmerdecke herabhing. Sie blickte verstohlen unter das Tuch. »Ein Kanarienvogel«, sagte sie. »Macht es Ihnen etwas aus, wenn ich ihn aufwecke? Ich würde ihn so gern singen hören.«
»Laß Tommy in Ruh«, sagte Mrs. Miller ängstlich. »Wag es nicht, ihn aufzuwecken.«
»Gewiß«, sagte Miriam. »Aber ich sehe nicht ein, warum ich ihn nicht singen hören soll.« Und dann: »Haben Sie etwas zu essen da? Ich sterbe vor Hunger! Ich würde mich schon über Milch und ein Marmeladenbrot freuen.«
»Hör zu«, sagte Mrs. Miller, sich von dem Fußschemel erhebend, »hör zu – wenn ich dir ein paar ordentliche Brote mache, wirst du dann brav sein und nach Hause gehen? Ich glaube bestimmt, es ist schon Mitternacht vorbei.«
»Es schneit«, sagte Miriam vorwurfsvoll. »Und es ist kalt und dunkel.«
»Nun ja, du hättest gar nicht herkommen sollen«, sagte Mrs. Miller, mühsam Herr ihrer Stimme bleibend. »Ich kann das Wetter nicht ändern. Wenn du etwas zu essen haben willst, mußt du mir versprechen, wieder zu gehen.«
Miriam strich sich mit einem Zopf über die Wange.

Sie schien in Gedanken versunken, als erwöge sie den Vorschlag. Sie wandte sich zum Vogelkäfig. »Na schön«, sagte sie, »ich verspreche es.«

Wie alt mag sie sein? Zehn? Elf? Mrs. Miller öffnete in der Küche ein Glas mit eingemachten Erdbeeren und schnitt vier Scheiben Brot ab. Sie füllte ein Glas mit Milch und machte eine Pause, um sich eine Zigarette anzuzünden. *Und warum ist sie gekommen?* Ihre Hand zitterte, als sie das Streichholz hielt, und sie verharrte wie gebannt, bis sie sich den Finger verbrannte. Der Kanarienvogel sang; sang wie am Morgen und wie zu keiner Tageszeit sonst. »Miriam«, rief sie, »Miriam, ich hab dir doch gesagt, du sollst Tommy nicht stören.« Es kam keine Antwort. Sie rief noch einmal; aber alles, was sie hörte, war der Kanarienvogel. Sie zog an der Zigarette und merkte, daß sie das Korkfilterende angezündet hatte und – oh, wirklich, sie durfte die Nerven nicht verlieren.

Sie trug die Sachen auf einem Tablett hinein und stellte es auf den Frühstückstisch. Als erstes sah sie, daß der Vogelbauer noch zugedeckt war. Und Tommy sang trotzdem. Sie hatte ein eigenartiges Gefühl dabei. Und niemand war im Zimmer. Mrs. Miller ging durch den Alkoven, der in ihr Schlafzimmer führte; an der Tür hielt sie vor Schreck den Atem an.

»Was machst du da?« fragte sie.

Miriam sah auf, mit einem ganz ungewöhnlichen Ausdruck in den Augen. Sie stand vor dem Schreibtisch und hatte eine Schmuckkassette geöffnet vor sich. Einen Augenblick lang beobachtete sie Mrs. Miller scharf und zwang sie, ihr in die Augen zu sehen, dann lächelte sie.

»Es ist gar nichts Ordentliches dabei«, sagte sie. »Aber dieses hier mag ich.« Sie hielt eine Brosche mit einer Gemme in der Hand. »Sie ist zauberhaft.«

»Glaubst du nicht, daß es besser wäre, wenn du sie zurücklegen würdest«, sagte Mrs. Miller und fühlte plötzlich, daß sie einen Rückhalt brauchte. Sie lehnte am Türrahmen; ihr Kopf war unerträglich schwer; ein Druck störte den Rhythmus ihres Herzschlages. Das Licht schien zu flackern. »Bitte, Kind – ein Geschenk von meinem Mann . . .«

»Aber sie ist schön und ich möchte sie haben«, sagte Miriam. *»Geben Sie sie mir.«*

Wie Mrs. Miller so dastand, sich mühend, einen Satz zu formen, der auf irgendeine Weise die Brosche retten könnte, kam sie darauf, daß es keinen Menschen gab, zu dem sie sich flüchten konnte; sie war allein; eine Tatsache, die ihr schon lange nicht mehr zum Bewußtsein gekommen war und deren jähes Gewicht sie betäubte. Hier in ihrer eigenen Wohnung in dieser erstorbenen, verschneiten Stadt gab es Dinge, denen sie nicht ausweichen konnte, denen sie – sie erkannte es mit erschreckender Klarheit – keinen Widerstand entgegenzusetzen vermochte.

Miriam verschlang heißhungrig Brote und Milch, und als sie alles aufgegessen hatte, machten ihre Finger spinnenartige Bewegungen über den Teller, um die Krümel zusammenzuscharren. Die Brosche schimmerte auf ihrer Bluse, und das lichte Profil darauf sah aus wie eine Trick-Spiegelung ihrer Trägerin.

»Das war gut«, seufzte sie, »jetzt noch ein Stückchen Mandelkuchen oder eine Kirsche, dann wäre es ideal. Süßigkeiten sind was Feines, finden Sie nicht?«
Mrs. Miller kauerte hilflos auf dem Fußschemel und rauchte eine Zigarette. Ihr Haarnetz war zur Seite gerutscht, und einzelne Strähnen hingen ihr ins Gesicht. Sie starrte dumpf ins Leere. Auf ihren Wangen brannten rote Flecken, wie Spuren eines heftigen Schlages.
»Haben Sie Bonbons – oder Kuchen?«
Mrs. Miller klopfte die Asche über dem Teppich ab. Ihr Kopf wackelte leicht, als sie versuchte, ihrem Blick ein Ziel zu geben.
»Du hast mir versprochen, zu gehen, wenn ich dir etwas zu essen mache«, sagte sie.
»Lieber Himmel, hab ich das?«
»Ein Versprechen ist ein Versprechen, und ich bin müde und fühl' mich gar nicht wohl.«
»Ärgern Sie sich nicht«, sagte Miriam. »Ich mach ja nur Spaß.« Sie nahm den Mantel, hängte ihn über den Arm und setzte vor dem Spiegel die Baskenmütze auf. Plötzlich beugte sie sich zu Mrs. Miller hinunter und flüsterte: »Einen Gute-Nacht-Kuß.«
»Bitte – lieber nicht«, sagte Mrs. Miller.
Miriam zuckte mit der Schulter und zog eine Augenbraue hoch. »Wie Sie wollen«, sagte sie, ging unmittelbar zum Frühstückstisch, nahm die Vase, in der die Papierrosen steckten, trug sie dorthin, wo der Fußboden unbedeckt war und schleuderte sie zur Erde. Das Glas sprang in alle Himmelsrichtungen, und sie trampelte mit den Füßen auf den Blumen herum. Dann ging sie langsam zur Tür, aber bevor sie sie schloß, sah

sie sich noch einmal nach Mrs. Miller um mit einer gespielt harmlosen Neugier.

Mrs. Miller verbrachte den nächsten Tag im Bett, nur einmal stand sie auf, um den Kanarienvogel zu füttern und eine Tasse Tee zu trinken; sie maß Fieber, hatte aber keines, doch ihre Träume waren fiebrig und bewegt. Ihre uneinheitliche Stimmung hielt selbst noch an, als sie dalag und mit weitgeöffneten Augen zur Decke starrte. Ein Traum schlang sich durch alle anderen wie ein flüchtiges, geheimnisvolles Thema in einer großen Symphonie; die einzelnen Szenen, die er enthielt, waren scharf umrissen, als stecke hinter ihnen die Intensität einer begabten Hand: Ein kleines Mädchen, das ein Brautkleid und einen Myrtenkranz trug, führte eine graue Prozession einen Gebirgspfad hinunter, unter den Menschen war eine ungewöhnliche Stille, bis eine Frau am Ende des Zuges fragte: »Wohin führt sie uns?« »Niemand weiß es«, antwortete ein alter Mann, der an der Spitze ging. »Aber ist sie nicht wunderschön?« ließ sich eine dritte Stimme vernehmen. »Sieht sie nicht aus wie eine Lilie . . . so leuchtend und rein?«
Als sie Dienstag früh erwachte, fühlte sie sich besser, grelle Sonnenstrahlen bahnten sich den Weg durch die Jalousien und warfen ein schattenhaftes Licht auf ihre ungesunden Traumbilder. Sie öffnete das Fenster und sah, daß es taute, es war warm wie im Frühling; ein paar helle neue Wolken fegten am klaren Himmel dahin, dessen Bläue nicht der Jahreszeit entsprach; über die tiefergelegenen Häusergiebel hinweg konnte sie den Fluß sehen und den Rauch aus den Schornstei-

nen der Schleppdampfer, der sich im warmen Wind kräuselte. Ein großer silberner Schneepflug räumte die verschneiten Straßen, sein Motor erfüllte die Luft mit einem summenden Ton.

Als sie aufgeräumt hatte, ging sie zum Kaufmann, löste einen Scheck ein und ging weiter zu Schrafft, wo sie frühstückte und angeregt mit der Bedienung plauderte. Oh, es war ein herrlicher Tag, fast ein Ferientag – und es wäre töricht, schon nach Hause zu gehen.

Sie stieg in einen Bus Richtung Lexington Avenue und fuhr bis zur Sechsundachtzigsten Straße mit; hier wollte sie ein bißchen einkaufen.

Sie wußte zwar nicht, was sie kaufen sollte oder brauchte, aber sie schlenderte so dahin, nur die Vorübergehenden betrachtend, die in Eile waren und mit sich selbst beschäftigt , was in ihr ein beunruhigendes Gefühl der Verlassenheit hervorrief.

Jenen Mann sah sie, als sie an der Ecke der Third Avenue wartete: Es war ein alter Mann, krummbeinig und gebeugt durch die Last schwerer Pakete. Er trug einen schäbigen braunen Mantel und eine karierte Mütze. Plötzlich kam es ihr zum Bewußtsein, daß sie sich anlächelten: Dieses Lächeln hatte aber nichts Freundliches an sich, es war nicht mehr als ein kühles, aufflackerndes Wiedererkennen. Aber sie wußte bestimmt, daß sie ihn nie zuvor gesehen hatte.

Er stand in der Nähe eines Pfeilers der Hochbahn, und als sie über die Straße ging, wandte er sich um und folgte ihr. Er hielt sich dicht hinter ihr; aus den Augenwinkeln beobachtete sie sein schwankendes Spiegelbild in den Schaufenstern.

In der Mitte des Häuserblocks blieb sie dann stehen

und sah ihn an. Er blieb ebenfalls stehen, hob seinen Kopf und grinste. Aber was sollte sie sagen? Was tun? Hier bei hellem Tageslicht in der Sechsundachtzigsten Straße? Es war sinnlos, und sie beschleunigte ihre Schritte, ihre Hilflosigkeit verachtend. Nun ist die Second Avenue eine düstere Straße, sie besteht aus Abfällen und Resten; teilweise ist sie gepflastert, teilweise asphaltiert und teilweise zementiert; es herrscht durchweg eine Atmosphäre, als wäre sie ausgestorben. Mrs. Miller ging an fünf Häuserblöcken vorbei, ohne eine Menschenseele zu treffen, und die ganze Zeit blieb das ständige Knirschen seiner Schritte im Schnee hinter ihr. Auch als sie zu einem Blumenladen kam, war das Geräusch immer noch da. Sie eilte hinein und beobachtete durch die Glastür, wie der alte Mann vorbeiging; er blickte geradeaus und verlangsamte nicht seinen Schritt, aber er tat etwas Seltsames und Unmißverständliches: Er tippte mit dem Finger an seine Mütze.

»Sechs weiße, sagten Sie?« fragte der Blumenhändler. »Ja«, antwortete sie, »weiße Rosen.« Von hier aus ging sie in ein Geschäft, wo es Porzellan- und Glaswaren zu kaufen gab, und suchte eine Vase aus, die vermutlich ein Ersatz für diejenige sein sollte, die Miriam zerschlagen hatte, wenn der Preis auch enorm hoch war und die Vase selbst, so fand sie, ausgesprochen kitschig. Aber eine Serie von unerklärlichen Einkäufen hatte begonnen, als ginge es nach einem vorbestimmten Plan: einem Plan, von dem sie nicht das geringste wußte und der unkontrollierbar war. Sie kaufte einen Karton mit glasierten Kirschen, und

in einem Laden, der sich Knickerbocker Bakery nannte, zahlte sie vierzig Cents für sechs Stückchen Mandelkuchen.
Innerhalb der letzten Stunde war das Wetter umgeschlagen, es war wieder kalt geworden: Wie getrübte Linsen schoben sich Schneewolken vor die Sonne, und eine früh hereinbrechende Dämmerung gab dem Himmel die Farbe von Totengebein. Ein feuchter Nebel vermischte sich mit dem Wind und den Stimmen einiger Kinder, die sich hoch oben auf den zusammengekehrten Schneehaufen herumbalgten, und ließ alles verlassen und trostlos erscheinen. Bald fielen die ersten Flocken, und als Mrs. Miller das Sandsteinhaus erreicht hatte, fiel der Schnee so schnell und dicht, daß er aussah wie ein Wandschirm, und die Fußtapfen verschwanden ebenso schnell wieder, wie sie entstanden waren.

Die Rosen wurden hübsch und wirkungsvoll in der Vase angeordnet. Die glasierten Kirschen glänzten in einer Keramikschale. Die Mandelkuchen, mit Zucker bestreut, warteten darauf, gegessen zu werden. Der Kanarienvogel hüpfte auf seiner Schaukel herum und pickte an einem Futterring.
Genau um fünf läutete es. Mrs. Miller *wußte,* wer es war. Der Saum ihres Hauskleides schleifte am Boden entlang, als sie über den Korridor ging. »Bist du es?« rief sie.
»Natürlich«, sagte Miriam, das Wort hallte gellend im Treppenhaus wider. »Machen Sie auf.«
»Geh weg«, sagte Mrs. Miller.
»Bitte beeilen Sie sich . . . mein Gepäck ist so schwer.«

»Geh weg«, sagte Mrs. Miller. Sie ging in das Wohnzimmer zurück, zündete sich eine Zigarette an, setzte sich und hörte unbeweglich dem Gesurre zu; wieder und immer wieder. »Du kannst ebensogut wieder gehen. Ich habe nicht die Absicht, dich hereinzulassen.«

Bald darauf hörte die Glocke auf zu schellen. Zehn Minuten etwa regte sich Mrs. Miller nicht. Als sie dann keinen Laut hörte, nahm sie an, daß Miriam gegangen sei. Auf Zehenspitzen schlich sie zur Tür und öffnete sie einen Spalt weit; Miriam stand leicht an einen Pappkoffer gelehnt und wiegte in ihren Armen eine schöne französische Puppe.

»Ich hab wirklich schon gedacht, Sie kämen überhaupt nicht«, sagte sie mürrisch. »Hier helfen Sie mir bitte, das hineinzutragen, es ist schrecklich schwer.«

Es war kein ausgesprochener Zwang, dem sich Mrs. Miller beugte, sondern eher eine merkwürdige Passivität; sie brachte den Koffer hinein, Miriam die Puppe. Miriam rollte sich auf dem Sofa zusammen, ohne sich vorher die Mühe zu machen, ihren Mantel und die Mütze abzulegen, und sah uninteressiert zu, wie Mrs. Miller den Koffer absetzte, zitternd dastand und sich mühte, wieder zu Atem zu kommen.

»Danke schön«, sagte sie. Bei Tageslicht sah sie zerknittert und leidend aus, ihr Haar war weniger glänzend. Die französische Puppe, die sie so liebte, hatte eine säuberlich gepuderte Perücke, und ihre starren Glasaugen suchten Trost bei Miriam. »Ich hab eine Überraschung«, fuhr sie fort. »Schauen Sie in meinen Koffer.«

Kniend hob Mrs. Miller den Deckel hoch und nahm

noch eine Puppe heraus, dann ein blaues Kleid, in dem sie das erkannte, das Miriam an jenem ersten Abend im Kino angehabt hatte; und bei dem übrigen sagte sie, »das sind alles Kleider. Wozu?«

»Weil ich gekommen bin, um bei Ihnen zu wohnen«, sagte Miriam, während sie den Stengel von einer Kirsche abriß. »Wie nett von Ihnen, mir Kirschen zu kaufen!«

»Aber das kannst du doch nicht tun! Um Himmels willen, geh wieder – geh und laß mich in Ruh!«

». . . und die Rosen und der Mandelkuchen? Wie wirklich nett und großzügig. Wissen Sie, diese Kirschen sind köstlich. Zuletzt wohnte ich bei einem alten Mann; er war schrecklich arm, und wir hatten nie etwas Gutes zu essen. Aber ich glaube, ich werd' mich hier wohl fühlen.« Sie hielt inne, um ihre Puppe fester an sich zu drücken. »Wenn Sie mir jetzt vielleicht zeigen würden, wo ich meine Sache hintun kann . . .«

Mrs. Millers Gesicht löste sich in eine Maske häßlicher roter Linien auf; sie fing an zu weinen, auf eine unnatürliche, tränenlose Art, als ob sie es schon lange nicht mehr getan und nun vergessen hätte. Sie schob sich vorsichtig nach rückwärts, bis sie die Tür erreichte.

Dann tastete sie sich durchs Stiegenhaus und die Treppe hinunter bis zum nächsten Treppenabsatz. Dort hämmerte sie wie wahnsinnig an die Tür der nächstliegenden Wohnung; ein kleiner rothaariger Mann öffnete, und sie drängte sich an ihm vorbei. »Was zum Teufel is' los?« sagte er. »Is' was passiert, Liebling?« fragte eine junge Frau, die aus der Küche kam und sich die Hände abtrocknete. Und an sie wandte sich Mrs. Miller.

»Hören Sie«, stieß sie hervor, »ich schäme mich über mein Benehmen, aber – ja, ich bin Mrs. H. T. Miller, ich wohne über Ihnen und . . .« sie schlug die Hände vors Gesicht. »Es klingt so absurd . . .«

Die Frau führte sie zu einem Stuhl, während der Mann aufgeregt mit dem Kleingeld in seiner Tasche klimperte. »Ja, und weiter?«

»Ich wohne über Ihnen, und ein kleines Mädchen ist zu mir zu Besuch gekommen, und ich glaube, ich fürchte mich vor ihr. Sie will nicht wieder fortgehen, ich kann sie nicht dazu bringen und – sie ist im Begriff, etwas Furchtbares zu tun. Sie hat schon meine Brosche mit der Gemme gestohlen, aber sie wird noch etwas Schlimmeres tun – etwas Grauenhaftes!«

Der Mann fragte, »ist es 'ne Verwandte von Ihnen, ha?«

Mrs. Miller schüttelte den Kopf. »Ich weiß nicht, wer sie ist. Sie heißt Miriam, aber ich kenne sie nicht weiter.«

»Beruhigen Sie sich doch, meine Liebe«, sagte die Frau und streichelte Mrs. Millers Arm. »Harry hier wird mit dem Kind schon fertigwerden. Geh rauf, Liebling.« Und Mrs. Miller sagte: »Die Tür ist offen – 5 A.«

Als der Mann gegangen war, brachte die Frau ein Handtuch und trocknete Mrs. Miller das Gesicht ab.

»Sie sind sehr freundlich«, sagte Mrs. Miller. »Es tut mir leid, daß ich mich wie eine Verrückte benehme, nur dieses verdammte Kind . . .«

»Es ist ja schon gut, meine Liebe«, tröstete die Frau. »Sie sollten sich nicht so aufregen.«

Mrs. Miller legte den Kopf in die Beuge ihres Armes; sie war zum Umfallen müde. Die Frau drehte am Radio; ein Klavier und eine heisere Stimme verscheuchten die Stille, und die Frau klopfte mit ihrem Fuß genau den Takt dazu.
»Vielleicht sollten wir auch 'raufgehen«, sagte sie.
»Ich möchte sie nicht mehr sehn, ich möchte ihr nie mehr begegnen.«
»Hm, hm, aber wissen Sie, was Sie hätten machen sollen? Sie hätten die Polizei rufen sollen!«
Plötzlich hörten sie den Mann auf der Treppe. Er kam mit langen Schritten ins Zimmer, blickte finster drein und kratzte sich im Genick. »Da is' niemand«, sagte er völlig verwirrt. »Sie muß abgehauen sein.«
»Harry, du bist ein Dummkopf«, rief die Frau. »Wir sind die ganze Zeit hier gesessen, und wir hätten dann doch gesehen . . .« sie hielt plötzlich inne, weil der Mann sie durchdringend ansah.
»Ich hab überall nachgesehn«, sagte er, »und da is' niemand. Niemand, verstehst du?«
»Sagen Sie«, Mrs. Miller erhob sich, »sagen Sie, haben Sie einen großen Koffer gesehn? Oder eine Puppe?«
»Nein, Ma'am, nichts!«
Und als ob sie ein Urteil verkündete, sagte die Frau: »Ja, wie ist denn so etwas möglich . . .«

Mrs. Miller betrat vorsichtig die Wohnung; sie ging in die Mitte des Zimmers und blieb da stehen. Nun, in mancher Hinsicht hatte sich nichts verändert: die Rosen, die Kuchen und die Kirschen standen an ihrem Platz. Aber das Zimmer wirkte leer, leerer als wenn die Möbel und all die vertrauten Dinge nicht dagewesen wären, ausgestorben und versteinert wie eine Leichenhalle. Das Sofa tauchte in einer ungewohnten Fremdheit vor ihr auf: Es kam ihr so leer vor, daß sie meinte, es wäre weniger bedrückend und schrecklich gewesen, als Miriam dort zusammengerollt gelegen hatte. Sie starrte wie gebannt auf die Stelle, wo ihrer Erinnerung nach der Koffer gestanden hatte, und einen Augenblick lang schwankte der Fußschemel beängstigend. Sie schaute durchs Fenster; da war wirklich der Fluß, es schneite auch richtig – aber dann: nichts konnte man als sicher bezeugen: Miriam, sie war so lebendig dagewesen – und doch, wo war sie jetzt? Wo, wo?

Als ob sie sich in einem Traum bewege, so sank sie auf einen Stuhl. Das Zimmer verlor jegliche Gestalt, es war dunkel und wurde immer dunkler, und es gab nichts, was man dagegen tun konnte; sie war nicht fähig, ihre Hand zu heben und Licht zu machen.

Plötzlich, als sie die Augen schloß, fühlte sie sich wie von einer Woge emporgetragen, wie ein Taucher, der aus einer unendlichen grünen Tiefe emporkommt. In Zeiten des Schreckens und übergroßer Qual gibt es Augenblicke, in denen alle Sinne voller Erwartung sind, wie auf eine Offenbarung gerichtet, das Denken jedoch ist in Ruhe gehüllt; es ist wie ein Traum oder ein übernatürlicher Trancezustand; und während dieser Ruhepause ist man gefaßt auf das Übermaß einer stillen Erkenntnis: Wenn es nun in Wirklichkeit nie ein Mädchen namens Miriam gegeben hätte? Wenn sie sich ganz törichterweise auf der Straße gefürchtet hätte? Aber schließlich war dies, wie alles andere auch, völlig unbedeutend. Denn das einzige, was sie an

Miriam verloren hatte, war das Bewußtsein ihrer Persönlichkeit, aber nun erkannte sie, daß sie das Wesen wiedergefunden hatte, das in diesem Zimmer lebte, das sich die Mahlzeiten bereitete, das einen Kanarienvogel besaß, das jemand war, dem sie vertrauen und dem sie Glauben schenken konnte: Mrs. H. T. Miller. Zufrieden lauschend nahm sie ein zweifaches Geräusch wahr: das Öffnen und Schließen einer Schreibtischschublade; sie schien es noch zu hören, als es schon lange vorüber war – das Öffnen und Schließen. Allmählich wurde dieses harte Geräusch dann durch das Knistern eines Seidenkleides ersetzt, und dies, zunächst ganz schwach, kam näher und näher und schwoll zu einer solchen Mächtigkeit an, daß die Wände bebten und das Zimmer in einer wispernden Woge versank. Mrs. Miller erstarrte und öffnete die Augen zu einem dumpfen Geradeausstarren.

»Hallo«, sagte Miriam.

Frühstück bei Tiffany

Frühstück bei Tiffany

Es zieht mich stets dorthin zurück, wo ich einmal gelebt habe, zu den Häusern, der Gegend. Da ist zum Beispiel eines jener handtuchschmalen Backsteinhäuser, ehemals Besitz vornehmer Bürgerfamilien, in den East Seventies, wo ich Anfang des Krieges meine erste New Yorker Wohnung hatte. Nur ein Zimmer war dies, vollgestellt mit Bodengerümpel: einem Sofa und Sesseln mit kratzigem Plüsch in jenem gewissen Rot gepolstert, das einen an heiße Tage in Zügen denken läßt. Die Wände waren verputzt und von einer Farbe wie ausgespieener Tabaksaft. Überall – selbst im Badezimmer – gab es Drucke römischer Ruinen voll altersbrauner Stockflecke. Das einzige Fenster ging auf die Feuertreppe hinaus. Dennoch hoben sich meine Lebensgeister, sobald ich nur den Schlüssel zu dieser Wohnung in meiner Tasche spürte. Ungeachtet aller Trübseligkeit war es doch ein Heim, das mir gehörte, das erste, und meine Bücher waren da und Becher voll Bleistifte zum Anspitzen – alles, was ich, meinem Gefühl nach, brauchte, um zu dem Schriftsteller zu werden, der ich sein wollte.

Niemals ist mir in jenen Tagen der Gedanke gekommen, über Holly Golightly zu schreiben, und wahrscheinlich heute ebensowenig, wäre da nicht ein Gespräch mit Joe Bell gewesen, das sämtliche Erinnerungen an sie wieder aufleben ließ.

Holly Golightly war damals Mieterin in dem alten Backsteinhaus; sie bewohnte die Wohnung unter mir. Und was Joe Bell angeht, so hatte er einen Ausschank gleich um die Ecke in der Lexington Avenue; er hat ihn noch. Holly und ich gingen alle beide oft sechs oder siebenmal am Tage dorthin, nicht um etwas zu trinken, jedenfalls nicht immer, sondern zum Telefonieren. Während des Krieges war ein privates Telefon schwer zu bekommen. Überdies war Joe Bell zum Entgegennehmen von Botschaften gut verwendbar, was im Fall Holly keine geringe Gefälligkeit bedeutete, denn sie erhielt entsetzlich viele.

Natürlich ist das jetzt lange her, und bis letzte Woche hatte ich Joe Bell einige Jahre nicht mehr gesehen. Ab und an hatten wir Verbindung gehabt, und wenn ich in der Nähe vorüberkam, ging ich auch gelegentlich zu ihm hinein; doch waren wir nie besondere Freunde gewesen, höchstens insoweit, als wir beide Freunde von Holly Golightly waren. Joe Bell ist nicht sehr entgegenkommend, das gibt er selber zu. Er meint, es käme daher, weil er Junggeselle sei und Magensäure habe. Jeder, der ihn kennt, wird erklären, daß es schwer ist, sich mit ihm zu unterhalten. Und unmöglich, wenn man nicht seine Interessen teilt, zu denen Holly gehört. Einige andere sind: Eishockey, Weimaraner Vorstehhunde, OUR GAL SUNDAY, eine Sendereihe des Werbefunks, die er sich seit fünfzehn Jahren anhört, sowie Gilbert und Sullivan – er behauptet, mit einem der beiden verwandt zu sein, ich weiß nicht mehr mit welchem.

Und als nun am vergangenen Dienstag spätnachmittags das Telefon klingelte und ich vernahm »Hier Joe

Bell«, wußte ich, daß es sich um Holly handeln mußte. Er sagte es nicht, nur: »Können Sie gleich mal herübergerattert kommen? Es ist wichtig«, und es war ein aufgeregtes Quäken in seiner froschähnlichen Stimme. Im strömenden Oktoberregenguß nahm ich eine Taxe und dachte unterwegs sogar schon, sie könnte da sein, ich würde Holly wiedersehen.

Doch an Ort und Stelle war dann niemand außer dem Eigentümer. Bei Joe Bell ist es ruhig im Vergleich zu den meisten Lokalen der Lexington Avenue. Das protzt weder mit Neon noch Fernsehapparat. Zwei alte Spiegel reflektieren das Wetter von der Straße draußen; und in einer Nische hinter der Theke, umgeben von Fotografien der Eishockeystars, steht immer eine dickbauchige Vase mit frischen Blumen, die Joe Bell selber mit mütterlicher Sorgfalt arrangiert. Und eben damit war er auch beschäftigt, als ich hereinkam.

»Natürlich«, sagte er, während er eine Gladiole tief in die Vase versenkte, »natürlich würde ich Sie nicht eigens hergeholt haben, wenn ich nicht eben gern Ihre Meinung gehört hätte. Es ist zu sonderbar. Etwas sehr Sonderbares ist passiert.«

»Sie haben von Holly gehört?«

Er fingerte an einem Blatt herum, als sei er unsicher, wie darauf zu antworten. Der kleine Mann mit einem prächtigen Strubbelkopf weißer Haare hat ein knochiges, schräg vorspringendes Gesicht, das zu einem wesentlich größeren Menschen besser passen würde; sein Teint wirkt ständig sonnenverbrannt und wurde nun sogar noch röter. »Von ihr gehört kann ich nicht eigentlich sagen. Das heißt, ich weiß nicht. Deswegen wollte ich ja Ihre Meinung haben. Lassen Sie mich etwas zu trinken für Sie zurechtmachen. Was Neues. Nennt sich Weißer Engel«, sagte er und mixte halb Wodka, halb Gin, ohne Wermut. Während ich das Ergebnis trank, stand Joe Bell daneben, lutschte eine Magenpille und wälzte in seinem Hirn, was er mir erzählen wollte. Dann: »Erinnern Sie sich an einen gewissen Mr. I. Y. Yunioshi? Einen Herrn aus Japan?«

»Aus Kalifornien«, sagte ich, mich seiner genau erinnernd. Mr. Yunioshi ist Fotograf bei einer der Bildzeitschriften, und als ich ihn kannte, bewohnte er das Atelier im Dachgeschoß des Backsteinhauses.

»Nun bringen Sie mich nicht durcheinander. Ich frage ja einzig und allein, ob Sie wissen, wen ich meine? Schön. Wer also kommt gestern abend hier angetanzt? Eben genau dieser Mr. I. Y. Yunioshi. Gesehen habe ich ihn nicht – das müssen, denke ich, mehr als zwei Jahre sein. Und wo meinen Sie, daß er in diesen zwei Jahren gewesen ist?«

»Afrika.«

Joe Bell hörte mit seiner Pillenlutscherei auf, seine Augen verengten sich. »Also woher wußten Sie das?«

»Bei Winchell gelesen.« Was tatsächlich stimmte, ich hatte es aus der Gesellschaftsklatschspalte.

Klingelnd ließ er seine Kasse aufspringen und entnahm ihr einen braunen Umschlag. »Na dann sehen Sie mal, ob Sie das hier auch bei Winchell gelesen haben.«

In dem Umschlag waren drei Fotografien, mehr oder weniger die gleichen, wenn auch aus verschiedener

Sicht aufgenommen: ein hochgewachsener feingliedriger Neger im Baumwollkattunrock, mit einem schüchternen und dennoch eitlen Lächeln, der auf seinen Händen eine eigenartige Holzskulptur zur Schau stellte, den in die Länge gezogenen geschnitzten Kopf eines Mädchens, das Haar eng anliegend und kurz wie bei einem Jüngling, ihre glatten Holzaugen zu groß und schräg gestellt im spitzzulaufenden Gesicht, ihr Mund breit, überbetont, den Lippen eines Clowns nicht unähnlich. Auf den ersten Blick wirkte sie ganz wie die meisten primitiven Schnitzereien; und dann doch wieder nicht, denn dies war das genaue Abbild von Holly Golightly, wenigstens so weit, wie ein dunkles regloses Ding ihr überhaupt ähnlich sein konnte.

»Nun was sagen Sie dazu?« fragte Joe Bell, befriedigt über meine Verwirrung.

»Es sieht ihr ähnlich.«

»Hören Sie, mein Junge«, und er schlug mit der Hand auf die Theke, »das *ist* sie. So sicher wie ich ein Mann bin, der Hosen tragen kann. Der kleine Japanese wußte es in der ersten Minute, als er sie erblickte.«

»Er hat sie gesehen? In Afrika?«

»Na ja – eben diesen Kopf da. Aber das kommt aufs gleiche 'raus. Lesen Sie die Angaben selber«, sagte er, in dem er eine der Fotografien herumdrehte. Auf der Rückseite stand: Holzschnitzarbeit, Südlicher Stamm, Tococul, Ostafrika, Weihnachtstag 1956.

Er sagte, »Nun, was der Japanese dazu berichtet«, und dies war die Geschichte: Am Weihnachtstag war Mr. Yunioshi mit seiner Kamera durch Tococul gekommen, ein Dorf im Gewirr des Irgendwo und Unbedeutenden, nichts als eine Ansammlung von Lehmhütten mit Affen in den Höfen und Bussarden auf den Dächern. Er hatte bereits beschlossen, weiterzuziehen, als er plötzlich einen Neger in einer Türöffnung hocken und Affen in einen Spazierstock schnitzen sah. Mr. Yunioshi war beeindruckt und wollte mehr von seinen Arbeiten sehen. Worauf ihm der geschnitzte Mädchenkopf gezeigt wurde und er zu träumen glaubte, wie er Joe Bell erzählte. Doch als er sich zum Kauf erbot, umfaßte der Neger seinen Geschlechtsteil mit der Hand (offenbar eine ebenso delikate Geste wie die beteuernd auf das Herz gelegte Hand) und sagte nein. Ein Pfund Salz und zehn Dollar, eine Armbanduhr und zwei Pfund Salz und zwanzig Dollar, nichts machte ihn wankend. Mr. Yunioshi war auf jeden Fall entschlossen, herauszufinden, wie es zu der Schnitzerei gekommen war. Es kostete ihn sein Salz und seine Uhr und der Vorgang wurde ihm in Eingeborenendialekt, Pidgeonenglisch und Zeichensprache übermittelt. Doch schien es danach, daß im Frühjahr jenes Jahres eine Gruppe von drei Weißen aus dem Busch erschienen war, zu Pferde. Eine junge Frau und zwei Männer. Die Männer, beide mit rotenzündeten Augen, waren gezwungen, einige Wochen abgeschlossen und fiebergeschüttelt in einer isolierten Hütte zu verweilen, während die junge Frau, die alsbald eine Neigung zu dem Holzschnitzer gefaßt hatte, die Schlafmatte des Holzschnitzers teilte.

»Diesem Teil der Geschichte schenke ich keinen Glauben«, sagte Joe Bell angeekelt. »Ich weiß, sie hatte ihre Eigenarten, aber ich glaube nicht, daß sie es auch nur annähernd so weit treiben würde.«

»Und dann?«
»Nichts dann«, zuckte er die Achseln. »Mit der Zeit ist sie fort, wie sie kam, ritt auf dem Pferd davon.«
»Allein oder mit den beiden Männern?«
Joe Bells Lider zuckten. »Mit den beiden Männern, vermute ich. Nun hat der Japanese landauf und landab nach ihr gefragt. Aber keiner sonst hatte sie je zu Gesicht bekommen.« Dann war es, als spüre er mein eigenes Gefühl der Enttäuschung auf sich übergreifen und wünschte nicht, daran teilzuhaben. »Eines müssen Sie ja zugeben, es ist die einzige *definitive* Nachricht in ich weiß nicht wieviel« – er zählte an den Fingern ab, sie reichten nicht aus – »Jahren. Ich hoffe nur eins: daß sie reich ist, hoffe ich. Sie muß reich sein. Nur wenn man reich ist, kann man so in Afrika 'rumbummeln.«
»Wahrscheinlich hat sie keinen Fuß nach Afrika hineingesetzt«, sagte ich und glaubte es; dennoch konnte ich sie mir dort vorstellen, es war etwas, wo sie hinreisen würde. Und der geschnitzte Kopf – ich schaute wieder die Fotografien an.
»So viel wissen Sie – wo ist sie also?«
»Tot. Oder in der Irrenanstalt. Oder verheiratet. Ich denke, sie wird verheiratet sein und ruhig geworden und vielleicht sogar mitten unter uns hier in der Stadt.«
Er dachte einen Augenblick nach. »Nein«, meinte er und schüttelte den Kopf. »Ich sag' Ihnen auch, warum. Wenn sie hier in der Stadt wäre, müßte ich sie gesehen haben. Nehmen Sie einen Mann, der gern spazierengeht, einen Mann wie mich, einen Mann, der seit elf, zwölf Jahren durch die Straßen läuft, und in all

diesen Jahren hält er die Augen offen nach jemand und niemals ist sie es – versteht sich's danach nicht, daß sie nicht da ist? Stückchen von ihr sehe ich immerzu, so einen flachen kleinen Hintern, irgendein mageres Mädchen, das kerzengerade und eilig dahinläuft –« Er stockte, als sei er sich bewußt geworden, wie scharf ich ihn musterte. »Sie denken, ich bin übergeschnappt?«

»Es ist nur, weil ich nicht gewußt habe, daß Sie sie liebten. Nicht so jedenfalls.«

Mir tat es leid, das gesagt zu haben; es brachte ihn aus der Fassung. Er scharrte die Fotografien zusammen und tat sie wieder in ihren Umschlag zurück. Ich blickte auf meine Uhr. Ich mußte nirgendwohin, aber ich glaubte, es sei besser, zu gehen.

»Warten Sie«, sagte er und packte mich am Handgelenk. »Klar habe ich sie geliebt. Aber es war nicht so, daß ich sie anrühren wollte.« Ohne ein Lächeln fuhr er fort: »Nicht daß ich etwa an diese Seite der Angelegenheit nicht dächte. Selbst in meinem Alter noch und ich werde siebenundsechzig am zehnten Januar. Es ist eine sonderbare Tatsache – aber je älter ich werde, je mehr scheint diese Seite der Dinge mein Hirn zu beschäftigen. Ich kann mich nicht erinnern, so viel daran gedacht zu haben, als ich ein junger Kerl war und es jeden Augenblick passierte. Vielleicht je älter man wird und je weniger einfach es ist, den Gedanken zur Tat werden zu lassen, mag sein, das ist es, weswegen es sich einem im Kopfe festsetzt und zur Last wird. Wenn ich so in der Zeitung von einem alten Mann lese, der sich schamlos aufgeführt hat, dann weiß ich, daß es von dieser Last kommt. Aber« – er schenkte sich ein Schnapsglas voll Whisky und kippte ihn pur hinunter – »ich werde mich niemals schamlos aufführen. Und ich schwöre, daß es mir bei Holly niemals in den Sinn gekommen ist. Man kann jemand lieben, ohne daß es so sein muß. Man hält sie fern von sich, fern und doch vertraut.«

Zwei Männer kamen in das Lokal, und es schien mir der Augenblick, zu gehen. Joe Bell folgte mir zur Tür. Er packte wieder mein Handgelenk. »Glauben Sie es?«

»Daß Sie sie nicht anrühren wollten?«

»Ich meine das mit Afrika.«

Im Moment konnte ich mich anscheinend der Geschichte gar nicht so recht entsinnen, nur des Bildes, wie sie auf einem Pferde davonritt. »Jedenfalls ist sie verschwunden.«

»Ja«, sagte er, indem er die Tür öffnete. »Einfach verschwunden.«

Draußen hatte der Regen aufgehört, nur sein Dunst lag noch in der Luft; so bog ich um die Ecke und ging die Straße entlang, wo das Backsteinhaus steht. Es ist eine Straße mit Bäumen, die im Sommer kühle Schattenmuster auf das Pflaster werfen, jetzt aber waren die Blätter vergilbt und zumeist abgefallen, und der Regen hatte sie schlüpfrig gemacht, sie glitschten einem unter den Füßen. Das Backsteinhaus liegt mitten in einem Block, nicht weit von einer Kirche, wo eine melancholische Turmuhr die Stunden schlägt. Es ist seit meiner Zeit frisch gestrichen, eine prächtige dunkle Tür hat das alte Mattglas ersetzt, und elegante graue Läden rahmen die Fenster. Niemand wohnt mehr dort, an den ich mich erinnere, bis auf Madame Sapphia Spanella, eine robuste Koloratursängerin, die jeden Nachmittag in den Central-Park rollschuhlaufen ging. Daß sie noch da ist, weiß ich, weil ich die Stufen hinaufging und bei den Briefkästen nachschaute. Es war einer dieser Briefkästen, der mich zuerst auf Holly Golightly aufmerksam gemacht hatte.

Ich hatte etwa eine Woche im Hause gewohnt, als mir auffiel, daß der zu Apartment Nr. 2 gehörige Briefkasten eine merkwürdige Visitenkarte in seinem Namensschlitz trug. Eher im Stil exklusivster Firmen gedruckt stand da zu lesen: Miss Holiday Golightly, und darunter in der Ecke: Auf Reisen. Es hakte sich in mir fest wie eine Melodie: Miss Holiday Golightly, Auf Reisen.

Eines Nachts – es war längst zwölf vorüber – wachte ich von der lauten Stimme auf, mit der Mr. Yunioshi die Treppe hinunterrief. Da er im Dachgeschoß wohnte, fiel ihr Klang durch das ganze Haus, aufgebracht und streng: »Miss Golightly! Ich mussen protestieren!«

Die Stimme, die vom Grunde der Treppe heraufquellend zurücktönte, war naiv-jung und selbstbelustigt. »Ach, Herzchen, es *tut* mir so leid. Ich hab' den verdammten Schlüssel verloren.«

»Sie können nicht immer meine Klingel drücken. Sie mussen bitte, bitte sich Schlüssel machen lassen.«

»Aber ich verlier sie doch alle.«

»Ich arbeiten, ich brauchen Schlaf«, schrie Mr. Yunioshi. »Aber immer Sie meine Klingel drücken . . .«

»Ach nicht böse sein, liebster Kleiner, ich will's bestimmt nicht wieder tun. Und wenn Sie versprechen, nicht böse zu sein« – ihre Stimme kam näher, sie stieg die Treppen herauf –, »lasse ich Sie vielleicht die Aufnahmen machen, die wir mal erwähnten.«

Inzwischen hatte ich mein Bett verlassen und die Tür einen Spaltbreit geöffnet. Ich konnte Mr. Yunioshis Schweigen hören – hören, weil es von einem vernehmbaren Wechsel der Atmung begleitet war.

»Wann?« sagte er.

Das Mädchen lachte. »Irgendeinen Tag«, erwiderte sie und dehnte es unbestimmt.

»Jeden Tag«, sagte er und schloß seine Tür.

Ich trat ins Treppenhaus hinaus und beugte mich übers Geländer, eben genug um zu sehen ohne gesehen zu werden. Sie war noch auf den Stufen, erreichte nun den Absatz, und die Flickerlfarben ihres Bubenkopfes, lohfarbene Streifen, Strähnen von Weißblond und Gelb, fingen sich im Treppenlicht. Es war ein warmer Abend, fast schon Sommer, und sie trug ein schmales schlichtes schwarzes Kleid, schwarze Sandaletten, eine halsenge Perlenkette. Ungeachtet ihrer schicken Magerkeit ging etwas wie ein Hauch Haferflockenfrühstücksgesundheit von ihr aus, eine Zitronen- und -Seife-Sauberkeit, ein derbes Blaßrot überschattete ihre Wangen. Ihr Mund war breit, die Nase wies nach oben. Dunkle Gläser löschten ihre Augen aus. Es war ein Gesicht über die Kindheit hinaus, doch noch nicht in die Bezirke des Fraulichen gehörend. Ich schätzte sie irgendwo zwischen sechzehn und dreißig; wie es sich herausstellte, scheute sie noch zwei Monate vor ihrem neunzehnten Geburtstag zurück.

Sie war nicht allein. Da war ein Mann, der hinter ihr herging. Die Art, wie seine fette Hand ihre Hüfte gepackt hielt, wirkte irgendwie unanständig, nicht vom Moralischen, sondern vom Ästhetischen her. Er war kurz und gewaltig, höhensonnegebräunt und pomadisiert, ein Mann in einem haltgebenden Nadelstreifen-Anzug mit einer im Knopfloch welkenden roten Nelke. An ihrer Türe angekommen, kramte sie in ihrer Handtasche herum auf der Suche nach einem Schlüssel und schenkte der Tatsache keine Beachtung, daß seine dicken Lippen ihr Nackendekolleté abtasteten. Endlich jedoch, da sie den Schlüssel fand und ihre Tür aufmachte, drehte sie sich freundschaftlich zu ihm um: »Alles Gute, Herzchen – es war goldig, daß Sie mich begleitet haben.«

»He, Baby!« rief er, denn die Tür ging vor seiner Nase zu.

»Ja, Harry?«

»Harry war der andere Kerl. Ich bin Sid. Sid Arbuck. Sie mochten mich doch.«

»Ich bete Sie an, Mr. Arbuck. Aber gute Nacht, Mr. Arbuck.«

Mr. Arbuck starrte ungläubig, als die Tür fest ins Schloß fiel. »He, Baby, 'reinlassen, Baby! Sie mochten mich doch, Baby. Mich mag doch jede. Habe ich nicht die Rechnung auf mich genommen, fünf Leute, alles *Ihre* Freunde, die ich nie zuvor gesehen hatte? Gibt mir das denn nicht das Recht darauf, daß Sie mich nun auch mögen? Sie mögen mich doch, Baby.«

Er pochte leise, dann lauter gegen die Tür; schließlich ging er mit gekrümmten Rücken und gesenktem Kopf einige Schritte rückwärts, als beabsichtigte er, vorzustoßen, sie einfach niederzubrechen. Anstatt dessen stürzte er die Treppe hinunter und schlug dabei mit einer Faust gegen die Wand. Gerade als er unten angekommen war, tat sich die Wohnungstür des Mädchens auf und sie steckte den Kopf heraus. »Ooh, Mr. Arbuck . . .

Er drehte sich um, ein Lächeln der Erleichterung überglänzte ölig sein Gesicht; sie hatte nur Spaß gemacht.

»Das nächstemal, wenn ein Mädchen etwas Kleingeld haben will zum Händewaschen«, rief sie, keineswegs im Spaße, »rate ich Ihnen gut, Herzchen: geben Sie ihr *nicht* zwanzig Cents!«

Sie hielt das Mr. Yunioshi gegebene Versprechen; oder ich nehme doch an, daß sie nicht mehr auf seine Klingel drückte, denn in den nächsten Tagen begann sie das bei der meinen, manchmal um zwei in der Frühe, um drei und vier – sie hatte keine Hemmungen, zu welcher Stunde auch immer mich aus dem Bett zu holen, um den Drücker zu betätigen, der die Tür unten aufspringen ließ. Da ich nur wenige Freunde hatte und keinen, der so spät noch dahergekommen wäre, wußte ich immer, daß sie es war. Doch bei den ersten Malen, da dies geschah, ging ich an meine Tür, halb und halb in Erwartung schlechter Nachrichten, eines Telegramms; und Miss Golightly rief dann nur herauf: »Entschuldigung, Herzchen – ich habe meinen Schlüssel vergessen.«

Selbstverständlich hatten wir einander nie kennengelernt. Wenngleich wir uns in Wirklichkeit auf der Treppe, in den Straßen, oft begegnet waren, doch schien sie mich nicht recht zu bemerken. Sie war nie ohne dunkle Brille, sie war stets untadelig angezogen, es lag unweigerlich guter Geschmack in der Schlichtheit ihrer Kleidung, deren Blaus und Graus und dem Fehlen jeglichen Flitters, was dafür ihr selbst so viel Glanz verlieh. Man hätte sie wohl für ein Fotomodell, vielleicht auch eine junge Schauspielerin halten mögen, wäre nicht offensichtlich aus ihrem Stundenplan zu schließen gewesen, daß sie für keines von beidem Zeit gehabt hätte.

Dann und wann begegnete ich ihr zufällig außerhalb unseres Stadtviertels. Einmal nahm mich ein durchreisender Verwandter mit ins »21«, und da, an einem der exklusivsten Tische, umgeben von vier Männern, von denen nicht einer Mr. Arbuck, jedoch jeder ohne weiteres mit ihm auszutauschen war, saß Miss Golightly, lässig, und kämmte sich in aller Öffentlichkeit die Haare; und ihre Miene, ein unbewußtes Gähnen, wirkte mit ihrem Beispiel auf mich als Dämpfer der Erregung, die ich darüber empfand, an einem so todschicken Ort zu dinieren. An einem anderen Abend mitten im Sommer trieb mich die Hitze meines Zimmers auf die Straße hinaus. Ich spazierte die Third Avenue hinunter zur fünfzigsten Street, wo ein Antiquitätenladen einen Gegenstand im Fenster hatte, den ich bewundernd betrachtete: einen Vogelkäfigpalast, eine Moschee mit Minaretten und Bambusräumen, die sich danach sehnten, mit redseligen Papageien gefüllt zu werden. Der Preis jedoch war dreihundertfünfzig Dollar. Auf dem Heimweg bemerkte ich eine Ansammlung von Taxichauffeuren vor P. J. Clarks Bar, allem Anschein nach angezogen von einer seligheiteren Gruppe whisky-äugiger australischer Offiziere und deren baritonalem Gesang der »Waltzing Matilda«. Während des Singens wirbelten sie abwechselnd ein Mädchen über das Kopfsteinpflaster unter der Stadtbahn, und dies Mädchen – Miss Golightly, wie nicht anders zu erwarten – wehte in ihren Armen herum, leicht wie ein seidener Schal.

Doch wenn Miss Golightly weiterhin von meiner Existenz nichts ahnte, es sei denn als bequeme Türklingel, wurde ich im Lauf des Sommers eine Autorität in bezug auf die ihre. Ich entdeckte aus der Beobachtung des Abfallkorbs vor ihrer Tür, daß ihre regelmäßige Lektüre aus billigen Magazinen, Reiseprospekten und astrologischen Tabellen bestand, daß sie eine Sonderanfertigung Zigaretten mit dem Namen Picayune rauchte, sich von Quark und Melba-Zwieback am Leben erhielt, daß ihr verschiedenfarbiges Haar teilweise selbstverschuldet war. Aus der gleichen Quelle wurde offenbar, daß sie Soldatenbriefe in rauhen Haufen erhielt. Sie waren stets in Streifen gerissen, wie Buchzeichen. Ich gewöhnte mir an, gelegentlich im Vorübergehen so ein Buchzeichen zu greifen. *Nicht vergessen* und *vermissen* und *Regen* und *bitte schreiben* und *verdammt* und *gottverdammt* waren die Worte, die auf den Zetteln am häufigsten wiederkehrten, sie und *einsam* und *Liebe*.

Außerdem hatte sie eine Katze, und sie spielte Gitarre. An Tagen, da die Sonne kräftig schien, wusch sie sich gern ihr Haar und saß mit ihrer Katze, einem rotgetigerten Kater, draußen auf der Feuertreppe und zupfte an ihrer Gitarre, während ihr Haar trocknete. Sobald ich die Musik hörte, ging ich und stellte mich still neben mein Fenster. Sie spielte sehr gut und sang manchmal dazu. Sang mit der heiseren, leicht überkippenden Stimme eines heranwachsenden Knaben. Sie kannte alle beliebten Schlager aus den großen Shows, Cole Porter und Kurt Weill; besonders mochte sie die aus OKLAHOMA!, die in jenem Sommer neu und überall zu hören waren. Aber es kamen Momente, da sie Lieder spielte, die einen reizten, darüber nachzudenken, wo sie sie wohl gelernt haben mochte, wo sie überhaupt herstammte. Rauhzarte Wanderweisen, deren Worte nach Nadelwäldern oder Prärie schmeckten. Eines ging so: *Will niemals schlafen, Tod nicht erleiden, Will nur so dahinziehn über die Himmelsweiden;* und das schien ihr am besten zu gefallen, denn oft sang sie es noch lange weiter, nachdem ihr Haar getrocknet war, die Sonne untergegangen und erleuchtete Fenster in der Dämmerung standen.

Aber unsere Bekanntschaft machte keine Fortschritte bis zum September, einem Abend, den die ersten Kräuselwellen herbstlicher Kühle durchliefen. Ich war in einem Film gewesen, heimgekommen und zu Bett gegangen mit einem Whisky als Schlaftrunk und dem neuesten Simenon – so sehr der Inbegriff der Gemütlichkeit, daß ich ein Gefühl des Unbehagens nicht verstehen konnte, das zunahm, bis ich das Schlagen meines Herzens spürte. Es war ein Gefühl, von dem ich gelesen, über das ich geschrieben, es jedoch nie zuvor erlebt hatte. Das Gefühl, beobachtet zu werden. Daß jemand im Zimmer war. Dann – ein plötzliches Klopfen am Fenster, das flüchtige Erkennen von etwas geisterhaft Grauem – ich verschüttete meinen Whisky. Es dauerte ein Weilchen, ehe ich mich dazu aufraffen konnte, das Fenster zu öffnen und Miss Golightly zu fragen, was sie wünsche.

»Ich hab' den denkbar widerlichsten Menschen unten bei mir«, sagte sie, von der Feuertreppe herab in mein Zimmer tretend. »Das heißt, er ist goldig, wenn er nicht betrunken ist, läßt man ihn aber erst damit anfangen, *vino* in sich 'reinzuschlapfen – o Gott, *quel* Biest! Wenn es etwas gibt, das ich hasse, dann sind das Männer, die beißen.« Sie ließ den grauen Flanellmorgenrock von ihrer Schulter gleiten, um mir durch Augenschein zu beweisen, was daraus wird, wenn ein Mann beißt. Der Morgenrock war alles, was sie trug. »Es tut mir leid, wenn ich Sie erschreckt habe. Aber als das Biest so lästig wurde, bin ich einfach zum Fenster hinaus. Ich glaube, er denkt, ich bin im Bad – wenn mir das auch verdammt egal ist, was er denkt, soll er zum Teufel gehen, er wird schon einschlafen, mein Gott, nötig hat er's, acht Martinis vorm Essen und Wein genug, um einen Elefanten drin zu baden. Hören Sie, Sie können mich 'rausschmeißen, wenn Sie gern möchten. Es ist eine Frechheit von mir, hier so einfach 'reinzusegeln. Aber die Nottreppe draußen war so verdammt kalt. Und Sie sahen so gemütlich aus. Genau wie mein Bruder Fred. Wir schliefen zu viert in einem Bett, und er war der einzige, an den ich mich ankuscheln durfte in kalten Nächten. Macht es Ihnen übrigens was aus, wenn ich Sie Fred nenne?« Sie war unterdes ganz ins Zimmer hereingekommen und stehengeblieben, um mich prüfend anzuschauen. Nie zuvor hatte ich sie gesehen, ohne daß sie dunkle Gläser trug, und es war nun offensichtlich, daß es sich um eine verordnete Brille handeln mußte, denn ohne sie hatten ihre Augen das verkniffene Schielen eines Uhrmachers. Es waren große Augen, ein wenig blau, ein wenig grün, leicht braun gesprenkelt – verschiedenfarbig wie ihr Haar, und wie ihr Haar strahlten sie lebendige Wärme aus. »Vermutlich halten Sie mich für höchst unverschämt. Oder *très fou*. Oder so ähnlich.«

»Keineswegs.«

Sie schien enttäuscht. »Doch, das tun Sie. Es tut's jeder. Mir macht das nichts. Es ist ganz nützlich.« Sie ließ sich auf einem der wackligen roten Plüschsessel nieder, zog beide Beine unter sich und blickte im Zimmer umher, wobei sie ihre Augen noch unverkennbarer zusammenkniff. »Wie können Sie das aushalten? Eine Schreckenskammer.«

»Ach, man gewöhnt sich an alles«, sagte ich, ärgerlich über mich selbst, denn ich war in Wirklichkeit stolz auf diesen Raum.

»Ich nicht. Ich werde mich nie an irgendwas gewöhnen. Wer das tut, der kann ebensogut tot sein.« Ihre tadelnden Blicke musterten noch einmal das Zimmer. »Was *tun* Sie denn nur hier den ganzen Tag?« Ich machte eine Handbewegung auf einen hoch mit Büchern und Papieren bedeckten Tisch zu. »Ich schreibe allerhand.«

»Ich dachte, Schriftsteller wären ziemlich alt. Freilich, Saroyan ist nicht alt. Ich bin ihm auf einer Gesellschaft begegnet, und er ist wirklich noch gar nicht alt. Nein tatsächlich«, überlegte sie, »wenn er sich besser rasieren würde . . . ist übrigens Hemingway alt?«

»In den Vierzigern, sollte ich meinen.«

»Nicht schlecht. Mich regen keine Männer auf, wenn sie nicht wenigstens zweiundvierzig sind. Ich kenne da eine idiotische Person, die mir ständig vorerzählt,

ich müßte zu solch einem Hirnputzer gehen – sie sagt, ich hätte 'nen Vaterkomplex. Was mehr als *merde* ist. Ich habe mich ganz einfach drauf *trainiert,* nur ältere Männer zu mögen, und das war das Klügste, was ich je gemacht habe. Wie alt ist W. Somerset Maugham?«
»Ich weiß nicht genau. Irgendwie über sechzig.«
»Nicht schlecht. Mit einem Schriftsteller bin ich noch nie ins Bett gegangen. Nein, halt – kennen Sie Benny Shacklett?« Sie runzelte die Stirn, als ich meinen Kopf schüttelte. »Aber komisch. Er hat einen ganzen Haufen Zeug fürs Radio geschrieben. Doch *quel rat.* Sagen Sie, sind Sie ein richtiger Schriftsteller?«
»Kommt darauf an, was Sie unter richtig verstehen.«
»Na, Herzchen, *kauft* irgendwer das, was Sie schreiben?«
»Noch nicht.«
»Ich werde Ihnen helfen«, sagte sie. »Kann ich nämlich. Denken Sie bloß an all die Leute, die ich kenne, die Leute kennen. Ich werde Ihnen helfen, weil Sie aussehen wie mein Bruder Fred. Nur kleiner. Ich habe ihn nicht mehr gesehen, seit ich vierzehn war, damals ging ich nämlich von zu Hause fort, und er war bereits eins fünfundachtzig. Meine anderen Brüder waren mehr Ihr Format. Kümmerlinge. Daß Fred so groß wurde, kam von der Erdnußbutter. Alle hielten es für verrückt, die Art, wie er sich mit Erdnußbutter vollstopfte; ihn kümmerte nichts auf dieser Welt als Pferde und Erdnußbutter. Aber er war nicht verrückt, nur reizend und ein bißchen unklar im Kopf und entsetzlich langsam; er war schon drei Jahre in der achten Klasse, als ich davonlief. Armer Fred. Ich möchte wohl wissen, ob sie bei den Soldaten großzü-

gig sind mit der Erdnußbutter. Wobei mir einfällt, daß ich vor Hunger umkomme.«
Ich deutete auf eine Schale mit Äpfeln, fragte sie gleichzeitig, wie und warum sie so jung schon von zu Hause weggelaufen sei. Sie schaute mich verloren an und rieb sich die Nase, als kitzle sie dort etwas– eine Geste, die ich, nach häufiger Wiederholung, als Signal dafür erkennen lernte, daß man eine Grenze überschritt. Wie bei vielen Menschen mit der kühnen Vorliebe, aus freien Stücken intime Aufschlüsse zu geben, wurde sie bei allem, was wie eine direkte Frage, ein Festlegenwollen aussah, sofort zurückhaltend. Sie biß ein Stück Apfel ab und sagte: »Erzählen Sie mir etwas, was Sie geschrieben haben. Die Handlung.«
»Das ist eben eine der Schwierigkeiten. Es sind keine Geschichten, die man erzählen könnte.«
»Zu unanständig?«
»Vielleicht lasse ich Sie gelegentlich mal eine lesen.«
»Whisky und Apfel paßt zusammen. Schenken Sie mir einen ein, Herzchen. Dann können Sie mir selber eine vorlesen.«
Sehr wenige Autoren, insonderheit ungedruckte, können der Aufforderung widerstehen, vorzulesen. Ich schenkte uns beiden etwas ein, setzte mich in den Stuhl gegenüber und begann ihr vorzulesen, wobei meine Stimme in einer Mischung von Lampenfieber und Begeisterung etwas bebte – es war eine neue Geschichte, die ich tags zuvor beendet hatte, so daß jenes unvermeidliche Gefühl des Versagthabens sich noch nicht entwickeln konnte. Es handelte sich um zwei Frauen, die gemeinsam ein Haus bewohnen, Lehrerinnen, von denen die eine, als sich die andere

verlobt, durch anonyme Briefe eine Skandalgeschichte verbreitet, was die Heirat verhindert. Während ich las, krampfte jeder Blick, den ich Holly verstohlen zuwarf, mein Herz zusammen. Sie fipselte herum. Sie zerzupfte die Zigarettenreste im Aschbecher, sie stierte verträumt auf ihre Fingernägel, als wünsche sie sich eine Nagelfeile; schlimmer noch: da ich ihr Interesse gepackt glaubte, lag in Wirklichkeit ein verräterischer Reif über ihren Augen als überlege sie, ob sie sich das Paar Schuhe kaufen sollte, das sie im Schaufenster gesehen.

»Ist das der *Schluß?«* fragte sie, auffahrend. Sie suchte herum, was sie noch sagen könnte. »Schwule kann ich an sich ganz gut leiden. Angst habe ich keine vor ihnen. Aber ganze Geschichten über so was langweilen mich zum Gotterbarmen. Ich kann mich einfach nicht in sie 'reinversetzen. Na ja, wirklich, Herzchen«, sagte sie, weil ich sichtlich ratlos war, »um was, zum Teufel, handelt es sich denn, wenn nicht um zwei so'ne, die andersrum sind?«

Aber ich war nicht in der Stimmung, den Fehler, diese Geschichte gelesen zu haben mit der zusätzlichen Unannehmlichkeit, sie erklären zu müssen, zu verbinden. Die gleiche Eitelkeit, die mich zu solcher Bloßstellung gebracht hatte, trieb mich jetzt dazu, sie als Wichtigtuerin ohne Empfindung und Verstand herabzusetzen.

»Nebenbei gesagt«, versetzte sie, *kennen* Sie vielleicht zufällig ein paar nette Schwule? Ich suche nämlich eine Zimmergenossin. Sie brauchen gar nicht zu lachen. Ich bin derart durcheinander, ich kann mir einfach kein Mädchen leisten. Und die Sorte ist nämlich wunderbar im Hause, sie reißen sich danach, alle Arbeit zu machen, nie braucht man sich ums Fegen oder Abtauen oder Wäscheweggeben zu kümmern. Ich hatte eine Mitmieterin in Hollywood, die in Wildwestfilmen spielte und der Einsame Jäger genannt wurde. Aber das kann ich wohl von ihr sagen, daß sie im Hause besser als jeder Mann zu gebrauchen war. Natürlich konnten die Leute nicht anders als denken, ich müßte selber so'n bißchen andersrum sein. Bin ich natürlich auch. Jeder ist das – ein bißchen. Wenn schon. Das hat bisher noch nie einen Mann abgehalten, scheint sie im Gegenteil anzustacheln. Sehen Sie am Einsamen Jäger: zweimal verheiratet. Gewöhnlich heiraten solche nur einmal, nur wegen des Namens. Es scheint einem für später solch *cachet* zu geben, wenn man sich Mrs. Soundso nennen kann. Das ist doch nicht wahr!« Sie starrte den Wecker auf dem Tisch an. »Es kann nicht halb fünf sein!«

Das Fenster wurde langsam dämmrig. Eine Sonnenaufgangsbrise bewegte leicht die Vorhänge.

»Was ist heute?«

»Donnerstag.«

»Donnerstag.« Sie erhob sich. »Mein Gott«, sagte sie und sank mit einem Seufzer wieder zurück. »Es ist zu grauenhaft.«

Ich war allzu müde, um neugierig zu sein. Ich legte mich aufs Bett und schloß meine Augen. Dennoch kam es unwiderstehlich: »Was ist so Grauenhaftes am Donnerstag?«

»Nichts. Nur daß ich mich nie dran erinnern kann, wenn es soweit ist. Donnerstag muß ich nämlich den Achtuhrfünfundvierziger kriegen. Die sind so genau mit den Besuchsstunden, daß man, wenn man um zehn dort ist, nur noch eine Stunde Zeit hat, ehe die armen Kerle Mittag essen. Stellen Sie sich vor: Mittagessen um elf. Man *kann* auch um zwei kommen, und das würde ich viel lieber, aber er mag es mehr, wenn ich morgens komme, er sagt, daß es ihm für den Rest des Tages auf die Beine hilft. Ich muß ganz einfach wachbleiben«, sagte sie und kniff sich in die Wangen bis die Rosen kamen, »zum Schlafen ist keine Zeit mehr, ich würde schwindsüchtig aussehen, ich würde zusammensacken wie eine Mietskaserne, und das wäre nicht anständig – ein Mädchen kann nicht grün im Gesicht nach Sing-Sing gehen.«

»Ich vermute, nein.« Der Zorn, den ich wegen meiner Geschichte über sie empfunden, verebbte. Sie hatte mich wieder ganz eingefangen.

»Alle Besucher geben sich Mühe, so gut wie möglich auszusehen, und es ist sehr rührend, ist verteufelt süß, wie da die Frauen von allem das Hübscheste tragen, ich meine auch die alten und die wirklich armen, die machen die goldigsten Anstrengungen, nett auszusehen und auch nett zu riechen, und ich habe sie richtig lieb deswegen. Lieb habe ich auch die Kinder, besonders die farbigen. Ich meine die Kinder, die die Frauen mitbringen. Es müßte eigentlich traurig sein, die Kinder dort zu sehen, aber das ist es nicht. Sie haben Bänder in den Haaren und auf Hochglanz gewichste Schuhe, daß man richtig denkt, nun müßte es Eiskrem geben. Und manchmal ist das auch so im Besuchszimmer, ganz wie bei einer Gesellschaft. Jedenfalls ist es nicht wie im Kino – Sie wissen, dies schauderhafte Geflüster durch ein Gitter. Gitter gibt es nicht, nur eine Art Ladentisch ist zwischen denen und uns, und die Kinder können da drauf stehen, damit sie umarmt werden können, und wenn man einem einen Kuß geben will, braucht man nichts weiter zu tun, als sich 'rüberzubeugen. Am meisten mag ich, daß sie so glücklich sind, einander zu sehen. Sie haben sich so vieles aufgehoben, worüber sie reden wollten, es ist gar nicht möglich, trübsinnig zu sein, sie lachen unentwegt und halten sich bei den Händen. Anders ist es dann hinterher«, sagte sie. »Ich sehe sie im Zug sitzen. Sie sitzen so stumm und sehen den Fluß vorüberziehen.« Sie zog eine Strähne ihres Haars zum Mundwinkel und knabberte gedankenverloren darauf herum. »Ich halte Sie wach. Schlafen Sie doch.«

»Bitte. Es interessiert mich.«

»Das weiß ich. Deswegen will ich ja, daß Sie schlafen sollen. Denn wenn ich so weiterrede, erzähle ich Ihnen von Sally. Ich bin nicht ganz sicher, ob das den Spielregeln entspräche.« Sie kaute stumm auf ihrem Haar. *»Gesagt* hat mir nie jemand, daß ich es keinem erzählen dürfte. Nicht ausdrücklich. Und es ist schon ulkig. Vielleicht könnten Sie's in einer Geschichte anbringen mit anderen Namen und so. Hören Sie zu, Fred«, sagte sie und griff sich noch einen Apfel, »Hand aufs Herz und den Ellbogen küssen –«

Schlangenmenschen können vielleicht ihren Ellbogen küssen, sie mußte sich mit einem annähernden Resultat zufriedengeben.

»Also«, sagte sie, den Mund voll Apfel, »Sie mögen von ihm in der Zeitung gelesen haben. Sein Name ist Sally Tomato, und ich spreche besser jiddisch als er englisch; aber er ist ein geliebter alter Mann, schrecklich fromm. Er würde wie ein Mönch aussehen, hätte er nicht die Goldzähne; er sagt, er bete für mich jeden Abend. Gehabt habe ich natürlich nie was mit ihm; ja, was das betrifft, so kannte ich ihn überhaupt noch gar nicht, ehe er im Gefängnis saß. Aber jetzt liebe ich ihn zärtlich, schließlich habe ich ihn nun bereits seit sieben Monaten jeden Donnerstag besucht, und ich glaube, ich würde es tun, selbst wenn er mir nichts zahlte. Der ist faulig«, sagte sie und warf den Rest des Apfels zielsicher aus dem Fenster. »Übrigens kannte ich Sally doch schon vom Sehen. Er kam immer zu Joe Bell, das Lokal um die Ecke – nie hat er mit jemand geredet, stand bloß 'rum wie einer, der im Gasthaus wohnt. Ulkig aber, wenn man zurückdenkt, wie genau er mich beobachtet haben muß, denn nämlich gleich nachdem sie ihn eingebuchtet hatten (Joe Bell zeigte mir sein Bild in der Zeitung. Schwarze Hand – Mafia – lauter solch Hokuspokus – aber sie gaben ihm fünf Jahre), kam doch dies Telegramm von einem Anwalt. Da hieß es, daß ich mich sofort mit ihm in Verbindung setzen sollte wegen einer für mich vorteilhaften Nachricht.«

»Sie glaubten, es hätte Ihnen einer eine Million hinterlassen?«

»Ach wo. Ich dachte eher, Bergdorf wollte auf die Art versuchen, seine letzte Kleiderrechnung zu kassieren. Aber ich riskierte es und ging zu diesem Anwalt (wenn er überhaupt ein Anwalt ist, was ich bezweifle, weil er gar kein Büro zu haben scheint, nur einen Telefondienst, und immer verabredet er sich mit einem im Lokal – deswegen ist er wohl auch so fett, er kann zehn Hamburger Fleischklopse essen, zwei

Schüssel Mixpickles dazu und eine ganze Baisertorte mit Zitronenschaum). Er fragte mich, ob ich wohl gerne einen einsamen alten Mann ein wenig aufheitern und dabei gleichzeitig hundert in der Woche einstecken möchte. Ich sagte, Herzchen, da haben Sie die falsche Miss Golightly erwischt, ich bin keine Krankenschwester, die sich nebenher auf allerlei Tricks versteht. Vom Honorar war ich ebensowenig beeindruckt, so viel kriegt man auch zusammen mit Pudern gehen – jeder Gent mit ein bißchen Lebensart wird einem fünfzig geben, wenn man Für Damen will, und ich frage immer noch um Fahrgeld, das macht nochmal fünfzig. Aber dann erzählte er mir, daß sein Klient Sally Tomato sei. Er sagte, der liebe alte Sally habe mich schon längst *à la distance* bewundert, und ob es denn da nicht eine gute Tat sei, wenn ich ihn einmal in der Woche besuchen würde. Na, da konnte ich nicht nein sagen – es war zu romantisch.«

»Ich weiß nicht. Da stimmt irgendwas nicht.«

Sie lächelte. »Sie meinen, daß ich schwindle?«

»Erstens kann man doch nicht einfach irgend jemanden einen Gefangenen besuchen lassen.«

»Ach, das machen sie ja auch nicht. Tatsache, daß sie ein höchst lästiges Trara drum angestellt haben. Ich bin angeblich seine Nichte.«

»Und so einfach ist das dann? Für eine Stunde Unterhaltung gibt er Ihnen hundert Dollar?«

»Er nicht, der Anwalt. Mr. O'Shaughnessy schickt sie mir in bar, sobald ich den Wetterbericht abgegeben habe.«

»Ich glaube, Sie können da in allerhand Unannehmlichkeiten hineingeraten«, sagte ich und knipste die

Lampe aus; es bestand keine Notwendigkeit mehr dafür, der Morgen lag im Zimmer und Tauben gurrten auf der Feuertreppe.

»Wie?« fragte sie ernsthaft.

»Es muß da etwas geben in den Gesetzbüchern über falsche Personenangabe. Schließlich *sind* Sie doch nicht seine Nichte. Und was ist das mit diesem Wetterbericht?«

Sie tappte mit der Hand gegen ihren gähnenden Mund. »Aber gar nichts weiter. Nur Botschaften, die ich bei seinem Telefondienst hinterlasse, damit Mr. O'Shaughnessy draus sicher weiß, daß ich dort gewesen bin. Sally sagt mir, was ich bestellen soll, so was wie, ach, ›ein Hurrikan zieht über Cuba‹ und ›in Palermo schneit es‹. Regen Sie sich nicht auf, Herzchen«, sagte sie und kam auf das Bett zu, »ich habe schon lange genug für mich selber sorgen müssen.« Das Morgenlicht schien sich in ihr zu brechen; als sie mir die Bettdecke bis zum Kinn hochzog, schimmerte sie durchsichtig hell wie ein Kind; dann legte sie sich neben mich. »Stört es Sie? Ich möchte mich nur einen Moment ausruhen. Sagen wir also jetzt kein Wort mehr. Schlafen Sie.«

Ich tat wenigstens so, machte mein Atmen tief und gleichmäßig. Die Glocken im Turm der Kirche nebenan schlugen halb und voll. Es war sechs, als sie ihre Hand auf meinen Arm legte, eine zarte Berührung, besorgt, mich nicht zu wecken. »Armer Fred«, flüsterte sie, und es schien, als spräche sie zu mir, aber sie meinte mich nicht. »Wo bist du, Fred? Weil es so kalt ist. Der Wind ist voll Schnee.« Ihre Wange legte sich gegen meine Schulter, ein warmes, feuchtes Gewicht.

»Warum weinen Sie?«
Sie fuhr zurück, setzte sich auf. »Zum Himmeldonnerwetter«, sagte sie und begab sich zum Fenster und der Feuertreppe, »Spioniererei kann ich nicht ausstehen.«

Am nächsten Tag, Freitag, fand ich beim Nachhausekommen vor meiner Tür einen luxuriösen Delikateßkorb mit ihrer Karte: Miss Holiday Golightly, Auf Reisen, und auf der Rückseite in einer ungewöhnlich mühseligen Kindergartenhandschrift: »Alles Gute, liebster Fred. Gestern abend bitte entschuldigen. Sie waren durchweg ein Engel. *Mille tendresse* – Holly. P.S. Werde Sie nicht wieder stören.« Ich erwiderte »Bitte doch« und tat den Zettel an ihre Tür zusammen mit dem was ich mir leisten konnte, einem Veilchensträußchen vom Straßenhändler. Doch allem Anschein nach meinte sie wirklich, was sie gesagt hatte: weder sah noch hörte ich von ihr, und ich entnahm dem, daß sie so weit gegangen sein mußte, sich einen Haustürschlüssel zu besorgen. Jedenfalls klingelte sie nicht mehr bei mir. Ich vermißte das, und als die Tage dahinschwanden, begann ich ihr gegenüber eine gewisse weithergeholte Gekränktheit zu empfinden, als würde ich von meinem engsten Freund vernachlässigt. Eine beunruhigende Verlassenheit überkam mein Leben, doch rief dies kein hungriges Verlangen nach Freunden aus längerer Bekanntschaft hervor – sie wirkten jetzt auf mich wie eine salzfreie, zuckerlose Diät. Am Mittwoch waren meine Gedanken so ununterbrochen bei Holly, Sing-Sing und Sally Tomato, bei einer Welt, in der Männer fünfzig Dollar für einmal auf die To gehen 'rausrücken, daß ich nicht arbeiten konnte. An jenem Abend ließ ich eine Nachricht in ihrem Briefkasten: »Morgen ist Donnerstag.« Der nächste Morgen belohnte mich mit einem zweiten Brief in Kinderkrakelschrift: »Gott segne Sie, daß Sie mich erinnert haben. Können Sie heute abend gegen sechs auf einen Drink vorbeikommen?«

Ich wartete bis zehn nach sechs und ließ es mich dann noch weitere fünf Minuten aufschieben.

Ein Wesen machte die Tür auf. Er roch nach Zigarren und Eau de Cologne. Seine Schuhe paradierten mit verstärkten Absätzen. Ohne diese zusätzlichen Zentimeter hätte man ihn für einen Gnom halten können. Sein fleckiger Glatzkopf war zwerghaft groß – daran hingen ein Paar spitzzulaufende, wahrhaft koboldartige Ohren. Augen hatte er wie ein Pekinese, fühllos und leicht vorstehend. Haarbüschel entsprossen seinen Ohren, seiner Nase; seine Backen waren grau vom nachmittäglichen Bartwuchs und sein Händedruck beinah pelzig.

»Die Kleine duscht«, sagte er, indem er mit der Zigarre in Richtung auf ein Wasserrauschen nebenan deutete. Das Zimmer, in dem wir standen (standen, weil nichts da war, worauf man sich setzen konnte), wirkte, als sei eben erst eingezogen worden, man erwartete, die nasse Farbe noch zu riechen. Koffer und unausgepackte Kisten bildeten das einzige Meublement. Die Kisten dienten als Tische, eine als Untersatz für das Mixen von Martini, eine andere für eine Lampe, ein Kofferradio, Hollys roten Kater und eine Vase mit gelben Rosen. Bücherregale, die eine Wand bedeckten, protzten mit einem halben Fach voll Literatur. Ich erwärmte mich sofort für diesen

Raum, mir gefiel sein zu nächtlicher Flucht bereites Aussehen.

Der Mann räusperte sich. »Werden erwartet?«

Er fand mein Nicken unklar. Seine kalten Augen operierten an mir herum, machten saubere Untersuchungschnitte. »Es kommen eine Menge Leute her, die werden nicht erwartet. Sie kennen die Kleine schon lange?«

»Nicht sehr.«

»Sie kennen also die Kleine noch gar nicht lange?«

»Ich wohne oben.«

Die Antwort schien genügend zu erklären, um ihn milder zu stimmen. »Ist das die gleiche Anlage bei Ihnen?«

»Viel enger.«

Er schnipste Asche auf den Fußboden. »Eine Abstellkammer ist das hier. Es ist unglaublich. Aber die Kleine versteht nicht zu leben, selbst wenn sie Kies genug hat.« Seine Sprechweise war metallisch abgehackt, wie ein Fernschreiber. »Also«, sagte er, »was meinen Sie: ist sie nun oder ist sie nicht?«

»Ist sie was?«

»Eine Schwindlerin.«

»Das hätte ich nie gedacht.«

»Sie irren sich. Die ist eine Schwindlerin. Doch auf der anderen Seite wieder haben Sie recht. Sie ist keine Schwindlerin, weil sie wirklich so ist. Sie glaubt all den Blödsinn, den sie glaubt. Man kann ihr nichts davon ausreden. Mit strömenden Tränen habe ich es versucht. Benny Polan, hochgeachtet allerwärts, Benny Polan hat es versucht. Benny hatte es sich in den Kopf gesetzt, sie zu heiraten, sie ging nicht darauf ein, Benny gab vielleicht Tausende aus, mit denen er sie zu Hirnputzern schickte. Selbst den berühmten, den, der nur deutsch spricht, Junge, selbst den hat er mit in den Ring geworfen. Man kann sie ihr nicht ausreden, diese –« er machte eine Faust, als zerdrücke er etwas Ungreifbares – »Ideen. Versuchen Sie es einmal. Kriegen Sie sie dazu, Ihnen etwas von dem Zeug zu erzählen, das sie glaubt. Wissen Sie«, sagte er, »ich mag die Kleine ja gern. Jeder mag sie, aber es gibt auch 'ne Menge, die's nicht tun. Ich tu's. Ich mag die Kleine ehrlich gern. Ich bin empfindsam, daher. Man muß empfindsam sein, um sie schätzen zu können – ein bißchen was von einem Dichter. Aber ich will Ihnen mal die Wahrheit sagen. Sie können sich um ihretwillen Ihr Hirn in Stücke schlagen, und sie wird Ihnen Pferdemist auf einer Schüssel retour geben. Um nur ein Beispiel zu geben: was für eine sie ist, wenn Sie sie sich heute so ansehen? Ganz genau das Mädchen, von dem man lesen wird, daß sie 'ne ganze Packung Seconaltabletten bis zum Grunde geschafft hat. So was hab' ich passieren sehen, öfter als sie Zehen an den Füßen haben – und diese Mädchen, die waren noch nicht mal verrückt. Und sie ist verrückt.«

»Aber jung. Und hat noch einen guten Teil Jugend vor sich.«

»Wenn Sie meinen: Zukunft, da irren Sie sich wieder. Also vor ein paar Jahren, drüben in Kalifornien, da gab's eine Zeit, wo es anders hätte sein können. Da hatte sie was, was für sie sprach, da war man an ihr interessiert, da hätte sie Karriere machen können. Aber wenn man einmal so einer Sache den Rücken dreht, gibt's kein Umkehren. Fragen sie Luise Rainer.

Und die Rainer war ein Star. Sicherlich, Holly war kein Star; sie ist nie aus der Statisterie 'rausgekommen. Aber das war vor der *Geschichte des Dr. Wassell.* Damals hätte sie's wirklich zu was bringen können. Ich weiß es nämlich, weil ich der Kerl war, der ihr den Anstoß gab.« Er deutete mit der Zigarre auf sich selbst. »O. J. Berman.«
Er erwartete Erkennen, und mir machte es nichts aus, ihm den Gefallen zu tun, von mir aus, nur hatte ich nie von O. J. Berman gehört. Es stellte sich heraus, daß er Agent in Hollywood war.
»Ich bin der erste, der sie gesehen hat. Draußen in Santa Anita. Jeden Tag lungert sie da in der Gegend 'rum. Ich bin interessiert – beruflich. Ich finde 'raus, daß sie irgendeinem seine Fahrplanmäßige ist, sie lebt mit dem Stück Dreck. Ich laß dem sagen, er soll Schluß machen, wenn er nicht 'ne Unterhaltung mit den Jungens von der Sitte haben will – die Kleine war nämlich fünfzehn. Aber Stil hatte sie – die war in Ordnung, die kommt an. Selbst wenn sie soo dicke Gläser trägt – selbst wenn sie den Mund aufmacht und man weiß nicht, stammt sie von den Bergen oder aus Oklahoma oder sonstwoher. Und ich weiß es bis heute nicht. Ich vermute, es wird's nie einer wissen, wo sie her ist. Sie ist eine so gottverdammte Schwindlerin, daß sie es wahrscheinlich selber nicht mehr weiß. Aber wir haben ein Jahr gebraucht, um diesen Dialekt abzuschleifen. Wie wir's schließlich fertigbrachten? – wir gaben ihr französischen Unterricht – nachdem sie Französisch nachsprechen konnte, dauerte es nicht mehr lange, bis sie auch Englisch imitierte. Wir modelten sie zurecht nach dem Typ der

Margaret Sullavan, aber die konnte sie noch mit ihren eigenen Kurven schlagen, Leute interessieren sich, von denen oben, und um allem die Krone aufzusetzen: Benny Polan, sehr geachteter Bursche, Benny will sie heiraten. Kann ein Agent mehr verlangen? Da bums! die ›Geschichte des Dr. Wassell‹. Den Film gesehen? Cecil B. De-Mille. Gary Cooper. Mein Gott: ich bring mich um, alles ist abgemacht – sie wollen Probeaufnahmen von ihr für die Rolle von Dr. Wassells Krankenschwester machen. Eine von seinen Schwestern, schön – aber immerhin. Dann bums! klingelt das Telefon.« Er griff in die Luft nach einem Telefon und hielt es sich gegen sein Ohr. »Sie sagt, hier ist Holly, ich sage Süße, du klingst so weit weg, sagt sie, Ich bin in New York, sage ich, was zum Teufel machst du in New York wenn doch Sonntag ist und sie morgen die Probeaufnahmen machen? Sie sagt ich bin in New York, weil ich noch nie in New York gewesen bin. Ich sage jetzt setz aber deinen Hintern in ein Flugzeug und komm zurück, sagt sie, das möcht' ich nicht. Ich sage worauf willst du 'raus, Puppe? Sie sagt man muß selber gut sein wollen und ich will's ja gar nicht, ich sage schön, was zum Teufel willst du also und sie sagt, wenn ich das 'rausgefunden habe kriegst du's als erster zu wissen. Verstehen Sie nun, was ich meine: Pferdemist auf einer Schüssel.«

Der rote Kater sprang aus dem Korb und rieb sich an seinem Bein. Er hob die Katze mit der Spitze seines Schuhes und schleuderte sie fort, was ekelhaft von ihm war, nur schien er von der Katze gar nichts zu merken, sondern nur seine eigene Gereiztheit.

»Das hier sollte sie wollen?« sagte er und warf beide

Arme zur Seite. »Eine Menge Leute, die gar nicht erwartet sind? Von zugesteckten Trinkgeldern leben. Mit Taugenichtsen 'rumlaufen. Vielleicht möchte sie nun gar Rusty Trawler heiraten? Soll man ihr etwa dafür eine Medaille anstecken?«

Er wartete, funkelnden Auges.

»Bedaure, den kenne ich nicht.«

»Sie kennen Rusty Trawler nicht? Können Sie auch nicht viel über die Kleine wissen. Ein übler Handel«, sagte er und die Zunge schnalzte in seinem Riesenschädel. »Ich hoffte, Sie hätten möglicherweise etwas Einfluß. Könnten alles gradebiegen bei der Kleinen, eh's zu spät ist.«

»Aber Ihren Reden zufolge ist es das doch bereits.« Er blies einen Rauchring, ließ ihn verwehen, ehe er lächelte; das Lächeln änderte sein Gesicht, ließ etwas Milde aufscheinen. »Ich könnte nochmal einen Anstoß geben. Wie ich schon sagte«, wiederholte er und jetzt klang es echt, »ich mag die Kleine ehrlich gern.«

»Was für Skandalgeschichten verbreitest du, O. J.?« Holly platschte in den Raum, mehr oder weniger in ein Handtuch gewickelt, und ihre nassen Füße hinterließen triefende Spuren auf dem Boden.

»Nur das Übliche. Daß du einen Klaps hast.«

»Fred weiß das bereits.«

»Aber du nicht.«

»Bitte 'ne brennende Zigarette, Herzchen«, sagte sie, ihre Badekappe herunterreißend, und schüttelte ihr Haar. »Dich meine ich nicht, O. J. Du bist ein solcher Schlabber. Immr hast du Negerlippen.«

Sie schöpfte den Kater hoch und schwang ihn sich auf die Schulter. Er hockte da in der Schwebe wie ein

Vogel, seine Pfoten verwirrten sich in ihrem Haar, als sei es Strickgarn, und dennoch war er, ungeachtet seiner liebenswürdigen Possen, ein mürrisches Tier mit einer Halsabschneidervisage, das eine Auge klebrig-blind, das andere funkelte von finstern Taten.

»O. J. ist ein alter Schlabber«, wiederholte sie zu mir und nahm die Zigarette, die ich ihr angezündet hatte, »aber er kennt eine entsetzliche Menge Telefonnummern. Wie ist David O. Selzniks Nummer, O. J.?«

»Laß das.«

»Das ist kein Spaß, Herzchen. Ich möchte, daß du ihn anrufst und ihm sagst, was für ein Genie der Fred ist. Er hat ganze Haufen einfach wunderbarer Geschichten geschrieben. Sie brauchen gar nicht rot zu werden, Fred, Sie haben ja nichts davon gesagt, daß Sie ein Genie wären, sondern ich. Los, O. J. Was gedenkst du zu tun, um Fred reich zu machen?«

»Wie wäre es, wenn du mich das mit Fred allein ausmachen ließest.«

»Vergiß nicht«, sagte sie im Davongehen, »ich bin seine Agentin. Noch was: wenn ich rufe, kommst du und zippst mir den Reißverschluß hoch. Und wenn jemand klopft, laßt ihr sie ein.«

Ein ganzer Haufen tat es. Innerhalb der nächsten Viertelstunde hatte eine Herrengesellschaft die Wohnung übernommen, einige davon in Uniform. Ich zählte zwei Marineoffiziere und einen Lufwaffenoberst, doch wurden sie an Zahl von ergrauten Ankömmlingen übertroffen, die über das Einberufungsalter hinaus waren. Bis auf den Mangel an Jugend hatten die Gäste nichts miteinander gemein, sie schienen Fremde unter Fremden, tatsächlich hatte jedes

Gesicht beim Eintritt sich schwer bemüht, die Bestürzung darüber, auch andere dort zu sehen, zu verbergen. Es war als habe die Gastgeberin ihre Einladungen verstreut, während sie kreuz und quer durch verschiedene Bars zog, was wahrscheinlich der Fall war. Nach dem anfänglichen Stirnrunzeln verkehrten sie indessen miteinander ohne zu murren, vor allem O. J. Berman, der begierig die neue Gesellschaft ausnutzte, um eine Erörterung über meine Hollywood-Zukunft zu vermeiden. Ich wurde allein bei den Regalen zurückgelassen, von den Büchern dort waren die Hälfte über Pferde, der Rest Baseball. Interesse an *Pferdemuskulatur und ihre Beurteilung* vorschützend, hatte ich Gelegenheit genug, still für mich Hollys Freunde auseinanderzusortieren.

Plötzlich trat einer von ihnen deutlich hervor. Es war ein ältliches Kind, das sein Babyfett bisher noch nicht abgelegt hatte, wenngleich es irgendeinem begabten Schneider nahezu gelungen war, sein dickes, zum Verprügeln einladendes Hinterteil zu tarnen. Da war nicht eine Ahnung von Knochen in seinem Körper; sein Gesicht, eine Null, ausgefüllt mit niedlichen Miniaturzügen, hatte etwas Unverbrauchtes, Jungfräuliches – es war als sei er geboren und dann aufgequollen, wobei seine Haut glatt blieb wie ein aufgeblasener Luftballon, und sein Mund, obgleich bereit zum Aufbrausen und zu schlechter Laune, ein verwöhntes Kinderschnutchen. Aber es war nicht seine Erscheinung, die ihn heraushob; konservierte Babys sind nicht derart selten. Es war eher sein Benehmen, denn er führte sich auf, als sei dies *seine* Gesellschaft – wie ein tatkräftiger Tintenfisch mixte er Martinis, stellte

Leute einander vor und bediente den Plattenspieler. Ehrlich gesagt, seine Betriebsamkeit war zumeist von der Gastgeberin selbst diktiert: »Rusty, würdest du wohl; Rusty, könntest du bitte.« Wenn er in sie verliebt war, so hatte er offensichtlich seine Eifersucht gut im Zaume. Ein eifersüchtiger Mensch hätte wohl seine Beherrschung verlieren können, wenn er beobachtete, wie sie im Zimmer einherstreifte, in der einen Hand die Katze, die andere jedoch frei, um hier eine Krawatte zu richten oder Schuppen von einem Revers zu bürsten; der Luftwaffenoberst trug einen Orden, der sein Gutteil an Herumpoliererei abbekam.

Der Name des Mannes war Rutherford (»Rusty«) Trawler. 1908 hatte er beide Eltern verloren, seinen Vater als Opfer eines Anarchisten und die Mutter am Schock, welch doppeltes Unglück aus Rusty eine Waise, einen Millionär und eine Berühmtheit gemacht hatte, alles im Alter von fünf Jahren. Seitdem war er ständiger Füller aller Sonntagsbeilagen, eine Folgeerscheinung, deren Triebkraft zugenommen hatte, seit er, noch als Schuljunge, seinen Paten-Vormund unter Anklage der Sodomie hatte verhaften lassen. Danach hielten ihm Heirat und Scheidung seinen Platz an der Sonne in den Illustrierten. Seine erste Frau hatte sich selbst und ihre Unterhaltsgelder zu einem Rivalen von Father Divine getragen. Die zweite Frau schien nicht näher erklärt, aber die dritte hatte ihn im Staate New York, dank einer ganzen Mappe voll verfänglichen Beweismaterials, vor Gericht gebracht. Er selber ließ sich von der letzten Mrs. Trawler scheiden, wobei sein hauptsächlicher Anklagepunkt anführte, daß sie eine Meuterei auf seiner Jacht angezettelt habe, welch selbige Meuterei darin endete, daß man ihn auf den Dry Tortugas nördlich Haiti aussetzte. Wenngleich er seit damals Junggeselle geblieben, hatte er anscheinend vor dem Kriege um Unity Mitford angehalten, jedenfalls sollte er ihr ein Telegramm mit dem Angebot geschickt haben, sie zu heiraten, falls Hitler es nicht täte. Dies galt als Grund dafür, daß Winchell in seiner Gesellschaftsklatschspalte von ihm immer als »dem Nazi« sprach, dies und die Tatsache, daß er an Massenversammlungen in Yorkville teilnahm.

Diese Dinge wurden mir nicht erzählt. Ich las sie im *Baseball-Führer,* meiner nächsten Auswahl aus Hollys Bücherbord, den sie als Zettelkasten zu benutzen schien. Zwischen die Seiten gelegt fand ich Artikel aus den Sonntagsbeilagen zusammen mit Ausschnitten aus den Klatschspalten. *Rusty Trawler und Holly Golightly Arm in Arm bei der Premiere von »Fast eine Venus«!* Holly tauchte hinter mir auf und erwischte mich, als ich gerade las: *Miss Holiday Golightly, von den Bostoner Golithlys, macht dem vierundzwanzigkarätigen Rusty Trawler jeden Tag zum Feiertag.*

»Bewundern Sie meine öffentliche Beliebtheit oder sind sie nur ein Baseball-Fanatiker?« fragte sie und rückte ihre dunkle Brille zurecht, während sie mir über die Schulter schaute.

Ich sagte: »Wie war der Wetterbericht dieser Woche?« Sie blinzelte mir zu, aber nicht spaßhaft – ein warnendes Blinzeln: »Auf Pferde bin ich verrückt, aber ich hasse Baseball«, sagte sie, und die Botschaft im Unterton ihrer Stimme besagte, daß sie wünschte, ich möge vergessen, daß sie jemals Sally Tomato erwähnt hatte. »Allein schon den Klang davon am Radio hasse ich;

aber ich muß zuhören, das ist ein Teil meiner Bildung. Es gibt so wenig, worüber Männer sich unterhalten können. Wenn ein Mann sich aus Baseball nichts macht, dann muß er Pferde lieben, und wenn er keines von beiden mag, bin ich ohnehin in Schwierigkeiten – dann macht er sich nichts aus Mädchen. Und wie kommen Sie mit O. J. zurecht?«

»Wir haben uns im gegenseitigen Einverständnis getrennt.«

»Er ist eine Gelegenheit, glauben Sie mir das.«

»Ich glaube es Ihnen. Was aber habe ich zu bieten, das ihm als Gelegenheit auffallen würde?«

Sie gab nicht nach. »Gehen Sie zu ihm 'rüber und geben Sie ihm das Gefühl, daß er gar nicht so komisch aussieht. Er kann Ihnen wirklich helfen.«

»Ich erfuhr, daß Sie derlei gar nicht übermäßig schätzten.« Sie schien nicht zu begreifen, bis ich sagte:

»Die Geschichte des Dr. Wassell!«

»Immer noch die alte Leier?« sagte sie und warf quer durch das Zimmer einen liebevollen Blick auf Berman. »Aber er trifft damit genau den Punkt: ich sollte mich schuldig fühlen. Nicht weil sie mir die Rolle gegeben hätten oder weil ich gut gewesen wäre – sie würden nicht und ich würde nicht. Wenn ich mich schuldig fühle, dann ist es wohl deswegen, weil ich ihn weiter Luftschlösser bauen ließ, als ich schon gar nicht mehr daran dachte. Ich suchte nur Zeit herauszuschlagen, um noch an meiner Persönlichkeit ein paar Verbesserungen vorzunehmen – ich war mir verdammt klar darüber, daß ich niemals ein Filmstar werden würde. Das ist allzu schwierig, und wenn man intelligent ist, ist es heikel. Meine Komplexe sind nicht tiefgelagert genug – Filmstar zu sein und ein dickes fettes *Ich* zu besitzen, das soll angeblich Hand in Hand gehen; in Wirklichkeit ist es grundlegend wichtig, überhaupt kein *Ich* zu haben. Ich meine nicht, daß ich etwas dagegen hätte, reich und berühmt zu sein. Das liegt ganz auf meiner Linie, und eines Tages werde ich mich bemühen, es dahin zu bringen; aber wenn das geschieht, hätte ich gerne mein Ich noch an mir dran hängen. Ich möchte immer noch ich selber sein, wenn ich eines schönen Morgens in einem seidnen Himmelbett bei Tiffany aufwache, wo man mir mein Frühstück kredenzt. Sie brauchen ein Glas«, sagte sie, meine leeren Hände bemerkend. «Rusty! Willst du meinem Freund bitte einen Drink bringen?«

Sie hielt noch immer den Kater im Arm. »Armes Mistvieh«, sagte sie und kraulte ihn am Kopf, »armes Mistvieh ohne Namen. Es ist ein bißchen unpraktisch, daß er keinen Namen hat. Aber ich habe kein Recht dazu, ihm einen zu geben – er muß warten, bis er jemandem wirklich gehört. Wir beide haben uns nur eben mal eines Tages nicht weit vom Fluß miteinander eingelassen, wir gehören aber nicht zusammen – er ist unabhängig und ich ebenso. Ich möchte nichts in Besitz nehmen, ehe ich nicht die Stelle gefunden habe, wo ich und mein Besitz gemeinsam hingehören. Ich bin bisher noch nicht so recht sicher, wo das sein könnte. Aber ich weiß, wie es aussehen müßte.« Sie lächelte und ließ den Kater auf den Boden fallen. »Ganz wie bei Tiffany«, sagte sie. »Nicht daß ich mir einen Dreck aus Schmuck machte. Brillanten, nun ja. Aber es ist geschmacklos, Brillanten zu tragen, ehe man vierzig ist; und selbst dann ist es noch riskant.

Richtig gut sehen sie nur bei ganz Alten aus – wie Maria Uspenskaya. Runzeln und Knochen, weiße Haare und Brillanten – ich kann's kaum erwarten. Aber das ist es nicht, warum ich so verrückt auf Tiffany bin. Sagen Sie – kennen Sie die Tage, wenn Sie das rote Grausen gepackt hat?«
»Ist das das gleiche wie die blaue Melancholie?«
»Nein«, versetzte sie langsam. »Nein, die kriegen Sie, weil Sie dick werden, oder auch wohl, weil es zu lange regnet. Da ist man traurig, das ist alles. Aber das rote Grausen ist gräßlich. Sie fürchten sich und schwitzen wie in der Hölle, aber Sie wissen nicht, wovor Sie sich fürchten. Außer daß etwas Schlimmes geschehen wird, nur wissen Sie gar nicht, was. Haben Sie das schon mal gehabt?«
»Ziemlich oft. Manche nennen es einfach: Angst.«
»Na schön: Angst. Aber was tun Sie dagegen?«
»Tja, Trinken hilft.«
»Das habe ich versucht. Auch mit Aspirin habe ich's versucht. Rusty meint, ich solle Marihuana rauchen, und das habe ich eine Weile getan, aber da fange ich nur an zu kichern. Was mir, wie ich herausgefunden habe, am allerbesten tut, das ist: eine Taxe nehmen und zu Tiffany fahren. Das macht mich umgehend ruhig, die Stille dort und der prächtige Eindruck; nichts sonderlich Schlimmes kann einem dort passieren, nicht mit diesen liebenswürdigen Männern da in ihren feinen Anzügen und mit dem herrlichen Geruch nach Silber und Krokodillederbrieftaschen. Wenn ich im wirklichen Leben einen Ort finden könnte, der mir ein Gefühl wie Tiffany gibt, würde ich mir ein paar Möbel kaufen und dem Kater einen Namen geben. Ich

habe gedacht, daß nach dem Kriege vielleicht Fred und ich –« Sie stieß ihre Brille nach oben, und ihre Augen mit ihrer verschiedenen Färbung, den grauen Tönen mit dem darübergewischten Blau und Grün, hatten eine ins Weite blickende Schärfe angenommen. »Ich bin einmal nach Mexiko gereist. Das ist ein wunderbares Land für Pferdezucht. Ich fand eine Stelle nahe am Meer. Fred versteht sich auf Pferde.«

Rusty Trawler kam mit einem Martini; er reichte ihn mir, ohne mich anzusehen. »Ich habe Hunger«, verkündete er, und seine Stimme, zurückgeblieben wie alles andere an ihm, brachte ein enervierendes Kindergequäke heraus, das Holly Vorwürfe zu machen schien. »Es ist halb acht, und ich habe Hunger. Du weißt, was der Doktor gesagt hat.«

»Ja, Rusty, ich weiß, was der Doktor gesagt hat.«

»Also dann brich das hier ab. Gehen wir.«

»Ich möchte, daß du dich benimmst, Rusty.« Sie sprach sanft, aber es war eine lehrerinnenhafte Strafandrohung in ihrem Ton, die mit einer merkwürdigen Welle des Wohlgefallens, der Dankbarkeit, sein Gesicht erröten machte.

»Du liebst mich nicht«, beklagte er sich, als seien sie allein.

»Ungezogenheiten liebt niemand.«

Offensichtlich hatte sie gesagt, was er zu hören wünschte; es schien ihn gleichzeitig aufzuregen und zu erleichtern. Dennoch fuhr er fort, als sei dies ein Ritual: »Liebst du mich?«

Sie tätschelte ihn. »Kümmre dich um deine Haushaltspflichten, Rusty. Und wenn ich soweit bin, gehen wir essen, wohin du willst.«

»Chinatown?«
»Aber das heißt noch nicht süßsaure Rippchen. Du weißt, was der Doktor gesagt hat.«
Während er mit zufriedenem Watscheln wieder zu seinen Pflichten zurückkehrte, konnte ich nicht widerstehen, sie daran zu erinnern, daß sie seine Frage nicht beantwortet hatte. »Lieben Sie ihn nun also?«
»Ich sagte Ihnen ja: man kann sich dazu bringen, jedermann zu lieben. Außerdem hat er eine widerliche Kindheit gehabt.«
»Wenn die so widerlich war, warum klammert er sich dann an ihr fest?«
»Brauchen Sie mal Ihren Kopf. Können Sie denn nicht sehen, daß sich Rusty einfach sicherer in seinen Windeln fühlt als in einem Damenrock? Welche Wahl es für ihn nämlich wirklich bedeuten würde, nur ist er in der Beziehung sehr empfindlich. Er hat mich mit einem Buttermesser erdolchen wollen, weil ich ihm erklärte, daß er erwachsen werden und der Angelegenheit ins Gesicht sehen solle, indem er sich häuslich niederläßt und trautes Heim mit einem netten väterlichen Lastwagenfahrer spielt. Inzwischen habe ich ihn auf dem Halse, was ganz in Ordnung ist; er ist harmlos, er denkt buchstäblich, daß Mädchen nichts als Puppen sind.«
»Gott sei Dank.«
»Na, wenn das bei den meisten Männern stimmte, würde ich kaum Gott danken.«
»Ich meinte Gott sei Dank, daß Sie Mr. Trawler nicht heiraten werden.«
Sie zog eine Braue hoch. »Übrigens gebe ich durchaus nicht vor, etwa nicht zu wissen, daß er reich ist. Und

selbst Land in Mexiko kostet etwas. Jetzt«, sagte sie und bedeutete mir, voranzugehen, »wollen wir O. J. zu packen kriegen.«
Ich hielt sie zurück, während mein Hirn sich bemühte, einen Aufschub zu gewinnen. Dann fiel mir ein: »Warum *auf Reisen?*«
»Auf meiner Visitenkarte?« sagte sie, aus dem Konzept gebracht. »Finden Sie das komisch?«
»Nicht komisch. Nur aufreizend.«
Sie zuckte die Achseln. »Wie soll ich schließlich wissen, wo ich morgen leben werde? Also habe ich ihnen eben gesagt, sie sollten *Auf Reisen* draufsetzen. Jedenfalls war es eine Geldverschwendung, diese Karten zu bestellen. Nur hatte ich das Gefühl, ich schuldete es ihnen, doch ein bißchen Irgendetwas zu kaufen. Sie sind von Tiffany.« Sie griff nach meinem Martini, den ich nicht angerührt hatte, kippte ihn in zwei großen Schlucken und nahm meine Hand. »Nicht mehr länger drücken. Sie werden jetzt Freundschaft schließen mit O. J.«
Ein Vorfall an der Tür kam dazwischen. Es war eine junge Frau, die eintrat wie ein Wirbelwind, eine Bö aus Schalenden und klingendem Gold. »H-H-Holly«, stotterte sie mit dräuendem Zeigefinger im Hereinkommen, »du elender G-G-Geizkragen! M-Mußt du denn all diese hochinteressanten Männer für dich allein mit B-Beschlag belegen!«
Sie war gut über einsachtzig groß, überragte die meisten der anwesenden Männer. Die reckten die Rücken gerade und zogen ihre Bäuche ein: es gab einen allgemeinen Wettbewerb, ihrer schwankenden Höhe gleichzukommen.

Holly sagte: »Was machst du denn hier?« und ihre Lippen waren straffgespannt wie eine Saite.

»Aber g-g-gar nichts, Süßes. Ich war oben, mit Yunioshi gearbeitet. Weihnachtszeug für den *Ba-Bazaar*. Aber du scheinst verärgert, Süßes?« Sie verstreute ein Lächeln in der Runde. »Ihr J-Jungens seid doch nicht böse mit mir, daß ich so in eure G-G-Gesellschaft eingebrochen bin?«

Rusty Trawler kicherte. Er quetschte ihren Arm, als wolle er ihre Muskeln bewundern, und fragte sie, ob sie einen Drink brauchen könne.

»Sicher kann ich«, sagte sie. »Nehmen Sie Whisky für meinen.« Holly erklärte ihr: »Es ist keiner da.« Worauf der Luftwaffenoberst vorschlug, er wolle gehen und eine Flasche holen.

»Ach, ich sage euch, m-m-macht doch keine Umstände. Ich bin glücklich mit Salmiakgeist. Holly, Liebchen«, meinte sie, und schob sie leicht beiseite, »kümmer' dich nicht um mich. Ich kann mich selber bekannt machen.« Sie beugte sich zu O. J. Berman nieder, der, wie viele kurzgeratene Männer in Gegenwart hochgewachsener Frauen, einen sehnsüchtig verschleierten Blick bekommen hatte. »Ich bin Mag W-Wildwood aus W-Wildwood, Arkansas. Lauter Berge dort.«

Es schien ein Tanz, den Berman mit allerhand kunstvollem Herumgetrippele ausführte, um seine Rivalen auszuschalten. Er verlor sie an eine Quadrille-Gruppe, die ihre gestotterten Witzeleien gierig aufpickte wie Mais, den man Tauben zugeworfen hat. Es war ein begreiflicher Erfolg. Es war ein Sieg über Häßlichkeit, oft verführerischer als wirkliche Schönheit, und sei es allein um des Paradoxes willen. In diesem Falle, genau entgegengesetzt der sorgfältigen Methode des guten Geschmacks und des erklügelten äußeren Aufputzes, war der Kniff angewandt worden, Unvollkommenheiten zu übertreiben; sie hatte sich mit ihnen geschmückt, indem sie sie tapfer zugab. Absätze, die ihre Länge unterstrichen, so steil, daß ihre Knöchel wackelten; ein flaches, enganliegendes Kleidoberteil, das deutlich zeigte, sie würde ruhig in einer Badehose an den Strand gehen können; Haar, so straff zurückgezogen, daß es die Magerkeit, das Verhungerte ihres Foto-Mannequingesichtes hervorhob. Selbst das Stottern – sicherlich echt, aber dennoch etwas dicker aufgetragen – war ausgenutzt worden. Es war das Meisterstück, dieses Stottern, denn es vermochte ihre Banalitäten irgendwie originell erscheinen zu lassen und diente überdies dazu, ungeachtet ihrer Länge, ihrer Sicherheit, in männlichen Zuhörern ein Beschützergefühl zu entfachen. Zur Illustrierung: Berman mußte auf den Rücken geklopft werden, weil sie sagte: »W-Wer kann mir sagen, w-wo die T-To ist?«, worauf er den Reigen abschloß und ihr den Arm bot, um sie selbst zu führen.

»Das«, sagte Holly, »wird nicht nötig sein. Sie ist schon mal hiergewesen. Sie weiß, wo es ist.« Sie war beim Ausleeren der Aschbecher, und nachdem Mag Wildwood das Zimmer verlassen hatte, kippte sie erst noch einen weiteren aus und sagte dann, eher seufzend: »Es ist doch wirklich sehr traurig.« Sie stockte lange genug, um die Anzahl der fragenden Mienen zu kalkulieren – es genügte. »Und so unbegreiflich. Man sollte meinen, es würde deutlicher zu merken sein.

Aber der Himmel weiß, sie sieht ja gesund aus. So – nun ja: sauber. Das ist das Außergewöhnliche daran. Würdet ihr«, erkundigte sie sich besorgt, doch nicht an einen einzelnen gewendet, »würdet ihr nicht auch sagen, daß sie sauber aussieht?«

Einer hustete, einige schluckten. Ein Marineoffizier, der Mag Wildwoods Drink gehalten hatte, setzte ihn nieder.

»Aber nun ja«, sagte Holly, »ich höre von so vielen Mädchen aus dem Süden, die den gleichen Kummer haben.« Sie schauerte empfindsam und ging nach der Küche um mehr Eis.

Mag Wildwood konnte es nicht begreifen, das urplötzliche Fehlen der Wärme bei ihrer Rückkehr; die von ihr eingeleiteten Unterhaltungen benahmen sich wie frisches Holz, sie rauchten, wollten aber nicht aufflammen. Unverzeihlicher noch, die Leute gingen, ohne nach ihrer Telefonnummer zu fragen. Der Luftwaffenoberst räumte das Feld, während sie ihm den Rücken drehte, und das gab ihr den Rest – er hatte sie zum Essen eingeladen. Auf einmal war sie betrunken. Und da Gin sich zu Künstlichkeit ebenso verhält wie Tränen zu Wimperntusche, merkte man mit eins auch nichts mehr von ihren Vorzügen. Sie rächte sich an jedem einzelnen. Ihre Gastgeberin nannte sie eine Heruntergekommene aus Hollywood. Sie forderte einen Mann in den Fünfzigern zu einem Boxkampf auf. Sie erklärte Berman, Hitler habe ganz recht. Sie erfüllte Rusty Trawler mit Lust, indem sie ihn mit steifgestrecktem Arm in eine Ecke manövrierte. »Wissen Sie, was jetzt mit Ihnen passiert?« sagte sie ohne jeden Anflug von Stottern. »Ich werde Sie zum Zoo

’rüber in Marsch setzen und an den Yak verfüttern.« Er machte einen durchaus willigen Eindruck, doch enttäuschte sie ihn, indem sie zu Boden glitt und dort, vor sich hinsummend, sitzenblieb.
»Du bist eine Plage. Steh auf«, sagte Holly, indem sie ihre Handschuhe glattzog. Die Übriggebliebenen der Party erwarteten sie an der Tür, und als die Plage sich nicht rührte, warf mir Holly einen entschuldigenden Blick zu. »Wollen Sie ein Engel sein, Fred, ja? Packen Sie sie in eine Taxe. Sie wohnt im Winslow.«
»Stimmt nicht. Wohne Barbizon. Telefon Regent 4-5700. Verlangen Sie Mag Wildwood.«
»Sie *sind* ein Engel, Fred.«
Sie waren fort. Die Aussicht, eine Amazone zu einer Taxe steuern zu müssen, übertönte jeden Verdruß, den ich etwa fühlen mochte. Allein sie löste das Problem höchstpersönlich. Indem sie sich aus eigenem Antrieb erhob, starrte sie mit taumeliger Großartigkeit auf mich nieder. Sie sagte: »Gehn wir ins Stork. Luftballons fangen«, und fiel der Länge nach hin wie eine gefällte Eiche. Mein erster Gedanke war, nach einem Arzt zu laufen. Doch ergab eine Untersuchung tadellosen Puls und regelmäßiges Atmen. Sie schlief ganz einfach. Nachdem ich ein Kissen für ihren Kopf gefunden hatte, überließ ich sie diesem Genuß.

Am folgenden Nachmittag stieß ich mit Holly auf der Treppe zusammen. »*Sie!*« sagte sie, mit einem Päckchen von der Apotheke an mir vorüberhastend. »Nun hat sie’s: am Rande einer Lungenentzündung. Einen Kater von hier bis sonstwohin. Und das rote Grausen obendrein.« Ich entnahm daraus, daß Mag Wildwood noch in ihrer Wohnung war, doch gab sie mir keine Chance, ihr überraschendes Mitleid näher zu erkunden. Über das Wochenende vertiefte sich das Rätsel. Zunächst war da der Südamerikaner, der an meiner Tür stand – versehentlich, denn er erkundigte sich nach Miss Wildwood. Es brauchte einige Zeit, diesen Irrtum aufzuklären, unsere Aussprache schien wechselseitig unklar, doch als wir es dann geschafft hatten, war ich entzückt. Er war mit Sorgfalt zusammengefügt, sein brauner Kopf und die Stierkämpfergestalt waren von einer Genauigkeit, einer Vollkommenheit wie ein Apfel, eine Orange, etwas, das die Natur genau passend geschaffen. Zur Dekoration war dem ein englischer Anzug und erfrischende Eau de Cologne beigegeben, sowie, noch weniger südamerikanisch, ein schüchternes Benehmen. Das zweite Ereignis des Tages hing wiederum mit ihm zusammen. Es war gegen Abend, und ich sah ihn, als ich zum Essen ausging. Er kam in einer Taxe angefahren, der Chauffeur half ihm beim schwankenden Hereintragen einer Kofferlast. Das gab mir etwas, an dem ich kauen konnte – bis zum Sonntag waren mir die Kiefer schon ziemlich müde.

Dann wurde das Gemälde gleichzeitig dunkler und lichter.

Sonntag war ein Altweibersommertag, die Sonne kräftig, mein Fenster offen, und ich hörte Stimmen auf der Feuertreppe. Holly und Mag saßen langgestreckt auf einer Decke, zwischen sich den Kater. Ihre frischgewaschenen Haare hingen strähnig herunter. Sie waren beschäftigt, Holly damit, sich die Zehennägel zu färben, Mag an einem Pullover strickend. Mag war dabei, zu reden.

»Wenn du mich fragst, ich finde, du hast G-Glück. Eines wenigstens spricht für Rusty. Er ist Amerikaner.«

»Na großartig!«

»*Mädchen!* Wir haben Krieg!«

»Und wenn der vorbei ist, hat ihr mich zum letztenmal gesehen – puh.«

»So empfinde ich nicht. Ich bin stolz auf mein Land. Die M-Männer in meiner Familie waren glänzende Soldaten. Es gibt ein Standbild von Vatersvater Wildwood, mitten auf dem Marktplatz in Wildwood.«

»Fred ist Soldat«, sagte Holly. »Aber ich bezweifle, daß er jemals ein Standbild sein wird. Könnte sein. Es heißt, je blöder einer ist, um so tapferer. Er ist ziemlich blöde.«

»Fred ist der Bursche von oben? Ich habe gar nicht gemerkt, daß der Soldat ist. Aber aussehen tut er blöd.«

»Verlangend. Nicht blöde. Er möchte schrecklich gern in sich drin sein und nach außen schauen – jeder, der so die Nase gegen eine Scheibe preßt, ist in Gefahr, blöd auszuschauen. Auf jeden Fall ist das ein anderer Fred. Fred ist mein Bruder.«

»Du nennst dein eigen F-F-Fleisch und B-B-Blut blöde?«

»Wenn er's ist, ist er's.«

»Also, es ist geschmacklos, so etwas zu sagen. Ein Junge, der für dich und mich und uns alle kämpft.«

»Was ist das – Aufruf bei einer Massenversammlung?«

»Du sollst nur wissen, wie ich eingestellt bin. Ich

verstehe Spaß, aber im Grunde genommen bin ich eine ernsthafte P-P-Person. Stolz darauf, Amerikanerin zu sein. Deshalb bedaure ich das so mit José.« Sie ließ ihre Stricknadeln sinken. »Du findest doch auch, daß er schrecklich gut aussieht, nicht wahr?« Holly sagte Hmm und fuhr mit ihrem Nagellackpinsel rasch einmal über die Barthaare des Katers. »Wenn ich mich nur an den Gedanken gewöhnen könnte, einen Brasilianer zu h-h-heiraten. Und selber dann B-B-Brasilianerin zu sein. Solch ein Abgrund, über den man 'rüber muß. Sechstausend Meilen und nicht einmal die Sprache kennen –«

»Geh zu Berlitz.«

»Warum in aller Welt sollten die P-p-portugiesisch lehren? Als ob das irgendeiner spräche. Nein, meine einzige Chance ist, daß ich versuchen muß, José die Politik vergessen zu machen und ihn Amerikaner werden zu lassen. Es ist doch für einen Mann eine derart sinnlose Sache – P-P-Präsident von *Brasilien* werden zu wollen!« Sie seufzte und nahm ihr Strickzeug wieder auf. »Ich muß wahnsinnig verliebt sein. Du hast uns ja zusammen gesehen. Findest du, daß ich wahnsinnig verliebt bin?«

»Hmm. Beißt er?«

Mag ließ eine Masche fallen. »Beißen?«

»Dich. Im Bett.«

»Also nein. Sollte er?« Dann setzte sie streng tadelnd hinzu: »Aber er lacht.«

»Gut. Das ist die richtige Einstellung. Ich mag Männer, die die Komik der Sache sehen, die meisten sind nur Gekeuche und Geschnaufe.«

Mag zog ihre Anklage zurück; sie nahm diesen Kommentar als Schmeichelei, die auf sie zurückfiel. »Ja. Ich denke.«

»Schön. Er beißt nicht. Er lacht. Was noch?«

Mag hob ihre gefallene Masche auf und begann von neuem, rechts, links, links.

»Ich fragte –«

»Ich hab's gehört. Und es ist nicht so, daß ich es dir nicht erzählen wollte. Aber es ist so schwierig, sich daran zu erinnern. Ich d-d-denke nicht immerzu an solche Sachen. Wie du anscheinend. Das geht weg aus meinem Kopf wie ein Traum. Ich bin sicher, das ist der normale Zustand.«

»Es mag normal sein, Herzchen, aber da bin ich lieber natürlich.« Holly machte eine Pause in der Tätigkeit, den Rest des Katerbarts rot anzumalen. »Hör zu. Wenn du dich nicht erinnern kannst, versuch doch mal das Licht anzulassen.«

»Bitte, versteh mich, Holly. Ich bin ein sehr, sehr moralischer Mensch.«

»Ach Quatsch. Was ist denn an einem ordentlichen Blick auf den Kerl, den du liebst, dabei? Männer sind was Hübsches, viele von ihnen sind es, José ist es, und wenn du ihn nicht einmal ansehen willst, möchte ich behaupten, daß er eine reichlich kalte Makkaronischüssel kriegt.«

»D-d-dämpfe deine Stimme.«

»Du kannst unmöglich in ihn verliebt sein. So. Ist das die Antwort auf deine Frage?«

»Nein. Weil ich k-k-keine kalte Makkaronischüssel bin. Ich bin eine warmherzige Person, das ist der Grundzug meines Charakters.«

»Schön. Du hast ein warmes Herz. Aber wenn ich ein

Mann auf dem Weg ins Bett wäre, würde ich lieber eine Wärmflasche mitnehmen. Das ist doch greifbarer.«

»Du wirst von José keinerlei Klagen hören«, sagte sie selbstgefällig, wobei ihre Nadeln im Sonnenschein aufblitzten. »Mehr noch: ich liebe ihn doch. Ist dir klar, daß ich zehn Paar Socken in nicht ganz drei Monaten gestrickt habe? Und das hier ist der zweite Pullover.« Sie dehnte ihn und warf ihn zur Seite. »Was soll's jedoch? Pullover in Brasilien. Ich sollte lieber T-T-Tropenhelme machen.«

Holly legte sich zurück und gähnte. »Irgendwann muß doch Winter sein.«

»Es regnet, so viel weiß ich. Hitze. Regen. D-Dschungel.«

»Hitze. Dschungel. Wirklich, da möchte ich sein.«

»Du lieber als ich.«

»Ja«, sagte Holly in schläfrigem Ton, der nicht schläfrig war. »Lieber ich als du.«

Am Montag, als ich wegen der Frühpost hinunterging, war die Karte an Hollys Briefkasten abgeändert, ein Name war hinzugefügt – Miss Golightly und Miss Wildwood waren jetzt gemeinsam Auf Reisen. Dies hätte wohl mein Interesse etwas länger festgehalten ohne jenen Brief in meinem eigenen Kasten. Er kam von einer kleinen Universitätszeitschrift, deren Redaktion ich eine Geschichte eingeschickt hatte. Sie gefiel ihnen, und wenn ich auch verstehen müsse, daß sie sich kein Honorar leisten könnten, beabsichtigten sie doch, sie zu bringen. Sie bringen – das hieß *drucken*. Vor Aufregung schwindlig ist keine bloße Phrase. Ich mußte es jemand erzählen – und, zwei Stufen auf einmal nehmend, bummerte ich an Hollys Tür.

Ich traute meiner Stimme nicht zu, die Neuigkeit zu berichten – sobald sie zur Tür kam, die Augen vom Schlafe schielend, streckte ich ihr den Brief entgegen. Es schien, als hätte sie Zeit gehabt, sechzig Seiten zu lesen, ehe sie ihn mir wieder zurückgab. »Ich würde denen das nicht erlauben; nicht, wenn sie Ihnen nichts zahlen wollen«, sagte sie gähnend. Mein Gesicht erklärte wahrscheinlich, daß sie es falsch ausgelegt hatte, daß ich keinen Rat von ihr wollte, sondern Glückwünsche – ihr Mund wechselte vom Gähnen zum Lächeln. »Ach so. Das ist ja wunderbar. Also kommen Sie herein«, sagte sie. »Machen wir uns einen Topf Kaffee und feiern. Nein. Ich werde mich anziehen und Sie zum Essen ausführen.«

Ihr Schlafzimmer war ihrem Wohnzimmer gemäß – es setzte die gleiche Zeltlager-Atmosphäre fort; Kisten und Koffer, alles gepackt und fertig zur Abreise wie die Habseligkeiten eines Verbrechers, der das Gesetz auf seinen Fersen spürt. Im Wohnzimmer waren keine üblichen Möbelstücke, aber das Schlafzimmer hatte *das* Bett an sich aufzuweisen, ein Doppelbett noch dazu, und erheblich prunkhaft – lichtes Holz und mit wattierter Seide bespannt.

Sie ließ die Tür zum Badezimmer offen und unterhielt sich von dorther; zwischen dem Gerausche und Gebürste war das meiste, was sie sagte, unverständlich, aber das Wesentliche davon war: sie *nehme an,* ich wisse, daß Mag Wildwood eingezogen sei, und sei dies nicht praktisch, denn *wenn* man schon mit jemand zusammenziehe und es sei *keine* Schwule, dann sei das Nächstbeste eine *völlige Idiotin,* was Mag *ist*, weil man ihr dann die Miete aufhalsen *und* sie mit der Wäsche schicken könne. Man konnte sehen, daß Holly Wäscheprobleme hatte; der Raum war übersät, wie eine Mädchenturnhalle. »– und wissen Sie, daß sie als Modell recht erfolgreich ist, ist das nicht phantastisch? Aber auch gut«, sagte sie und kam aus dem Badezimmer gehumpelt, weil sie ein Strumpfband festmachte. »Da sollten wir uns die meiste Zeit des Tages nicht in die Quere geraten. Und es dürfte nicht allzuviel Unannehmlichkeiten an der Männerfront geben. Sie ist verlobt. Netter Kerl obendrein. Wenngleich da ein winziger Größenunterschied besteht – dreißig Zentimeter würde ich sagen, die sie mehr hat. Wo zum Teufel –« Sie lag auf den Knien und angelte unter ihrem Bett. Nachdem sie gefunden hatte, wonach sie suchte, ein Paar Eidechsenschuhe, mußte sie nach einer Bluse suchen, einem Gürtel, und es war Stoff zum Nachdenken, wie sie, aus solchem Strandgut, am Ende den Effekt herausbrachte – verwöhnt, gelassen makellos, als hätten ihr Kleopatras Dienerinnen aufgewartet. Sie sagte: »Hören Sie«, und umfing mein Kinn mit ihrer Hand, »ich freue mich wegen Ihrer Geschichte. Wirklich.«

Dieser Montag im Oktober 1943. Ein herrlicher Tag mit der Schwungkraft eines Vogels. Zum Beginn tranken wir Manhattens bei Joe Bell, und als der von meinem Glück erfuhr, gab er Champagnercocktails aus. Später spazierten wir zur Fifth Avenue, wo eine Parade stattfand. Die Flaggen im Winde, das Gebumse der Militärmusik und Soldatenfüße schienen nichts mit dem Krieg zu tun zu haben, sondern eher als Fanfare zu Ehren meiner Person arrangiert zu sein. Wir aßen Mittag in einer Cafeteria im Park. Unter Vermeidung des Zoos (Holly sagte, sie könne es nicht ertragen, irgendetwas in einem Käfig zu sehen) kicherten, rannten und sangen wir die Wege entlang auf das alte hölzerne Bootshaus zu, das heute verschwunden ist. Blätter schwammen auf dem See, am Ufer war ein Parkwärter dabei, ein Freudenfeuer aus Laub anzufachen, und der Rauch, der wie ein Indianersignal daraus aufstieg, war der einzige Schmutzfleck in der zitternden Luft. Der April hat nie viel für mich bedeutet, Herbst schien mir jene Jahreszeit des Beginns, Frühling; was ich empfand, als ich mit Holly auf dem Geländer der Bootshausveranda saß. Ich dachte an die Zukunft und sprach von der Vergangenheit. Weil Holly etwas von meiner Kindheit wissen wollte. Sie berichtete auch von der ihren; doch ging dies am Eigentlichen vorbei, war namenlos, schauplatzlos, eine impressionistische Erzählung, wenngleich die erhaltene Impression das Gegenteil von dem war, was man erwartete, denn sie gab eine fast üppige Aufzählung von Baden und Sommer, Weihnachtsbäumen, reizenden Vettern und Kusinen und Kindergesellschaften – kurzum: in einer Weise glücklich, wie sie selbst nicht war, und bestimmt kein Hintergrund für ein Kind, das davonlief.

Oder, fragte ich, sei es nicht wahr, daß sie auf sich selbst gestellt war, seit sie vierzehn gewesen? Sie rieb sich die Nase. »Das ist wahr. Das andere nicht. Aber wirklich, Herzchen, Sie haben eine solche Tragödie aus Ihrer Kindheit gemacht, daß ich nicht das Gefühl hatte, wetteifern zu sollen.«

Sie hopste vom Geländer herunter. »Nichtsdestoweniger erinnert es mich – ich sollte eigentlich Fred etwas Erdnußbutter schicken.« Den Rest des Nachmittags waren wir im Osten und Westen, wo wir widerstrebenden Kolonialwarenhändlern Erdnußbutterbüchsen entlockten, eine Mangelware in Kriegszeiten; es dämmerte, ehe wir ein halbes Dutzend Büchsen zusammengebracht hatten, die letzte in einem Delikatessenladen auf der Third Avenue. Das war unweit des Antiquitätengeschäftes mit dem palastartigen Vogelkäfig im Schaufenster, also nahm ich sie dorthin zum Anschauen, und ihr gefiel das Wesentliche, die absonderliche Phantasie: »Aber trotzdem, es ist ein Käfig.«
Als wir bei Woolworth vorbeikamen, packte sie meinen Arm: »Stehlen wir doch mal was«, sagte sie und zog mich in den Laden, wo wir im gleichen Moment in die Klemme von Blicken zu geraten schienen, als stünden wir bereits unter Verdacht. »Los. Nicht feige sein.« Sie erspähte einen Tisch, der hoch mit Pappkürbissen und Masken zum Halloween-Feiern beladen dastand. Die Verkäuferin war mit einer Schar Nonnen beschäftigt, die Masken aufprobierten. Holly nahm eine Maske und ließ sie über ihr Gesicht gleiten, sie wählte eine zweite und streifte sie über das meine; dann nahm sie mich bei der Hand, und wir gingen davon. So einfach war das. Draußen rannten wir ein paar Straßen weit, um es dramatischer zu machen, glaube ich, ebensosehr aber auch, wie ich herausfand, weil erfolgreiches Stehlen einen mit Lust erfüllt. Ich war neugierig, ob sie schon oft gestohlen hatte. »Früher viel«, sagte sie. »Das heißt, ich mußte eben. Wenn

ich etwas haben wollte. Aber ich tue es jetzt noch ab und zu, gewissermaßen um in Übung zu bleiben.«
Wir trugen die Masken auf dem ganzen Heimweg.

Ich habe eine Erinnerung, viele Tage, da und dort, mit Holly verbracht zu haben, und es stimmt, wir sahen zwischendurch eine rechte Menge voneinander, doch im ganzen betrachtet, ist die Erinnerung falsch. Weil ich gegen Ende des Monats eine Stellung fand – was bleibt dem hinzuzufügen? Je weniger, je besser, außer, daß es unumgänglich war und von neun bis fünf dauerte. Was unsern Stundenplan, Hollys und meinen, außerordentlich verschieden machte.

Wenn es nicht Donnerstag war, ihr Sing-Sing-Tag, oder wenn sie nicht im Park ausgeritten war, was sie gelegentlich tat, war Holly knapp aufgestanden, wenn ich heimkam. Manchmal hielt ich dort an und teilte ihren Aufweck-Kaffee mit ihr, während sie sich für den Abend anzog. Sie war ständig gerade beim Ausgehen, nicht immer mit Rusty Trawler, aber meistens, und meistens auch schlossen sich ihnen Mag Wildwood und der gutaussehende Brasilianer an, der José Ybarra-Jaeger hieß – seine Mutter war eine Deutsche. Als Quartett schlugen sie einen unmusikalischen Ton an, was hauptsächlich Ybarra-Jaegers Fehler war, der in ihrer Gesellschaft so deplaciert wirkte wie eine Violine in einer Jazzband. Er war intelligent, er war präsentabel, er schien ernstlich mit seiner Arbeit verbunden, die unklar etwas mit der Regierung zu tun hatte, irgendwie wichtig war und ihn einige Tage in der Woche nach Washington entführte. Wie also konnte er es Abend für Abend überleben, in La Rue,

El Morocco, dem Wildwood-P-P-Plaudern zuzuhören und in Rustys Kinderpopogesicht zu blicken? Möglicherweise war er – wie die meisten von uns in einem fremden Lande – unfähig, die Menschen einzuordnen, den Rahmen für ihr Bild herauszufinden, wie er dies in der Heimat getan hätte; alle Amerikaner mußten deshalb in etwa dem gleichen Lichte betrachtet werden, und auf dieser Basis erschienen seine Gefährten als erträgliche Beispiele für Lokalkolorit und Nationalcharakter. Das würde viel erklären; Hollys Entschlossenheit erklärt den Rest.

Während ich eines Nachmittags spät auf einen Fifth-Avenue-Bus wartete, bemerkte ich eine Taxe auf der anderen Straßenseite, die hielt, um ein Mädchen aussteigen zu lassen, das die Stufen zur Bibliothek an der Zweiundvierzigsten Straße hinauflief. Sie war schon durch die Türen, ehe ich sie erkannte, was verzeihlich ist, denn Holly und Bibliotheken waren nicht leicht in Zusammenhang zu bringen. Ich ließ mich von der Neugier zwischen den Löwen hindurchgeleiten, unterwegs überlegend, ob ich zugeben sollte, ihr gefolgt zu sein, oder aber Zufall vorschützen. Am Ende tat ich keins von beiden, sondern verbarg mich einige Tische entfernt von ihr im Lesesaal, wo sie hinter ihren dunklen Gläsern und einer Festung aus Literatur saß, die sie sich bei der Ausgabe geholt hatte. Sie hastete von einem Buch zum andern, zeitweilig über einer Seite verweilend, stets mit gerunzelter Stirn, als sei sie verkehrt herum gedruckt. Sie hielt einen Bleistift in der Schwebe über Papier – nichts schien ihre Phantasie anzusprechen, bis sie hier und da, wie vom Teufel gejagt, fleißig zu kritzeln begann. Indem ich sie beobachtete, fiel mir ein Mädchen ein, das ich in der Schule gekannt, eine Streberseele, Mildred Grossman. Mildred – mit ihrem strähnigen Haar und den speckigen Brillengläsern, ihren fleckigen Fingern, die Frösche sezierten und Kaffee zu Streikposten brachten, ihren flachliegenden Augen, die sich den Sternen nur zuwandten, um deren chemisches Gewicht abzuschätzen. Erde und Luft konnten nicht größere Gegensätze sein als Mildred und Holly, dennoch nahmen sie in meinem Kopfe die Gestalt siamesischer Zwillinge an, und der Gedankenfaden, der sie also zusammengenäht hatte, verlief so: die durchschnittliche Persönlichkeit formt sich des öfteren neu, alle paar Jahre werden selbst unsere Körper zur Gänze frisch überholt – wünschenswert oder nicht, ist es naturgegeben, daß wir uns wandeln sollen. Schön, hier waren nun zweie, die das niemals tun würden. Das ist es, was Mildred Grossman mit Holly Golightly gemein hat. Nie würden sie sich ändern, weil sie ihr Gepräge allzu früh erhalten hatten: die eine hatte sich als toplastige Realistin aufgetakelt, die andere als schiefe Romantikerin. Ich stellte sie mir in einem Restaurant der Zukunft vor, wo Mildred noch immer das Menu auf seinen Nährwert hin studierte, Holly sich voller Gier auf all und jedes davon stürzte. Es würde niemals anders sein. Sie würden durch ihr Leben wandern und davongehen mit dem gleichen entschlossenen Schritt, der jenen Klippen zur Seite nur geringe Beachtung schenkte. Solche tiefgründigen Betrachtungen ließen mich vergessen, wo ich war; ich kam zu mir, erschrocken, mich im Düster der Bibliothek zu finden und neuerlich ganz überrascht, Holly hier zu sehen.

Es war sieben vorüber, sie erneuerte ihr Lippenrot und putzte ihre äußere Erscheinung von dem, was sie als korrekt für eine Bibliothek angesehen, zu dem auf, was sie durch Hinzufügung von ein bißchen Schal, einem Paar Ohrringen als passend für das »Colony« erachtete. Nachdem sie gegangen war, wanderte ich zu ihrem Tisch hinüber, wo die Bücher liegengeblieben waren; sie waren genau das, was ich hatte sehen wollen. *Im Flugzeug über dem Süden. Abseits von Brasilien. Politisches Denken in Südamerika.* Und so weiter.

Am Weihnachtsabend gaben sie und Mag eine Party. Holly bat mich, früher zu kommen und beim Baumputzen zu helfen. Ich weiß noch immer nicht genau, wie sie diesen Baum in ihre Wohnung hineinmanövriert hatten. Die obersten Zweige waren gegen die Decke gepreßt, die unteren streckten sich von einer Wand zur andern; alles in allem war er dem Adventsmonstrum aus dem Rockefeller Plaza nicht unähnlich. Darüber hinaus hätte es zudem einen Rockefeller gebraucht, um ihn zu schmücken, denn er saugte Kugeln und Lametta ein wie geschmolzenen Schnee. Holly schlug vor, zu Woolworth laufen und ein paar Ballons stehlen zu wollen, tat es, und diese machten aus dem Baum ein verhältnismäßig anständiges Ausstellungsstück. Wir stießen auf unser Werk an, und Holly sagte: »Schauen Sie ins Schlafzimmer. Da ist ein Geschenk für Sie.«
Ich hatte auch etwas für sie – ein kleines Päckchen in der Tasche, das sich nun sogar noch kleiner anfühlte, als ich, groß und breit auf dem Bett und mit rotem Band umwunden, den prächtigen Vogelkäfig sah.

»Aber Holly! Das ist ja fürchterlich!«
»Ehrlicher könnte ich nicht zustimmen, aber ich dachte, Sie wünschten es sich.«
»Das Geld! Dreihundertfünfzig Dollar!«
Sie zuckte die Achseln. »Ein paarmal öfter pudern gehen. Nur versprechen sie mir eins: Versprechen Sie, nie etwas Lebendiges hineinzusetzen.«
Ich machte Miene, sie zu küssen, doch sie hielt mir die Hand entgegen. »Her damit«, sagte sie, indem sie auf die ausgebauchte Stelle an meiner Tasche tippte.
»Leider ist es nicht viel«, und das war es auch nicht – Eine Christophorus-Medaille. Aber wenigstens kam sie von Tiffany.
Holly war nicht das Mädchen, das etwas behalten konnte, und sicherlich hat sie unterdes die Medaille verloren, ließ sie in einem Koffer oder einem Hotelzimmerschubfach liegen. Aber den Vogelkäfig besitze ich noch. Ich habe ihn mit mir herumgeschleppt nach New Orleans, Nantucket, durch ganz Europa, Marokko, Westindien. Dennoch erinnere ich mich nur selten daran, daß es Holly war, die ihn mir geschenkt hat, weil ich an einem bestimmten Punkt vorzog, es zu vergessen – wir hatten eine mächtige Auseinandersetzung, und zu den Objekten, die im Zentrum unseres Hurrikans herumwirbelten, gehörten der Vogelkäfig und O. J. Berman und meine Geschichte, von der ich Holly ein Exemplar gegeben hatte, als sie in der Universitätszeitschrift erschien.
Irgendwann im Februar war Holly auf Winterurlaub gegangen mit Rusty, Mag und José Ybarra-Jaeger. Unser Wortwechsel ereignete sich kurz nach ihrer Rückkehr. Sie war braun wie Jod, ihr Haar zu geister-

hafter Farbe sonnengebleicht, sie hatte eine herrliche Zeit verlebt: »Also zuerst waren wir in Key West, und Rusty kriegte eine Wut auf ein paar Matrosen oder umgekehrt, jedenfalls wird er für den Rest seines Lebens eine Rückgratstütze tragen müssen. Die liebste Mag endete ebenfalls im Hospital. Hochgradiger Sonnenbrand. Abscheulich – lauter Blasen und Citronella-Schmiere. Wir konnten den Geruch von ihr nicht mehr ertragen. Daher ließen wir die beiden im Krankenhaus und gingen nach Havanna. Er sagte, ich soll warten, bis ich Rio gesehen hätte, aber was mich betrifft, setze ich glatt schon heute auf Havanna. Wir hatten einen unwiderstehlichen Führer, in der Hauptsache Neger und der Rest Chinese, und obgleich ich weder auf die einen noch die andern sonderlich fliege, war die Kombination allerhand eindrucksvoll – also ließ ich ihn mit den Knien so unterm Tisch, weil ich ihn, offen gesagt, keineswegs alltäglich fand; dann aber nahm er uns eines Abends in einen Sensationsfilm mit, und was denken Sie? Da war *er* auf der Leinwand. Als wir zurück nach Key West kamen, war Mag selbstverständlich fest überzeugt, daß ich die ganze Zeit mit José im Bett gewesen wäre. Rusty nicht minder – aber ihm macht das nichts aus, der möchte dann nur die Einzelheiten hören. Tatsächlich war die Lage reichlich gespannt, bis ich mit Mag ein vertrauliches Gespräch unter vier Augen hatte.«

Wir waren im vorderen Zimmer, wo, obgleich es nun schon fast März war, der riesige Weihnachtsbaum, braun geworden und ohne Geruch, seine Ballons eingeschrumpelt wie die Zitzen einer alten Kuh, noch immer fast allen Raum beanspruchte. Ein erkennbares

Möbelstück war dem Zimmer zugefügt: ein Feldbett, und Holly, die ihr tropisches Aussehen zu bewahren suchte, lag dort langausgestreckt unter einer Höhensonne.

»Und Sie haben sie überzeugt?«

»Daß ich nicht mit José geschlafen hätte? Mein Gott, ja. Ich habe ihr ganz einfach erzählt – aber natürlich habe ich es wie ein abgerungenes Geständnis klingen lassen –, einfach erzählt, daß ich schwul sei.«

»Das kann sie doch nicht geglaubt haben.«

»Als ob nicht! Wozu meinen Sie, ist sie losgegangen und hat dies Feldbett hier gekauft? Das können Sie mir schon lassen: ich bin immer große Klasse in Schockbehandlung. Seien Sie ein Herzchen, Herzchen, reiben Sie mir den Rücken mit Öl ein.« Während ich ihr diesen Dienst leistete, sagte sie: »O. J. Berman ist zur Zeit in der Stadt, und passen Sie auf: ich habe ihm Ihre Geschichte in der Zeitschrift gegeben. Er war ganz beeindruckt. Er meint, daß es sich vielleicht lohnte, Ihnen zu helfen. Aber er sagt, Sie seien auf der falschen Fährte. Neger und Kinder – wen kümmert das?«

»Mr. Berman nicht, vermutlicherweise.«

»Na, ich kann ihm nur recht geben. Ich habe die Geschichte zweimal gelesen. Gören und Nigger. Zitterndes Laub. *Beschreibung.* Es gibt keinen *Sinn.*«

Meine Hand, die Öl auf ihrer Haut verrieb, schien ihr eigenes Temperament zu haben – sie verlangte danach, sich aufzuheben und auf ihrem Hinterteil herunterzufallen. »Geben Sie mir ein Beispiel«, sagte ich ruhig. »Von etwas, das einen Sinn gibt. Ihrer Meinung nach.«

»Wuthering Heights«, sagte sie ohne zu zögern.
Das Drängen in meiner Hand nahm über jede Kontrolle zu. »Aber das ist unvernünftig. Sie sprechen über das Werk eines Genies.«
»Das ist es, nicht wahr? *Meine süße wilde Cathy*. Mein Gott, eimervoll habe ich geheult. Ich hab's zehnmal gesehen.«
Ich sagte »Oh« mit vernehmbarer Erleichterung, »oh« mit einem niederträchtig ansteigenden Tonfall, »den *Film*!«
Ihre Muskeln verhärteten sich, sie fühlte sich an wie ein von der Sonne gewärmter Stein. »Jedermann muß sich irgendwem gegenüber überlegen vorkommen«, sagte sie. »Im allgemeinen ist es nur üblich, dafür einen kleinen Beweis vorzubringen, ehe man sich das herausnimmt.«
»Ich vergleiche mich ja nicht mit Ihnen. Oder mit Berman. Daher kann ich mir nicht überlegen vorkommen. Wir wollen nur ganz andere Dinge.«
»Wollen Sie nicht Geld verdienen?«
»So weit habe ich noch gar nicht geplant.«
»So klingen Ihre Geschichten auch. Als hätten Sie sie geschrieben, ohne den Schluß zu kennen. Na, ich will Ihnen nur sagen: verdienen Sie lieber Geld. Sie haben eine kostspielige Phantasie. Nicht viele Leute werden Ihnen Vogelkäfige kaufen.«
»Es tut mir leid.«
»Das wird es, wenn Sie mich hauen. Vor einer Minute haben Sie das gewollt – ich konnte das in Ihrer Hand spüren. Und Sie möchten es auch jetzt.«
Und ob, entsetzlich gern; meine Hand, mein Herz zitterten, während ich die Flasche zuschraubte. »O

nein, das würde mir nicht leid tun. Bedauern tue ich nur, daß Sie Ihr Geld an mich verschwendet haben – Rusty Trawler als Verdienstquelle ist doch mehr als übel.«

Sie setzte sich auf dem Feldbett auf, ihr Gesicht, ihre nackten Brüste im Schein der Höhensonne von kaltem Blau. »Etwa vier Sekunden sollten Sie brauchen, um von hier bis zur Tür zu kommen. Ich gebe Ihnen zwei.«

Ich ging geradewegs nach oben, holte den Vogelkäfig, nahm ihn herunter und ließ ihn vor ihrer Tür stehen. Damit war das erledigt. Oder so bildete ich mir das jedenfalls ein bis zum nächsten Morgen, als ich beim Fortgehen zu meiner Arbeit den Käfig, gegen eine Abfalltonne am Bürgersteig gelehnt, auf den Mann von der Müllabfuhr warten sah. Schafsdämlich genug rettete ich ihn und trug ihn zurück in mein Zimmer, eine Kapitulation, die meinen Entschluß nicht minderte, Holly Golightly gänzlich aus meinem Leben zu streichen. Sie war, entschied ich, »eine ungeschliffene Exhibitionistin«, »eine Zeitverschwendung«, »absoluter Talmi« – jemand, an den ich nie wieder das Wort richten würde.

Und das tat ich auch nicht. Lange Zeit nicht. Mit niedergeschlagenen Augen gingen wir auf der Treppe aneinander vorbei. Wenn sie zu Joe Bell hereinkam, ging ich hinaus. Zu einem Zeitpunkt ließ Madame Sapphia Spanella, die Koloratursängerin und Rollschuhbegeisterte, die auf der untersten Etage wohnte, einen Brief bei den übrigen Mietern des Backsteinhauses umlaufen, worin sie bat, sich ihr anzuschließen, um Miss Golightly hinauswerfen zu lassen – sie sei, sagte Madame Spanella, »moralisch nicht einwandfrei« und »die Anstifterin nächtelanger Zusammenkünfte, die die Sicherheit und Gesundheit ihrer Nachbarn bedrohen«. Obgleich ich mich zu unterschreiben weigerte, hatte ich insgeheim das Gefühl, Madame Spanella habe Grund zur Klage. Aber ihr Gesuch schlug fehl, und als der April sich dem Mai näherte, waren die fensteroffenen warmen Frühlingsabende eindrucksvoll belebt von Party-Geräuschen, dem lauten Plattenspieler und Martini-Gelächter, das Apartment 2 entquoll.

Es war nichts Neues, verdächtigen Gestalten unter Hollys Besuchern zu begegnen, ganz im Gegenteil; aber eines Tages bemerkte ich damals, im späten Frühling, als ich durch das Vestibül des Backsteinhauses ging, einen höchst auffallenden Menschen, der ihren Briefkasten studierte. Ein Mann Anfang der Fünfzig mit einem harten, verwitterten Gesicht, grauen einsamen Augen. Er trug einen alten schweißfleckigen grauen Hut, und sein billiger Sommeranzug, ausgeblichen blau, hing ihm lose um sein dürres Gestell. Er schien nicht die Absicht zu haben, bei Holly zu klingeln. Langsam, als lese er Blindenschrift, ließ er immer wieder einen Finger über die geprägten Buchstaben ihres Namens gleiten.

An jenem Abend, als ich zum Essen fortging, sah ich den Mann wieder. Er stand gegenüber auf der Straße, gegen einen Baum gelehnt und starrte zu Hollys Fenster hinauf. Finstere Überlegungen überstürzten sich in meinem Hirn: War er ein Detektiv? Oder irgendein Spion der Unterwelt, der mit ihrem Sing-Sing-Freund Sally Tomato zusammenhing? Die Situation weckte meine weicheren Gefühle für Holly zu neuem Leben; es war nur anständig, unsere Fehde lange genug zu unterbrechen, um sie zu warnen, daß sie beobachtet würde. Als ich zur Ecke vorging, in Richtung auf das Lokal an der Kreuzung der Neunundsiebzigsten Straße und Madison zu, konnte ich spüren, wie sich die Aufmerksamkeit des Mannes auf mich konzentrierte. Gleich darauf wußte ich, ohne den Kopf zu wenden, daß er mir folgte. Denn ich konnte ihn pfeifen hören. Nicht irgendeine gewöhnliche Melodie, sondern die klagende Prärie-Weise, die Holly manchmal auf ihrer Gitarre spielte: *Will niemals schlafen, Tod nicht erleiden, Will nur so dahinziehn über die Himmelsweiden.* Das Gepfeife ging weiter über die Park Avenue hinweg und die Madison hinauf. Einmal, da ich auf das Umschalten einer Verkehrsampel warten mußte, beobachtete ich aus dem Augenwinkel, wie er sich niederbeugte, um einen Spitz mit schütterem Fell zu streicheln. »Ein prächtiges Vieh haben Sie da«, versicherte er dem Besitzer mit dem heiseren, ländlichen Akzent der Südstaaten.

Das Lokal war leer. Trotzdem setzte er sich direkt neben mich an die lange Theke. Er roch nach Tabak und Schweiß. Er bestellte eine Tasse Kaffee, rührte ihn aber nicht an, als er kam. Dafür kaute er an einem Zahnstocher und musterte mich eingehend in dem uns gegenüber an der Wand hängenden Spiegel. »Entschuldigen Sie«, sagte ich, ihn über den Spiegel hin ansprechend, »aber was wünschen Sie?«

Die Frage setzte ihn nicht in Verlegenheit, er schien erleichtert, daß sie gestellt worden war. »Mein Sohn«, sagte er, »ich brauche einen Freund.«

Er brachte eine Brieftasche zum Vorschein. Sie war abgegriffen wie seine lederigen Hände, zerfiel fast in Stücke, nicht anders als die brüchige, eingerissene, verschwommene Fotografie, die er mir reichte. Sieben Personen waren da auf dem Bild, alle zusammen in einer Gruppe auf der ausgetretenen Veranda eines Holzhauses und alles Kinder bis auf den Mann selber, der seinen Arm um die Taille eines pummeligen blonden kleinen Mädchens gelegt hatte, die mit einer Hand ihre Augen gegen die Sonne schützte.

»Das bin ich«, sagte er und deutete auf sich. »Das ist sie . . .« er tippte auf das pummelige Mädchen. »Und dieser hier drüben«, fügte er, auf eine strubbelköpfige Bohnenstange weisend hinzu, »das ist ihr Bruder Fred.«

Ich blickte zurück auf »sie« – und ja, jetzt konnte ich es erkennen, eine embryohafte Ähnlichkeit mit Holly in dem blinzelnden, pausbäckigen Kind. Im gleichen Augenblick wurde mir klar, wer der Mann sein mußte.

»Sie sind Hollys *Vater*.«

Er zuckte mit den Lidern, er runzelte die Brauen. »Ihr Name ist nicht Holly. Sie hieß Lulamae Barnes. Hieß so«, sagte er und schob den Zahnstocher in eine andere Ecke seines Mundes, »bis sie mich heiratete. Ich bin ihr Mann. Dok Golightly. Ich bin Pferdedoktor, für so Tiere überhaupt. Bißchen Landwirtschaft nebenher, außerdem. In der Nähe von Tulip, Texas. Sohn, warum lachen Sie?«

Es war kein richtiges Lachen, es waren die Nerven. Ich trank etwas Wasser und verschluckte mich, er klopfte mir den Rücken. »Da ist nichts zu lachen,

Sohn. Ich bin ein Mann, der es satt hat. Fünf Jahre lang habe ich nach meiner Frau gesucht. Sobald ich den Brief von Fred kriegte, in dem stand, wo sie ist, habe ich mir die Karte für den Expreß gekauft. Lulamae gehört nach Haus zu ihrem Mann und ihren Kinnern.«

»Kindern?«

»Die da sin ihre Kinner«, schrie er mich fast an. Er meinte die vier anderen jungen Gesichter auf dem Bild, zwei barfüßige Mädchen und ein Paar Buben in Overalls. Na ja, natürlich: der Mann war übergeschnappt. »Aber Holly kann doch nicht die Mutter von diesen Kindern sein. Die da sind doch älter als sie. Erwachsener.«

»Also, Sohn«, sagte er einsichtig, »ich habe ja nicht behauptet, daß die ihre eigengeborenen Kinner wären, deren richtige feine Mutter, 'ne feine Frau, Gott hab sie selig, die is am 4. Juli, Unabhängigkeitstag, 1936 verschieden. Im Jahr der großen Dürre. Als ich Lulamae heiratete, das war im Dezember 1938, da wurde sie damals vierzehn. Möglich, daß ein gewöhnlicher Mensch, der nur erst vierzehn ist, noch nicht genau wissen würde, was er soll. Aber nehmen Sie die Lulamae, die war eine außerordentliche Person. Die wußte gut und schön, was sie tat, als sie zusagte, meine Frau zu werden un die Mutter von meinen Kindern. Glatt das Herz gebrochen hat sie uns, als sie so einfach weggelaufen ist.« Er trank einen Schluck von seinem kalten Kaffee und blickte mich mit forschendem Ernst an. »Also, Sohn, mißtrauen Sie mir? Glauben Sie, was ich sage?«

Ich glaubte. Es war zu unglaubwürdig, um nicht

Tatsache zu sein; überdies stimmte es genau mit O. J. Bermans Beschreibung der Holly überein, der er zuerst in Kalifornien begegnet war – »Man weiß nicht, stammt sie von den Bergen oder aus Oklahoma oder sonstwoher.« Man konnte Berman keinen Vorwurf machen, nicht erraten zu haben, daß sie ein Kind-Weib aus Tulip, Texas, war.

»Glatt das Herz gebrochen hat sie uns, als sie so einfach weggelaufen ist«, wiederholte der Pferdedoktor. »Sie hatte keinen Grund. Alle Hausarbeit wurde von ihren Töchtern gemacht. Lulamae konnte ganz tun und lassen, was sie wollte – vor Spiegeln 'rumtrödeln und ihre Haare waschen. Unsere eigenen Kühe, unsern eigenen Garten, Hühner, Schweine – Sohn, die Frau ist doch buchstäblich fett geworden. Während der Bruder zum Riesen 'ranwuchs. Was wohl ganz schön anders war als der Anblick, wie sie zu uns kamen. Nellie war's, meine Älteste, Nellie war's, die sie ins Haus brachte. Die kam eines Morgens zu mir und sagte: ›Papa,ich hab' zwei verwilderte Jungsche in der Küche eingeschlossen. Ich hab' sie erwischt, wie sie Milch un Puteneier stibitzten.‹ Das waren Lulamae und Fred. Also, nie im Leben haben Sie so was Jammervolles gesehen. Die Rippen stachen nach allen Seiten, Beine, so kläglich dürr, daß sie kaum stehen konnten, Zähne so wacklig schlecht, daß sie keinen Brei kauen konnten. Geschichte war so: ihre Mutter starb an TB, und ihr Papa tat dasselbe – und all die Kinner, eine ganze Hucke voll davon, die wurden losgeschickt, um mit verschiedenen armseligen Leuten zu leben. Lulamae und ihr Bruder, die zwei lebten nun mit irgendwelchen armseligen nichtsnutzigen

Leuten an die zweihundert Kilometer östlich von Tulip. Sie hatte guten Grund, aus jenem Haus davonzulaufen. Sie hatte keinen, meins zu verlassen. Es war ihr Heim.« Er stützte die Ellbogen auf die Theke und seufzte, die Fingerspitzen gegen seine geschlossenen Augen pressend. »Sie wurde dick und fett wie eine richtige hübsche Frau. Und lebhaft dazu. Schwatzhaft wie eine Elster. Hatte zu allem und jedem was Witziges zu sagen – besser als das Radio. Eh ich's mich versehe, bin ich los und pflücke Blumen. Ich zähme ihr eine Krähe und lehre die, ihren Namen zu sagen. Ich habe ihr gezeigt, wie man Gitarre spielt. Ihr Anblick allein trieb mir die Tränen in die Augen. Den Abend, wo ich ihr den Antrag machte, hab' ich geweint wie ein kleines Kind. Sie sagte: ›Warum sollst du denn weinen, Dok? Klar werden wir heiraten. Ich bin doch noch nie verheiratet gewesen.‹ Na, da mußte ich lachen und sie umarmen und an mich drücken: *noch nie verheiratet gewesen!*« Er lachte vor sich hin, kaute einen Augenblick an seinem Zahnstocher. »Sagen Sie bloß nicht, die Frau wär' nich glücklich gewesen!« fuhr er herausfordernd fort. »Wir beteten sie allesamt an. Sie brauchte nich den Finger zu rühren, außer um Torte zu essen. Um ihr Haar zu kämmen und nach all den Zeitschriften auszuschicken. Wir müssen wohl so für an die hundert Dollar solche Illustrierte ins Haus gekriegt haben. Wenn Sie mich fragen – davon is es gekommen. Beim Anschauen großaufgemachter Bilder. Beim Lesen von Träumen. Das war's, was sie trieb, die Straße zu wandern. Jeden Tag wanderte sie ein Stück weiter – zwei Kilometer, und kam nach Hause. Drei Kilometer, und kam nach Hause. Eines

Tages ging sie dann einfach weiter.« Wieder legte er seine Hände über die Augen; sein Atem klang unregelmäßig. »Die Krähe, die ich ihr geschenkt hatte, wurde wild und flog davon. Den ganzen Sommer über konnte man sie hören. Im Hof. Im Garten. Im Wald. Den ganzen Sommer lang rief der verdammte Vogel: Lulamae, Lulamae.«

Er verharrte zusammengesunken und schweigend, als lausche er dem längstvergangenen Sommerlaut. Ich nahm unsere Bons zum Kassierer. Während ich zahlte, trat er zu mir. Gemeinsam gingen wir hinaus und wanderten hinüber zur Park Avenue. Es war ein frischer, windiger Abend; elegante Markisen flappten in der Brise. Das Schweigen zwischen uns dauerte an, bis ich sagte: »Aber was war mit ihrem Bruder? Der ging doch nicht fort?«

»Nein, Herr«, sagte er und räusperte sich. »Fred war die ganze Zeit bei uns, bis sie ihn zur Armee holten. Ein prächtiger Bursche. Prächtig mit Pferden. Er wußte nicht, was in Lulamae gefahren war, wie es kam, daß sie ihren Bruder, Mann und Kinder verließ. Nachdem er in der Armee war, begann er indes von ihr zu hören. Neulich schrieb er mir ihre Adresse. Also komme ich, um sie zu holen. Ich weiß, sie möchte nach Hause.« Er schien mich um eine Bestätigung hierzu zu bitten. Ich erklärte ihm, daß ich glaube, er werde Holly – oder Lulamae – etwas verändert finden. »Hören Sie, Sohn«, sagte er, als wir die Eingangsstufen zum Backsteinhaus erreichten, »ich teilte Ihnen mit, daß ich einen Freund brauche. Weil ich sie nicht überraschen möchte. Ihr keinen Schreck einjagen. Drum hab' ich mich zurückgehalten. Seien

Sie mein Freund – lassen Sie sie wissen, daß ich dabin.«

Die Vorstellung, Mrs. Golightly ihren Ehemann anzubringen, hatte ihre befriedigenden Aspekte, und indem ich zu ihren erleuchteten Fenstern aufschaute, hoffte ich ihre Freunde dort oben, denn die Aussicht, zu sehen, wie der Texasmann Mag und Rusty und José die Hand gab, war noch befriedigender. Aber Dok Golightlys stolze ernste Augen und der durchgeschwitzte Hut weckten Scham in mir wegen solcher Vorgefühle. Er folgte mir ins Haus und bereitete sich am Fuße der Treppe zum Warten vor. »Sehe ich ordentlich aus?« flüsterte er, indem er sich die Ärmel abbürstete und den Knoten seiner Krawatte fester anzog.

Holly war allein. Sie kam sofort zur Tür, war sogar eben dabei, auszugehen – weißseidene Tanzpumps und Massen von Parfüm kündeten Gala-Absichten. »Na, Schafskopf«, sagte sie und schlug mich verspielt mit ihrer Abendtasche. »Ich bin zu sehr in Eile, um mich jetzt zu versöhnen. Rauchen wir morgen die Friedenspfeife, okay?«

»Sicher, Lulamae. Wenn Sie morgen noch dasein sollten.«

Sie nahm ihre dunkle Brille ab und sah mich angestrengt blinzelnd an. Es war, als seien ihre Augen in Prismen zerfallen, die Flecken aus Blau, Grau und Grün wie auseinandergebrochene Teilchen des Glanzes. »*Er* hat Ihnen das erzählt«, sagte sie mit einer sehr kleinen, bebenden Stimme. »O bitte, *wo* ist er?« Sie rannte an mir vorüber ins Treppenhaus. »Fred!« rief sie hinunter. »Fred! Wo bist du, Liebster?«

Ich konnte Dok Golightlys heraufkommende Schritte auf den Stufen hören. Sein Gesicht tauchte über dem Geländer auf, und Holly wich vor ihm zurück, nicht als sei sie erschrocken, sondern eher als zöge sie sich in eine Hülle der Enttäuschtheit zurück. Dann stand er vor ihr, mit hängenden Ohren und schüchtern. »Ach Gott, Lulamae«, begann er und stockte, denn Holly schaute ihn aus leeren Augen an, als wisse sie nicht recht, wohin mit ihm. »Holla, Süßes«, sagte er, »geben sie dir hier nichts zu essen? Du bist so klapprig. Ganz wie ich dich kennenlernte. Nur noch Augen.« Holly berührte sein Gesicht, ihre Finger ertasteten die Realität seines Kinns, seiner Bartstoppeln. »Hallo, Dok«, sagte sie sanft und küßte ihn auf die Wange. »Hallo, Dok«, wiederholte sie glücklich, als er sie in einer rippenzerquetschenden Umarmung in die Luft hob. Lautausbrechendes, befreites Gelächter erschütterte ihn. »Mein Gott, Lulamae. In Ewigkeit Amen.«
Keiner von beiden merkte, daß ich mich an ihnen vorbeidrückte und hinauf in mein Zimmer ging. Ebensowenig schienen sie gewahr zu werden, daß Madame Sapphia Spanella ihre Tür aufgemacht hatte und kreischte: »Ruhe hier draußen! Es ist eine Schande. Sucht euch einen andern Platz für eure Hurerei!«

»*Scheiden* lassen? Natürlich habe ich mich nie von ihm scheiden lassen. Ja um Himmels willen, ich war doch erst vierzehn. Das kann doch nicht *gültig* gewesen sein.« Holly klopfte an ein leeres Martiniglas. »Noch zwei, mein sehr geliebter Mr. Bell.«
Joe Bell, in dessen Wirtschaft wir saßen, nahm die

Bestellung widerwillig entgegen. »Sie schaukeln das Schiff 'n bißchen reichlich früh«, beklagte er sich, auf seiner Magenpille kauend. Zufolge der dunklen Mahagoni-Uhr hinter der Theke war es noch nicht Mittag, und er hatte uns bereits drei Runden vorgesetzt.

»Aber es ist doch Sonntag, Mr. Bell. Sonntags gehen die Uhren nach. Außerdem bin ich bisher noch nicht im Bett gewesen«, erklärte sie ihm und gestand mir: »Nicht zum Schlafen.« Sie wurde rot und blickte schuldbewußt zur Seite. Zum ersten Male, seit ich sie kannte, schien sie das Bedürfnis zu fühlen, sich zu rechtfertigen: »Na ja, ich mußte doch. Dok liebt mich nämlich wirklich. Und ich liebe ihn. Für Sie mag er alt und schäbig ausgesehen haben. Aber Sie wissen eben nicht, wie rührend er ist, wieviel Vertrauen er Vögeln und Kindern und all solch schwachen Geschöpfen einflößt. Jedem, der Ihnen einmal Vertrauen eingeflößt hat, dem schulden Sie eine Menge. Ich habe Dok immer in mein Gebet mit eingeschlossen. Bitte, lassen Sie das dreckige Grinsen!« forderte sie, indem sie ihre Zigarette ausdrückte. »Ich vergesse *nie* zu beten.«

»Ich habe nicht dreckig gegrinst. Ich habe gelächelt. Sie sind eine höchst erstaunliche Person.«

»Ich glaube, das bin ich«, sagte sie, und ihr Gesicht, das im morgendlichen Licht blaß und recht zerschlagen wirkte, strahlte auf; sie strich ihr verwuscheltes Haar glatt, und seine Farben schimmerten wie eine Schampun-Reklame. »Ich muß grausam aussehen. Aber wer würde nicht? Wir sind den Rest der Nacht in einem Busbahnhof herumgezogen. Bis zur allerletzten Minute dachte Dok, ich würde mit ihm kommen. Obwohl ich ihm unentwegt erklärte: ›Aber Dok, ich bin doch nicht mehr vierzehn, und ich bin nicht Lulamae.‹ Aber das Schreckliche ist (und mir wurde es klar, als wir da beisammenstanden): ich bin es! Noch immer stibitze ich Puteneier und renne durchs Gestrüpp. Nur sage ich jetzt dazu: ich habe das rote Grausen.«

Joe Bell setzte voll Verachtung die frischen Martinis vor uns hin.

»Verlieren Sie Ihr Herz niemals an etwas Wildes, Ungezähmtes, Mr. Bell«, riet ihm Holly. »Das war Doks Fehler. Immer brachte er so etwas mit heimgeschleppt. Einen Habicht mit geknicktem Flügel. Einmal eine ausgewachsene Wildkatze mit einem gebrochenen Bein. Aber man soll sein Herz nicht an solch wildes Zeug verlieren – je mehr man das tut, desto stärker werden die. Bis sie stark genug sind, um davonzulaufen, fort in den Wald. Oder auf einen Baum fliegen. Dann einen höheren Baum. Dann den Himmel. So wird's zum Schluß ausgehen, Mr. Bell. Wenn Sie Ihr Herz an solch ein wildes Tier verlieren. Dann schauen Sie nur zum Schluß hinauf in den Himmel.«

»Sie ist betrunken«, belehrte mich Joe Bell.

»Mit Maßen«, gestand Holly. »Aber Dok wußte, was ich meinte. Ich hab' es ihm ganz vorsichtig erklärt, und es war etwas, das er begreifen konnte. Wir haben uns die Hände geschüttelt und einander festgehalten, und er hat mir Glück gewünscht.« Sie blickte auf die Uhr. »Er muß jetzt schon in den Blauen Bergen sein.«

»Wovon redet sie eigentlich?« erkundigte sich Joe Bell bei mir.

Holly hob ihren Martini. »Wollen wir dem Dok auch Glück wünschen«, sagte sie und stieß ihr Glas gegen das meine. »Viel Glück – und glaub mir, geliebter Dok, es ist besser, zum Himmel hinaufzuschauen, als dort zu leben. Welch leerer Fleck, so unbestimmt. Nichts als eine Gegend, wo es donnert und Dinge hineinverschwinden.«

TRAWLER ZUM VIERTENMAL VERHEIRATET. Ich war irgendwo in Brooklyn auf der Untergrundbahn, als ich die Überschrift las. Die Zeitung, die es mir entgegenschwenkte, gehörte einem anderen Fahrgast. Das einzige Stück Text, das ich erkennen konnte, hieß: *Rutherford »Rusty« Trawler, der bekannte Millionenerbe, dem man verschiedentlich Nazi-Sympathien nachsagt, entführte gestern nach Greenwich die reizvolle* – Nicht, daß mir daran gelegen hätte, mehr zu lesen. Holly hatte ihn geheiratet – also schön. Ich wünschte, ich läge unter den Rädern des Zuges. Aber das hatte ich mir schon gewünscht, ehe ich die Überschrift entdeckte. Aus einer Unzahl von Gründen. Holly hatte ich nicht mehr gesehen, nicht richtig, seit unserem trunkenen Sonntag in Joe Bells Wirtschaft. Die dazwischenliegenden Wochen hatten mir meinen eigenen Anfall des roten Grausens verschafft. Erstens einmal war ich aus meiner Stellung geflogen – verdientermaßen und wegen eines amüsanten Vergehens, das allzu kompliziert war, um es hier zu berichten. Zudem bezeigte mein Rekrutenamt ein unbehagliches Interesse, und nachdem ich erst kürzlich dem Reglement einer Kleinstadt entkommen war, brachte mich der Gedanke des Eintritts in eine andere Form stresseng-geregelten Lebens zur Verzweiflung. Mitten zwischen der Unsicherheit meiner Lage wegen des Eingezogenwerdens und einem Mangel spezifischer Berufserfahrungen schien ich keine neue Stellung finden zu können. Das war's, was ich auf der Untergrund in Brooklyn machte: ich kam von einer entmutigenden Besprechung mit einem Redakteur der nunmehr verschiedenen Zeitung *PM.* Zusammen mit der Stadthitze des Sommers hatte mich dies alles in einen Zustand nervöser Erschlaffung versetzt. Also meinte ich es gut zur Hälfte ernst, als ich wünschte, unter den Rädern des Zuges zu liegen. Die Überschrift machte das Verlangen danach noch bestimmter. Wenn Holly diesen »absurden Embryo« heiraten konnte, dann mochte die Heerschar des Verkehrten, das in der Welt überhandnahm, von mir aus auch über mich hinwegmarschieren. Oder – und diese Frage liegt auf der Hand – war meine Empörung ein wenig die Auswirkung dessen, daß ich selber in Holly verliebt war? Ein wenig. Denn ich *war* in sie verliebt. Genauso, wie ich früher einmal in die ältliche Negerköchin meiner Mutter verliebt gewesen war und in den Briefträger, der erlaubte, daß ich ihm auf seinen Runden nachlief, und in eine ganze Familie namens McKendrick. Diese Art von Liebe erzeugt auch Eifersucht.

Als ich an meiner Station ankam, kaufte ich eine Zeitung und entdeckte beim Lesen des Satzendes, Rustys Braut sei die *reizvolle Titelblatt-Schönheit aus den Bergen von Arkansas, Miss Margaret Thatcher Fitzhue Wildwood.* Mag! Vor lauter Erleichterung wurden meine Beine so schlapp, daß ich mir für den Rest des Heimwegs eine Taxe nahm.

Madame Sapphia Spanella kam mir im Treppenhaus entgegen, wildblickend und mit gerungenen Händen.

»Los«, sagte sie, »und holen Sie die Polizei. Sie bringt irgendwen um! Irgendwer bringt sie um!«
Es klang so. Als ob Tiger loswären in Hollys Wohnung. Ein Krach von splitterndem Glas, ein Poltern und Fallen und umkippende Möbel. Aber man hörte keine streitenden Stimmen in all dem Aufruhr, was ihn unwirklich erscheinen ließ. »Laufen Sie«, schrie Madame Spanella in höchsten Tönen und stieß mich fort. »Sagen Sie der Polizei: ein Mord!«
Ich lief, aber nur hinauf an Hollys Tür. Dagegendonnern hatte ein Resultat: der Krach ließ nach. Hörte ganz auf. Doch mein Flehen, mich einzulassen, blieb unbeantwortet, und meine Bemühungen, die Tür einzudrücken, kulminierten lediglich in einer zerschundenen Schulter. Dann hörte ich unten Madame Spanella jemand Neuhinzukommenden kommandieren, zur Polizei zu gehen. »Halten Sie den Mund«, wurde ihr erklärt, »und gehen Sie mir aus dem Wege.«
Es war José Ybarra-Jaeger. Keineswegs der elegante brasilianische Diplomat, sondern verschwitzt und voller Angst. Er kommandierte auch mich aus seinem Wege, und indem er seinen Schlüssel benutzte, machte er die Tür auf. »Hier herein, Dr. Goldman«, sagte er und winkte einem Manne, der ihn begleitet hatte.
Da mich niemand abhielt, folgte ich ihnen in die Wohnung, die fürchterlich zusammengeschlagen war. Endlich war der Christbaum abgeputzt, höchst buchstäblich – seine braunen, vertrockneten Zweige streckten sich breit in einem wirren Durcheinander von zerrissenen Büchern, zerbrochenen Lampen und Schallplatten. Selbst der Eisschrank war geleert worden, sein Inhalt im Raum verstreut – rohe Eier glitsch-

ten die Wände hinunter, und inmitten der Trümmer leckte Hollys namenloser Kater geruhsam eine Milchpfütze auf.

Im Schlafzimmer ließ mich der Geruch zerschmissener Parfümflaschen nach Luft schnappen. Ich trat auf Hollys dunkle Brille, sie lag auf dem Boden, die Gläser bereits zersplittert, das Gestell halb durchgebrochen. Vielleicht kam es daher, daß Holly, eine starre Gestalt auf dem Bett, José aus so blinden Augen anstarrte, den Doktor nicht zu sehen schien, der, ihren Puls prüfend, beruhigend summte: »Sie sind eine müde junge Dame. Sehr, sehr müde. Sie möchten gern schlafen, nicht wahr? Schlafen.«

Holly rieb sich über die Stirn, was einen verschmierten Blutstreifen aus einem Schnitt im Finger hinterließ. »Schlafen«, sagte sie, wimmernd wie ein übermüdetes, schlechtgelauntes Kind. »Er war der einzige, bei dem ich's konnte. Mich ankuscheln in kalten Nächten. Ich habe einen Platz in Mexiko gesehen. Mit Pferden. Am Meer.«

»Mit Pferden am Meer«, sang der Doktor einschläfernd und wählte eine Spritze aus seiner schwarzen Tasche.

José wandte das Gesicht ab, empfindlich gegen den Anblick der Nadel. »Ihre Krankheit ist nur Trauer?« erkundigte er sich, und sein mühsames Englisch lieh der Frage unbeabsichtigte Ironie. »Sie trauert nur?«

»Na, kein bißchen weh getan, nicht wahr?« wollte der Doktor wissen, während er Hollys Arm selbstzufrieden mit einem Fetzchen Watte abtupfte.

Sie kam so weit zu sich, um den Doktor schärfer ins Auge zu fassen. »*Alles* tut weh. Wo ist meine Brille?«

Aber sie brauchte sie nicht mehr. Ihre Lider schlossen sich bereits von selber.

»Das ist nur Trauer?« beharrte José.

»Bitte, Herr« – der Doktor war recht kurz mit ihm –, »wenn Sie mich bitte mit der Patientin allein lassen wollen.«

José zog sich ins Wohnzimmer zurück, wo er seinen Zorn an der spionierenden, auf Zehenspitzen herumschleichenden Gegenwart der Madame Spanella ausließ. »Rühren Sie mich nicht an! Ich rufe die Polizei«, drohte sie, als er sie mit portugiesischen Flüchen zur Tür davontrieb.

Er zog in Betracht, auch mich hinauszuwerfen, so vermutete ich jedenfalls seiner Miene nach. Statt dessen lud er mich jedoch zu einem Drink ein. Die einzige unzerbrochene Flasche, die wir finden konnten, enthielt herben Wermut. »Ich habe eine Sorge«, vertraute er mir an. »Ich habe eine Sorge, daß dies einen Skandal verursachen möchte. Ihr Kaputtschlagen. Sich aufführen wie eine Verrückte. Ich darf keinen Skandal in der Öffentlichkeit haben. Es ist zu prekär – mein Name, meine Arbeit.«

Er schien erfreut, als er vernahm, daß ich keinen Grund für einen »Skandal« erblickte; sein eigenes Besitztum zu zerstören war, vermutlicherweise, Privatsache.

»Es handelt sich ja nur um Betrübtsein«, erklärte er bestimmt. »Als die Trauer kam, wirft sie zunächst das Glas, aus dem sie trank. Die Flasche. Jene Bücher. Eine Lampe. Dann bekomme ich Angst. Ich eile, einen Doktor zu holen.«

»Aber warum?« wollte ich wissen. »Warum muß sie

wegen Rusty einen Tobsuchtsanfall kriegen? Wenn ich sie wäre, würde ich feiern.«

»Rusty?«

Ich trug noch immer die Zeitung bei mir und zeigte ihm die Überschrift.

»Ach das.« Er grinste ziemlich verächtlich. »Sie tun uns einen großen Gefallen, Rusty und Mag. Wir lachen über sie – wie sie denken, sie brechen uns das Herz, wenn wir doch die ganze Zeit nur *wünschten*, daß sie weglaufen möchten. Ich versichere Ihnen, wir haben gelacht, als die Trauer kam.« Seine Blicke durchforschten den auf dem Boden herumliegenden Kram; er hob einen gelben Papierball auf. »Dies«, sagte er. Es war ein Telegramm aus Tulip, Texas: *Nachricht erhalten Fred drüben im Kampf gefallen stop Dein Mann und Kinder trauern mit um gemeinsamen Verlust stop Brief folgt Gruß Dok.*

Holly erwähnte ihren Bruder niemals wieder – bis auf ein einziges Mal. Darüber hinaus hörte sie auch auf, mich Fred zu nennen. Den Juni, Juli, all die warmen Monate über verkroch sie sich wie ein Tier im Winterschlaf, das nicht wußte, der Frühling sei gekommen und vergangen. Ihr Haar dunkelte nach, sie nahm an Gewicht zu. Sie wurde recht nachlässig in ihrer Kleidung – pflegte zum Kaufmannsladen nebenan im Regenmantel zu sausen mit nichts darunter. José zog in die Wohnung, sein Name ersetzte den von Mag Wildwood am Briefkasten. Dennoch war Holly ziemlich viel allein, denn José hielt sich drei Tage in der Woche in Washington auf. Während seines Fernseins empfing sie niemanden und verließ die Wohnung nur selten – bis auf die Donnerstage, da sie ihren allwöchentlichen Ausflug nach Ossining machte.

Was jedoch nicht inbegriff, daß sie etwa das Interesse am Leben verloren hätte, bei weitem nicht; sie schien zufriedener, durchweg glücklicher, als ich sie je gesehen hatte. Eine heftige und plötzliche Holly-unähnliche Begeisterung für Hauswirtschaft ergab verschiedene Holly-unähnliche Einkäufe: bei einer Parke-Bernet-Auktion erwarb sie einen Jagdgobelin mit einem sich zur Wehr setzenden Hirsch und aus dem Besitz von William Randolph Hearst ein paar düsterstrenge gotische »Lehn«-Stühle; sie kaufte die komplette große Literatur der Modern Library, Fächer voll klassischer Schallplatten, unzählige Reproduktionen aus dem Metropolitan-Museum (wozu auch die Skulptur einer chinesischen Katze zählte, die ihr eigener Kater haßte, anzischte und endlich zerbrach), einen Mixer und einen Dampfkochtopf und eine Bibliothek von Kochbüchern. Sie verbrachte wildherumwirtschaftend ganze Hausfrauennachmittage in der Schwitzkiste ihrer winzigen Küche. »José sagt, ich sei besser als das ›Colony‹. Nein wirklich, wer hätte je geahnt, daß ich eine derartige natürliche Begabung dafür hätte? Noch vor einem Monat konnte ich nicht mal Rühreier.« Und konnte es noch immer nicht, genau genommen. Einfache Gerichte, Steak, ein vernünftiger Salat, gingen über ihre Begriffe. Dafür ernährte sie José und gelegentlich mich mit *outré* Suppen (mit Kognak gewürzte Schildkrötensuppe in Avocado-Schalen gegossen), neronischen Erfindungen (gebratenem Fasan mit Granatäpfeln und Dattelpflaumen gefüllt) und anderen zweifelhaften Neuerungen

(Huhn und Safranreis mit Schokoladensoße serviert: »In Indien ein klassisches Gericht, *mein* Lieber!«). Die kriegsbedingte Rationierung von Zucker und Sahne engte ihre Phantasie ein, sobald es sich um Desserts handelte – nichtsdestoweniger brachte sie einmal etwas fertig unter dem Namen Tabak-Tapioka – lieber es nicht beschreiben.

Auch nicht ihre Bemühungen beschreiben, Portugiesisch beherrschen zu lernen, eine harte Prüfung, die für mich ebenso ermüdend war wie für sie, denn wann immer ich sie besuchte, drehte sich ein Album Linguaphonplatten unaufhörlich auf ihrem Apparat. Außerdem sagte sie jetzt auch kaum je einen Satz, der nicht anfing: »Wenn wir erst verheiratet sind –« oder »Wenn wir nach Rio gehen –« Dabei hatte José niemals Heirat erwähnt. Sie gab das zu. »Aber schließlich *weiß* er, daß ich schwangre. Na ja, ich bin, Herzchen. Seit sechs Wochen. Ich sehe nicht ganz, warum Sie das *so* überrascht. Mich gar nicht. Nicht *un peu* bißchen. Ich bin selig. Ich möchte mindestens neun haben. Ich bin überzeugt, daß ein paar davon ganz dunkel werden – José hat einen Schuß *le nègre*, das haben Sie vermutlich gemerkt, nicht? Was ich persönlich großartig finde – was könnte entzückender sein als so eine Art Negerbaby mit strahlenden grünlichen, wunderschönen Augen? Ich wünschte – bitte lachen Sie nicht, aber ich wünschte, ich wäre für ihn noch Jungfrau gewesen, für José. Nicht daß ich etwa den Unmengen eingeheizt hätte, von denen manche reden – ich mache den Biestern keine Vorwürfe, wenn sie es behaupten, ich habe selber immer solch hektisches Gerede ausgestreut. Dabei habe ich es neulich nachts einmal zusammengezählt, und ich habe in Wirklichkeit nur ganze elf Liebhaber gehabt – ungerechnet alles, was vor dreizehn passiert ist, denn schließlich zählt das doch wirklich nicht. Elf. Macht mich das etwa zu 'ner Hure? Sehen Sie sich da Mag Wildwood an. Oder Honey Tucker. Oder Rose Ellen Ward. Die haben die ewige Klatscherei so oft betrieben, daß man schon Applaus dazu sagen kann. Natürlich habe ich gar nichts gegen Huren. Manche von ihnen mögen eine anständige Zunge haben, aber alle haben sie keinen inneren Anstand. Ich meine, man kann nicht mit einem Kerl bumsen und seinen Scheck kassieren und nicht wenigsten *versuchen* sich einzubilden, daß man ihn liebt. Das habe ich nie gemacht. Selbst bei Benny Shacklett und solchen Widerlingen. Ich habe mich sozusagen selber hypnotisiert zu denken, daß ihre schiere Ekelhaftigkeit einen gewissen Reiz hätte. Tatsächlich ist, außer Dok, wenn Sie Dok überhaupt mitrechnen wollen, José meine erste nicht ekelhafte Liebesgeschichte. Oh, er ist nicht der Inbegriff des absoluten *finito* für mich. Er macht kleine Schwindeleien, und er regt sich auf, was die Leute *denken*, und er badet etwa fünfzigmal am Tag – dabei müssen Männer doch *etwas* riechen. Er ist zu zimperlich, zu vorsichtig, um so recht mein Ideal von Liebhaber zu sein; er dreht sich immer 'rum, wenn er sich auszieht, und er macht zuviel Geräusch beim Essen, und ich mag ihn nicht rennen sehen, weil das irgendwie komisch aussieht, wenn er rennt. Wenn ich so die Wahl hätte unter allem, was da lebt, einfach so mit den Fingern knipsen und sagen könnte: komm her du, da würde ich mir José nicht 'raussuchen. Nehru, der käme eher hin.

Wendell Willkie. Entschließen würde ich mich für die Garbo, wann auch immer. Warum nicht? Der Mensch müßte Mann oder Frau heiraten können – passen Sie auf, wenn Sie zu mir kämen und sagten, Sie wollten's mit einem Kriegsschiff treiben, würde ich Ihre Gefühle achten. Nein, im Ernst. Liebe sollte erlaubt sein. Ich bin ganz und gar dafür. Jetzt, da ich so ziemlich eine Ahnung davon habe. Denn ich *liebe* José – ich würde zu rauchen aufhören, wenn er's von mir verlangte. Er ist so nett, er kann mir das rote Grausen weglachen, nur habe ich es gar nicht mehr so viel, höchstens hie und da, und selbst dann ist es nicht derart ekelino, daß ich Seconal schlucken oder mich zu Tiffany hinschleppen muß – ich bringe seinen Anzug zur Reinigung oder fülle Pilze, und schon fühle ich mich fein, einfach großartig. Noch etwas, ich habe meine Horoskope weggeschmissen. Ich muß wohl einen Dollar für jeden gottverdammten Stern in diesem gottverdammten Planetarium ausgegeben haben. Es ist langweilig, aber die Antwort ist, daß einem Gutes nur zustößt, wenn man selber gut ist. Gut? Anständig trifft eher das, was ich meine. Nicht die Anständigkeit vor dem Gesetz – ich würde ein Grab berauben, würde die Vierteldollarstücke von den Augen eines Toten stehlen, wenn ich dächte, mir damit einen vergnügten Tag bereiten zu können – sondern die Anständigkeit vor mir selber. Alles kann man sein, bloß kein Feigling, kein Angeber, rührseliger Schwindler, Hure – lieber möchte ich Krebs haben als keinen inneren Anstand. Das ist nicht etwa Frömmelei. Einfach praktische Vernunft. Krebs mag einen vielleicht ins Grab bringen, aber das andere ganz sicher. Ach, drehn wir ab, Süßer – geben Sie mir meine Gitarre und ich werde Ihnen eine *fada* im perfektesten Portugiesisch singen.«

Diese letzten Wochen, Endspanne des Sommers und Beginn eines neuen Herbstes, habe ich nur verschwommen in meiner Erinnerung, vielleicht weil unser Verständnis füreinander jene holde Tiefe erreicht hatte, da zwei Menschen sich häufiger im Schweigen als durch Worte mitteilen – eine liebevolle Stille ersetzt die Spannungen, das nicht nachlassende Geplauder und Herumgejage, das die erkennbareren, die, oberflächlich betrachtet, dramatischeren Momente einer Freundschaft hervorbringt. Wenn *er* nicht in der Stadt war (ich hatte eine feindliche Abneigung gegen *ihn* entwickelt und gebrauchte selten seinen Namen), verbrachten wir häufig ganze Abende miteinander, in deren Verlauf wir keine hundert Worte wechselten; einmal wanderten wir den ganzen Weg bis zum Chinesenviertel, aßen *chow-mein* zum Abendbrot, kauften ein paar Papierlaternen und stibitzten eine Schachtel Räucherstäbchen, dann schlenderten wir über die Brooklyn-Brücke, und dort auf der Brücke, als wir die seewärts schwimmenden Schiffe zwischen den Klippen der erleuchteten Wolkenkratzersilhouette hingleiten sahen, sagte sie: »Heute in Jahren, in vielen, vielen Jahren, wird eines dieser Schiffe mich zurückbringen, mich und meine neun brasilianischen Bälger. Weil, nun ja, weil sie dies eben sehen müssen, diese Lichter, den Fluß – ich liebe New York, auch wenn es nicht in der Weise mein ist, wie etwas sein sollte, ein Baum oder eine Straße oder ein Haus, eben irgend etwas, das mir gehört, weil ich zu ihm gehöre.« Und ich sagte: »Hören Sie auf«, weil ich mich zum Wütendwerden beiseitegelassen fühlte – ein Schlepper im Trockendock, während sie, glitzernder Seefahrer mit sicherem Bestimmungsort, den Hafen hinunterdampfte mit Pfeifen und Tuten und Konfetti in der Luft.

So wirbeln die Tage, diese letzten Tage herum in der Erinnerung, unscharf, herbstlich, einander gleich, wie Blätter – bis zu einem Tage, anders als irgendeiner, den ich je erlebte.

Zufällig fiel er auf den dreißigsten September, meinen Geburtstag, eine Tatsache, die keinen Einfluß auf die Ereignisse hatte, es sei denn, daß ich, in der Annahme irgendeiner Form geldlichen Gedenkens von seiten meiner Familie, dem Morgenbesuch des Briefträgers begierig entgegensah. Ja, ich ging sogar tatsächlich hinunter, um ihn zu erwarten. Hätte ich mich nicht im Hauseingang herumgetrieben, würde Holly mich nicht zum Reiten aufgefordert haben und würde infolgedessen auch keine Gelegenheit gehabt haben, mir das Leben zu retten.

»Los«, sagte sie, als sie mich auf den Briefträger warten fand. »Bewegen wir doch eben ein paar Pferde drüben im Park.« Sie trug eine Windjacke, Bluejeans und Tennisschuhe. Sie schlug sich auf den Bauch, um mich auf seine Flachheit aufmerksam zu machen: »Denken Sie nicht etwa, ich sei darauf aus, den Stammhalter zu verlieren. Aber es ist da ein Pferd, meine geliebte alte Mabel Minerva – ich kann nicht fort, ohne von Mabel Minerva Abschied genommen zu haben.«

»Abschied?«

»Samstag in einer Woche. José hat die Karten gekauft.« Wie in einer Art Trancezustand ließ ich mich von ihr auf die Straße nehmen. »In Miami wechseln wir das Flugzeug. Dann über das Meer. Über die Anden. Taxi!«

Über die Anden. Als wir im Wagen zum Central Park hinüberfuhren, schien mir, als ob auch ich flöge, verlassen dahinglitte über Schneegipfel und gefahrdrohendes Gebiet.

»Aber das dürfen Sie nicht. Wozu denn schließlich. Ja, wozu. Nein, Sie können doch nicht *wirklich* davonlaufen und alle hier verlassen.«

»Ich glaube nicht, daß mich irgendwer vermißt. Ich habe keine Freunde.«

»Aber *ich* werde Sie vermissen. Joe Bell ebenso. Und – ach, Tausende. Wie Sally. Der arme Mr. Tomato.«

»Ich hatte den guten Sally gern«, sagte sie und seufzte. »Wissen Sie, daß ich ihn schon seit einem Monat nicht mehr gesehen habe? Als ich ihm erzählte, daß ich fortgehen würde, war er ein Engel. *Tatsächlich*« – sie zog die Brauen zusammen –, »schien er sogar *entzückt*, daß ich außer Landes ginge. Er meinte, es sei so am allerbesten. Weil es früher oder später Schwierigkeiten geben könnte. Wenn sie herausfänden, daß ich nicht wirklich seine Nichte sei. Der fette Anwalt, O'Shaughnessy, also dieser O'Shaughnessy schickte mir fünfhundert Dollar. Bar. Als Hochzeitsgeschenk von Sally.«

Ich wollte unnett sein. »Sie können auch von mir ein Geschenk erwarten. Wenn und falls die Heirat stattfindet.«

Sie lachte. »Er wird mich schon ganz richtig heiraten.

In der Kirche. Und im Beisein seiner Familie. Deswegen warten wir ja, bis wir in Rio sind.«
»Weiß er, daß Sie bereits verheiratet sind?«
»Was ist denn mit Ihnen los? Wollen Sie uns den Tag verderben? Es ist ein so schöner Tag – lassen Sie also die Geschichte!«
»Aber es ist doch sehr gut möglich–«
»Es ist *nicht* möglich. Ich habe Ihnen erklärt, daß es nicht gesetzlich gültig war. Das *kann* es nicht sein.« Sie rieb sich die Nase und blickte mich aus den Augenwinkeln an. »Lassen Sie das einer lebenden Seele gegenüber verlauten, Herzchen. Ich hänge Sie an den Zehen auf und schlachte Sie ab wie ein Schwein.«
Die Stallungen – ich glaube, sie sind von Fernsehstudios abgelöst worden – befanden sich West Sechsundsechzigste Straße. Holly wählte für mich eine alte, schwarzweiße Stute mit Senkrücken: »Keine Angst, die ist besser als eine Wiege.« Was in meinem Falle eine notwendige Garantie darstellte, denn Zehn-Cent-Ponyreiten auf Rummelplätzen meiner Kindheit waren das äußerste meiner reiterlichen Erfahrung. Holly half mich in den Sattel hieven und bestieg dann ihr eigenes Pferd, ein silbriges Tier, das sich an die Spitze setzte, als wir durch den Verkehr bei Central Park West dahin trotteten und in einen mit Laub gesprenkelten Reitweg einbogen, das von aufblätternden Windstößen herumgewirbelt wurde.
»Sehen Sie?« rief sie. »Es ist doch herrlich!«
Und auf einmal war es das. Auf einmal – als ich die durcheinandergeratenen Farben von Hollys Haar im rotgoldenen Laubschimmer aufblitzen sah, liebte ich sie genug, um mich zu vergessen, meine selbstbemit-

leidenden Verzweiflungen, und zufrieden zu sein, daß etwas, das sie als Glück empfand, geschah. Sehr ruhig begannen die Pferde zu traben, Windwogen spritzten uns entgegen, schlugen uns ins Gesicht, wir tauchten in Sonnen- und Schattentümpel ein und wieder aus ihnen auf, und Freude, eine Glückseligkeit zu leben, durchschüttelte mich wie ein Schnapsglas voll Explosivstoff. Das war in der einen Minute. Die nächste brachte Posse in scheußlicher Maske.

Denn unversehens, wie Wilde bei einem Überfall im Dschungel, sprang eine Bande Negerjungen aus dem Gebüsch am Wegrand. Unter Heulen und Fluchen warfen sie Steine und peitschten mit Ruten nach den Leibern der Pferde.

Meines, die schwarzweiße Stute, stieg auf die Hinterhand, wieherte, machte ein paar unsichere Schritte wie ein Seiltänzer und preschte dann wie ein geölter Blitz den Weg hinunter, wobei meine Füße aus den Bügeln geschleudert wurden und ich kaum noch Halt hatte. Ihre Hufen ließen den harten Kies Funken sprühen. Der Himmel lag schief. Bäume, ein Teich mit Segelschiffchen kleiner Jungen, Denkmäler glitten holterdipolter vorüber. Kindermädchen stürzten daher, um ihre Schutzbefohlenen vor unserem furchteinjagenden Nahen zu retten; Menschen, Nichtstuer und andere, schrien gellend: »Zügel anziehen!« und »Brr, mein Junge, brr!« und »Abspringen!« Erst später erinnerte ich mich dieser Rufe; im Augenblick erfaßte ich einfach nur Holly, das Cowboygeklapper ihres Hinter-mir-her-Galoppierens, ohne mich je ganz einzuholen und wieder und wieder ihre mutmachenden Zurufe. Vorwärts und weiter: quer duch den Park und

hinaus auf die Fifth Avenue – in wilder Flucht gegen den mittäglichen Verkehr, Autos, Busse, die kreischend im Bogen auswichen. Vorüber am Duke-Palais, dem Frick-Museum, vorüber am Pierre- und am Plaza-Hotel. Aber Holly gewann Boden, überdies hatte ein berittener Polizist sich der Jagd angeschlossen – jeder von einer Seite meine durchgegangene Stute zwischen sich nehmend, vollführten ihre Pferde eine Zangenbewegung, dic diese zu dampfablassendem Halt brachte. Und da endlich geschah es, daß ich von ihrem Rücken fiel. Herunterfiel und mich aufklaubte und dastand, ganz und gar nicht klar darüber, wo ich mich befand. Eine Menschenmenge sammelte sich. Der Polizist schimpfte und schrieb in ein Buch – auf einmal war er höchst mitfühlend, grinste und sagte, er werde dafür sorgen, daß unsere Pferde in den Stall zurückkämen. Holly nahm für uns eine Taxe.
»Herzchen. Wie fühlen Sie sich.«
»Großartig.«
»Aber Sie haben doch gar keinen Puls«, sagte sie, indem sie mein Handgelenk fühlte.
»Dann muß ich tot sein.«
»Nein, Schafskopf. Das ist ernsthaft. Sehen Sie mich an.«
Das Schwierige war, daß ich sie nicht sehen konnte; vielmehr sah ich mehrere Hollys, ein Trio schweißbedeckter Gesichter, so blaß vor Mitgefühl, daß ich gleichzeitig gerührt und verlegen war. »Ehrlich: ich spüre gar nichts. Ich schäme mich bloß.«
»Bitte. Sind Sie auch ganz sicher? Sagen Sie mir die Wahrheit. Sie hätten dabei umkommen können.«
»Bin ich aber nicht. Und ich danke Ihnen. Daß Sie

mir's Leben gerettet haben. Sie sind wunderbar. Einzig. Ich liebe Sie.«
»Idiot.« Sie küßte mich auf die Wange. Dann waren da vier Hollys, und ich fiel unversehens in Ohnmacht.

An jenem Abend waren Bilder von Holly auf den Titelseiten der Spätausgabe des *Journal-American* und der ersten Morgenausgaben sowohl der *Daily News* wie des *Daily Mirror*. Diese Publizität hatte nichts mit durchgegangenen Pferden zu tun. Sie betraf eine völlig andere Angelegenheit, wie die Überschriften verrieten: LEBEDAME IN RAUSCHGIFTSKANDAL VERHAFTET *(Journal-American)*, VERHAFTUNG DROGENSCHIEBENDER SCHAUSPIELERIN *(Daily News)*, NARKOTIKA-SCHMUGGEL AUFGEDECKT MAGAZIN-SCHÖNHEIT FESTGENOMMEN *(Daily Mirror)*.
Von dem ganzen Packen brachte die *News* das eindrucksvollste Bild: Holly beim Betreten der Polizeiwache, eingekeilt zwischen zwei muskulösen Detektiven, einem männlichen und einem weiblichen. In dieser elenden Zusammenstellung deutete sogar ihre Kleidung (sie trug noch immer ihre Reitsachen, Windjacke und Bluejeans) auf die brutale Gangsterbraut hin – ein Eindruck, den die dunkle Brille, zerzauste Frisur und eine von verkniffenen Lippen niederbaumelnde Picayune-Zigarette nicht gerade minderten. In der Unterschrift las man: *Zwanzigjährige Holly Golightly, bezauberndes Starlet und zu Hause in der eleganten Lebewelt, bekennt sich als Schlüsselfigur internationalen Rauschgiftschmuggels im Zusammenhang mit Gangster Salvatore »Sally« Tomato. Hier wird sie von den Detektiven*

Patrick Connor und Sheilah Fezzonetti (l. und r.) in die Polizeiwache an der Siebenundsechzigsten Straße gebracht. Bericht siehe S. 3. Der Bericht mit der großaufgemachten Fotografie eines Mannes, bezeichnet als Oliver »Pater« O'Shaughnessy (der sein Gesicht hinter einem Filzhut verbarg), ging über drei Spalten. Leicht zusammengefaßt sind hier die wesentlichsten Absätze: *Angehörige der eleganten Lebewelt waren fassungslos über die Verhaftung der blendenden Holly Golightly, zwanzigjährigem Hollywood-Starlet und weitbekannt in mondänen New Yorker Kreisen. Zur gleichen Zeit, zwei Uhr mittags, faßte die Polizei Oliver O'Shaughnessy, 52, wohnhaft Strandhotel, West, Neunundvierzigste Straße, als er eben auf der Madison Avenue ein Speiselokal verließ. Wie District Attorney Frank L. Donovan erklärt, sollen die beiden eine wichtige Rolle in einem internationalen Rauschgiftschmuggelring spielen, der von dem berüchtigten Mafia-Führer Salvatore »Sally« Tomato beherrscht wird, der zur Zeit in Sing-Sing die ihm aufgebrummten fünf Jahre wegen einer politischen Bestechungsaffäre absitzt ... O'Shaughnessy, ein seiner Würden entkleideter Priester, der verschiedentlich in Verbrecherkreisen als »Pater« oder »il Padre« bekannt ist, hat eine Liste von Gefängnisstrafen hinter sich, die bis ins Jahr 1934 zurückreicht, als er zwei Jahre absitzen mußte, weil er auf Rhode Island eine Schwindel-Klinik für Geisteskranke betrieben hatte, »Die Mönchsklause«. Miss Golightly, die noch nicht vorbestraft ist, wurde in ihrem Luxusapartment in der elegantesten Gegend verhaftet ... Obgleich bisher noch keine offizielle Verlautbarung herausgegeben wurde, wird doch schon von verläßlicher Quelle behauptet, daß die blonde, bildhübsche Schauspielerin, bis vor kurzem noch ständige Begleiterin des Multimillionärs Rutherford Trawler, als »Verbin-*

dungsmann« zwischen dem eingesperrten Tomato und seinem ersten Offizier O'Shaughnessy fungiert habe . . . Als angebliche Verwandte Tomatos soll Miss Golightly wöchentlich Sing-Sing einen Besuch abgestattet und bei diesen Gelegenheiten von Tomato in verschlüsselten Worten Botschaften erhalten haben, die sie dann O'Shaughnessy übermittelte. Dank dieser Verbindung gelang es Tomato, der angeblich 1874 in Cefalu auf Sizilien geboren sein soll, persönliche Kontrolle über seinen sich über die ganze Welt erstreckenden Rauschgiftkonzern zu behalten, dessen Zweigniederlassungen sich in Mexiko, Kuba, Sizilien, Tanger, Teheran und Dakar befinden. Jedoch lehnte die amtliche Stelle bisher ab, Einzelheiten zu diesen Behauptungen zu geben oder sie zu bestätigen . . . Auf den Tip hin hatten sich eine große Anzahl Reporter an der Polizeiwache eingefunden, als das angeklagte Paar zur Vernehmung eingeliefert wurde. O'Shaughnessy, ein kompakter rothaariger Mensch, verweigerte Auskünfte und trat einen Kameramann in die Weichen. Miss Golightly jedoch, eine grazile Augenweide ungeachtet ihres Straßenjungenaufzugs in Hosen und Lederjacke, wirkte verhältnismäßig unbekümmert. »Fragen Sie mich gar nicht erst, was zum Teufel das Ganze soll«, erklärte sie den Reportern. »Parce-que je ne sais pas, mes chers. (Weil ich es nicht weiß, meine Lieben.) Ja – ich habe Sally Tomato besucht. Ich bin regelmäßig jede Woche einmal hingegangen, um ihn zu sehen. Was ist daran Schlimmes? Er glaubt an Gott und ich genauso« . . . Dann unter dem Zwischentitel GIBT EIGENE RAUSCHGIFTSUCHT ZU: *Miss Golightly lächelte, als einer der Reporter fragte, ob sie selbst rauschgiftsüchtig sei. »Ich habe mal einen kleinen Anfall von Marihuana gehabt. Das ist nicht halb so schädlich wie Kognak. Und billiger obendrein. Unglücklicherweise ist mir Kognak lieber. Nein, Mr. To-*

mato hat mir gegenüber niemals etwas von Rauschgift erwähnt. Es macht mich ganz wütend, wie diese gräßlichen Menschen dauernd auf ihm herumhacken. Er ist ein empfindsamer und frommer Mensch. Ein lieber alter Mann.«

Ein besonders grober Irrtum war da in diesem Bericht: sie wurde nicht in ihrem »Luxusapartment« verhaftet. Es fand dies in meinem eigenen Badezimmer statt. Ich war dabei, meine Reiterschmerzen in einer Wanne voll brühheißem, mit Epsomsalz vermischtem Wasser einzuweichen, während Holly, als hilfreiche Krankenschwester, auf dem Rand der Wanne saß und wartete, um mich mit Sloan's Liniment einzureiben und ins Bett zu packen. Da klopfte es an der Vordertür. Da sie nicht abgeschlossen war, rief Holly Herein. Herein kam Madame Spanella, gefolgt von einem Paar Kriminalbeamten in Zivil, einer davon eine Frau mit dicken gelbblonden, um den Kopf geschlungenen Zöpfen.

»*Da* ist sie – die Gesuchte!« dröhnte Madame Spanella, indem sie in das Badezimmer eindrang und mit dem Finger erst auf Holly, dann auf meine Blöße deutete. »Sehen Sie. Was für eine Hure die ist.« Der männliche Beamte schien in Verlegenheit gesetzt – von Madame Spanella und von der Situation; doch ein grimmiges Vergnügen spannte die Züge seiner Gefährtin – sie haute Holly ihre Hand auf die Schulter und sagte mit überraschender Kinderstimme: »Los, Mädchen. Jetzt geht's aber wohin.« Worauf Holly frech erklärte: »Weg mit den Stallmagdpfoten, schwules Balg.« Was die Dame erheblich außer sich brachte – sie knallte Holly verdammt scharf eine 'runter. So scharf, daß es ihr den Kopf herumriß und die Flasche mit dem Liniment, ihr aus der Hand geschleudert, auf dem Fliesenboden in tausend Stücke sprang – während ich, aus der Wanne krabbelnd um den Tumult noch reicher zu gestalten, daraufttrat und mir fast beide großen Zehen abgeschnitten hätte. Nackt und blutend, eine Wegspur blutiger Fußabdrücke hinterlassend, folgte ich der Amtshandlung bis ins Treppenhaus. »Denken Sie dran«, gelang es Holly mich noch zu instruieren, als die Detektive sie die Treppe hinuntertrieben, »füttern Sie bitte den Kater.«

Selbstverständlich glaubte ich Madame Spanella daran schuldig – sie hatte verschiedentlich die Polizei gerufen, um sich über Holly zu beklagen. Es war mir nicht eingefallen, daß diese Angelegenheit fürchterliche Ausmaße annehmen könnte, bis zum gleichen Abend, als Joe Bell auftauchte und die Zeitungen schwenkte. Er war viel zu aufgeregt, um vernünftig reden zu können, er rannte wie betrunken im Zimmer herum und schlug die Fäuste gegeneinander, während ich die Berichte las.

Dann sagte er: »Glauben Sie, daß das stimmt? War sie in diese lausige Geschichte verwickelt?«

»Nun: ja.«

Er schleuderte sich eine Magenpille in den Mund und kaute, mich wild anfunkelnd, darauflos, als zermalme er meine Knochen. »Junge, das ist grundschlecht. Und Sie wollen ihr Freund sein. So ein Lump!«

»Einen Moment mal. Ich habe nicht gesagt, daß sie mit vollem Wissen hineinverwickelt war. Das nicht. Aber nun ja, getan hat sie es. Botschaften übermittelt und was nicht alles.«

Er sagte: »Sie nehmen das reichlich ruhig, scheint mir? Mein Gott nochmal, sie kann da zehn Jahre kriegen. Oder mehr.« Er riß mir heftig die Zeitungen aus der Hand. »Sie kennen ihre Freunde. Diese reichen Kerle. Kommen Sie mit herunter ins Lokal. Wir werden 'rumtelefonieren. Unser Mädchen wird erstklassigere Winkeladvokaten brauchen, als ich mir leisten kann.«
Ich war zu wund und zerschlagen, um mich selber anziehen zu können. Joe Bell mußte helfen. Wieder in seiner Wirtschaft, stellte er mich abgestützt gegen die Telefonzellenwand, mit einem dreistöckigen Martini und einem Schnapsglas voll Münzen. Aber ich konnte mich nicht besinnen, mit wem ich Verbindung aufnehmen sollte. José war in Washington, und ich hatte keine Ahnung, wo ich ihn dort erreichen konnte. Rusty Trawler. Nicht diesen Widerling! Nur – was kannte ich sonst für Freunde von ihr? Wahrscheinlich hatte sie recht gehabt, als sie sagte, sie habe keine, keine wirklichen.
Ich bekam Verbinung mit Crestview 5-6958 in Beverly Hills, einer Nummer, die mir vom Fernamt für O. J. Berman angegeben worden war. Die Person, die sich meldete, sagte, daß Mr. Berman eben seine Massage habe und nicht gestört werden könne – bedaure, versuchen Sie's später nochmal. Joe Bell war entrüstet – erklärte mir, ich hätte sagen sollen, es ginge um Leben und Tod – und er bestand darauf, daß ich Rusty versuchen müsse. Zuerst sprach ich Mr. Trawlers Butler – Mr. und Mrs. Trawler seien bei Tisch, meldete er, und ob er etwas bestellen könne? Joe Bell brüllte in den Hörer: »Herr, das ist dringend. Leben und Tod.« Das Resultat war, daß ich mich im Ge-

spräch – im Zuhören, eher – mit der einstigen Mag Wildwood fand: »Seid Ihr besoffen?« erkundigte sie sich. »Mein Mann und ich werden positiv *jeden* vor Gericht bringen, der nur versucht, unsere Namen mit diesem v-v-verkommenen und abstoßenden M-M-Mädchen in Verbindung zu bringen. Ich habe *immer* gewußt, daß sie eine Nu-nu-nutte war mit nicht so viel Anstand wie 'ne läufige Hündin. Ins Gefängnis, da gehört die hin. Und mein Mann denkt tausend Prozent genauso wie ich. Positiv *jeden* werden wir vor Gericht bringen, der –« Während ich aufhängte, fiel mir der alte Dok unten in Tulip, Texas, ein; aber nein, Holly würde es nicht recht sein, wenn ich ihn anrief, sie würde mich glatt umbringen.

Ich versuchte es wieder mit Kalifornien; die Leitungen waren besetzt, blieben besetzt, und bis O. J. Berman in der Leitung war, hatte ich derart viele Martinis gekippt, daß er mir erzählen mußte, warum ich bei ihm anrief: »Wegen der Kleinen, was? Ich weiß schon. Ich habe schon mit Iggy Feitelstein gesprochen. Iggy ist der beste Rechtsverdreher von New York. Ich habe gesagt, Iggy, Sie kümmern sich drum, schicken Sie mir die Rechnung, nur halten Sie meinen Namen 'raus aus der Sache, verstanden? Na ja, ich bin das der Kleinen schuldig. Nicht daß ich ihr wirklich was schuldig wäre, wenn man's genau nimmt. Sie ist verrückt. Übergeschnappt. Aber eben richtig übergeschnappt, Sie verstehen? Na, wie dem auch sei, sie halten sie nur gegen zehntausend Kaution. Keine Angst, Iggy schnipst sie noch heute abend 'raus – sollte mich nicht wundern, wenn sie schon zu Hause ist.«

Aber sie war es nicht; auch nicht inzwischen gekommen, als ich am nächsten Morgen hinunterging, um den Kater zu füttern. Da ich keinen Schlüssel zur Wohnung hatte, benutzte ich die Feuertreppe und fand Eingang durch das Fenster. Der Kater war im Schlafzimmer und nicht allein – ein Mann war da, über einen Koffer gebückt. Wir beide, jeder den andern für einen Einbrecher haltend, wechselten ungemütlich scharfe Blicke, als ich durch das Fenster hereintrat. Er hatte ein nettes Gesicht, lackierte Haare und sah José ähnlich; überdies enthielt der Koffer, den er gepackt hatte, die Garderobe, die José bei Holly aufbewahrte, die Schuhe und Anzüge, um die sie immer solch ein Wesen gemacht, sie fortwährend zum Reparieren und Reinigen geschleppt hatte. Und ich sagte, sicher, daß es so sei: »Hat Mr. Ybarra-Jaeger Sie geschickt?«

»Ich bin der Vetter«, sagte er mit einem vorsichtigen Grinsen und eben durchzuhörendem Akzent.

»Wo ist José?«

Er wiederholte die Frage, als gelte es, sie in eine andere Sprache zu übersetzten. »Ah, *wo* ist sie! Sie warten«, sagte er, und indem er mich damit abzufertigen schien, nahm er seine Kammerdienertätigkeit wieder auf.

So – der Diplomat beabsichtige sich zu drücken. Nun, ich war nicht erstaunt oder im geringsten betrübt. Immerhin, welch gefühlsroher Trick: »Ausgepeitscht sollte er werden.«

Der Vetter lachte albern; ich bin sicher, daß er verstand. Er schloß den Koffer und brachte einen Brief zum Vorschein. »Mein Vetter, sie bitten mich, dies dalassen für seine Freundin. Wollen Sie Gefallen tun?«

Auf dem Umschlag stand gekritzelt: »Für Miss H. Golightly – Durch Boten.«
Ich setzte mich auf Hollys Bett nieder und drückte Hollys Kater an mich, und es tat mir für Holly so bis in alle Fasern leid, wie sie sich selber nur leid tun konnte.
»Ja, ich werde Gefallen tun.«

Und ich tat es – ohne es mir im geringsten zu wünschen. Aber ich hatte nicht den Mut, den Brief zu vernichten, oder die Willenskraft, ihn in der Tasche zu behalten, als Holly ganz vorsichtig vorfühlend sich erkundigte, ob ich, ganz zufällig vielleicht, Nachricht von José hätte. Es war zwei Morgen später, ich saß neben ihrem Bett in einem Raum, der penetrant nach Jod und Bettpfannen roch, einem Krankenhauszimmer. Dort war sie seit dem Abend ihrer Verhaftung gewesen. »Tja, Herzchen«, begrüßte sie mich, als ich mich ihr auf Zehenspitzen näherte, in der Hand einen Karton Picayune-Zigaretten und einen radrunden Strauß Herbstveilchen, »ich habe den Stammhalter verloren.« Sie sah aus wie noch nicht ganz zwölf – ihr blaßvanillefarbenes Haar zurückgekämmt, ihre Augen, ausnahmsweise ohne die dunkle Brille, klar wie Regenwasser – man konnte nicht glauben, wie krank sie gewesen war.
Dennoch stimmte es. »Jesus, beinah wär ich draufgegangen. Das ist kein Unsinn, das fette Weib hätte mich beinah gekriegt. Sie hat einen tollen Wirbel angestellt. Vermutlich werde ich noch gar nicht Zeit gehabt haben, Ihnen von dem fetten Weib zu erzählen. Weil ich ja selber von ihr noch nichts wußte, bis mein

Bruder starb. Vom ersten Augenblick an überlegte ich, wo er hin sein könnte, was es zu bedeuten hätte, Freds Sterben, und dann sah ich sie, sie war mit mir da im Zimmer, und sie hatte Fred eingewiegt in ihren Armen, ein fettes ekelhaft gemeines Weibsbild schaukelt sich im Schaukelstuhl mit Fred auf dem Schoß und eine Lache dazu wie Blechmusik. Dieser Hohn! Aber das ist alles, was uns erwartet, mein Junge – diese Komödiantin, die uns 'rumschunkeln will. Verstehen Sie nun, warum ich verrückt geworden bin und alles kaputtgemacht habe?«

Außer dem Anwalt, den O. J. Berman genommen hatte, war ich der einzige Besuch, der ihr erlaubt worden war. Sie teilte das Zimmer mit anderen Patientinnen, einem Trio drilling-ähnlicher Damen, die, während sie mich mit einem nicht unfreundlichen, aber umfassenden Interesse musterten, in geflüstertem Italienisch Betrachtungen anstellten. Holly erklärte das: »Die denken, Sie seien mein Fehltritt, Herzchen. Der Kerl, der mir das angetan hat«, und auf den Vorschlag hin, dies klarzustellen, erwiderte sie: »Kann ich nicht. Sie sprechen kein Englisch. Außerdem denke ich nicht daran, ihnen den Spaß zu verderben.« Und hier war es nun, daß sie nach José fragte.

Im Moment, als sie den Brief sah, kniff sie die Augen zusammen und bog die Lippen zu einem kaum merkbaren harten Lächeln, das ihrem Alter nicht abzumessende Jahre hinzufügte. »Herzchen«, wies sie mich an, »würden Sie mal dort in die Schublade 'reingreifen und mir meine Tasche geben. Etwas Derartiges liest ein Mädchen nicht unzurechtgemacht.«

Geleitet vom Spiegel in ihrem Necessaire, puderte

und malte sie sich jede Spur einer Zwölfjährigen aus dem Gesicht. Sie formte ihre Lippen mit einem Stift, färbte ihre Wangen mit einem andern. Sie zog die Ränder ihrer Augen nach, legte Blau auf die Lider, übersprühte sich den Hals mit 4711; befestigte Perlen an ihren Ohren und setzte sich ihre dunkle Brille auf. Also gewappnet und nach einem mißfälligen Überprüfen des schäbigen Zustands ihrer Maniküre, riß sie den Brief auf und ließ ihre Blicke darüber hineilen, während ihr winziges steinernes Lächeln noch winziger und härter wurde. Schließlich bat sie mich um eine Picayune. Nahm einen Zug: »Schmeckt mies. Aber himmlisch«, sagte sie und, indem sie mir den Brief zuwarf: »Kommt Ihnen möglicherweise gut zupaß – wenn Sie je über einen Schuft schreiben wollen. Und nur nicht egoistisch sein: lesen Sie's laut. Ich möchte es selber gern hören.«

Es fing an: »Mein liebstes Mädelchen –«

Gleich unterbrach Holly. Sie wollte wissen, was ich über die Handschrift dächte. Ich dachte nichts – eine enge, höchst lesbare, unauffällige Schrift. »Das ist er bis aufs I-Tüpfelchen. Zugeknöpft und verstopft«, erklärte sie. »Weiter.«

»Mein liebstes Mädelchen, ich habe dich geliebt im Bewußtsein, daß du nicht wie andere warst. Aber mache dir einen Begriff von meiner Verzweiflung, da ich in derart brutaler und öffentlicher Form entdecken muß, wie sehr verschieden du von jener Art Frauen bist, die ein Mann meines Glaubens und Berufes zu seinem Weibe zu machen hoffen dürfte. Ich gräme mich fürwahr wegen der Schande deiner derzeitigen Umstände, und ich finde in meinem Herzen keine

Verurteilung, die ich der Verurteilung hinzufügen könnte, die dich umgibt. So hoffe ich denn, du findest es nicht in deinem Herzen, mich zu verurteilen. Ich habe meine Familie zu schützen und meinen Namen, und ich bin ein Feigling, wenn es um diese Institution geht. Vergiß mich, du schönes Kind. Ich bin nicht mehr hier. Ich bin nach Hause. Möge Gott jedoch stets mit dir und deinem Kinde sein. Möge Gott nicht sein wie – José.«

»Na?«

»In gewisser Weise klingt das ganz ehrlich. Und sogar beinahe rührend.«

»*Rührend?* Dieser schäbige Wicht!«

»Aber schließlich *sagt* er ja, er wäre ein Feigling; und von seinem Standpunkt aus müssen Sie doch einsehen –«

Indessen wollte Holly nicht zugeben, daß sie einsah; ihr Gesicht jedoch gestand es zu, ungeachtet seiner kosmetischen Maske. »Na schön, er ist also nicht ohne Grund ein Schuft. Ein überlebensgroßer King-Kong-Schuft wie Rusty. Oder Benny Shacklett. Aber ach, lieber Gott, verflucht nochmal«, sagte sie und preßte sich die Faust in den Mund wie ein jammerndes Baby, »ich hatte ihn doch lieb. Den Schuft.«

Das italienische Trio vermutete eine Liebeskrise, und indem sie die Schuld an Hollys Stöhnen dort suchten, wo sie ihrer Meinung nach hingehörte, klickten sie vorwurfsvoll ihre Zungen über mich. Ich war geschmeichelt – stolz, daß irgend jemand denken konnte, Holly mache sich was aus mir. Sie wurde ruhiger, als ich ihr eine zweite Zigarette anbot. Sie schluckte und sagte: »Schönsten Dank, Junge. Und

Dank vor allem, daß Sie solch ein schlechter Reiter sind. Wenn ich nicht Heilsarmee hätte spielen müssen, stände mir noch der Fraß in einem Heim für ledige Mütter bevor. Sportliche Überanstrengung, das schaffte die Geschichte. Aber ich habe *la merde* in dem ganzen Blechmarkenladen alarmiert, weil ich behauptet habe, es sei wegen Miss Schwulibu, die mich gehauen hat. Ja, ja, mein Lieber, ich kann die schon wegen allerlei belangen, einschließlich der unrechtmäßigen Verhaftung.«

Bis dahin hatten wir die Erwähnung ihrer unheildrohenden Kümmernisse umgangen, und diese scherzend hingeworfene Bemerkung wirkte erschreckend, erschütternd, so deutlich enthüllte sie, wie unfähig sie war, die rauhe Wirklichkeit vor sich zu erkennen. »Hören Sie, Holly«, sagte ich und dachte: sei stark, gereift, ein Onkel. »Hören Sie, Holly. Wir können das nicht als Witz behandeln. Wir müssen Wege suchen.«

»Sie sind zu jung, um sich derart aufzuplustern. Noch viel zu klein. Übrigens: was geht Sie's an?«

»Nichts. Außer daß ich Ihr Freund und in Sorge bin. Ich möchte wissen, was Sie vorhaben.«

Sie rieb sich die Nase und konzentrierte ihren Blick auf die Decke. »Heute ist Mittwoch, nicht wahr? Also gedenke ich erst mal bis zum Samstag zu schlafen, so ein richtiges gutes Ausgeschlafe. Samstag früh enthopse ich hier, heraus zur Bank. Dann gehe ich kurz in der Wohnung vorbei und hole mir ein, zwei Nachthemden und mein Mainbochermodell. Daraufhin werde ich mich in Idlewild melden, wo, wie Sie ja verdammt gut wissen, ein außerordentlich prächtiger Platz in einem außerordentlich prächtigen Flugzeug für mich reserviert ist. Und da Sie ja nun solch ein Freund sind, erlaube ich Ihnen, Abschied zu winken. *Bitte* hören Sie auf mit dem Kopfschütteln.«

»Holly. Holly. Das können Sie nicht machen.«

»*Et pourquoi pas?* Ich will nicht etwa José nachrennen, falls Sie das annehmen sollten. Meiner Einwohnermeldeliste nach ist der ein für allemal in der Hölle beheimatet. Nur: warum sollte ich ein so außerordentlich prächtiges Flugbillet verfallen lassen? Wo es bereits bezahlt ist? Außerdem bin ich noch nie in Brasilien gewesen.«

»Was für Medikamente haben die Ihnen hier eigentlich eingegeben? Sind Sie sich denn nicht klar darüber, daß Sie unter Strafanklage stehen? Wenn Sie geklappt werden beim Ausbüchsen, schmeißen die endgültig Ihren Zellenschlüssel weg. Selbst wenn Sie es schaffen würden, könnten Sie doch niemals wieder nach Hause kommen.«

»Schön und gut, gestrenge Mutterbrust. Immerhin: zu Hause ist man, wo man sich zu Hause fühlt. Danach such' ich noch.«

»Nein, Holly, das wäre idiotisch. Sie sind unschuldig. Sie müssen ganz einfach durchhalten.«

Sie sagte: »Täterätä, Täterätä« und pustete mir Rauch ins Gesicht. Eindruck gemacht hatte es ihr indessen; ihre Augen erblickten genau wie die meinen, weitaufgerissen unselige Visionen: vergitterte Räume, Stahlkorridore mit Türen, die sich eine nach der anderen schlossen. »Ach, hören wir auf damit«, sagte sie und drückte ihre Zigarette aus. »Ich habe durchaus die Chance, daß man mich *nicht* kriegen wird. Vorausgesetzt, Sie halten Ihre *bouche fermée*. Schauen Sie: verachten Sie mich doch nicht deswegen, Herzchen.« Sie legte ihre Hand über die meine und preßte sie mit unversehens überwältigender Aufrichtigkeit. »Ich hab' keine große Wahl. Ich habe es mit meinem Anwalt besprochen – oh, natürlich habe ich *dem* nichts *re* Rio erzählt – der würde den Polypen selber den Tip geben aus lauter Angst, sein Honorar zu verlieren, ganz zu schweigen von den Nickeln, die O. J. als Kaution gestellt hat. Gott segne O. J.s gute Seele, aber einmal habe ich ihm drüben in Hollywood dazu verholfen, daß er mehr als zehntausend mit einem einzigen Schlag beim Poker gewonnen hat – wir sind also glatt. Nein, die eigentliche Geschichte ist die: alles, was die Polypen von mir wollen, sind ein paar ungehinderte lohnende Zugriffe und meine Hilfe als Zeugin der Anklage gegen Sally – niemand hat auch nur die Absicht, gegen mich vorzugehen, denn sie hätten nicht den Schatten einer Möglichkeit dafür. Nun mag ich ja bis ins Mark verdorben sein, mein Lieber, *aber* – einen Freund belasten tue ich nicht. Nicht mal, wenn sie bewiesen, daß er Florence Nightingale süchtig gemacht hat. Mein Maßstab ist, wie jemand mich behandelt, und der gute Sally – schön, er war nicht hundertprozentig ehrlich mit mir, sagen wir: er hat mich ein ganz kleines bißchen ausgenutzt, trotzdem aber ist Sally grundrichtig, und ich ließe mich eher von dem fetten Weibstück packen, als daß ich den Kerlen beim Gericht helfen würde, ihn festzunageln.« Indem sie ihren Necessairespiegel schräg über ihr Gesicht hielt, wischte sie mit leichtgekrümmtem kleinen Finger glättend über ihr Lippenrot und sagte: »Und um ehrlich zu sein, ist das nicht ganz alles.

Es gibt gewisse Schattierungen von Scheinwerferlicht, die einem Mädchen den Teint verderben. Selbst wenn das Gericht mir jetzt das Große Verwundetenabzeichen für Tapferkeit vor dem Feinde verleihen würde, hat diese Gegend hier keine Zukunft mehr für mich bereit – die würden trotzdem überall, vom La Rue bis Perona's Bar und Grillroom, die Absperrstricke vorgezogen haben – verlassen Sie sich darauf, ich wäre dort genau so willkommen wie etwa Mr. Frank E. Campbell. Und wenn Sie von meinen speziellen Talenten leben würden, Schätzchen, verstünden Sie die Sorte Bankrott, von der ich rede. Puh, ich schätze nun mal keinen Aktschluß, bei dem ich mich im Roseland-Rummelpark von irgendwelchen Hinterwäldlern herumbumsen lassen müßte, bis das Licht aus ist. Während die vortreffliche Madame Trawler ihre ganze Schamlosigkeit bei Tiffany 'rein und 'raus tänzeln läßt. Das könnte ich nicht aushalten. Da wäre mir das fette Weib allemal lieber.«

Eine Schwester, die leise ins Zimmer kam, meldete, daß die Besuchszeit vorüber sei. Holly wollte sich beklagen, was kurz abgeschnitten wurde, indem man ihr ein Thermometer in den Mund stopfte. Doch als ich mich verabschiedete, entstöpselte sie sich nochmals, um zu sagen: »Tun Sie mir einen Gefallen, Herzchen. Rufen Sie die *Times* an oder wen Sie sonst mögen, und lassen Sie sich eine Liste der fünfzig reichsten Männer von Brasilien geben. Das ist *kein* Witz. Die fünfzig reichsten, ohne Rücksicht auf Rasse oder Hautfarbe. Und noch ein Gefallen: durchstöbern Sie meine Wohnung, bis Sie die Medaille finden, die Sie mir mal geschenkt haben. Den

Sankt Christophorus. Den werd' ich brauchen auf der Reise.«

Rot war der Himmel am Freitagabend, es donnerte, und der Samstag, der Abreisetag, übermannte die Stadt mit schauerartigen Regengüssen. Haifische hätten durch die Luft schwimmen mögen, wenngleich es unwahrscheinlich schien, daß ein Flugzeug hindurchdringen konnte.

Holly jedoch, die meine fröhliche Überzeugung, daß ihre Flucht nicht gelingen würde, als unbegründet abwies, fuhr mit ihren Vorbereitungen fort – wobei sie, das muß ich sagen, mir die Hauptlast aufbürdete. Denn sie hatte sich entschieden, daß es unklug von ihr wäre, sich dem Backsteinhaus zu nähern. Und das auch sehr zu Recht – es stand unter Beobachtung, ob durch die Polizei oder Reporter oder sonstige interessierte Personen war nicht zu sagen – nichts als ein Mann, Männer manchmal, in der Gegend der Vorhalle herumlungernd. So war sie vom Krankenhaus zu einer Bank und dann geradewegs in Joe Bells Wirtschaft gegangen. »Sie schätzt, daß man ihr nicht nachgegangen ist«, berichtete Joe Bell, als er mit einer Nachricht kam, daß Holly mich dort so bald wie irgend möglich sehen wolle, längstens in einer halben Stunde, und mitbringend: »Ihren Schmuck. Ihre Gitarre. Zahnbürsten und so Zeug. Und ein Flasche hundertjährigen Kognak – sie sagt, Sie würden ihn zuunterst im Korb mit der schmutzigen Wäsche versteckt finden. Ja, ach und den Kater. Sie möchte den Kater. Aber zum Teufel«, sagte er, »ich weiß nicht, ob wir ihr überhaupt helfen sollten. Sie müßte vor sich selber geschützt werden. Mir persönlich, mir ist danach, der Polente Bescheid zu sagen. Vielleicht, wenn ich jetzt zurückgehe und ihr ein paar Drinks zusammenbraue, vielleicht kann ich sie betrunken genug machen, um alles abzublasen.«

Stolpernd und glitschend die Feuertreppe zwischen Hollys Wohnung und der meinen 'rauf und 'runter, vom Wind zerblasen und atemlos und naß bis auf die Knochen (bis auf die Knochen zerkratzt zudem, weil der Kater den Abtransport nicht mit Wohlwollen betrachtet hatte, zumal nicht in solch unfreundlichem Wetter), gelang mir ein hastiges, erstklassiges Stück Arbeit beim Zusammentragen ihrer Abreise-Habseligkeiten. Ich fand sogar die Christophorus-Medaille. Alles war auf dem Fußboden meines Zimmers übereinandergetürmt, eine eindrucksvolle Pyramide von Büstenhaltern, Tanzschuhen und hübschen Dingen, die ich in Hollys einzigen Koffer packte. Es blieb eine Masse übrig, was ich in Tüten stecken mußte. Ich wußte nicht, wie ich den Kater tragen sollte, bis ich auf den Gedanken kam, ihn in einen Kissenbezug zu stopfen.

Unwichtig warum, doch einmal wanderte ich von New Orleans bis Nancys Landing am Mississippi, nahezu neunhundert Kilometer. Das war ein unbeschwerter Spaß im Vergleich zu dem Weg bis zu Joe Bells Wirtschaft. Die Gitarre füllte sich mit Regen. Regen weichte die Papiertüten auf, die Tüten platzten und Parfüm ergoß sich auf das Pflaster, Perlen rollten in den Rinnstein – während der Wind mich stieß und der Kater kratzte, der Kater kreischte – doch schlimmer noch: ich hatte Angst, war ein Feigling gleich

José – diese tobenden Straßen schienen von unsichtbar Anwesenden zu wimmeln, die darauf warteten, mich zu schnappen, einzusperren, weil ich einer Geächteten hald.

Die Geächtete sagte: »Reichlich spät, mein Junge. Haben Sie den Kognak?«

Und der Kater sprang befreit empor und nestelte sich auf ihrer Schulter zurecht – sein Schwanz ging hin und her wie ein Taktstock bei feurigbesessener Musik. Auch Holly schien von Melodien besessen, irgendeinem frischen *bon voyage*-Hmtata. Während sie den Kognak aufmachte, sagte sie: »Das sollte ein Stück in meiner Aussteuertruhe sein. Es war so gedacht, daß wir an jedem Jahrestag einen heben würden. Gott sei Dank habe ich die Truhe nie gekauft. Mr. Bell, mein Herr, drei Gläser.«

»Sie werden nur zwei brauchen«, erklärte er ihr. »Ich trinke nicht auf Ihre Narrheit.«

Je mehr sie ihn zu verführen suchte (»Oh, Mr. Bell. Die Dame entschwindet nicht alle Tage. Wollen Sie nicht auf sie anstoßen?«), desto barscher wurde er: »Ich will nichts damit zu tun haben. Wenn Sie zum Teufel gehen wollen, dann auf eigene Verantwortung. Ohne weitere Hilfe von mir.« Eine unrichtige Feststellung – weil Sekunden, nachdem er sie von sich gegeben, ein geschlossener Wagen mit Chauffeur vor der Wirtschaft vorfuhr, und Holly, die ihn zuerst bemerkte, ihren Kognak niedersetzte und die Brauen hochzog, als erwarte sie, den District Attorney persönlich aussteigen zu sehen. So auch ich. Und als ich Joe Bell rot werden sah, mußte ich denken: bei Gott, er hat *doch* die Polizei gerufen. Aber dann verkündete

er mit feuerroten Ohren: »Das ist nichts weiter. Ein Carey-Cadillac. Habe ihn gemietet. Soll Sie zum Flughafen bringen.«
Er drehte uns den Rücken, um an einem seiner Blumensträuße herumzuwirtschaften. Holly sagte: »Lieber, rührender Mr. Bell. Schauen Sie mich an, mein Herr.«
Er wollte nicht. Er zerrte die Blumen aus der Vase und warf sie ihr zu, sie verfehlten ihr Ziel, landeten verstreut auf dem Boden. »Adieu«, sagte er und lief auf »Für Herren« zu, als müsse er sich übergeben. Wir hörten das Schloß einschnappen.
Der Chauffeur von Careys Autovermietung war ein welterfahrener Mann, nahm unser schlampiges Gepäck äußerst höflich entgegen und behielt sein steinernes Gesicht, als Holly, während die Limousine durch nachlassenden Regen den Außenbezirken der Stadt zufuhr, ihre Sachen auszog, das Reitkostüm, das auszuwechseln sie noch keinerlei Gelegenheit gehabt hatte, und sich in ihr schmales schwarzes Kleid mühte. Wir sprachen nicht – sprechen hätte auch nur zu einem Streit führen können, und Holly schien zudem allzu nachdenklich für eine Unterhaltung. Sie summte vor sich hin, kippte Kognak und beugte sich ständig vor, um aus dem Fenster zu spähen, als forsche sie nach einer Adresse – oder, schloß ich, nehme letzte Eindrücke eines Schauplatzes mit, an den sie sich zu erinnern wünschte. Es war keins von beidem. Sondern dies: »Halten Sie hier«, befahl sie dem Fahrer, und wir stoppten an der Bordkante einer Straße in Spanisch-Harlem. Eine wüste, eine grelle, eine finstere Gegend, mit Filmstarplakaten und Madonnen

bekränzt. Bürgersteig-Abfall aus Obstschalen und verrotteten Zeitungen wurde vom Wind herumgewirbelt, denn der Wind brauste noch daher, wenn auch der Regen sich beruhigt hatte und hie und da Blau am Himmel durchbrach.

Holly stieg aus dem Wagen, sie nahm den Kater mit. Ihn eingewiegt im Arm haltend, kraulte sie seinen Kopf und fragte: »Was meinst du? Dies sollte genau die richtige Stelle sein für einen Kerl wie dich. Müllkisten. Ratten in rauhen Mengen. Reichlich genug Katergenossen zum Herumstreunen. Also zieh los«, sagte sie und ließ ihn fallen, und als er sich nicht wegrührte, sondern seine Raufboldvisage hob und sie aus gelben Piratenaugen fragend anschaute, stampfte sie mit dem Fuß: »Scher dich weg, hab ich gesagt!« Er rieb sich an ihrem Bein. »Hau ab, du Scheißvieh!« schrie sie, sprang in den Wagen, haute die Tür hinter sich zu und: »Los!« befahl sie dem Fahrer. »Los. Los!«

Ich war wie vor den Kopf geschlagen. »Na, Sie sind ja. Ein Biest sind Sie.«

Wir waren schon an der nächsten Querstraße, ehe sie erwiderte: »Ich habe es Ihnen doch gesagt. Wir sind uns am Fluß drüben nur so begegnet – mehr war nicht. Vogelfreie, alle beide. Wir haben einander nie irgendwelche Versprechungen gemacht. Wir haben nie –« sagte sie und die Stimme versagte ihr, ein Zucken, eine krampfhafte Blässe bemächtigten sich ihres Gesichts. Der Wagen hielt vor einer Verkehrsampel. Da hatte sie die Tür offen, lief die Straße hinunter, und ich rannte hinterher.

Aber der Kater war nicht an der Ecke, wo sie ihn gelassen hatte. Nichts und niemand war auf der Straße außer einem pissenden Betrunkenen und zwei Negernonnen, die einen Trupp lieblich singender Kinder hüteten. Andere Kinder tauchten aus Torwegen auf und Frauen lehnten sich über ihre Fensterbrüstungen, als Holly den Block hinauf und herunterschoß, vor und zurückrannte, lockend: »Du. Kater. Wo bist du. Hier, Kater.« Sie hörte nicht auf, bis ein beulenbedeckter Junge daherkam, der ein altes Katervieh baumelnd am Genick gepackt hielt: »Sie möchten 'n hübsches Kätzchen, Miss? Gebense 'n Dollar.«

Die Limousine war uns nachgefahren. Jetzt ließ Holly sich von mir draufzusteuern. An der Tür zögerte sie, blickte an mir vorbei, an dem Jungen vorbei, der noch immer seine Katze ausbot (»Halben Dollar. Oder vier Cents? Vier Cents sin' doch nich viel«), und sie schauderte, sie mußte nach meinem Arm fassen, um nicht umzukippen: »Oh mein Gott. Wir gehörten doch zusammen. Er war mein.«

Da gab ich ihr ein Versprechen, ich sagte, daß ich zurückkehren und ihren Kater finden würde: »Ich werde mich auch um ihn kümmern. Mein Wort drauf.« Sie lächelte – dies freudlose neue, gezwungene Lächeln. »Aber was wird aus mir?« sagte sie flüsternd und erschauerte wieder. »Ich fürchte mich so, mein Junge. Ja, endlich. Weil das ewig so weitergehen kann. Nicht wissen, was einem gehört, bis man es weggeworfen hat. Das rote Grausen, das ist gar nichts. Das fette Weib, gar nichts. Dies jedoch – mir ist der Mund so trocken, daß ich nicht spucken könnte und wenn mein Leben davon abhinge.« Sie stieg in den Wagen, sank auf den Sitz. »Entschuldigen Sie, Fahrer. Es kann weitergehen.«

TOMATOS TOMATE VERSCHWUNDEN. Und: RAUSCHGIFTSCHMUGGEL - SCHAUSPIELERIN MÖGLICHES OPFER DER GANGSTER. Nach gehöriger Zeit jedoch berichtete die Presse: FLÜCHTIGE SCHÖNE NACH RIO ENTKOMMEN. Anscheinend wurde von den Behörden keinerlei Versuch unternommen, sie zurückzuholen, und bald schrumpfte die Angelegenheit zu gelegentlicher Erwähnung in den Klatschspalten zusammen. Als Meldung wurde sie nur noch einmal wieder aufgebracht: am Weihnachtstag, als Sally Tomato an einem Herzanfall in Sing-Sing starb. Monate vergingen, ein Winter wurde aus ihnen, und von Holly kein Wort. Der Besitzer des Backsteinhauses verkaufte ihr zurückgelassenes Eigentum, das weißseidene Bett, den Gobelin, ihre kostbaren gotischen Lehnstühle; ein neuer Mieter bezog die Wohnung, sein Name war Quaintance Smith, und er sah ebensoviel Herrenbesuche von lärmender Wesensart bei sich wie Holly jemals gehabt hatte, obgleich in diesem Falle Madame Spanella nichts dagegen hatte, tatsächlich himmelte sie den jungen Mann an und sorgte für Filet mignon, wann immer er ein blaues Auge hatte, weil ihr das alte Hausmittel des Beefsteaks zu armselig für ihn schien. Doch im Frühjahr kam eine Postkarte – sie war mit Bleistift gekritzelt und mit einem Lippenstiftkuß gezeichnet: *Brasilien war scheußlich, aber Buenos Aires ganz groß. Nicht Tiffany, aber fast. Bin hüftwärts mit himmlischen Senor verbunden. Liebe? Ich glaube. Sehe mich jedenfalls nach was zum Wohnen um (Senor hat Frau und sieben Bälger) und lasse Sie Adresse wissen, sobald ich selber weiß. Mille tendresse.* Aber die Adresse, falls sie es je gegeben, wurde nie geschickt, was mich tief betrübte. Da war so vieles, was ich ihr schreiben wollte: daß ich zwei Geschichten *verkauft* hatte, gelesen, wo die Trawlers gegeneinander auf Scheidung klagten, und aus dem Backsteinhaus auszog, weil dort Gespenster umgingen. Aber vor allem wollte ich ihr von ihrem Kater berichten. Ich hatte mein Versprechen gehalten, ich hatte ihn gefunden. Wochen des Nach-der-Arbeit-Umherstreifens durch diese Spanisch-Harlemer Straßen brauchte es, und es gab viele falsche Alarme – Aufblitzen tigergestreiften Felles, das, bei näherer Besichtigung, nicht er war. Doch eines Tages, an einem kalten, sonnigen Wintersonntagnachmittag, war er's. Seitlich Topfpflanzen und eingerahmt von sauberen Spitzengardinen, saß er im Fenster eines warm-aussehenden Zimmers – ich überlegte, was wohl sein Name war, denn ich war sicher, daß er jetzt einen hatte, sicher, daß er irgendwo angekommen war, wohin er gehörte. Afrikanische Hütte oder was auch immer, ich hoffe, Holly auch.

Das Blumenhaus

Ottilie hätte eigentlich das glücklichste Mädchen in Port-au-Prince sein müssen. Das sagte auch Baby zu ihr: »Denk doch nur an all das Gute, das du hast.« »Was denn?« sagte Ottilie, denn sie war eitel und Komplimente waren ihr noch lieber als Fleisch oder Parfüm. »Zum Beispiel wie du aussiehst«, sagte Baby. »Du hast eine wunderschöne helle Haut, sogar fast blaue Augen, und so ein hübsches, reizendes Gesicht – kein Mädchen, das auf die Straße geht, hat treuere Kunden, und jeder einzelne von ihnen ist bereit, dir so viel Bier zu kaufen, wie du nur trinken kannst.« Ottilie gab zu, daß es wahr sei, und fuhr fort, ihre Schätze zusammenzuzählen: »Ich habe fünf Seidenkleider und ein Paar grüne Satinschuhe; ich habe drei Goldzähne, die dreißigtausend Francs wert sind und vielleicht schenkt mir Mr. Jamison oder ein anderer noch ein Armband. Aber, Baby«, seufzte sie und konnte nicht sagen, warum sie so unzufrieden war.
Baby war ihre beste Freundin; sie hatte noch eine Freundin: Rosita. Baby war rund und kam angerollt wie ein Rad; auf einigen ihrer dicken Finger hatten falsche Ringe grüne Reifen hinterlassen, ihre Zähne waren dunkel wie verbrannte Baumstümpfe, und wenn sie lachte, konnte man sie noch auf der See draußen hören, zumindest behaupteten das die Matrosen. Rosita, die andere Freundin, war größer als die

meisten Männer und auch stärker. Am Abend, wenn sie die Kunden erwartete, trippelte sie geziert herum und lispelte mit einer einfältigen Kinderstimme, aber tagsüber machte sie lange, ausgreifende Schritte und sprach in einem militärischen Bariton. Beide Freundinnen von Ottilie kamen aus der Dominikanischen Republik und hielten diese Tatsache für Grund genug, sich über die Eingeborenen dieses dunkleren Landes ein wenig erhaben zu fühlen. Es machte ihnen nichts aus, daß Ottilie eine Eingeborene war. »Du hast Köpfchen«, sagte Baby zu ihr, und tatsächlich war Klugheit das einzige, wofür Baby schwärmte. Ottilie hatte oft Angst, daß ihre Freundinnen entdecken würden, daß sie weder lesen noch schreiben konnte.

Das Haus, in dem sie lebten und arbeiteten, war wackelig, so schmal wie ein Turm und mit zierlichen Balkonen bedeckt, die mit Bougainvillea bewachsen waren. Obwohl außen kein Schild angebracht war, wurde es das Champs Elysées genannt. Die Besitzerin, eine altjüngferliche, gebrechlich aussehende Kranke, regierte von einem oben gelegenen Zimmer aus, wo sie sich einschloß, in einem Schaukelstuhl schaukelte und zehn bis zwanzig Coca-Colas im Tag trank. Insgesamt hatte sie acht Damen, die für sie arbeiteten; Ottilie ausgenommen, war keine unter dreißig. Am Abend, wenn sich die Damen auf der Veranda versammelten, wo sie plauderten und mit Papierfächern wedelten, die wie trunkene Falter in der Luft flatterten, sah Ottilie aus wie ein entzückendes, verträumtes Kind inmitten älterer, häßlicher Schwestern.

Ihre Mutter war tot, ihr Vater, ein Pflanzer, war nach Frankreich zurückgekehrt, und sie war in den Bergen von einer derben Bauernfamilie aufgezogen worden. Jeder der Söhne hatte mit ihr in sehr jungen Jahren an irgendeinem grünen, schattigen Platz geschlafen. Vor drei Jahren, als sie vierzehn gewesen, war sie zum erstenmal zum Markt nach Port-au-Prince heruntergekommen. Die Reise dauerte zwei Tage und eine Nacht, und sie war zu Fuß gegangen und hatte einen zehn Pfund schweren Sack Getreide getragen. Um die Last zu verringern, hatte sie ein wenig Getreide herausfließen lassen, und dann noch ein wenig, und als sie den Markt erreicht hatte, war fast keines mehr übrig gewesen. Ottilie hatte geweint, weil sie daran dachte, wie zornig die Familie sein würde, wenn sie ohne das Geld für das Getreide heimkäme, aber ihre Tränen flossen nicht lange: ein so lustiger, netter Mann half ihr sie zu trocknen. Er kaufte ihr eine Schnitte Kokosnuß und brachte sie zu seiner Kusine, der Besitzerin des Champs Elysées. Ottilie konnte ihr Glück gar nicht fassen; die Musik aus dem Spielautomaten, die Satinschuhe und die scherzenden Männer waren so neu und wunderbar wie die elektrische Glühbirne in ihrem Zimmer, die ein- und auszuknipsen sie nicht müde wurde. Bald wurde von allen Straßenmädchen über sie am meisten gesprochen, und die Besitzerin konnte für sie den doppelten Preis verlangen, und Ottilie wurde eitel. Sie konnte sich stundenlang vor einem Spiegel drehen. Selten nur dachte sie an die Berge; und doch war nach drei Jahren immer noch viel von den Bergen in ihr: immer noch schien der Bergwind um sie zu wehen, und ihre harten, hohen Hüften waren nicht weich geworden, ebensowenig wie ihre Fußsohlen, die so rauh waren wie die Haut einer Eidechse.

Wenn ihre Freundinnen von der Liebe und von Männern, die sie geliebt hatten, sprachen, wurde Ottilie verdrießlich. »Was hat man für ein Gefühl, wenn man liebt?« fragte sie. »Ah«, sagte Rosita mit einem Blick, als vergingen ihr die Sinne, »man hat ein Gefühl, als sei einem Pfeffer aufs Herz gestreut worden, als schwämmen in den Adern winzige Fische.« Ottilie schüttelte den Kopf; wenn Rosita die Wahrheit sagte, dann hatte sie noch nie geliebt, denn sie hatte noch bei keinem der Männer, die in das Haus kamen, ein solches Gefühl gehabt.
Sie machte sich darüber so viele Gedanken, daß sie zuletzt zu einem *Houngan* ging, der in den Hügeln oberhalb der Stadt wohnte. Im Gegensatz zu ihren Freundinnen hängte Ottilie keine christlichen Bilder an die Wände ihres Zimmers; sie glaubte nicht an Gott, sondern an viele Götter: Götter der Nahrung, des Lichtes, des Todes, des Verderbens. Der Houngan stand mit diesen Göttern in Verbindung; er verwahrte ihre Geheimnisse auf seinem Altar, konnte im Klappern eines Kürbisses ihre Stimmen hören, konnte ihre Kraft in einem Trank austeilen. Im Namen der Götter gab er ihr folgende Botschaft: »Du mußt eine wilde Biene fangen«, sagte er, »und sie in deiner geschlossenen Hand halten . . .“ wenn die Biene nicht sticht, dann weißt du, daß du die Liebe gefunden hast.«
Auf dem Heimweg dachte sie an Mr. Jamison. Er war ein Mann über fünfzig, ein Amerikaner, der mit irgendeinem technischen Projekt zu tun hatte. Die goldenen Armbänder, die an ihren Handgelenken klimperten, waren Geschenke von ihm, und als Ottilie an einem Zaun vorbeiging, der mit Geißblatt bewachsen

war, fragte sie sich, ob sie nicht vielleicht doch Mr. Jamison liebe. Schwarze Bienen hingen am Geißblatt. Mit einer mutigen Handbewegung fing sie eine, die gerade schlummerte. Ihr Stich war wie ein Schlag, der sie in die Knie zwang; und da kniete sie und weinte, bis es schwer war zu sagen, ob die Biene sie in die Hand oder in die Augen gestochen hatte.

Es war März und ging schon auf den Karneval zu. Im Champs Elysées nähten die Damen an ihren Kostümen; Ottilies Hände waren müßig, denn sie hatte beschlossen, überhaupt kein Kostüm zu tragen. An turbulenten Wochenenden, wenn die Trommeln zum aufgehenden Mond emporklangen, saß sie an ihrem Fenster und sah zerstreut den kleinen Gruppen von Sängern zu, die die Straße entlang tanzten und trommelten; sie horchte auf das Pfeifen und das Lachen und hatte keine Lust mitzumachen. »Man könnte meinen, du seiest tausend Jahre alt«, sagte Baby, und Rosita sagte: »Ottilie, warum kommst du nicht mit uns zu den Hahnenkämpfen?«
Sie sprach nicht von einem gewöhnlichen Hahnenkampf. Aus allen Teilen der Insel waren Teilnehmer eingetroffen und hatten ihre wildesten Vögel mitgebracht. Ottilie fand, sie könne eigentlich mitgehen, und schraubte ein Paar Perlen an ihre Ohren. Als sie hinkamen, war der Wettkampf bereits im Gange; in einem großen Zelt schluchzte und brüllte eine riesige Menschenmenge, während sich eine zweite Menge, diejenigen, die nicht hineinkommen konnten, draußen drängte. Für die Damen vom Champs Elysées war es kein Problem, hineinzukommen: ein befreundeter

Polizist bahnte ihnen den Weg und machte für sie einen Platz auf einer Bank am Ring frei. Die Leute vom Lande, die um sie herum saßen, schienen verlegen zu sein, daß sie in so vornehme Gesellschaft geraten waren. Sie warfen scheue Blicke auf Babys lackierte Fingernägel, auf die kristallbesetzten Kämme in Rositas Haar und auf Ottilies schimmernde Perlenohrringe. Die Kämpfe waren jedoch spannend, und bald waren die Damen vergessen; Baby ärgerte sich darüber und ließ ihre Blicke auf der Suche nach Augen, die in ihre Richtung blickten, umherschweifen. Plötzlich stieß sie Ottilie an. »Ottilie«, sagte sie, »du hast einen Bewunderer. Siehst du den Jungen da drüben, er starrt dich an, als wärst du etwas Kühles zu trinken.«

Zuerst dachte sie, er müsse ein Bekannter sein, weil er sie ansah, als sollte sie ihn wiedererkennen; aber wie konnte sie ihn denn kennen, wenn sie noch niemals jemanden gekannt hatte, der so schön war, der so lange Beine und kleine Ohren hatte? Sie konnte sehen, daß er aus den Bergen kam, sie sah es an seinem Strohhut und dem verschossenen Blau seines groben Hemdes. Seine Haut war braungelb, glänzend wie eine Zitrone und glatt wie ein Guavenblatt, und die Haltung seines Kopfes war so stolz wie der schwarze und scharlachrote Vogel, den er in den Händen hielt. Ottilie war es gewohnt, die Männer frech anzulächeln; aber jetzt war ihr Lächeln bruchstückhaft, es hing an ihren Lippen wie Kuchenkrümel.

Schließlich kam eine Pause. Die Arena wurde frei gemacht, und alle die konnten, drängten sich hinauf, um zu tanzen und zu stampfen, während ein Orchester aus Trommeln und Saiteninstrumenten Karnevalslieder spielte. In diesem Augenblick näherte sich der junge Mann Ottilie; sie lachte, als sie sah, wie sein Vogel wie ein Papagei auf seiner Schulter hockte. »Verschwind«, sagte Baby, die empört war, daß ein Bauer Ottilie zum Tanzen aufforderte, und Rosita erhob sich drohend, um sich zwischen den jungen Mann und ihre Freundin zu stellen. Er lächelte nur und sagte: »Bitte, gnädige Frau, ich möchte gerne mit Ihrer Tochter sprechen.« Ottilie fühlte, wie sie hochgehoben wurde, fühlte, wie sich ihre Hüften im Takt der Musik an seine Hüften schmiegten, und es machte ihr gar nichts aus. Sie ließ sich von ihm in das dichteste Gedränge der Tanzenden führen. Rosita sagte: »Hast du das gehört, er dachte, ich sei ihre Mutter?« Und Baby tröstete sie und sagte finster: »Was kann man denn schließlich von ihnen erwarten? Sie sind doch nur Eingeborene, alle beide. Wenn sie zurückkommt, tun wir einfach so, als würden wir sie nicht kennen.« Ottilie kam aber nicht zu ihren Freundinnen zurück. Royal, so hieß der junge Mann, Royal Bonaparte, wie er ihr sagte, hatte nicht tanzen wollen. »Wir müssen an einen stillen Platz gehen«, sagte er, »nimm meine Hand, und ich führe dich.« Sie fand ihn seltsam, hatte bei ihm aber kein fremdes Gefühl, denn in ihr waren immer noch die Berge, und er kam aus den Bergen. Während der schillernde Vogel auf seiner Schulter schwankte, verließen sie Hand in Hand das Zelt und wanderten langsam die weiße Straße entlang, dann über eine weichen Weg, wo Sonnenvögel durch die grünen, schräggeneigten Akazienbäume flatterten.

»Ich bin traurig«, sagte er und sah dabei nicht traurig

aus. »In meinem Dorf ist Juno ein Champion, aber die Vögel hier sind stark und häßlich, und wenn ich ihn kämpfen ließe, hätte ich nur einen toten Juno. So werde ich ihn nach Hause nehmen und sagen, er habe gewonnen. Ottilie, willst du eine Prise nehmen?«
Sie schnupfte genießerisch. Schnupftabak erinnerte sie an ihre Kindheit, und obwohl diese Jahre schlimm gewesen waren, berührte sie doch das Heimweh mit seinem weitreichenden Zauberstab. »Royal«, sagte sie, »bleib einen Augenblick stehen, ich möchte meine Schuhe ausziehen.«
Royal selbst hatte keine Schuhe; seine goldfarbenen Füße waren schlank und zierlich, und die Spuren, die sie hinterließen, waren wie die Fährte eines grazilen Tieres. Er sagte: »Wie kommt es, daß ich dich hier finde, ausgerechnet hier, wo nichts gut ist, wo der Rum schlecht ist und die Leute Diebe sind? Wieso finde ich dich hier, Ottilie?«
»Weil ich leben muß, so wie du, und hier ist ein Platz für mich. Ich arbeite in einem – oh, einer Art Hotel.«
»Wir haben unser eigenes Land«, sagte er. »Den ganzen Hang eines Berges, und am Gipfel dieses Berges ist mein kühles Haus. Ottilie, willst du kommen und darinnen sitzen?«
»Verrückt«, neckte ihn Ottilie, »verrückt«, und sie lief zwischen den Bäumen, und er lief ihr nach und streckte die Arme aus, als hielte er ein Netz. Der Vogel Juno breitete seine Flügel aus, krähte und flog auf die Erde. Kratzige Blätter und pelziges Moos kitzelten Ottilies Fußsohlen, als sie sich durch die Schatten schlängelte; plötzlich ließ sie sich mit einem Dorn in der Ferse in ein Dickicht aus Regenbogenfarn fallen.

Sie zuckte, als Royal den Dorn herauszog; er küßte die Stelle, an der er gewesen war, seine Lippen wanderten zu ihren Händen, ihrem Hals, und es war, als wäre sie zwischen schwebenden Blättern. Sie atmete seinen Duft ein, den dunklen, sauberen Duft, der an Wurzeln erinnerte, an Wurzeln von Geranien, von mächtigen Bäumen.

»Jetzt ist es genug«, bat sie, obwohl sie nicht das Gefühl hatte, als sei es wirklich genug: es war nur, daß nach einer Stunde mit ihm ihr Herz am Zerspringen war. Er war daraufhin still. Sein Kopf, dessen Haar sie kitzelte, ruhte über ihrem Herzen, und sie sagte schhhh zu den Schnaken, die um seine schlafenden Augen schwärmten, und pssst zu Juno, der herumstolzierte und zum Himmel emporkrähte.

Während sie dalag, sah Ottilie ihre alten Feinde, die Bienen. Still und im Gänsemarsch wie Ameisen krochen die Bienen in einen abgebrochenen Baumstumpf, der nicht weit von ihr entfernt war, hinein und heraus. Sie löste sich aus Royals Armen und ebnete einen Platz auf dem Boden für seinen Kopf. Ihre Hand zitterte, als sie sie den Bienen in den Weg legte, aber die erste, die daherkam, purzelte auf ihre Handfläche, und als sie die Finger schloß, machte sie keine Anstalten, ihr weh zu tun. Sie zählte bis zehn, um sicherzugehen, dann öffnete sie die Hand, und die Biene stieg mit einem freudigen Gesang in Spiralen in die Luft.

Die Besitzerin gab Baby und Rosita einen guten Rat: »Laßt sie in Ruhe, laßt sie gehen, in ein paar Wochen kommt sie schon wieder.« Die Besitzerin sprach in der Ruhe nach dem Sturm, nach der Niederlage: um Ottilie zu halten, hatte sie ihr das beste Zimmer im

Haus, einen neuen Goldzahn, eine Kodak, einen Ventilator angeboten, aber Ottilie hatte nicht geschwankt, sie hatte einfach weiter ihre Sachen in einen Karton gepackt. Baby versuchte ihr zu helfen, aber sie weinte so sehr, daß Ottilie sie daran hindern mußte: es mußte doch Unglück bringen, wenn diese vielen Tränen auf die Ausstattung einer Braut fielen. Und zu Rosita sagte sie: »Rosita, du solltest dich für mich freuen, statt dazustehen und deine Hände zu ringen.«

Schon zwei Tage nach dem Hahnenkampf schulterte Royal Ottilies Karton und führte sie in der Abenddämmerung den Bergen entgegen. Als es bekannt wurde, daß sie nicht mehr im Champs Elysées war, gingen viele Kunden zu einer anderen Firma; andere, die zwar dem alten Lokal treu blieben, beklagten sich über die Düsterkeit der Atmosphäre. An einigen Abenden war kaum jemand da, um den Damen ein Bier zu kaufen. Allmählich fühlte man, daß Ottilie doch nicht zurückkommen würde; nach sechs Monaten sagte die Besitzerin: »Sie muß tot sein.«

Royals Haus war wie ein Blumenhaus; Glyzinien bedeckten das Dach, ein Vorhang aus Wein beschattete die Fenster, Lilien blühten an der Tür. Aus den Fenstern konnte man das ferne, schwache Schimmern des Meeres sehen, da das Haus hoch oben auf einem Berg stand; hier brannte die Sonne heiß, aber die Schatten waren kühl. Innen war das Haus immer dunkel und kühl, und an den Wänden raschelten aufgeklebte rosa und grüne Zeitungen. Es gab nur einen einzigen Raum; er enthielt einen Ofen, einen wackeligen Spie-

gel auf einem Marmortisch und ein Messingbett, das groß genug war für drei dicke Männer.
Aber Ottilie schlief nicht in diesem großartigen Bett. Sie durfte nicht einmal darauf sitzen, denn es gehörte Royals Großmutter, Old Bonaparte. Sie war ein eingefallenes, verhutzeltes Wesen, hatte O-Beine wie ein Zwerg und war kahl wie ein Bussard und wurde auf Meilen im Umkreis als Zauberin gefürchtet. Viele hatten Angst, ihren Schatten auf sich fallen zu lassen; selbst Royal war vor ihr auf der Hut, und er stotterte, als er ihr sagte, daß er eine Frau nach Hause gebracht habe. Die alte Frau winkte Ottilie zu sich heran und zwickte sie boshaft hier und dort, und dann sagte sie zu ihrem Enkel, daß seine Braut zu mager sei: »Sie wird im ersten Wochenbett sterben.«
Jede Nacht wartete das junge Paar mit der Liebe, bis sie glaubten, daß Old Bonaparte eingeschlafen war. Manchmal, wenn Ottilie auf dem vom Mond beschienenen Strohsack ausgestreckt lag, auf dem sie schliefen, war sie sicher, daß Old Bonaparte wach war und sie beobachtete. Einmal sah sie ein klebriges, vom Sternenlicht erhelltes Auge in der Dunkelheit leuchten. Es hatte keinen Sinn, sich bei Royal zu beklagen, er lachte nur: Was machte es denn schon aus, wenn eine alte Frau, die so viel vom Leben gesehen hatte, noch ein wenig mehr sehen wollte?
Da sie Royal liebte, ließ Ottilie diese Dinge nicht an sich herankommen und versuchte, sich über Old Bonaparte nicht zu ärgern. Lange Zeit war sie glücklich; sie vermißte weder ihre Freundinnen noch das Leben in Port-au-Prince; trotzdem hielt sie ihre Andenken an jene Tage gut in Ordnung: Mit einem Nähkörbchen,

das ihr Baby als Hochzeitsgeschenk gegeben hatte, flickte sie die Seidenkleider und die grünen Seidenstrümpfe, die sie jetzt niemals trug, denn wo hätte sie sie tragen sollen. Nur Männer versammelten sich im Café im Dorf bei den Hahnenkämpfen. Wenn Frauen zusammenkommen wollten, trafen sie sich am Bach bei der Wäsche. Aber Ottilie war zu beschäftigt, um sich einsam zu fühlen. Bei Tagesanbruch sammelte sie Eukalyptusblätter, um Feuer zu machen und ihre Mahlzeiten zu kochen; Hühner mußten gefüttert, eine Ziege gemolken werden, Old Bonaparte jammerte um Aufmerksamkeit. Drei- oder viermal am Tage füllte sie einen Eimer mit Trinkwasser und trug ihn dahin, wo Royal in den Zuckerrohrfeldern eineinhalb Kilometer unterhalb des Hauses arbeitete. Es machte ihr nichts aus, daß er bei diesen Besuchen barsch zu ihr war, sie wußte, daß er sich nur vor den anderen Männern aufspielte, die in den Feldern arbeiteten und sie angrinsten wie aufgeschnittene Wassermelonen. Aber am Abend, wenn sie ihn zu Hause hatte, zog sie ihn an den Ohren und schmollte, weil er sie wie einen Hund behandele, bis er sie in der Dunkelheit des Hofes, wo die Leuchtkäfer leuchteten, festhielt und ihr etwas ins Ohr flüsterte, so daß sie lächeln mußte.

Sie waren ungefähr fünf Monate verheiratet, als Royal begann, alles zu tun, was er vor der Hochzeit getan hatte. Andere Männer gingen auch am Abend ins Café und blieben ganze Sonntage bei den Hahnenkämpfen – er konnte nicht verstehen, warum sich Ottilie darüber aufregte. Aber sie sagte, er habe kein Recht, sich so zu benehmen, und daß er sie nicht mit diesem boshaften alten Weib allein lassen würde, wenn er sie liebte. »Ich liebe dich«, sagte er, »aber ein Mann muß auch sein Vergnügen haben.« Es gab Nächte, in denen er seinem Vergnügen nachging, bis der Mond hoch am Himmel stand; sie wußte nie, wann er nach Hause kommen würde, und sie lag auf ihrer Matratze und kränkte sich und bildete sich ein, daß sie nicht schlafen könne, wenn sie nicht seine Arme um sich fühlte.

Aber die wirkliche Qual war Old Bonaparte. Sie war nahe daran, Ottilie zur Verzweiflung zu bringen. Wenn Ottilie kochte, kam bestimmt das schreckliche alte Weib zum Ofen und schnüffelte herum, und wenn sie das nicht mochte, was es zum Essen gab, nahm sie einen Mundvoll und spuckte es auf den Fußboden. Jeden Schmutz und jede Unordnung, die sie sich ausdenken konnte, machte sie: sie machte ins Bett, bestand darauf, die Ziege ins Zimmer zu nehmen, und was sie auch immer anfaßte, war bald verschüttet oder zerbrochen, und Royal gegenüber klagte sie, daß eine Frau, die für ihren Mann das Haus nicht in Ordnung halten könne, nichts tauge. Sie war den ganzen Tag auf den Beinen, und ihre roten, unbarmherzigen Augen waren selten geschlossen. Aber das Schlimmste, das, was Ottilie schließlich dazu brachte, ihr zu drohen, sie werde sie umbringen, war ihre Gewohnheit, plötzlich heranzuschleichen und sie so heftig zu kneifen, daß man die Abdrücke ihrer Fingernägel sehen konnte. »Wenn du das noch ein einziges Mal machst, wenn du dich noch einmal unterstehst, nehme ich dieses Messer und schneide dir das Herz heraus!« Old Bonaparte wußte, daß es Ottilie ernst meinte, und obwohl sie das Kneifen ließ, dachte sie sich andere

Scherze aus: Zum Beispiel ließ sie es sich angelegen sein, kreuz und quer über einen bestimmten Teil des Hofes zu gehen und so zu tun, als wisse sie nicht, daß Ottilie dort einen kleinen Garten gepflanzt hatte.
Eines Tages geschahen zwei außergewöhnliche Dinge. Ein Knabe kam aus dem Dorf und brachte einen Brief für Ottilie; im Champs Elysées hatte sie von Zeit zu Zeit Postkarten von Matrosen und anderen reisenden Männern bekommen, die mit ihr angenehme Stunden verbracht hatten, aber das war der erste Brief, den sie jemals erhalten hatte. Da sie ihn nicht lesen konnte, war ihr erster Gedanke, ihn zu zerreißen. Es war sinnlos, ihn herumliegen zu lassen, so daß er sie verfolgen konnte. Natürlich bestand die Möglichkeit, daß sie eines Tages lesen lernen würde; und so ging sie, um ihn in ihrem Nähkörbchen zu verstecken.
Als sie das Nähkörbchen öffnete, machte sie eine unheimliche Entdeckung: wie ein grausiges Wollknäuel lag da der abgeschnittene Kopf einer gelben Katze. So war also das elende alte Weib auf neue Streiche aus! Sie will mich verhexen, dachte Ottilie, die sich nicht im geringsten fürchtete. Sie nahm den Kopf vorsichtig an einem Ohr heraus und trug ihn zum Ofen, wo sie ihn in einen Topf mit siedendem Wasser warf. Zu Mittag sog Old Bonaparte an ihren Zähnen und bemerkte, daß die Suppe, die Ottilie für sie gemacht hatte, erstaunlich gut schmecke.
Am nächsten Morgen fand sie gerade rechtzeitig für das Mittagessen eine kleine grüne Schlange, die sich in ihrem Körbchen schlängelte. Sie hackte sie so fein wie Sand und streute sie über eine Portion Schmorfleisch.

Jeden Tag wurde ihre Phantasie auf die Probe gestellt: es gab Spinnen zu backen, eine Eidechse zu braten, die Brust eines Bussards zu kochen. Old Bonaparte aß von allem mehrere Portionen. Mit einem rastlosen Glitzern verfolgten ihre Augen Ottilie, während sie auf irgendein Zeichen wartete, daß der Zauber zu wirken begänne. »Du siehst nicht gut aus, Ottilie«, sagte sie und mischte ein wenig Sirup in den Essig ihrer Stimme. »Du ißt wie eine Ameise; warum nimmst du dir nicht einen Teller von dieser guten Suppe?«

»Weil ich keinen Bussard in der Suppe mag«, antwortete Ottilie ruhig, »oder Spinnen in meinem Brot, Schlangen im Schmorfleisch: ich habe keinen Appetit auf solche Dinge.«

Old Bonaparte verstand; mit schwellenden Adern und gelähmter, kraftloser Zunge erhob sie sich zitternd und fiel dann über den Tisch. Vor Einbruch der Nacht war sie tot.

Royal ließ Klageleute kommen. Sie kamen aus dem Dorf und von den benachbarten Bergen, und sie belagerten das Haus, indem sie heulten wie Hunde um Mitternacht. Alte Frauen schlugen mit den Köpfen gegen die Wände, stöhnende Männer warfen sich zu Boden: es war die Kunst des Schmerzes, und diejenigen, die den Kummer am besten spielten, wurden sehr bewundert. Nach dem Begräbnis gingen alle fort und waren befriedigt, weil sie gute Arbeit geleistet hatten.

Jetzt gehörte das Haus Ottilie. Ohne das Herumschnüffeln und den Schmutz von Old Bonaparte, den sie hatte wegräumen müssen, hatte sie mehr freie Zeit, aber sie wußte nichts damit anzufangen. Sie räkelte sich auf dem großen Messingbett, sie trödelte vor dem Spiegel herum. Die Eintönigkeit brummte in ihrem Kopf, und um ihr Fliegengebrumm zu vertreiben, sang sie die Lieder, die sie aus dem Musikautomaten im Champs Elysées gelernt hatte. Wenn sie in der Dämmerung auf Royal wartete, erinnerte sie sich, daß zu dieser Stunde ihre Freundinnen in Port-au-Prince auf der Veranda plauderten und warteten, daß ein Wagen umkehrte; aber wenn sie sah, wie Royal gemächlich den Pfad heraufkam und sein Zuckerrohrmesser wie ein Halbmond an seiner Seite baumelte, vergaß sie solche Gedanken und lief ihm mit zufriedenem Herzen entgegen.

Eines Nachts, als sie halb eingeschlafen waren, fühlte Ottilie plötzlich, daß noch jemand im Zimmer war. Dann sah sie am Fußende des Bettes ein Auge leuchten, das sie beobachtete, so wie sie es schon früher gesehen hatte. Jetzt wußte sie, was sie schon seit einiger Zeit vermutete: daß Old Bonaparte tot aber nicht fort war. Als sie einmal allein im Hause gewesen war, hatte sie ein Lachen gehört, und ein anderes Mal hatte sie draußen im Hof gesehen, wie die Ziege jemanden anstarrte, der gar nicht da war, und wie sie mit den Ohren zuckte, so wie sie es immer getan hatte, wenn sie die alte Frau am Kopfe kraulte.

»Hör auf mit dem Bett zu schaukeln«, sagte Royal, und Ottilie zeigte mit einem Finger auf das Auge und fragte ihn flüsternd, ob er es nicht sehen könne. Als er antwortete, daß sie träume, faßte sie nach dem Auge und schrie auf, als sie ins Leere griff.

Royal zündete eine Lampe an; er hielt Ottilie fest auf

seinem Schoß und streichelte ihr Haar, während sie ihm von den Entdeckungen in ihrem Nähkörbchen erzählte, und was sie damit getan hatte. War es böse, was sie getan hatte? Royal wußte es nicht, er konnte es nicht entscheiden, aber er meinte, sie müsse bestraft werden; und warum? Weil es die alte Frau so wollte, weil sie sonst Ottilie niemals in Ruhe lassen würde: das war so mit Gespenstern.

Und so holte Royal am nächsten Morgen ein Seil und schlug vor, Ottilie an einen Baum im Hof zu binden. Da sollte sie bis zur Dunkelheit ohne Essen und Trinken bleiben, und jeder, der vorüberging, würde sehen, daß sie in Schande sei.

Aber Ottilie kroch unter das Bett und weigerte sich hervorzukommen. »Ich laufe davon«, jammerte sie. »Royal, wenn du versuchst, mich an diesen alten Baum anzubinden, laufe ich dir davon.«

»Dann müßte ich gehen und dich holen«, sagte Royal, »und das wäre nur um so schlimmer für dich.«

Er packte sie am Fußgelenk und zog sie kreischend unter dem Bett hervor. Den ganzen Weg in den Hof hinaus hielt sie sich an Gegenständen fest, an der Tür, einer Rebe, am Bart der Ziege, aber keines dieser Dinge wollte sie festhalten, und Royal wurde nicht daran gehindert, sie an den Baum zu binden. Er machte drei Knoten in das Seil und ging fort zur Arbeit, indem er an seiner Hand sog, in die sie ihn gebissen hatte. Sie schrie ihm alle Schimpfnamen nach, die sie jemals gehört hatte, bis er hinter dem Berg verschwand. Die Ziege, Juno und die Hühner versammelten sich, um sie in ihrer Demütigung anzustarren; Ottilie ließ sich zu Boden fallen und streckte ihnen die Zunge heraus.

Ottilie schlief beinahe, und darum hielt sie es für einen Traum, als in Begleitung eines Kindes aus dem Dorf Baby und Rosita, die unsicher auf hohen Absätzen wackelten und phantasievolle Schirme trugen, den Weg heraufwankten und ihren Namen riefen. Da sie Menschen in einem Traum waren, würden sie wahrscheinlich nicht erstaunt sein, sie an einen Baum gebunden zu finden.

»Mein Gott, bist du verrückt?« kreischte Baby und hielt sich in einiger Entfernung, als fürchte sie, daß dies tatsächlich der Fall sein müsse. »Sag etwas, Ottilie!«

Blinzelnd und kichernd sagte Ottilie: »Ich freue mich so, euch wiederzusehen. Rosita, bitte binde mich los, damit ich euch beide umarmen kann.«

»Das also macht dieses Scheusal mit dir«, sagte Rosita und riß an dem Seil. »Na warte, wenn ich ihn sehe, dich zu schlagen und dich wie einen Hund im Hof anzubinden.«

»O nein«, sagte Ottilie, »Royal schlägt mich nie. Ich werde bloß heute bestraft.«

»Du hast nicht auf uns hören wollen«, sagte Baby. »Und jetzt siehst du, was du davon hast. Dieser Mann hat sich für eine ganze Menge zu rechtfertigen«, fügte sie hinzu und schwang ihren Schirm.

Ottilie umarmte und küßte ihre Freundinnen. »Ist es nicht ein hübsches Haus?« sagte sie und führte sie darauf zu. »Es ist, als hätte man einen Wagen voll

Blumen gepflückt und ein Haus darauf gebaut: so meine ich wenigstens. Kommt aus der Sonne und laßt uns hineingehen. Drinnen ist es kühl und es riecht so gut.«

Rosita rümpfte die Nase, als ob das, was sie roch, gar nicht gut sei, und erklärte mit ihrer brunnentiefen Stimme, daß es gewiß besser sei, wenn sie aus der Sonne gingen, da sie anscheinend Ottilies Kopf verwirre.

»Es ist ein Glück, daß wir gekommen sind«, sagte Baby und suchte in einer riesigen Handtasche herum. »Und das hast du Mr. Jamison zu verdanken. Madame sagte, du seiest tot, und als du unseren Brief nicht beantwortet hast, dachten wir, das müsse wohl so sein, aber Mr. Jamison, der reizendste Mann, den du je finden wirst, mietete einen Wagen für mich und Rosita, deine liebsten, besten Freundinnen, damit wir hier herauffahren und herausfinden, was mit unserer Ottilie geschehen ist. Ottilie, ich habe hier in meiner Handtasche eine Flasche Rum, so hole uns ein Glas, und wir wollen eine Runde trinken.«

Die eleganten, ausländischen Manieren und der auffallende Putz der Stadtdamen hatten ihren Führer, einen kleinen Jungen, dessen neugierige schwarze Augen im Fenster schwebten, berauscht. Auch Ottilie war beeindruckt, denn schon lange hatte sie keine bemalten Lippen mehr gesehen oder Parfüm gerochen, und während Baby den Rum einschenkte, holte sie ihre Satinschuhe und ihre Perlenohrringe hervor. »Himmel«, sagte Rosita, als sich Ottilie fertig hergerichtet hatte, »es gibt keinen einzigen Mann, der dir nicht ein ganzes Fäßchen Bier kaufen würde; wenn man sich das vorstellt, so ein wunderbares Wesen wie du leidet fern von denen, die dich lieben.«

»Ich habe nicht so sehr gelitten«, sagte Ottilie. »Nur manchmal.«

»Sei jetzt still«, sagte Baby, »du brauchst noch nicht darüber zu sprechen. Es ist jetzt ohnehin alles vorbei. Hier, Liebling, laß mich dein Glas nochmals füllen. Ein Hoch auf die alten Zeiten und auf die zukünftigen! Heute abend wird Mr. Jamison für alle Champagner kaufen: Madame gibt ihn ihm zum halben Preis.«

»Oh«, sagte Ottilie und beneidete ihre Freundinnen. Sie wollte wissen, was man von ihr sprach. Erinnerte man sich an sie?

»Ottilie, du hast keine Ahnung«, sagte Baby, »Männer, die wir noch nie gesehen haben, sind gekommen und haben gefragt, wo Ottilie ist, weil sie weit weg in Havanna und Miami von dir gehört haben. Und was Mr. Jamison betrifft, so schaut er uns andere Mädchen nicht einmal an, er kommt nur und sitzt auf der Veranda und trinkt so für sich allein.«

»Ja«, sagte Ottilie wehmütig, »er war immer reizend zu mir, Mr. Jamison.«

Schließlich neigte sich die Sonne, und die Flasche Rum war dreiviertel leer. Ein kurzer Regenschauer hatte einen Augenblick lang die Berge getränkt, die jetzt durch die Fenster wie Libellenflügel schimmerten, und eine Brise, die mit dem Duft von Blumen nach dem Regen beladen war, streifte durch das Zimmer und raschelte mit den grünen und rosa Papieren an den Wänden. Es waren viele Geschichten erzählt worden, einige davon waren lustig, andere traurig; es war wie das Plaudern an den Abenden im Champs Elysées, und Ottilie war glücklich, wieder dazuzugehören.

»Aber es wird schon spät«, sagte Baby, »und wir haben versprochen, vor Mitternacht zurück zu sein. Ottilie, können wir dir packen helfen?«

Obwohl es Ottilie nicht bewußt geworden war, daß ihre Freundinnen erwarteten, sie werde mit ihnen kommen, bewirkte doch der Rum, der sich in ihr regte, daß es ihr natürlich erschien, und mit einem Lächeln dachte sie: Ich habe ihm gesagt, daß ich davonlaufe. »Nur«, sagte sie laut, »hätte ich nicht einmal eine Woche, um mich zu amüsieren. Royal wird sofort hinunterkommen und mich holen.«

Beide Freundinnen lachten darüber. »Du bist so dumm«, sagte Baby. »Ich möchte diesen Royal sehen, wenn einige von unseren Männern mit ihm fertig sind.«

»Ich möchte es keinem raten, Royal etwas zu tun«, sagte Ottilie. »Außerdem würde er noch zorniger sein, wenn wir zurückkommen.«

Baby sagte: »Aber Ottilie, du würdest doch nicht mehr mit ihm hierher zurückkommen.«

Ottilie kicherte und schaute sich im Zimmer um, als sähe sie etwas, was für die anderen unsichtbar war. »Aber natürlich würde ich zurückkommen«, sagte sie.

Baby rollte mit den Augen und zog einen Fächer hervor, den sie ruckweise vor ihrem Gesicht hin- und herbewegte. »Das ist das Verrückteste, was ich je gehört habe«, sagte sie mit harten Lippen. »Ist das nicht das Verrückteste, was du je gehört hast, Rosita?«

»Das ist nur, weil Ottilie so viel durchgemacht hat«, sagte Rosita. »Komm, Liebling, leg dich aufs Bett, während wir deine Sachen packen.«
Ottilie schaute zu, wie sie anfingen, ihre Sachen auf einen Haufen zusammenzulegen. Sie schoben ihre Kämme und Haarnadeln zusammen und rollten ihre Seidenstrümpfe auf. Sie zog ihre hübschen Kleider aus, als wolle sie etwas noch Hübscheres anziehen, aber statt dessen schlüpfte sie wieder in ihr altes Kleid; und dann legte sie ruhig, als wolle sie ihren Freundinnen helfen, alles wieder an seinen Platz zurück. Baby stampfte mit dem Fuß, als sie sah, was los war.
»Hör zu«, sagte Ottilie. »Wenn du und Rosita meine Freundinnen seid, dann tut bitte das, was ich euch sage: bindet mich im Hof wieder so an, wie ihr mich gefunden habt. So wird mich niemals eine Biene stechen.«
»Sternhagelvoll besoffen«, sagte Baby; aber Rosita sagte, sie solle den Mund halten. »Ich glaube«, sagte Rosita seufzend, »ich glaube, Ottilie liebt ihn.« Wenn sie Royal zurückhaben wollte, würde Ottilie mit ihm gehen, und da dies eben so war, könnten sie ebensogut nach Hause gehen und sagen, daß Madame recht habe und Ottilie tot sei.
»Ja«, sagte Ottilie, denn die Dramatik dieser Darstellung gefiel ihr. »Sagt ihnen, daß ich tot bin.«
Und so gingen sie in den Hof hinaus; dort sagte Baby mit wogender Brust und Augen, die so rund waren wie der Mond, der am Tag über den Himmel eilte, daß sie nichts damit zu tun haben wolle, Ottilie an den Baum zu binden, so daß Rosita es allein tun mußte. Beim Abschied weinte Ottilie am meisten, obwohl sie

froh war, daß sie gingen, denn sie wußte, daß sie nicht mehr an sie denken würde, sobald sie fort waren. Während sie auf ihren hohen Absätzen die Mulden im Weg hinunterschwankten, wandten sie sich um, um zu winken, aber Ottilie konnte nicht zurückwinken, und so vergaß sie sie fast noch ehe sie ihren Blicken entschwunden waren.

Während sie Eukalyptusblätter kaute, um ihren Atem zu reinigen, fühlte sie, wie die Kühle der Abenddämmerung die Luft durchdrang. Der Mond wurde gelb, und Vögel, die im Baum ihre Nester hatten, segelten in seine Dunkelheit. Plötzlich, als sie Royal auf dem Weg hörte, warf sie ihre Beine auseinander, ließ ihren Kopf zurückfallen und die Augen weit in ihre Höhlen hinabrollen. Aus einiger Entfernung würde es aussehen, als habe sie ein gewaltsames, klägliches Ende gefunden. Und während sie hörte, wie sich Royals Schritte zum Laufen beschleunigten, dachte sie glücklich: Das wird ihm einen schönen Schreck einjagen.

Die Diamanten-Gitarre

Dreißig Kilometer ist die nächste Stadt vom Gefangenenlager entfernt. Große Föhrenwälder stehen zwischen dem Lager und der Stadt, und in diesen Wäldern arbeiten die Gefangenen. Sie zapfen Harz ab zur Terpentingewinnung. Das Gefängnis selbst ist in einem Wald. Dort steht es am Ende einer roten, ausgefahrenen Straße, und Stacheldraht breitet sich über seine Mauern wie wilder Wein. Darin leben einhundertundneun weiße Männer, siebenundneunzig Neger und ein Chinese. Es gibt zwei Schlafhäuser – große, grüne Holzgebäude mit Dächern aus Teerpappe. Die weißen Männer bewohnen eines, die Neger und der Chinese das andere. In jedem Schlafhaus ist ein großer, bauchiger Ofen, aber die Winter sind kalt hier, und zur Nacht, wenn die bereiften Föhren hin und herschwingen und ein kaltes Licht vom Monde strahlt, liegen die Männer wach auf ihren eisernen Feldbetten und die Glut des Feuers spielt in ihren Augen.

Diejenigen Männer, deren Betten dem Ofen am nächsten stehen, sind die bedeutenden – Männer, zu denen man aufschaut oder die man fürchtet. Mr. Schaeffer gehört zu ihnen. Mr. Schaeffer – denn so wird er genannt, als Zeichen besonderen Respekts – ist ein schmächtiger, langer Mann. Er hat rötliches, ergrauendes Haar, und sein Gesicht ist abgemagert, wirkt religiös. Kein Fleisch ist an ihm, man sieht, wie seine Knochen arbeiten, und seine Augen sind von armseligstumpfer Farbe. Er kann lesen und schreiben, und er kann eine Zahlenkolonne zusammenzählen. Wenn einer von den anderen Männern einen Brief erhält, bringt er ihn zu Mr. Schaeffer. Die meisten dieser Briefe sind traurig und klagend. Sehr oft improvisiert Mr. Schaeffer frohere Botschaften und liest nicht, was auf den Seiten steht. Im Schlafhaus gibt es zwei andere Männer, die lesen können. Und trotzdem bringt einer von ihnen seine Briefe zu Mr. Schaeffer, der ihm den Gefallen tut, nie die Wahrheit zu lesen. Mr. Schaeffer selbst bekommt keine Post, nicht einmal zu Weihnachten. Er scheint keine Freunde jenseits des Gefängnisses zu haben, und tatsächlich hat er auch dort keine – das heißt, keinen besonderen Freund. Das war nicht immer so.

An einem Wintersonntag vor einigen Jahren saß Mr. Schaeffer auf den Stufen des Schlafhauses und schnitzte eine Puppe. Er war ganz geschickt darin. Seine Puppen werden in einzelnen Teilen geschnitzt und dann mit Stückchen von Sprungfederndraht zusammengesetzt. Die Arme und Beine bewegen sich, der Kopf rollt. Wenn er ungefähr ein Dutzend dieser Puppen fertig hat, nimmt sie der Lagerkommandant in die Stadt mit und dort werden sie in einem gewöhnlichen Laden verkauft. Auf diese Art verdient Mr. Schaeffer Geld für Candies und Tabak.

Als er an diesem Sonntag dasaß und die Finger für eine kleine Hand schnitzte, fuhr ein Lastwagen auf den Gefängnishof. Ein junger Bursch, mit Handschellen an den Kommandanten gefesselt, kletterte aus dem Lastwagen und stand da, in die blasse Wintersonne blinzelnd. Mr. Schaeffer warf nur einen Blick auf ihn. Er war damals ein Mann von fünzig Jahren, und siebzehn davon hatte er im Lager verbracht. Die Ankunft eines neuen Gefangenen konnte ihn nicht aufregen. Sonntag ist ein freier Tag im Lager, und andere Männer, die sich auf dem Hof langweilten, scharten sich um den Lastwagen. Nachher blieben Pick Axe und Goober stehen, um mit Mr. Schaeffer zu sprechen.

Pick Axe sagte: »Er ist ein Ausländer, der Neue. Von Kuba. Aber mit hellem Haar.«

»Ein Messerstecher, sagt der Captain«, berichtete Goober, der selber ein Messerstecher war. »Hat einen Matrosen in Mobile gestochen.«

»Zwei Matrosen«, sagte Pick Axe. »Aber nur ein Kaffeehausstreit. Er hat die zwei Burschen nicht verletzt.«

»Einem Mann das Ohr abschneiden? Das nennst du, ihn nicht verletzen? Dafür kriegt er zwei Jahre, sagt der Captain.«

Pick Axe sagte: »Er hat eine Gitarre, ganz mit Edelsteinen besetzt.«

Es wurde zu dunkel zum Arbeiten. Mr. Schaeffer paßte die Teile seiner Puppe zusammen und setzte sie, ihre kleinen Hände haltend, auf sein Knie. Er rollte eine Zigarette. Die Föhren waren blau im Licht der untergehenden Sonne, und der Rauch seiner Zigarette blieb in der kalten, dämmernden Luft stehen. Er sah den Captain über den Hof kommen. Der neue Gefangene, ein blonder Junge, folgte mit einem Schritt Abstand. Er trug eine Gitarre, die mit gläsernen Diamanten besetzt war, die wir Sterne funkelten, und seine neue Uniform war zu weit für ihn. Sie schaute wie ein Allerseelengewand aus.

»Da ist jemand für Sie, Schaeffer«, sagte der Kommandant, als er bei den Stufen des Schlafhauses stehenblieb. Der Captain war kein harter Mann. Gelegentlich lud er Mr. Schaeffer in sein Büro ein und sie sprachen miteinander über Dinge, die sie in der Zeitung gelesen hatten. »Tico Feo«, sagte er, als wäre es der Name eines Vogels oder eines Liedes, »das ist Mr. Schaeffer. Wenn du dich an ihn hältst, wirst du's recht machen.«

Mr. Schaeffer sah zu dem Jungen auf und lächelte. Er lächelte ihn länger an, als er es wollte, denn der Junge hatte Augen wie ein Stückchen Himmel – blau wie der Winterabend –, und sein Haar war so golden wie die Zähne des Captains. Er hatte ein zu Späßen aufgelegtes Gesicht, behende und klug; und wie er ihn so anschaute, dachte Mr. Schaeffer an Festtage und gute Zeiten.

»Ist wie meine kleine Schwester«, sagte Tico Feo, und berührte Mr. Schaeffers Puppe. Seine Stimme mit ihrem kubanischen Akzent war weich und süß wie eine Banane. „Sie auch sitzen auf mein Knie.« Mr. Schaeffer war plötzlich schüchtern. Er verbeugte sich vor dem Captain und ging davon in den Schatten des Hofes. Da stand er und flüsterte die Namen der Abendsterne, wie sie über ihm am Himmel erblühten. Die Sterne waren seine Freunde, aber heute trösteten sie ihn nicht. Sie erinnerten ihn nicht daran, daß, was uns hier auf Erden geschieht, im unendlichen Glanz der Ewigkeit verloren ist. Während er sie anschaute –

die Sterne – dachte er an die edelsteinbesetzte Gitarre und ihren weltlichen Glanz. Man konnte von Mr. Schaeffer sagen, daß er in seinem Leben nur eine wirklich schlechte Tat begangen hatte: Er hatte einen Menschen getötet. Die Umstände dieser Handlung sind ohne Bedeutung, ausgenommen die Feststellung, daß dieser Mensch zu sterben verdiente und daß Mr. Schaeffer dafür zu neunundneunzig Jahren und einem Tag verurteilt wurde. Lange Zeit – tatsächlich viele Jahre lang – hatte er nicht daran gedacht, wie es war, ehe er in dieses Lager kam. Die Erinnerung an jene Zeit war wie ein Haus, in dem niemand lebt und wo die Möbel vermodern. Aber heute abend war es, als hätte man in all den düsteren, toten Räumen Lampen angezündet. Dieses Geschehen hatte begonnen, als er Tico Feo mit seiner prächtigen Gitarre durch die Dämmerung kommen sah. Bis zu diesem Augenblick war er nicht einsam gewesen. Nun, da er seine Einsamkeit erkannte, fühlte er sich lebendig werden. Er hatte nicht lebendig sein wollen. Lebendig sein hieß, sich an braune Flüsse erinnern, wo Fische schwammen, und an Sonnenlicht auf dem Haar einer Frau. Mr. Schaeffer ließ den Kopf hängen. Der Glanz der Sterne hatte seine Augen tränen lassen.

Das Schlafhaus ist für gewöhnlich ein unfreundlicher Ort, mit dem schalen Geruch nach Männern und kahl im Licht zweier schirmloser elektrischer Birnen. Aber mit dem Kommen Tico Feos war es, als ob sich ein tropischer Einbruch in dem kalten Raum ereignet hätte, denn als Mr. Schaeffer von seiner Sternbetrachtung zurückkehrte, fand er eine wilde, grelle Szene vor. Tico Feo saß mit gekreuzten Beinen auf einem

Feldbett, zupfte mit langen, beweglichen Fingern an seiner Gitarre und sang ein Lied, das so fröhlich klang wie klimpernde Münzen. Obwohl es ein spanisches Lied war, versuchten einige Männer es mit ihm zu singen, und Pick Axe und Goober tanzten miteinander. Charlie und Wink tanzten auch, aber jeder für sich. Es war schön, die Männer lachen zu hören, und als Tico Feo schließlich seine Gitarre beiseite legte, gehörte Mr. Schaeffer zu denen, die ihn beglückwünschten.

»Du verdienst eine so schöne Gitarre«, sagte er.

»Ist Diamanten-Gitarre«, sagte Tico Feo, und strich mit der Hand über ihre Pracht. »Einmal ich hatte eine mit Rubinen. Aber die ist gestohlen. In Havanna meine Schwester arbeiten in, wie sagt man, wo Gitarren machen. So ich haben diese.«

Mr. Schaeffer fragte ihn, ob er viele Schwestern habe, und Tico Feo hielt grinsend vier Finger in die Höhe. Dann sagte er, während sich seine blauen Augen begierig verengten, »bitte, Mister, du geben mir Puppe für meine zwei kleine Schwestern.«

Am nächsten Abend brachte ihm Mr. Schaeffer die Puppen. Danach war er Tico Feos bester Freund und sie waren immer zusammen. Stets nahmen sie Rücksicht aufeinander.

Tico Feo war achtzehn Jahre alt und hatte zwei Jahre auf einem Frachter im Karibischen Meer gearbeitet. Als Kind war er bei Nonnen zur Schule gegangen, und er trug ein goldenes Kreuz um den Hals. Er hatte auch einen Rosenkranz. Den Rosenkranz hob er in einem grünen Seidentuch auf, das noch drei andere Schätze barg. Eine Flasche Toilettenwasser Soir de

Paris, einen Taschenspiegel und eine Weltkarte von Rand McNally. Das und die Gitarre waren seine einzigen Besitztümer, und er erlaubte niemanden, sie anzurühren. Vielleicht schätzte er seine Landkarte am höchsten. Spät abends, ehe das Licht abgedreht wurde, pflegte er seine Karte auseinanderzufalten und Mr. Schaeffer die Orte zu zeigen, an denen er gewesen war – Galveston, Miami, New Orleans, Mobile, Kuba, Haiti, Jamaika, Puerto Rico, die Virgin-Inseln –, und die Orte, die er noch sehen wollte. Er wollte fast überallhin gehen, besonders nach Madrid, besonders an den Nordpol! Das entzückte und erschreckte Mr. Schaeffer zugleich. Es tat ihm weh, an Tico Feo auf See und an fernen Orten zu denken. Manchmal schaute er seinen Freund abwehrend an und dachte: »Du bist nur ein fauler Träumer.«

Es ist wahr, Tico Feo war ein fauler Bursche. Nach jenem ersten Abend mußte man ihn selbst dazu drängen, auf seiner Gitarre zu spielen. Bei Tagesanbruch, wenn die Wache kam, um die Männer aufzuwecken, was sie dadurch tat, daß sie mit einem Hammer auf den Ofen schlug, pflegte Tico Feo wie ein Kind zu wimmern. Manchmal gab er vor, krank zu sein, stöhnte und rieb sich den Magen; aber damit kam er niemals durch, denn der Captain schickte ihn mit den übrigen Männern zur Arbeit. Er und Mr. Schaeffer wurden zu einem Straßenbau-Trupp gesteckt. Es war harte Arbeit, im gefrorenen Lehm zu graben und Säcke voll zerbrochener Steine zu tragen. Die Wache mußte Tico Feo fortwährend anschreien, denn er verbrachte die meiste Zeit damit, sich auf die Geräte zu stützen.

Jeden Mittag, wenn die Essens-Eimer herumgereicht wurden, saßen die beiden Freunde zusammen. Es gab ein paar gute Dinge in Mr. Schaeffers Eimer, da er sich Äpfel und Zuckerwerk aus der Stadt leisten konnte. Es machte ihm Freude, diese Sachen seinem Freund zu geben, denn sein Freund genoß sie so, und er dachte: »Du bist im Wachsen; es wird noch lange dauern, bis du ein erwachsener Mann bist.«

Nicht alle Männer liebten Tico Feo. Weil sie eifersüchtig waren, oder aus undurchsichtigeren Gründen, erzählten sie einige häßliche Geschichten über ihn. Tico Feo selbst schien nichts davon zu merken. Wenn die Männer sich um ihn scharten und er auf seiner Gitarre spielte und seine Lieder sang, sah man, daß er sich geliebt glaubte. Die meisten Männer liebten ihn auch. Sie warteten und verließen sich auf die Stunde zwischen Abendessen und Licht-aus. »Tico, spiel auf deinem Kasten«, pflegten sie zu sagen. Sie bemerkten gar nicht, daß die Traurigkeit nachher immer tiefer war als je zuvor. Der Schlaf übersprang sie wie ein Kaninchen, und ihre Augen ruhten nachdenklich auf dem Feuerschein, der hinter dem Ofenrost glomm. Mr. Schaeffer war der einzige, der ihr unruhiges Gefühl verstand, denn auch er fühlte es. Es war eben, daß sein Freund die braunen Flüsse wiederbelebt hatte, wo Fische schwammen, und die Frauen mit dem Sonnenlicht auf ihrem Haar.

Bald billigte man Tico Feo die Ehre zu, ein Bett nahe beim Ofen und zunächst Mr. Schaeffer zu haben. Mr. Schaeffer hatte immer gewußt, daß sein Freund ein furchtbarer Lügner war. Er horchte nicht auf die Wahrheit in Tico Feos Geschichten von Abenteuern,

Eroberungen und Begegnungen mit berühmten Leuten. Er fand vielmehr Vergnügen an ihnen als reinen Geschichten, wie man sie in einem Unterhaltungsblatt lesen mochte, und es erwärmte sein Herz, die heiße Stimme seines Freundes im Dunkeln flüstern zu hören.

Sie waren wie Liebende, ausgenommen, daß sie ihre Körper nicht vereinigten, und auch nicht daran dachten, es zu tun, obwohl solche Dinge im Lager nicht unbekannt waren. Von allen Jahreszeiten ist der Frühling die überwältigendste: Halme durchstoßen die winterharte Erdkruste, junge Blätter sprießen aus alten, abgestorbenen Zweigen und der eingeschlafene Wind fährt durch all das neugeborene Grün. Und so war es auch mit Mr. Schaeffer, ein Aufbrechen, ein Biegen von Muskeln, die steif geworden waren.

Es war später Januar. Die Freunde saßen auf den Stufen des Schlafhauses, jeder mit einer Zigarette in der Hand. Ein Mond, so dünn und gelb wie ein Stück Zitronenschale, bog sich über ihnen, und in seinem Licht glitzerten Streifen von Bodenfrost wie silberne Schneckenspuren. Viele Tage lang hatte sich Tico Feo in sich selbst zurückgezogen – schweigsam, wie ein Räuber, der im Schatten wartet. Es nützte nichts, ihm zu sagen: »Tico, spiel auf deinem Kasten.« Da schaute er einen nur mit sanften, wie betäubten Augen an.

»Erzähl eine Geschichte«, sagte Mr. Schaeffer, der sich nervös und hilflos fühlte, wenn er seinen Freund nicht erreichen konnte. »Erzähl, wie es war, als du zu dem Rennen in Miami gingst.«

»Ich niemals gehen zu keinem Rennen«, sagte Tico Feo und gab damit zu, daß seine wildeste Geschichte, in der es sich um Hunderte von Dollars handelte und um ein Zusammentreffen mit Bing Crosby, eine Lüge war. Es schien ihm nichts daran zu liegen. Er brachte einen Kamm zum Vorschein und zog ihn verdrießlich durch sein Haar. Vor ein paar Tagen war dieser Kamm die Ursache eines hitzigen Streites gewesen. Einer der Männer, Wink, behauptete, daß Tico Feo ihm den Kamm gestohlen habe, worauf der Beschuldigte dadurch antwortete, daß er ihm ins Gesicht spuckte. Sie hatten miteinander gerungen, bis Mr. Schaeffer und ein anderer Mann sie trennten. »Ist mein Kamm. Sag ihm!« hatte Tico Feo von Mr. Schaeffer verlangt. Aber Mr. Schaeffer hatte mit ruhiger Festigkeit gesagt, nein, es sei nicht der Kamm seines Freundes – eine Antwort, die alle, die es anging, zu entwaffnen schien. »Ah«, sagte Wink, »wenn er ihn so sehr will, mag ihn dieser Sohn einer Hündin behalten.« Und später hatte Tico Feo mit verwunderter, unsicherer Stimme gesagt, »Ich dachte, du warst mein Freund.« »Ich bin es«, hatte Mr. Schaeffer gedacht, aber er sagte nichts.

»Ich nicht gehen zu keinem Rennen, und was ich sagte über die Witwe ist auch nicht wahr.« Er zog an seiner Zigarette, bis sie wütend glühte, und schaute Mr. Schaeffer abschätzend an. »Sagen, du haben Geld, Mister?«

»Vielleicht zwanzig Dollar«, sagte Mr. Schaeffer zögernd, besorgt, wohin das führte.

»Nicht so gut, zwanzig Dollar«, sagte Tico, aber ohne Enttäuschung. »Nix wichtig, wir uns durcharbeiten. In Mobile hab' ich meinen Freund Frederico. Er wird uns in ein Boot setzen. Es wird keine Unannehmlich-

keiten geben«, und es war als ob er sagte, daß es kälter geworden sei.
Mr. Schaeffers Herz zog sich zusammen. Er konnte nicht sprechen.
»Niemand hier kann rennen zu fangen Tico. Er rennen am schnellsten.«
»Gewehre rennen schneller«, sagte Mr. Schaeffer mit fast unhörbarer Stimme. »Ich bin zu alt«, sagte er, und das Wissen um sein Alter schüttelte ihn innerlich bis zur Übelkeit.
Tico Feo hörte nicht zu. »Dann die Welt. Die Welt, el mundo, mein Freund.« Er stand auf und bebte wie ein junges Pferd; alles schien auf ihn zuzuströmen – der Mond, das Rufen der Eulen. Sein Atem ging schnell und wurde in der Luft zu Dampf. »Sollten wir nach Madrid gehen? Vielleicht jemand mich lehren Stierkampf. Denkst du Mister?«
Mr. Schaeffer hörte auch nicht zu. »Ich bin zu alt«, sagte er. »Ich bin zu verwünscht alt.«
In den nächsten paar Wochen lief ihm Tico Feo nach – die Welt, el mundo, mein Freund; und er wollte sich verbergen. Er pflegte sich in der Toilette einzuschließen und seinen Kopf zu halten. Und dennoch – er war aufgeregt, gequält. Wie, wenn es wahr werden könnte, das Rennen mit Tico durch die Wälder und zum Meer? Und er sah sich selbst in einem Boot, er, der nie das Meer gesehen hatte, dessen ganzes Leben im Lande wurzelte. Während dieser Zeit starb einer der Gefangenen und im Hof konnte man hören, wie der Sarg gemacht wurde. Als die einzelnen Nägel eingehämmert wurden, dachte Mr. Schaeffer, »Der ist für mich, es ist meiner.«

Tico Feo selbst war nie besser aufgelegt. Er schlenderte umher mit der schnippischen Anmut eines Tänzers und hatte für jeden einen Scherz. Im Schlafhaus zupften seine Finger nach dem Abendessen an der Gitarre wie Feuerwerksschwärmer. Er lehrte die Männer olé zu schreien, und einige von ihnen warfen die Kappen in die Luft.

Als die Arbeit auf der Straße beendet war, wurden Mr. Schaeffer und Tico Feo wieder zurück in den Wald geschickt. Am St.-Valentins-Tag aßen sie ihr Mittagessen unter einer Föhre. Mr. Schaeffer hatte ein Dutzend Orangen aus der Stadt bestellt, und er schälte sie langsam, so daß die Schalen eine Spirale bildeten. Die saftigeren Schnitze gab er seinem Freund, der stolz darauf war, wie weit er die Kerne spucken konnte – gute drei Meter.

Es war ein schöner, kalter Tag, Flecke von Sonnenlicht schwebten über ihnen wie Schmetterlinge, und Mr. Schaeffer, der gern an den Bäumen arbeitete, fühlte sich matt und glücklich. Da sagte Tico Feo: »Der da, er nicht könnte fangen eine Fliege mit seinem Mund.« Er meinte Armstrong, einen derbgesichtigen Mann, der dasaß, das Gewehr zwischen den Beinen aufgestützt. Er war der jüngste der Wachen und neu im Lager.

»Ich weiß nicht«, sagte Mr. Schaeffer. Er hatte Armstrong beobachtet und bemerkt, daß der neue Wächter, wie viele Leute, die zugleich schwer und eitel sind, sich mit gleitender Leichtigkeit bewegte. »Er könnte dich zum Narren halten.«

»Ich halte ihn vielleicht zum Narren«, sagte Tico Feo und spuckte einen Orangenkern in Armstrongs Richtung. Der Wächter blickte ihn finster an und blies auf seiner Pfeife. Es war das Signal, daß die Arbeit wieder anfing.

Einmal während des Nachmittags kamen die beiden Freunde wieder zusammen; das heißt, sie nagelten Harzeimer an Bäume, die nebeneinanderstanden. In einiger Entfernung unter ihnen sprudelte ein seichter Bach durch den Wald. »In Wasser kein Geruch«, sagte Tico Feo nachdrücklich, als erinnerte er sich an etwas, das er gehört hatte. »Wir laufen in Wasser; wenn es dunkel wird, wir klettern auf Baum. Ja, Mister?«

Mr. Schaeffer hämmerte weiter, aber seine Hand zitterte und er traf mit dem Hammer seinen Daumen. Er schaute sich ganz betäubt nach seinem Freund um. Sein Gesicht zeigte keinen Widerschein des Schmerzes und er steckte den Daumen nicht in den Mund, wie man es wohl gewöhnlich tut.

Tico Feos blaue Augen schienen, wie Seifenblasen, immer größer zu werden, und als er mit einer Stimme wie der ruhige Lufthauch in den Föhrenwipfeln sagte, »Morgen«, sah Mr. Schaeffer nichts anderes mehr als diese Augen.

»Morgen, Mister?«

»Morgen«, sagte Mr. Schaeffer.

Das erste Morgenlicht fiel auf die Wände des Schlafhauses, und Mr. Schaeffer, der wenig geruht hatte, wußte, daß auch Tico wach war. Mit den schläfrigen Augen eines Krokodils beobachtete er die Bewegungen seines Freundes auf dem nächsten Feldbett. Tico Feo knüpfte das Seidentuch auf, das seine Schätze enthielt. Zuerst nahm er den Taschenspiegel heraus. Dessen quallenartig unsicheres Licht zitterte auf seinem Gesicht. Eine Weile bewunderte er sich selbst voller Entzücken und kämmte und glättete sein Haar, als bereite er sich darauf vor, zu einer Gesellschaft zu gehen. Dann hing er sich den Rosenkranz um den Hals. Das Parfüm öffnete er nicht, auch nicht die Weltkarte. Zuletzt stimmte er seine Gitarre. Während die anderen Männer sich anzogen, saß er da auf dem Rand seines Feldbettes und stimmte die Gitarre. Es war sonderbar, denn er muß gewußt haben, daß er sie nie wieder spielen würde.

Vogelrufe begleiteten die Männer durch die dunstigen Morgenwälder. Sie marschierten im Gänsemarsch, fünfzehn Männer in einer Gruppe, und ein Wächter am Ende jeder Reihe. Mr. Schaeffer schwitzte, als ob es ein heißer Tag wäre, und er konnte nicht Schritt halten mit seinem Freund, der vorausging, mit den Fingern schnalzte und den Vögeln etwas vorpfiff.

Ein Signal war ausgemacht worden. Tico Feo sollte rufen »Austreten« und tun, als ob er hinter einen Baum ginge. Aber Mr. Schaeffer wußte nicht, wann es geschehen würde.

Der Wächter Armstrong blies auf seiner Pfeife und seine Männer fielen aus der Reihe und stellten sich auf ihre verschiedenen Plätze. Mr. Schaeffer, der so gut er konnte, an seine Arbeit ging, achtete darauf, immer einen Standort zu haben, wo er sowohl auf Tico Feo als auch auf den Wächter ein Auge haben konnte. Armstrong saß auf einem Baumstumpf, ein Stück Kautabak machte sein Gesicht schief und sein Gewehr zeigte aufwärts zur Sonne. Er hatte die verschmitzten Augen eines Falschspielers; man konnte nicht sagen, wohin er wirklich schaute.

Einmal gab ein anderer Mann das Signal. Obwohl Mr. Schaeffer sofort erkannt hatte, daß es nicht die Stimme seines Freundes war, hatte die Panik ihm die Kehle wie mit einem Strick zugeschnürt. Als der Morgen sich hinzog, war ein solches Dröhnen in seinen Ohren, daß er fürchtete, er würde das Signal nicht hören, wenn es käme.
Die Sonne erkletterte den Zenit. »Er ist nur ein fauler Träumer. Es wird nie geschehen«, dachte Mr. Schaeffer, und einen Moment wagte er es zu glauben. Aber »Erst essen wir«, sagte Tico Feo mit praktischem Sinn, als sie ihre Essenseimer am Ufer oberhalb des Baches absetzten. Sie aßen schweigend, beinahe, als ob einer dem anderen grollte, aber schließlich fühlte Mr. Schaeffer die Hand seines Freundes mit sanftem Druck auf seiner eigenen.
»Mr. Armstrong, Austreten . . .«

Nahe dem Bach hatte Mr. Schaeffer einen süßen Gummibaum gesehen, und er dachte, es würde nun bald Frühling sein und der süße Gummi gerade recht zum Kauen. Ein scharfer Stein riß seine Handfläche auf, als er vom schlüpfrigen Ufer ins Wasser glitt. Er richtete sich auf und begann zu laufen; seine Beine waren lang, er hielt sich fast auf gleicher Höhe mit Tico Feo, und eisiges Wasser sprudelte um sie. Vor- und rückwärts durch die Wälder dröhnten die Rufe der Männer, hohl wie Stimmen in einer Höhle, drei Schüsse folgten, alle zu hoch, als ob die Wächter auf eine Schar Gänse schössen.
Mr. Schaeffer sah den Klotz nicht, der quer über den Bach lag. Er dachte, er liefe noch, und seine Beine

schlugen um sich, er war wie eine Schildkröte, die hilflos auf dem Rücken lag.
Während er sich da abmühte, schien es ihm, als ob das Gesicht seines Freundes, das über ihm schwebte, ein Teil des Winterhimmels sei – es war so fern, richtend! Nur einen Augenblick schwebte es da, wie ein Kolibri, und doch hatte er in dieser Zeit erkannt, daß Tico Feo gar nicht gewünscht hatte, daß er es fertigbrächte, niemals geglaubt hatte, daß er es würde, und er erinnerte sich daran, daß er einmal gedacht hatte, es werde noch lange Zeit dauern, bis sein Freund ein erwachsener Mann sein würde. Als sie ihn fanden, lag er noch im knöcheltiefen Wasser, als ob es ein Sommernachmittag wäre und er müßig im Fluß schwämme.
Seither sind drei Winter vergangen, und von jedem sagte man, er sei der kälteste, der längste. Die zwei letzten Regenmonate wuschen tiefere Furchen in den Lehmweg, der zum Lager führt, und es ist schwerer als je dahinzukommen, und schwerer wegzukommen. Zwei Scheinwerfer sind zusätzlich an den Mauern angebracht worden, und dort brennen sie durch die Nacht, wie die Augen einer riesigen Eule. Sonst hat es keine großen Änderungen gegeben. Mr. Schaeffer, zum Beispiel, schaut noch ziemlich gleich aus, außer, daß seine Haare weißer geworden sind und daß er infolge des gebrochenen Knöchels hinkt. Der Captain selbst hatte gesagt, Mr. Schaeffer habe sich den Knöchel beim Versuch, Tico Feo zu fangen, gebrochen. Es gab sogar ein Bild von Mr. Schaeffer in der Zeitung mit der Unterschrift: »Versuchte die Flucht zu verhindern.« Damals war er tief gedemütigt, nicht, weil er wußte, daß die anderen Männer lachten, son-

dern beim Gedanken daran, daß Tico Feo es sehen könnte. Aber er schnitt es jedenfalls aus der Zeitung aus und hebt es in einem Umschlag auf, zusammen mit mehreren Ausschnitten, die seinen Freund betreffen: ein lediges Frauenzimmer berichtete den Behörden, er habe ihr Haus betreten und sie geküßt, zweimal wurde berichtet, daß er in der Umgebung von Mobile gesehen worden sei, schließlich glaubte man, daß er das Land verlassen habe.

Niemals hat jemals Mr. Schaeffers Anspruch auf die Gitarre bestritten. Vor einigen Monaten wurde ein neuer Gefangener in das Schlafhaus eingewiesen. Es hieß, er sei ein guter Spieler, und Mr. Schaeffer wurde überredet, ihm die Gitarre zu leihen. Aber alle Melodien des Mannes kamen falsch heraus, denn es war, als ob Tico Feo, als er damals am letzten Morgen seine Gitarre stimmte, einen Fluch auf sie gelegt hätte. Nun liegt sie unter Mr. Schaeffers Feldbett und ihre gläsernen Diamanten werden gelb; in der Nacht sucht seine Hand sie manchmal, und seine Finger streichen über die Saiten: dann – die Welt.

Eine Weihnachts-Erinnerung

Stellt euch einen Morgen gegen Ende November vor! Das Heraufdämmern eines Wintermorgens vor mehr als zwanzig Jahren. Denkt euch die Küche eines weitläufigen alten Hauses in einem Landstädtchen. Ein großer schwarzer Kochherd bildet ihren wichtigsten Bestandteil, aber auch ein riesiger runder Tisch und ein Kamin sind da, vor dem zwei Schaukelstühle stehen. Und gerade heute begann der Kamin sein zur Jahreszeit passendes Lied anzustimmen.

Eine Frau mit kurzgeschorenem weißem Haar steht am Küchenfenster. Sie trägt Tennisschuhe und einen formlosen grauen Sweater über einem sommerlichen Kattunkleid. Sie ist klein und behende wie eine Bantam-Henne; aber infolge einer langen Krankheit in ihrer Jugend sind ihre Schultern kläglich verkrümmt. Ihr Gesicht ist auffallend: dem Lincolns nicht unähnlich, ebenso zerklüftet und von Sonne und Wind gegerbt; aber es ist auch zart, von feinem Schnitt, und die Augen sind sherryfarben und scheu. »O je«, ruft sie aus, daß die Fensterscheibe von ihrem Hauch beschlägt, »es ist Früchtekuchen-Wetter!«

Der, zu dem sie spricht, bin ich. Ich bin sieben. Sie ist sechzig und noch etwas darüber. Wir sind Vetter und Base, zwar sehr entfernte, und leben zusammen seit – ach, solange ich denken kann. Es wohnen noch andere Leute im Haus, Verwandte; und obwohl sie Macht über uns haben und uns oft zum Weinen bringen, merken wir im großen und ganzen doch nicht allzuviel von ihnen. Wir sind jeder des andern bester Freund. Sie nennt mich Buddy, zum Andenken an einen Jungen, der früher mal ihr bester Freund war. Der andere Buddy starb in den achtziger Jahren, als sie noch ein Kind war. Sie ist noch immer ein Kind.

»Ich wußte es, noch eh' ich aus dem Bett stieg«, sagt sie und kehrt dem Fenster den Rücken. Ihre Augen leuchten zielbewußt. »Die Glocke auf dem Gericht hallte so kalt und klar. Und kein Vogel hat gesungen; sind vermutlich in wärmere Länder gezogen. O Buddy, hör' auf, Biskuits zu futtern, und hol' unser Wägelchen! Und hilf mir, meinen Hut suchen! Wir müssen dreißig Kuchen backen.«

So ist es immer: jedes Jahr im November dämmert ein Morgen herauf, und meine Freundin verkündet – wie um die diesjährige Weihnachtszeit feierlich zu eröffnen, die ihre Phantasie befeuert und die Glut ihres Herzens nährt –: »Es ist Früchtekuchen-Wetter! Hol' unser Wägelchen! Hilf mir meinen Hut suchen!«

Der Hut findet sich: ein Wagenrad aus Stroh, geschmückt mit Samtrosen, die in Luft und Licht verblaßten; er gehörte einmal einer eleganteren Verwandten. Zusammen ziehen wir unser Wägelchen, einen wackeligen Kinderwagen, aus dem Garten und zu einem Gehölz von Hickory-Nußbäumen. Das Wägelchen gehört mir, das heißt, es wurde für mich gekauft, als ich auf die Welt kam. Es ist aus Korbgeflecht, schon ziemlich aufgeräufelt, und die Räder schwanken wie die Beine eines Trunkenbolds. Doch ist es ein treuer Diener; im Frühling nehmen wir es mit in die Wälder und füllen es mit Blumen, Kräutern und wildem Farn für unsere Verandatöpfe; im Sommer häufen wir es voller Picknicksachen und Angelruten aus Zuckerrohr und lassen es zum Ufer eines Flüßchens hinunterrollen; auch im Winter findet es Verwendung: als Lastwagen, um Feuerholz vom Hof zur Küche zu befördern, und als warmes Bett für Queenie, unsern zähen kleinen rotweißen rattenfangenden Terrier, der die Staupe und zwei Klapperschlangenbisse überstanden hat. Queenie trippelt jetzt neben uns einher.

Drei Stunden darauf sind wir wieder in der Küche und entkernen eine gehäufte Wagenladung Hickory-Nüsse, die der Wind heruntergeweht hat. Vom Aufsammeln tut uns der Rücken weh: wie schwer sie unter dem welken Laub und im frostfahlen, irreführenden Gras zu finden waren! (Die Haupternte war schon von den Eigentümern des Wäldchens – und das sind nicht wir – von den Bäumen geschüttelt und verkauft worden.) Krick-kräck! Ein lustiges Krachen, wie lauter Zwergen-Donnerschläge, wenn die Schalen zerbrechen und der goldene Hügel süßen, fetten sahnefarbenen Nußfleisches in der Milchglasschüssel höhersteigt. Queenie bettelt um einen Kosthappen, und hin und wieder gönnt meine Freundin ihr verstohlen ein Krümchen, wenn sie auch beteuert, daß wir's nicht entbehren können. »Wir dürfen's nicht, Buddy! Wenn wir mal damit anfangen, nimmt's kein Ende. Und wir haben fast nicht genug. Für dreißig Früchtekuchen!«

In der Küche dunkelt es. Die Dämmerung macht aus dem Fenster einen Spiegel: unsre Spiegelbilder, wie wir beim Feuerschein vor dem Kamin arbeiten, mi-

schen sich mit dem aufgehenden Mond. Endlich, als der Mond schon sehr hoch steht, werfen wir die letzte Nußschale in die Glut und sehen gemeinschaftlich seufzend zu, wie sie Feuer fängt. Das Wägelchen ist leer, die Schüssel ist bis zum Rande voller Nußkerne. Wir essen unser Abendbrot (kalte Biskuits, Brombeermus und Speck) und besprechen den nächsten Tag. Morgen beginnt der Teil der Arbeit, der mir am besten gefällt: das Einkaufen. Kandierte Kirschen und Zitronen, Ingwer und Vanille und Büchsen-Ananas aus Hawaii, Orangeat und Zitronat und Rosinen und Walnüsse und Whisky und, oh, was für eine Unmenge Mehl und Butter, und so viele Eier und Gewürze und Aroma – jemine!, wir brauchen wohl gar ein Pony, um das Wägelchen nach Hause zu ziehen!
Doch ehe die Einkäufe gemacht werden können, muß die Geldfrage gelöst werden. Wir haben beide keins, abgesehen von kläglichen Summen, mit denen uns die Leute aus dem Haus gelegentlich versehen (ein Zehner gilt schon als sehr viel Geld), oder von dem, was wir auf mancherlei Art selbst verdienen, indem wir einen Ramsch-Verkauf veranstalten oder Eimer voll handgepflückter Brombeeren und Gläser mit hausgemachter Marmelade, mit Apfelgelée und Pfirsichkompott verkaufen oder für Begräbnisse und Trauungen Blumen pflücken. Mal haben wir auch bei einem nationalen Fußball-Toto den neunundsiebzigsten Preis gewonnen, fünf Dollar! Nicht etwa, daß wir auch nur eine blasse Ahnung vom Fußball hätten! Es ist vielmehr so, daß wir einfach bei jedem Wettbewerb mitmachen, von dem wir hören. Augenblicklich richtet sich all unsre Hoffnung auf das große Preisauschrei-

ben, bei dem man fünfzigtausend Dollar für den Namen einer neuen Kaffeesorte gewinnen kann (wir schlugen A.M.[1] vor, und nach einigem Zaudern – denn meine Freundin fand es möglicherweise frevelhaft –, den Slogan *A. M. = Amen!)* Unser einziges wirklich einträgliches Unternehmen war, um die Wahrheit zu gestehen, das Unterhaltungs- und Monstrositäten-Kabinett, das wir vor zwei Jahren in einem Holzschuppen auf dem Hof eröffnet hatten. Die Unterhaltung lieferte ein Stereoptikon mit Ansichten aus Washington und New York, das uns eine Verwandte geliehen hatte, die dort gewesen war (als sie entdeckte, weshalb wir es geborgt hatten, wurde sie wütend); in der Monstrositäten-Abteilung hatten wir ein Küken mit drei Beinen, das eine von unsern eigenen Hennen ausgebrütet hatte. Jeder aus der ganzen Gegend wollte das Küken sehen: wir verlangten von Erwachsenen einen Nickel und von Kindern zwei Cents und nahmen gute zwanzig Dollar ein, ehe das Kabinett infolge Ablebens seiner Haupt-Attraktion schließen mußte.

Irgendwie jedoch sparen wir jedes Jahr unser Weihnachtsgeld zusammen, in einer Früchtekuchen-Kasse. Wir bewahren das Geld in einem Versteck auf: in einer alten, perlenbestickten Geldbörse unter einer losen Diele unter dem Estrich unter dem Nachttopf unter dem Bett meiner Freundin. Die Geldbörse wird selten aus dem sicheren Gewahrsam hervorgeholt, es sei denn, um eine Einlage zu machen oder, wie es jeden Samstag vorkommt, um etwas abzuheben; denn sams-

[1] a.m. = ante meridiem = vormittags

tags darf ich zehn Cents haben, um ins Kino zu gehen. Meine Freundin ist noch niemals in einem Kino gewesen und hat auch nicht die Absicht, je hinzugehen. »Lieber laß' ich mir die Geschichte von dir erzählen, Buddy! Dann kann ich's mir viel schöner ausmalen. Außerdem muß man in meinem Alter mit seinem Augenlicht schonend umgehen. Wenn der HERR kommt, möcht' ich IHN deutlich erkennen.« Aber nicht nur, daß sie nie in einem Kino war: sie hat auch nie in einem Restaurant gegessen, ist nie weiter als zehn Kilometer von zu Hause fort gewesen, hat nie ein Telegramm erhalten oder abgeschickt, hat nie etwas anderes gelesen als das Witzblatt und die Bibel, hat sich nie geschminkt, hat nie geflucht, nie jemandem etwas Böses gewünscht, nie absichtlich gelogen und nie einen hungrigen Hund von der Türe gescheucht. Und nun ein paar von den Dingen, die sie getan hat und noch tut: mit einer Hacke die größte Klapperschlange totgeschlagen, die man jemals hierzulande gesehen hat (mit sechzehn Klappern), nimmt Schnupftabak (heimlich), zähmt Kolibris (versucht's nur mal!), bis sie ihr auf dem Finger balancieren, erzählt Geistergeschichten (wir glauben beide an Geister), aber so gruselige, daß man im Juli eine Gänsehaut bekommt, hält Selbstgespräche, geht gern im Regen spazieren, zieht die schönsten Japonikas der Stadt und kennt das Rezept für jedes alte indianische Hausmittel, auch den Warzen-Zauber.

Jetzt, nach beendetem Abendbrot, ziehen wir uns in einen abgelegenen Teil des Hauses in das Zimmer zurück, in dem meine Freundin in einem eisernen Bett schläft, das in ihrer Lieblingsfarbe, Rosa, gestrichen und mit einer bunten Flickerlsteppdecke zugedeckt ist. Stumm und in Verschwörerwonnen schwelgend, holen wir die Perlenbörse aus ihrem geheimen Versteck und schütten ihren Inhalt auf die Flickerldecke: Dollarscheine, fest zusammengerollt und grün wie Maiknospen; düstere Fünfzig-Cent-Stücke, schwer genug, um einem Toten die Lider zu schließen; hübsche Zehner, die munterste Münze, eine, die wirklich silbern klingelt; Nickel und Vierteldollars, glattgeschliffen wie Bachkiesel; aber hauptsächlich ein hassenswerter Haufen bitter riechender Pennies. Im vergangenen Sommer verpflichteten sich die andern im Haus, uns für je fünfundzwanzig totgeschlagene Fliegen einen Penny zu zahlen. Oh, welch Gemetzel im August: wieviel Fliegen flogen in den Himmel! Doch es war keine Beschäftigung, auf die man stolz sein konnte. Und während wir jetzt dasitzen und die Pennies zählen, ist es uns, als ob wir wieder Tote-Fliegen-Tabellen aufstellten. Wir haben beide keinen Zahlensinn: wir zählen langsam, kommen durcheinander und müssen wieder von vorn anfangen. Auf Grund ihrer Berechnungen haben wir zwölf Dollar dreiundsiebzig. Auf Grund meiner genau dreizehn Dollar. »Hoffentlich hast du dich verzählt, Buddy! Mit dreizehn können wir nichts anfangen. Dann gehen uns die Kuchen nicht auf. Oder jemand stirbt daran. Wo es mir doch nicht im Traum einfallen würde, am dreizehnten aufzustehen!« Es ist wahr: den Dreizehnten jeden Monats verbringt sie im Bett. Um also ganz sicher zu gehen, nehmen wir einen Penny und werfen ihn aus dem Fenster.

Von den Zutaten, die wir für unsere Früchtekuchen

brauchen, ist Whisky am teuersten, und er ist auch am schwierigsten zu beschaffen. Das Gesetz verbietet den Verkauf in unserem Staat. Doch jedermann weiß, daß man bei Mr. Haha Jones eine Flasche kaufen kann. Und am folgenden Tag, nachdem wir unsere prosaischeren Einkäufe gemacht haben, begeben wir uns zu Mr. Hahas Geschäftslokal, einem nach Ansicht der Leute »lasterhaften« Fischrestaurant und Tanzcafé unten am Fluß. Wir sind schon früher dortgewesen, und um das gleiche zu besorgen; doch in den voraufgegangenen Jahren hatten wir mit Hahas Frau zu tun, einer jodbraunen Indianerin mit messinggelb gebleichtem Haar, die stets todmüde ist. Ihren Mann haben wir noch nie zu Gesicht bekommen, obwohl wir gehört haben, daß er auch ein Indianer ist. Ein Riese mit tiefen Rasiermessernarben auf beiden Backen. Er wird »Haha« genannt, weil er so düster ist – ein Mann, der nie lacht. Je mehr wir uns seinem Café nähern (einer großen Blockhütte, die innen und außen mit grellbunten Ketten nackter elektrischer Birnen bekränzt ist und am schlammigen Flußufer steht, im Schatten von Uferbäumen, durch deren Zweige die Flechten wie graue Nebel wehen), um so langsamer werden unsere Schritte. Sogar Queenie hört auf zu springen und geht bei Fuß. In Hahas Café sind schon Leute ermordet worden. Aufgeschlitzt. Den Schädel eingeschlagen. Im nächsten Monat wird wieder ein Fall vor Gericht verhandelt. Natürlich ereignen sich solche Vorfälle in der Nacht, wenn die bunten Lämpchen verrückte Muster bilden und das Grammophon winselt. Am Tage ist Hahas Café schäbig und öde.

Ich klopfe an die Tür, Queenie bellt, und meine Freundin ruft: »Mrs. Haha, Ma'am? Ist jemand da?«
Schritte. Die Tür geht auf. Das Herz bleibt uns stehen. Es ist Mr. Haha Jones persönlich! Und er ist tatsächlich ein Riese; er hat tatsächlich Narben; er lächelt tatsächlich nicht. Nein, aus schrägstehenden Satansaugen stiert er uns finster an und begehrt zu wissen: »Was wollt ihr von Haha?«
Einen Augenblick sind wir zu betäubt, um zu sprechen. Dann findet meine Freundin ihre Stimme wieder, bringt aber nicht mehr als ein Flüstern zustande: »Bitte schön, Mr. Haha, wir möchten gern ein Liter von Ihrem besten Whisky!«
Seine Augen werden noch schräger. Nicht zu glauben: Haha lächelt! Er lacht sogar! »Wer von euch beiden ist denn fürs Trinken?«
»Wir brauchen den Whisky für Früchtekuchen, Mr. Haha. Zum Backen!«
Das ernüchtert ihn. Er zieht die Augenbrauen zusammen. »Ist doch keine Art, guten Whisky zu verschwenden!« Trotzdem verzieht er sich in das schattige Café und erscheint ein paar Sekunden darauf mit einer Flasche butterblumengelben Alkohols ohne Etikett. Er läßt den Whisky im Sonnenlicht funkeln und sagt: »Zwei Dollar!«
Wir zahlen – mit Nickeln und Zehnern und Pennies. Plötzlich wird sein Gesicht weich, und er klimpert mit den Münzen in seiner Hand, als ob's eine Faust voll Würfel wäre. »Ich will euch was sagen«, schlägt er uns vor und läßt das Geld wieder in unsere Perlbörse rutschen, »schickt mir statt dessen einen von euren Früchtekuchen!«

»Nein, wirklich«, sagt meine Freundin auf dem Heimweg, »was für ein reizender Mann! In seinen Früchtekuchen tun wir eine ganze Tasse Rosinen extra!«
Der schwarze Herd, der mit Kleinholz und Kohle gefüttert wird, glüht wie eine ausgehöhlte Kürbislaterne. Schneebesen schwirren, Löffel mahlen in Schüsseln voll Butter und Zucker, Vanille durchduftet die Luft, Ingwer würzt sie; schmelzende, die Nase kitzelnde Gerüche durchtränken die Küche, überschwemmen das ganze Haus und schweben mit den Rauchwölkchen durch den Kamin in die Welt hinaus.
In vier Tagen haben wir die Arbeit geschafft. Einunddreißig Kuchen, mit Whisky befeuchtet, lagern warm auf Fensterbrettern und Regalen.
Für wen sind sie?
Für Freunde. Nicht unbedingt für Nachbarn. Nein, der größte Teil ist für Leute bestimmt, die wir vielleicht einmal, vielleicht auch nie gesehen haben. Leute, die unsere Phantasie beschäftigen. Wie der Präsident Roosevelt. Wie Ehrwürden und Mrs. J. C. Lucey, Baptisten-Missionare auf Borneo, die im vergangenen Winter hier einen Vortrag hielten. Oder der kleine Scherenschleifer, der zweimal jährlich durchs Städtchen kommt. Oder Abner Packer, der Fahrer vom Sechs-Uhr-Autobus aus Mobile, der uns tagtäglich zuwinkt, wenn er in einer Staubwolke vorüberbraust. Oder die jungen Winstons, ein Ehepaar aus Kalifornien, deren Wagen eines Tages vor unserer Haustür eine Panne hatte und die eine Stunde lang so nett mit uns auf der Veranda verplauderten (Mr. Winston machte eine Aufnahme von uns, die einzige, die es von uns beiden gibt). Kommt es wohl daher, weil

meine Freundin vor jedermann mit Ausnahme von Fremden scheu ist, daß uns die Fremden, flüchtige Zufallsbekannte, als unsre wahren Freunde erscheinen? Ich glaube, ja. Und die Sammelbücher, in die wir die Danksagungen auf Regierungsbriefpapier und hin und wieder eine Mitteilung aus Kalifornien oder Borneo und die Penny-Postkarten vom Scherenschleifer einkleben, geben uns das Gefühl, mit ereignisreicheren Welten verbunden zu sein, als es die Küche mit dem Blick auf einem abgeschnittenen Himmel ist.

Jetzt schabt ein dezemberkahler Feigenbaumzweig gegen das Fenster. Die Küche ist leer; die Kuchen sind fort. Gestern haben wir die letzten im Wägelchen zur Post gefahren, wo der Ankauf von Briefmarken unsre Börse umgestülpt hat. Wir sind pleite. Ich bin deswegen ziemlich niedergeschlagen, aber meine Freundin besteht darauf, zu feiern, und zwar mit einem zwei Finger breiten Rest Whisky in Hahas Flasche. Queenie bekommt einen Teelöffel voll in ihren Kaffeenapf (sie nimmt ihren Kaffee gern stark und mit Zichorie gewürzt). Das übrige verteilen wir auf zwei leere Gelee-Gläser. Wir sind beide ganz ängstlich, daß wir unverdünnten Whisky trinken wollen; der Geschmack zieht uns das Gesicht zusammen, und wir müssen uns grimmig schütteln. Aber allmählich fangen wir an zu singen, und gleichzeitig singen wir beide zwei verschiedene Lieder. Ich kann die Worte meines Liedes nicht richtig, bloß: *Kommt nur all, kommt nur all, in der Niggerstadt ist Stutzerball!* Aber ich kann tanzen. Stepptänzer im Film, das will ich nämlich werden. Mein tanzender Schatten hüpft über die Wände, von unseren Stimmen zittert das Porzellan, wir kichern, als ob unsichtbare Hände uns kitzelten. Queenie wälzt sich auf dem Rücken, ihre Pfoten trommeln durch die Luft, eine Art Grinsen verzerrt ihre schwarzen Lippen. Innerlich bin ich so warm und feurig wie die zerbröckelnde Glut der Holzscheite und so sorglos wie der Wind im Kamin. Meine Freundin walzt um den Kochherd und hält den Saum ihres billigen Kattunrocks zwischen den Fingerspitzen, als ob er ein Ballkleid wäre. *Zeig' mir den Weg, der nach Hause führt,* singt sie, und ihre Tennisschuhe quietschen über den Fußboden. *Zeig mir den Weg, der nach Hause führt!*

Es treten auf: zwei Verwandte. Sehr empört. Allgewaltig mit Augen, die schelten, mit Zungen, die ätzen. Hört zu, was sie zu sagen haben, und wie die Worte in zorniger Melodie übereinanderpurzeln: »Ein kleiner siebenjähriger Junge! Der nach Whisky riecht! Bist du von Gott verlassen? Einem Siebenjährigen so etwas zu geben! Mußt verrückt geworden sein! Der Weg, der ins Verderben führt! Hast wohl Base Kate vergessen? Und Onkel Charlie? Und Onkel Charlies Schwager? Schande! Skandal! Demütigend! Kniet nieder und betet, betet zum HERRN!« Queenie verkriecht sich unter dem Herd. Meine Freundin starrt auf ihre Schuhe, ihr Kinn zittert, sie hebt den Rock, schnaubt sich die Nase und läuft in ihr Zimmer. Lange nachdem die Stadt schlafen gegangen und das Haus verstummt ist und nur noch das Schlagen der Turmuhr und das Wispern der erlöschenden Glut verbleibt, weint sie in ihr Kissen hinein, das schon so naß ist wie ein Witwentaschentuch.

»Weine doch nicht!« sagte ich zu ihr. Ich sitze am

Fußende ihres Bettes und zittere meinem Flanellnachthemd zum Trotz, das noch nach dem Hustensaft vom vorigen Winter riecht; »weine doch nicht!«, bitte ich sie und kitzle sie an den Zehen und an den Fußsohlen, »du bist zu alt dafür!«
»Das ist's ja«, schluchzt sie, »ich *bin* zu alt. Alt und komisch.«
»Nicht komisch. Lustig. Mit keinem ist's so lustig wie mit dir. Laß doch! Wenn du nicht aufhörst mit Weinen, bist du morgen so müde, daß wir nicht fortgehen und den Baum abhacken können.«
Sie richtet sich auf. Queenie springt aufs Bett (was sie sonst nicht darf) und leckt ihr die Wangen. »Ich weiß eine Stelle, Buddy, wo es wunderschöne Bäume gibt. Und auch Stechpalmen. Mit Beeren, so groß wie deine Augen. Weit weg im Wald. Weiter, als wir je gewesen sind. Papa hat dort immer unsern Weihnachtbaum geholt und auf der Schulter nach Hause getragen. Das war vor fünfzig Jahren. Ach, ich kann's gar nicht mehr abwarten, bis es morgen früh ist.«
Am andern Morgen. Das Gras funkelt im Rauhreif. Die Sonne, rund wie eine Orange und orangerot wie Heißwettermonde, tänzelt über den Horizont und überglüht die versilberten Winterwälder. Ein wilder Truthahn ruft. Im Unterholz grunzt ein ausgerissenes Schwein. Bald sind wir am Rand eines knietiefen, schnellfließenden Wassers und müssen das Wägelchen stehenlassen. Queenie watet zuerst durch den Bach, paddelt hinüber und bellt klagend, weil die Strömung rasch ist und das Wasser so kalt, um Lungenentzündung zu bekommen. Wir folgen und halten unsre Schuhe und unsere Ausrüstung (ein Beil und einen

Jutesack), über den Kopf. Noch fast zwei Kilometer weiter: strafende Dornen, Kletten und Brombeerranken verhäkeln sich in unsern Kleidern; rostrote Kiefernnadeln leuchten mit grellbunten Schwämmen und ausgefallenen Vogelfedern. Hier und dort erinnern uns ein Aufblitzen, ein Flattern und ein schrilles Aufkreischen daran, daß nicht alle Vögel gen Süden gezogen sind. Immer wieder windet sich der Pfad durch zitronengelbe Sonnentümpel und pechdunkle Rankentunnel. Dann ist noch ein Bach zu überqueren: von einer aufgescheuchten Armada gesprenkelter Forellen schäumt das Wasser um uns her, und Frösche von Tellergröße üben sich im Bauchsprung; Biber-Baumeister arbeiten an einem Damm. Am andern Ufer steht Queenie, schüttelt sich und zittert. Auch meine Freundin zittert, aber nicht vor Kälte, sondern vor Begeisterung. Als sie den Kopf hebt, um die kieferndduftschwere Luft einzuatmen, wirft eine von den zerlumpten Rosen auf ihrem Hut ein Blütenblatt ab. »Wir sind gleich dort, Buddy! Riechst du ihn schon?« fragt sie, als ob wir uns einem Ozean näherten.

Und es ist wirklich eine Art Ozean. Duftende Bestände von Festtagsbäumen, stachelblättrige Stechpalmen. Rote Beeren, die wie chinesische Ballonblumen blinken: schwarze Krähen stoßen krächzend auf sie nieder. Nachdem wir unseren Jutesack so mit Grünzeug und roten Beeren vollgestopft haben, daß wir ein Dutzend Fenster bekränzen können, machen wir uns daran, einen Baum zu wählen. »Er soll zweimal so groß wie ein Junge sein«, sagt meine Freundin nachdenklich. »Damit ein Junge nicht den Stern stibitzen kann.« Der Baum, den wir schließlich auswählen, ist zweimal so hoch wie ich. Ein wackerer, schmucker Geselle, hält er dreißig Beilhieben stand, bevor er krachend mit durchdringendem Schrei umkippt. Dann beginnt der lange Treck nach draußen: wir schleppen ihn wie ein Stück Jagdbeute ab. Alle paar Meter geben wir den Kampf auf, setzen uns hin und keuchen. Aber wir haben die Kraft siegreicher Jäger; das und der starke, eisige Duft des Baumes beleben uns und spornen uns an. Auf der Rückkehr zur Stadt, bei Sonnenuntergang die rote Lehmstraße entlang, begleiten uns zahlreiche Komplimente; doch meine Freundin ist listig und verschwiegen, wenn Vorübergehende den in unserm Wägelchen thronenden Schatz loben: was für ein schöner Baum, und woher er käme. »Von da drüben«, murmelt sie unbestimmt. Einmal hält ein Wagen, und die träge Frau des reichen Mühlenbesitzers lehnt sich hinaus und plärrt: »Ich geb euch 'n Vierteldollar für den schäbigen Baum!« Im allgemeinen sagt meine Freundin nicht gern nein; aber diesmal schüttelt sie sofort den Kopf: »Auch nicht für'n Dollar!« Die Frau des Mühlenbesitzers läßt nicht locker: »'n Dollar? Ist ja verrückt! Fünfzig Cents – das ist mein letztes Wort. Meine Güte, Frau, ihr könnt euch ja 'n andern holen!« Anstatt einer Antwort spricht meine Freundin sanft und nachdenklich vor sich hin: »Da hab ich meine Zweifel. Zweimal das gleiche: das gibt's nicht auf der Welt.«

Zu Hause. Queenie sackt vor dem Kamin zusammen und schläft, laut wie ein Mensch schnarchend, bis zum nächsten Morgen.

Ein Koffer in der Bodenkammer enthält: einen Schuhkarton voller Hermelinschwänze (vom Opern-Umhang einer merkwürdigen Dame, die mal im Haus ein Zimmer gemietet hatte), Ketten zerfransten Lamettas, das vor Alter goldbraun wurde, einen Silberstern und eine kurze Schnur mit altersschwachen, bestimmt gefährlichen, kerzenförmigen elektrischen Birnen. Ausgezeichneter Schmuck, soweit vorhanden, und das ist nicht viel: meine Freundin möchte, daß unser Baum strahlt »wie ein Baptisten-Fenster« und daß er die Zweige unter Schneelasten von Schmuck niederhängen läßt. Doch die *made-in-Japan*-Herrlichkeiten des Einheitspreis-Ladens können wir uns nicht leisten. Daher machen wir, was wir immer gemacht haben: wir sitzen mit Schere und Bleistift und Stapeln von Buntpapier tagelang am Küchentisch. Ich mache Skizzen, und meine Freundin schneidet sie aus: eine Menge Katzen, auch Fische (weil sie leicht zu zeichnen sind), ein paar Äpfel, ein paar Wassermelonen, ein paar Engel mit Flügeln, die wir aus aufgespartem Silberpapier von Hershey-Riegeln zurechtbasteln. Wir benutzen Sicherheitsnadeln, um unsre Kunstwerke am Baum zu befestigen. Um ihm den letzten Schliff zu geben, bestreuen wir die Zweige mit zerschnittener Baumwolle (die wir zu diesem Zweck im August selber gepflückt haben). Meine Freundin betrachtet die Wirkung prüfend und schlägt die Hände zusammen. »Nun sag' mal ehrlich, Buddy: sieht's nicht zum Fressen schön aus?« Queenie versucht, einen Engel zu fressen.

Nachdem wir Stechpalmengirlanden für sämtliche Vorderfenster geflochten und mit Bändern umwunden haben, besteht unsere nächste Aufgabe im Fabrizieren von Geschenken für die Familie. Halstücher für die Damen aus Schnurbatik, für die Herren ein hausgemachter Sirup aus Zitronen, Lakritzen und Aspirin, einzunehmen »bei den ersten Symptomen einer Erkältung« sowie nach der Jagd. Aber als es an der Zeit ist, unsre gegenseitigen Geschenke vorzubereiten, trennen wir uns, um im geheimen zu arbeiten. Kaufen würde ich ihr gern: ein Messer mit Perlmuttergriff, ein Radio, ein ganzes Pfund Kirsch-Pralinés (wir haben mal ein paar gekostet, und seither beteuert sie: »Davon könnt' ich leben, Buddy, weiß Gott, das könnt' ich – und hab' Seinen Namen damit nicht unnütz in den Mund genommen.«) Statt dessen baue ich ihr einen Drachen. Und sie würde mir gern ein Fahrrad kaufen. (Sie hat's mir schon millionenmal gesagt: »Wenn ich's nur könnte, Buddy! 's ist schlimm genug, wenn man im Leben auf etwas verzichten muß, was man selbst gern haben möchte; aber was mich, zum Kuckuck, richtig verrückt macht, ist, wenn man einem andern nicht das schenken kann, was man ihm so sehr wünscht! Doch eines Tages tu' ich's, Buddy! Ich verschaffe dir ein Rad! Frag' mich nicht, wie. Vielleicht stehl' ich's.«) Statt dessen, davon bin ich ziemlich überzeugt, baut sie mir wahrscheinlich auch einen Drachen – ebenso wie voriges Jahr und das Jahr davor: und ein Jahr noch weiter davor haben wir uns gegenseitig Schleudern gebastelt. Was mir alles sehr recht ist. Denn wir sind Champions im Drachensteigenlassen und studieren den Wind wie die Matrosen; meine Freundin, die mehr Talent hat als ich, kann einen Drachen in die Lüfte schicken, wenn nicht mal so viel Brise da ist, um die Wolken zu tragen.

Am Heiligabend kratzen wir nachmittags einen Nickel zusammen und gehen zum Metzger, um Queenies herkömmliches Geschenk, einen guten, abnagbaren Rindsknochen zu kaufen. Der Knochen wird in lustiges Papier gewickelt und hoch in den Baum gehängt, in die Nähe des Silbersterns. Queenie weiß, daß er da ist. Sie hockt am Fuß des Baumes und starrt, vor Gier gebannt, nach oben: als es Schlafenszeit ist, weigert sie sich, von der Stelle zu gehen. Ihre Aufregung ist ebenso groß wie meine eigene. Ich zerwühle meine Bettdecken und drehe das Kopfkissen herum, als hätten wir eine sengendheiße Sommernacht. Irgendwo kräht ein Hahn: irrtümlicherweise, denn die Sonne ist noch auf der andern Seite der Erde.

»Buddy, bist du wach?« Es ist meine Freundin, die von ihrem Zimmer aus ruft, das neben meinem liegt; und einen Augenblick drauf sitzt sie auf meinem Bettrand und hält eine Kerze in der Hand. »Ach, ich kann kein Auge zumachen«, erklärt sie. »Meine Gedanken hüpfen wie Kaninchen herum. Buddy, glaubst du, daß Mrs. Roosevelt unsern Kuchen zum Weihnachtsessen auftragen läßt?« Wir kuscheln uns im Bett zusammen, und sie drückt mir die Hand »Hab-dich-lieb«. »Mir scheint, deine Hand war früher viel kleiner. Ach, mir ist's schrecklich, wenn du älter wirst! Wenn du groß bist – ob wir dann noch Freunde sind?« Ich antworte, immer! »Aber ich bin so traurig, Buddy! Ich wollte dir so gern ein Fahrrad schenken. Ich hab' versucht, die Kameenbrosche zu verkaufen, die Papa mir geschenkt hatte. Buddy . . .« Sie stockt, als sei sie zu verlegen.

»Ich hab' dir wieder einen Drachen gemacht!« Dann gestehe ich, daß ich ihr auch einen gemacht habe, und wir lachen. Die Kerze brennt so weit herunter, daß man sie nicht mehr halten kann. Sie geht aus, und der Sternenschimmer ist wieder da, und die Sterne kreisen vor dem Fenster wie ein sichtbares Jubilieren, das der Anbruch des Tages langsam, auch, so langsam zum Verstummen bringt. Vielleicht schlummern wir ein bißchen; aber die Morgendämmerung spritzt uns wie kaltes Wasser ins Gesicht: wir sind auf, mit großen Augen, und wandern umher und warten, daß die andern aufwachen. Mit voller Absicht läßt meine Freundin einen Kessel auf den Küchenfußboden fallen. Ich stepptanze vor verschlossenen Türen. Eins ums andere tauchen die Familienmitglieder auf und sehen aus, als ob sie uns am liebsten umbringen würden; aber es ist Weihnachten, daher können sie's nicht. Zuerst gibt's ein großartiges Frühstück; es ist einfach alles da, was man sich nur vorstellen kann: von Pfannkuchen und Eichhörnchenbraten bis zu Maisgrütze und Wabenhonig. Was alle in gute Laune versetzt, mich und meine Freundin ausgenommen. Offengestanden können wir vor Ungeduld, daß es endlich mit den Geschenken losgehen soll, keinen Bissen essen.

Leider bin ich enttäuscht. Das wäre wohl jeder. Socken, ein Sonntagsschulhemd, ein paar Taschentücher, ein fertiggekaufter Sweater und ein Jahresabonnement auf eine fromme Zeitschrift für Kinder: *Der kleine Hirte*. Ich platze vor Ärger. Wahrhaftig!

Meine Freundin macht einen besseren Fang. Ein Beutel mit Satsuma-Mandarinen – das ist ihr bestes Geschenk. Sie selbst ist jedoch stolzer auf einen weißwollenen Schal, den ihre verheiratete Schwester ihr gestrickt hat. Aber *sagen* tut sie, ihr schönstes Geschenk sei der Drachen, den ich ihr gebaut habe. Und er *ist* auch sehr schön, wenn auch nicht ganz so schön wie der, den sie mir gemacht hat, denn der ist blau und übersät mit goldenen und grünen Leitsternen, und außerdem ist noch mein Name, Buddy, draufgemalt. »Buddy, der Wind weht!«

Der Wind weht, und alles andere ist uns einerlei, bis wir zum Weideland hinter dem Haus gerannt sind, wo Queenie hingerast ist, um ihren Knochen zu vergraben (und wo sie selbst einen Winter drauf begraben wird). Dort tauchen wir in das gesunde, gürtelhohe Gras, wickeln an unsern Drachen die Schnur auf und fühlen, wie sie gleich Himmelsfischen an der Schnur zerren und in den Wind hineinschwimmen. Zufrieden und sonnenwarm lagern wir uns im Gras, schälen Mandarinen und sehen den Kunststückchen unsrer Drachen zu. Bald habe ich die Socken und den fertiggekauften Sweater vergessen. Ich bin so glücklich, als hätten wir beim Großen Preisausschreiben die fünfzigtausend Dollar für den Kaffeenamen gewonnen.

»Ach, wie dumm ich auch bin«, ruft meine Freundin und ist plötzlich so munter wie eine Frau, der es zu spät einfällt, daß sie einen Kuchen im Ofen hat. »Weißt du, was ich immer geglaubt habe?« fragt sie mit Entdeckerstimme und lächelt nicht mich an, sondern über mich hinaus. »Ich hab' immer gedacht, der Mensch müßte erst krank werden und im Sterben liegen, ehe er den HERRN zu Gesicht bekommt. Und ich hab' mir vorgestellt, wenn ER dann käme, wär's so, wie wenn man auf das Baptisten-Fenster schaut:

schön wie farbiges Glas, durch das die Sonne scheint, und solch ein Glanz, daß man nicht merkt, wenn's dunkel wird. Und es ist mir ein Trost gewesen, an den Glanz zu denken, der alles Spukgefühl fortjagt. Aber ich wette, daß es gar nicht so kommt. Ich wette, zuallerletzt begreift der Mensch, daß der HERR sich bereits gezeigt hat. Daß einfach alles, wie es ist (ihre Hand beschreibt einen Kreis, der Wolken und Drachen und Gras und Queenie einschließt, die eifrig Erde über ihren Knochen scharrt), und eben das, was der Mensch schon immer gesehen hat – daß das ›IHN-Sehen‹ war. Und ich – ich könnte mit dem Heute in den Augen die Welt verlassen.«

Es ist unser letztes, gemeinsames Weihnachten. Das Leben trennt uns. Die Alles-am-besten-Wisser bestimmen, daß ich auf eine Militärschule gehöre. Und so folgt eine elende Reihe von Gefängnissen mit Signalhörner oder grimmigen, von Reveille-Klängen verpesteten Sommerlagern. Ich habe auch ein neues Zuhause. Aber das zählt nicht. Zu Hause ist dort, wo meine Freundin ist, und ich komme nie dorthin.

Und sie bleibt dort und kramt in der Küche herum. Allein mit Queenie. Dann ganz allein. (»Liebster Buddy«, schreibt sie in ihrer wilden, schwerleserlichen Schrift, »gestern hat Jim Macys Pferd ausgeschlagen und Queenie einen schlimmen Tritt versetzt. Sei dankbar, daß sie nicht viel gespürt hat. Ich hab' sie in ein feines Leinentuch eingewickelt und im Wägelchen zu Simpsons Weideland hinuntergefahren, wo sie nun bei all ihren vergrabenen Knochen ist.«) Ein paar Novembermonate hindurch fährt sie noch fort, alleine

Früchtekuchen zu backen; nicht so viele wie früher, aber einige, und natürlich schickt sie mir immer das »Pracht-Exemplar«. Sie fügt auch in jedem Brief einen dick in Toilettenpapier eingewickelten Zehner bei: »Geh in einen Film und erzähl' mir im nächsten Brief die Geschichte!« Aber allmählich verwechselt sie mich in ihren Briefen mit ihrem andern Freund, mit dem Buddy, der in den achtziger Jahren starb. Immer häufiger ist der Dreizehnte nicht der einzige Tag des Monats, an dem sie im Bett bleibt. Und es kommt ein Morgen im November, der Anbruch eines blätterkahlen, vogelstummen Wintermorgens, an dem sie sich nicht aufraffen kann, um auszurufen: »O je, 's ist Früchtekuchen-Wetter!«

Und als *das* geschieht, weiß ich Bescheid. Der Brief, der es mir mitteilt, bestätigt nur die Meldung, die eine geheime Ader schon erhalten hat und durch die ein unersetzbares Teil meiner selbst von mir getrennt und freigelassen wird wie ein Drachen an einer gerissenen Schnur. Deshalb muß ich jetzt an diesem bestimmten Dezembermorgen, während ich über den Schul-Campus wandere, immer wieder den Himmel absuchen. Als ob ich erwarte, ein verirrtes Drachenpaar zu sehen, das, fast zwei Herzen gleichend, gen Himmel eilt.

Lokalkolorit

New Orleans

Da war im Hof ein Engel aus schwarzem Stein, und sein Engelskopf stand über den riesigen Elefantenohrblättern, die gläsernen Engelsaugen, licht wie das verwaschene Blau von Seemannsaugen, starrten nach oben. Man gewahrte den Engel von einem grünumwucherten Balkon – dem meinen, denn ich wohnte dahinter in drei altmodischen weißverputzten Zimmern, Zimmern mit kunstvoll gearbeiteten Tortengußdecken, breiten Schiebetüren und hohen Flügelfenstern. An warmen Abenden, bei geöffneten Fenstern, war hier ein angenehmes Plaudern, voll Melodie, weil der Wind leicht durch den Raum rauschte wie die Fächelbrise alter Damen. Und an solch warmen Abenden ist es ruhig in der Stadt. Nur Stimmen: wie ein Weberschiffchen hin und herschießende Familiengespräche auf einer efeuverhangenen Veranda; eine bloßfüßige Frau, die, vor sich hinsummend, ihren Stuhl auf dem Bürgersteig schaukelt und damit ihr Baby, das sie ungeniert stillt, in den Schlaf wiegt; fremdzüngige Klagereien einer erzürnten Hausfrau, die, auf ihrem Balkon sitzend, ein Hühnchen rupft, dessen lose Federn ihren Händen entgleiten, durch die Luft treiben, träge niederschweben.

Eines Morgens – ich glaube, es war im Dezember, an einem kalten Sonntag mit trüber grauer Sonne – ging ich durch das Viertel zum Alten Markt hinauf, wo es um diese Jahreszeit ausgezeichnetes Winterobst gibt, süße Satsumas, das Dutzend zu zwanzig Cents, und Winterblumen: Weihnachtssterne und schneeige Kamelien. New Orleans' Straßen dehnen sich weit und öde; in verkehrsarmen Stunden ist ihre Atmosphäre wie bei Chirico, und gemeinhin harmlose Dinge (ein Gesicht hinter dem streifigen Licht der Fensterläden, in der Ferne dahinschreitende Nonnen, ein dicker schwarzer Arm, der schief aus irgendeinem Fenster baumelt, einsam in einer Seitengasse hockend ein Negerjunge, der Seifenblasen macht und melancholisch zuschaut, wie sie auffliegen und zerplatzen) erhalten verzerrte Aspekte. An jenem Morgen nun stockte ich mitten in einem Straßenblock, weil ich mit dem Augenwinkel einen Durchgang aufgefangen hatte, einen überwachsenen Hof. Starr stand dort ein irraussehender weißer Hund im farrengrünen Licht, das am Ende des Durchgangs schimmerte, und wie unter einem Zwang ging ich auf ihn zu. Drinnen war ein Springbrunnen; in zartem Strahl spie Wasser aus dem Maul eines Bronze-Affen und tröpfelte einsam klingend auf den Kieselgrund des Beckens. Er hing an einer Weide, ein Ganovengesicht mit platinblondem gelocktem Haar; er hing so lasch wie die Zweige der Weide. Grauen lag über diesem in Schweigen erstickten Garten. Mit blinden Augen schauten geschlossene Fenster darauf nieder; Schneckenspuren glitzerten Silber auf den Elefantenohren; nichts rührte sich außer seinem Schatten. Er schwang ganz wenig, vor und zurück, gleichwohl ging kein Wind. Der Simili im Ring, den er trug, blinkte in der Sonne, und auf seinem Arm war ein Name tätowiert: *Francy*. Der

Hund senkte den Kopf, um aus dem Brunnen zu trinken, und ich lief davon. Francy – hatte er sich um ihretwillen umgebracht? Ich weiß es nicht. N. O. ist eine verschwiegene Stadt.

Meines Steinengels Glasaugen waren wie eine Sonnenuhr, weil sie durch den Grad der Helligkeit die Zeit anzeigten: weiß am Mittag, wurden sie allmählich matter, trübe im Dämmerlicht, dunkel – Zwielichtaugen in einem Zwielichtkopf.

Zerrissene Lippen goldhaariger Mädchen grinsen trübselig von verwitterten schiefen Häuserfronten: Trinkt Dr. Nutt, Dr. Pepper, NEHI, Grappada, 7 Up, Coca-Cola. Wie jeder Ort im Süden ist N. O. eine Stadt der Reklame für alkoholfreie Getränke; die Straßen in den einsamen Vierteln sind mit Coca-Cola-Kapseln gepflastert, und nach einem Regen glitzern sie wie verlorene Groschen im Kehricht. Plakate blättern ab, liegen zerfetzt, bis sie der Sturmwind die Straße entlangtreibt gleich Steppengras – und es gibt solche, die sie schön finden; es gibt solche, die ihre Wände tapezieren mit Dr. Nutt und Dr. Pepper, mit Coca-Cola-Schönen, die, über Mietkasernenbetten lächelnd, Schutzengel bei Nacht und Heilige am Morgen sind.

Schilder überall, mit Kreide geschrieben, gedruckt, gepinselt: »Madame Ortega – Handlesen, Liebestränke, Zauberbücher, Bitte einzutreten; Wer nur herumlungert – lungere nicht hier; Bist du bereit, vor Gott zu treten? Achtung! Bissiger Hund! – Habt Mitleid mit den armen Waisen; Ich bin eine taubstumme Witwe mit zwei hungernden Kindern; Vorsicht; Blue-Wing-Chor singt heute abend in unserer Kirche (gezeichnet) Der Pfarrer.«

Im Irish-Channel-Viertel sah ich einmal eine Aufforderung an einer Tür: »Komm und sieh, wo Jesus stand.«

»Na und?« sagte eine Frau, die auf mein Klingeln die Tür öffnete. »Ich möchte sehen, wo Jesus stand«, erklärte ich, und einen Augenblick war sie verblüfft; ihr Gesicht, von rasiermesserscharfen Linien gezeichnet, war teigig weiß wie Eibischpaste; sie hatte weder Wimpern noch Brauen und trug einen Kimono aus Baumwollkattun. »Du zu klein, Süßer«, sagte sie, wobei ein stoßweises Lachen ihre Brüste hüpfen ließ, »du viel zu klein, zu sehen, wo Jesus stand.«

Da war ein Café in meiner Nähe, unglaublich langweilig, denn es war wohl das am wenigsten besuchte Café in ganz N. O., das reine Begräbnisinstitut. Der Besitzerin, Mrs. Morris Otto Kunze, schien das indes nichts auszumachen; sie saß den ganzen lieben Tag lang hinter ihrer Theke, wedelte sich Kühlung mit einem Palmblattfächer und bewegte sich eigentlich nur, um Fliegen totzuschlagen. Und quer über dem gesprungenen alten Spiegel hinter der Theke hatte sie sieben Zettel kleben, auf denen überall dasselbe stand: »Wozu sich Sorgen im Leben machen . . . keiner von uns überlebt's.«

3. Juli. Vorige Woche eine »Bin-zu-Hause«-Karte von Miss Y. erhalten, machte daher heute nachmittag Besuch. Sie ist köstlich in ihrer altmodischen Art, zudem amüsant, wenngleich unabsichtlich. Beim ersten Sehen dachte ich: Edna May Oliver, und eine Ähnlichkeit besteht da sicherlich. Wenn Miss Y. spricht, klingt das wohlbedacht, dabei redet sie blind drauflos, und ihre sherrybraunen Augen mustern ständig ihre

Umgebung. Ihre Haltung ist militärisch, und sie trägt einen Spazierstock aus Malakkaholz, da eines ihrer Beine kürzer als das andere ist, ein Umstand, der ihren Gang zu einem pinguinähnlichen Watscheln macht. »Als ich in Ihrem Alter war, hat es mich unglücklich gemacht; ja, das kann ich wohl behaupten, denn Papa mußte mich zu allen Bällen begleiten, und da saßen wir dann auf solch goldenen Stühlchen, und da saßen wir dann. Keiner der jungen Herren forderte Miss Y. jemals zum Tanzen auf, mitnichten, wenngleich ein junger Mann aus Baltimore, ein Mr. Jones, in dem einen Winter herkam und du lieber Gott! – der arme Mr. Jones – ist nämlich von der Leiter gefallen – brach sich's Genick – war gleich tot.«
Mein Interesse an Miss Y. ist mehr klinisch, und ich bin – wie ich verlegen gestehe – nicht ganz der Freund, den sie in mir sieht, weil man Miss Y. nicht eigentlich nahekommen kann: allzu sehr ist sie wie eine erdachte Geschichte, real – und unwahrscheinlich. Sie ist wie das Piano in ihrem Salon – elegant, aber ein wenig verstimmt. Ihr Haus, selbst für N. O. alt, wird durch ein schwarzes, verfallenes Eisengitter eingehegt; es ist eine schäbige Gegend, in der sie lebt, mit Zimmervermietschildern, Tankstellen und Musikautomatencafès gesprenkelt. Und doch gab es in jenen Tagen, da ihre Familie hergezogen war – was freilich lange her ist –, in ganz N. O. nichts Prächtigeres. Das Haus, von schiefgewachsenen Bäumen fast erdrückt, ist von außen altersgrau, aber im Innern ist die schmückende Kraft von Miss Y.s Ahnenerbe überall erkennbar: das Tappen ihres Stockes beim Niedersteigen über die Vogelschwingentreppen läßt

Kristall erzittern; ihr Gesicht – Herz aus zerknitterter Seide – ist ein dunstiger Reflex in deckenhohen Spiegeln; sinken läßt sie sich (beachte, während dies geschieht, wie sorgsam sie auf die Bequemlichkeit ihrer Knochen Rücksicht nimmt) in ihres Vaters Vaters Vaters Stuhl, ein bösartig strenges Behältnis mit Löwenkopf-Armstützen. Sie ist schön hier im kühlen Dunkel ihres Hauses, und wohlbehütet. Dies sind die Mauern, der Zaun und die Möbel ihrer Kindheit. »Manche Menschen werden zum Altsein geboren; so war ich zum Beispiel gräßlich als Kind, ohne die geringsten Vorzüge. Aber alt bin ich gern. Ich habe irgendwie mehr das Gefühl –«, sie stockte, deutete mit leichter Geste auf den dämmrigen Salon, »hierherzupassen.«
Miss Y. glaubt an keine Welt jenseits von N. O.; zuweilen manifestiert sich ihre geistige Enge in ziemlich niederschmetternden Bemerkungen, wie etwa heute. Ich hatte einen kürzlichen Aufenthalt in New York erwähnt, worauf sie mit hochgezogenen Brauen sanft erwiderte: »Oh! Und wie sieht es denn da aus in der Provinz?«

1. Warum, frage ich mich, hören sich alle N.-O.-Taxi-Chauffeure an, als ob sie aus Brooklyn importiert seien?
2. Es wird so viel über das hiesige Essen geredet, und wahrscheinlich stimmt es auch, daß Restaurants wie die von Arnaud und Kolb die besten in Amerika sind. Es liegt eine so anziehend träge Atmosphäre über diesen Restaurants: die langsam rotierenden Ventilatoren, die riesigen Tische und das Fehlen des Gedrängels, die Stille, die lässigen, aber ausgezeichneten Kell-

ner, die alle aussehen, als ob sie Söhne des Hauses wären. Einer meiner Freunde wies einmal im Gespräch über N. O. und New York darauf hin, daß entsprechende Menüs – abgesehen davon, daß sie erheblich teurer wären – im Osten auf die Manier irgendeines Küchenchefs kunstvoll mit allerlei Tamtam und unrichtigen Zutaten serviert werden würden. Wie die meisten guten Dinge danke, seiner Meinung nach, die Küche von New Orleans ihre Qualität ihrer natürlichen Einfachheit.

3. Ich bin der abgestandenen Phrase vom »altertümlichen Reiz« mehr oder weniger überdrüssig. Zwar findet man den hier sehr wohl in der Architektur und in den Antiquitätenläden (wo er hingehört) oder im Gemisch des Dialektes, den man um den Französischen Markt herum hört. Aber sonst ist N. O. nicht reizvoller als irgendeine andere Stadt im Süden – im Grunde sogar weniger, weil es die größte ist. Der wichtigste Teil dieser Stadt besteht aus ihrem geistigen Schwemmland, Straßen und Bezirken jenseits der Touristenwege.

(Aus einem Briefe an R. R.) In der Wohnung unter mir sind neue Leute, die dritten Mieter im vergangenen Jahr; ein Durchgangsort, dies Viertel, Guten Tag und Guten Weg. Als ich zuerst herkam, lebte hier ein richtiger echter Schurke. Er war gewissenlos, dreckig und unredlich – ein lasterhafter Satyr, sozusagen. Mr. Buddy, die Ein-Mann-Kapelle. Mehr als wahrscheinlich, daß Du ihn schon gesehen hast – nicht hier natürlich, sondern in irgendeiner anderen Stadt, denn er ist ständig auf der Walze, er und sein altes Banjo,

Trommel und Harmonika. Ich traf ihn öfter unversehens, an verschiedenen Straßenecken draufIosdonnernd, inmitten einer Schar lungernder Zuhörer. Im Bewußtsein, daß er mein Nachbar war, versetzten mir solche Begegnungen jedesmal einen heftigen Schock. Doch um die Wahrheit zu sagen, war er gar kein schlechter Musiker – ein wirklich ausgezeichneter sogar, wenn er am Spätnachmittag und zu seinem eigenen Vergnügen zur Gitarre sang, schaurige Balladen mit einer gramgetränkten Whiskystimme sang: wie schrecklich es Verliebten geht.

»He du, Junge! Du da oben . . .« Ich war dieser Du, denn er hat nie meinen Namen gekannt und zeigte sich nie sonderlich interessiert, ihn herauszufinden. »Mach, daß du 'runterkommst und hilf mir ein paar kippen.«

Sein Balkon, kleiner als der meine, war von süßduftender Glyzinie abgeschirmt; da es kaum nennenswerte Möbel gab, saßen wir gewöhnlich auf dem Fußboden im grünen Schatten, kippten eine Sorte Gin, Einreibespiritus nah verwandt, und dabei zupfte er dann seine Gitarre, deren unaufhörliches Gewinsel das tiefe Grollen seiner Stimme noch unterstrich. »Bin überall gewesen, mal da, mal dort, dauernd herum; bin fünfundsechzig un keine Frau, die mich mal hatte, kann noch mit'm andern Mann was anfangen; so is das – habe selber auch 'ne Masse Frauen un 'ne Masse Kinder gehabt, was aus den'n geworden is, weiß der Himmel – kümmert mich auch 'n Dreck, bei keiner – wär höchstens die Rhonda Kay. Mensch, das war'n Weib, süß wie Sumpfhonig, un war die scharf auf mich! Hitzig in einer Tour un noch dazu verheirat't mit'm Baptistenpfarrer, und vier Kinder hatte se – fünfe, mit meinem. Hab' mir schon manchesmal überlegt, was es wohl war – Junge oder Mädchen. Junge, denke ich. Von mir kriegen se immer Jungen ... Nu is das ja alles lange her un das war damals in Memphis, Tennessee. Jaja, bin überall gewesen, im Zuchthaus – un in so großen feinen Häusern wie dem Rockefeller seins – mal hier, mal da, dauernd herum.«

Und in dieser Weise konnte er es weitertreiben, bis der Mond aufging, seine Stimme quarrig wurde und die Worte psalmodierend ineinanderflossen.

Sein fleckiges und verrunzeltes Gesicht trug eine Art trügerische Freundlichkeit zur Schau, ein unschuldiges Zwinkern, aber seine Augen waren orientalisch schief, und seine Fingernägel hielt er lang, messerspitz und glänzend poliert wie ein Chinese. »Gut zum Kratzen und auch praktisch bei 'ner Keilerei.«

Immer trug er eine Art Kostüm: schwarze Hosen, feuerwehrrote Socken, Tennisschuhe, bequemlichkeitshalber an den Zehen aufgeschlitzt, einen Einreiher, eine graue Samtweste, die, wie er sagte, seinem Ahnherrn Benjamin Franklin gehört habe, und eine Baskenmütze, besteckt mit »Wählt-Roosevelt!«-Knöpfen. Und es läßt sich nicht verheimlichen – er *hatte* eine Menge Freundinnen – jede Woche eine andere, versteht sich, aber es ist kaum vorgekommen, daß ihm nicht irgendeine die Mahlzeiten kochte; und wenn ich bei solchen Gelegenheiten dazukam, pflegte er unweigerlich und auf die artigste Weise vorzustellen: »Bitte sehr: Mrs. Buddy!«

Einmal wachte ich spät in der Nacht mit dem Gefühl auf, nicht allein zu sein; ganz zweifellos war jemand in meinem Zimmer, und ich konnte ihn mondbeschienen im Spiegel erkennen. Er war es, Mr. Buddy, der heimlich Schreibtischladen öffnete, zuschob, und plötzlich spritzte meine Schachtel mit den Pennies auf den Fußboden, rollten sie klirrend nach allen Seiten. Da hatte es keinen Sinn, sich zu verstellen, also knipste ich die Lampe an, und Mr. Buddy schaute mich geradheraus an, kaum verwirrt, und grinste. »Paß auf du«, sagte er und war so nüchtern, wie ich ihn nie erlebt hatte, »paß auf, ich muß hier schleunigst verschwinden.«

Ich wußte nicht, was ich sagen sollte, und er schaute, leicht rot werdend, vor sich auf den Fußboden. »Sei schon 'n guter Kerl, los, hast du irgendwelches Geld?« Ich konnte nur auf die verstreuten Pennies deuten; ohne jedes weitere Wort kniete er sich hin, sammelte sie ein und ging, in sehr aufrechter Haltung, zur Türe hinaus.

Am nächsten Morgen war er fort. Drei Frauen sind hergekommen, um nach ihm zu fragen, aber ich weiß nicht, wo er steckt. Vielleicht ist er in Mobile. Wenn Du ihn irgendwo dort herum siehst, R., willst Du mir dann eben bitte eine Karte schreiben?

I want a big fat mama, yes yes! Shotgun's Finger, lang wie Bananen und dick wie saure Gurken, hämmern auf den Tasten herum, und seine Füße, den Boden stampfend, erschüttern das Café. Shotgun! Größte Schau der Stadt! Kann nicht für'n Penny singen, aber Mann, was der auf dem Klavier losrasseln kann – hört euch das an: *She's cool in the summer and warm in the fall, she's a four-season mama and that ain't all* . . . Da legt er los, sein dickes Maul aufgerissen wie ein Krokodil, seine freche rote Zunge schmeckt die Melodie, liebt sie, vereinigt sich mit ihr im Liebesspiel; aah, Shotgun, aah-aah-aah. Seht, wie er lacht, dies schwarze, aus allen Fugen geratene Gesicht, von Schüssen zernarbt, glitzernd von Schweiß über und über. Gibt es irgendein menschliches Laster, von dem er nicht wüßte? Eine Schande dabei ... kaum jemals sieht irgendein Weißer Shotgun, denn dies ist ein Negercafé. Vorjährige verstaubte Weihnachtsdekorationen verschönen die salpetrig abblätternden Wände; orange-grün-rote Streifen Kreppapier, die von nackten Birnen herunterhängen, flattern im Luftzug eines müden Ventilators; der Inhaber, ein gutaussehender Mischling mit verhängten Lidern über milchigblauen Augen, brüllt über die Theke gelehnt: »Heda, was denkt ihr, was das hier is? 'n Wohltätigkeitsinstertut? 'raus mit'm Zweier, Nigger aber 'n bißchen plötzlich.«

Und heute ist Samstag. Der Raum schwimmt in Zigarettenrauch und Samstagnachtparfüm. All die schmierigen Holztischchen haben eine doppelte Reihe Stühle um sich, und jeder kennt jeden, und einen Moment ist die Welt dieser Raum, dieser dunkle, verjazzte, gräßliche Raum; ist Shotguns stampfender Fuß unser Herzschlag, alles Erfreuliche unseres Lebens glüht im Glanz seiner listigen Augen. *I want a big fat mama, yes yes!* Vornüber schaukelt er auf seinem Stuhl, und da er den Kopf hebt, um uns anzuschauen, schwingt sich ein aufjauchzendes Gebrüll in die Nacht: *I want a big fat mama with the meat shakin' on her, yes!*

New York

Ein Mythos ist sie, die große Stadt, die Räume und Fenster, die dunstspeienden Straßen, für jeden, alle, ein anderer Mythos, der Kopf eines Götzen mit Verkehrsampelaugen, in freundlichem Grün oder spöttischem Rot blinzelnd. Diese Insel, wie ein demantener Eisberg auf den Wassern des Flusses schwimmend, heißt sie New York, nennt sie wie immer ihr wollt; auf den Namen kommt es kaum an, weil man, aus der vertrauteren Wirklichkeit des Anderswo kommend, nur auf der Suche nach der großen Stadt ist, einem Ort zum Verbergen, sich darin zu verlieren oder sich selbst zu entdecken, einen Traum wahrzumachen, mit dem man beweist, vielleicht letzten Endes doch kein häßliches Entlein zu sein, sondern wunderbar und der Liebe wert, wie man es glaubte auf den Stufen der Haustür, an der die Fords vorüberfuhren – wie man es glaubte beim Planen dieser Suche nach einer großen Stadt.

Habe zweimal in der letzten Woche die Garbo gesehen, einmal im Theater, wo sie neben mir saß, und nochmals in einem Antiquitätenladen der Third Avenue. Als ich zwölf war, hatte ich eine Serie lästiger Unfälle und lag daher viel zu Bett, wobei ich meine Zeit zumeist damit verbrachte, ein Stück zu schreiben für die schönste Frau der Welt, als die ich Miss Garbo in dem Brief bezeichnete, der meinem Manuskript beilag. Doch weder Stück noch Brief wurden je bestätigt, und lange Zeit trug ich einen fürchterlichen Groll in mir, der denn auch tatsächlich erst neulich abend verflog, als sich mir buchstäblich das Herz umdrehte, da ich die Frau im Nebensitz erkannte. Es überraschte, sie so klein zu finden und mit so lebendigen Farben: wie Loren MacIver hervorhob, erwartet man bei diesen Zügen kaum obendrein noch Farben.

Jemand fragte: »Meinen Sie, daß sie überhaupt intelligent ist?«, was mir eine unverschämte Frage scheint; wen kümmert es schließlich, ob sie intelligent ist oder nicht? Sicherlich genügt es, daß solch ein Gesicht überhaupt nur da sein kann, wenngleich die Garbo selber dahin gekommen sein muß, die fast tragische Verantwortung, es zu besitzen, zu beklagen. Auch sollte man keine Witze über ihren Wunsch nach Alleinsein machen, selbstverständlich wünscht sie das. Ich denke mir, daß dies die einzige Zeit ist, da sie sich nicht allein fühlt – wer ungewöhnliche Pfade wandelt, trägt stets einen gewissen Kummer in sich, und man trauert nicht in der Öffentlichkeit.

Gestern im Antiquitätenladen stöberte sie herum, alles ziemlich eingehend betrachtend, an nichts wirklich interessiert, und einen unsinnigen Augenblick lang glaubte ich, sie ansprechen zu sollen, weil ich nämlich nur ihre Stimme hören wollte; der Augenblick verging, Gott sei Dank, und gleich darauf war sie zur Tür hinaus. Ich trat zum Fenster und beobachtete, wie sie mit jenem langen, schwingenden Schritt die dämmerblaue Straße entlangeilte. An der Ecke stockte sie, als sei sie unsicher, welche Richtung sie nehmen wolle.

Die Straßenlampen flammten auf, und eine merkwürdige Spiegelung des Lichts schuf plötzlich auf der Avenue eine glattweiße Wand – mit windgepeitschtem Mantel und allein ging die Garbo, noch immer die schönste Frau der Welt, die Garbo, ein Symbol, direkt darauf zu. –

Mittagessen heute mit M. Was in aller Welt soll man mit ihr machen? Sie sagt, das Geld sei endgültig zu Ende, und wenn sie nicht heimkomme, verweigere ihre Familie jegliche Hilfe. Es scheint wohl hart, aber ich sagte ihr, daß ich keine andere Möglichkeit sähe. Genau betrachtet, freilich, halte ich eine Heimkehr bei ihr nicht für denkbar. Sie gehört zu jener Sekte, die am raschesten, unwiderruflich, von New York eingefangen wird, den begabten Unbegabten – zu intelligent, um sich in einer provinzielleren Atmosphäre zufriedenzugeben, doch nicht intelligent genug, um frei in der so erwünschten atmen zu können, existieren sie, neurotisch an den ausgefransten Rändern des New Yorker Lebens knabbernd.
Einzig der Erfolg, und zwar auf gewagter Höhe, kann Erleichterung geben; allein für Künstler ohne eine Kunst ist es ständige Spannung ohne Entspannung, Reizung ohne daraus entstehende Perle. Vielleicht daß es eine gäbe, wenn der Zwang, Erfolg haben zu müssen, nicht so enorm wäre. Sie fühlen die Notwendigkeit, sich erweisen zu müssen, weil der amerikanische Mittelstand, aus dem sie zumeist stammen, vernichtende Worte für seine Menschen mit Gefühlsleben hat, für die Jungen voll experimentierfreudiger Intelligenz, die nicht unmittelbar zeigen, daß diese Bemü-

hungen sich in barer Münze auszahlen. Doch wenn eine Kultur zerfällt, ist es dann bare Münze, was die Erben zwischen den Ruinen finden? Oder ist es eine Statue, ein Gedicht, ein Drama?
Was nicht heißen soll, daß die Welt M. oder sonstjemandem ein Auskommen schuldet; leider würde sie – wie die Dinge bei ihr einmal liegen, höchstwahrscheinlich gar kein Gedicht machen können, kein gutes jedenfalls; dennoch ist sie wichtig, ihr Wert durch eine über das übliche Maß hinausgehende Ehrlichkeit ausgeglichen, und sie verdient ein besseres Schicksal, als von verspäteter Jugendlichkeit in ein vorzeitiges Mittelalter überzugehen, ohne eine Zwischenzeit und ohne etwas herzeigen zu können. – In der Straße zur Stadt hin liegt eine Radiowerkstatt, die ein ältlicher Italiener führte, Joe Vitale. Im Frühsommer tauchte quer über der Ladenfront ein seltsamer Anschlag auf: *Der schwarze Witwr*. Und in kleineren Buchstaben: »Achtet in diesem Fenster auf Neuigkeiten über den schwarzen Witwr.« Also war man neugierig in der Nachbarschaft und wartete. Einige Tage darauf wurden zwei vergilbte Fotografien diesem Aushang zugefügt: sie zeigten – vor etwa zwanzig Jahren aufgenommen – Mr. Vitale als kräftigen Mann in knielangem, schwarzem Badeanzug mit schwarzer Schwimmkappe und einer Maske. Schreibmaschinenbildunterschriften darunter erklärten, daß Joe Vitale, den wir alle nur als vornübergebeugten, melancholisch blickenden Radiotechniker kannten, einstmals, in einer erhabeneren Körperlichkeit, Meisterschwimmer und Rettungswache am Strand von Rockaway gewesen war.

Wir wurden ermahnt, weiterhin auf die Fenster acht zu haben; unser Lohn kam in der folgenden Woche: in einem ins Augen springenden langen Zettel gab Mr. Vitale bekannt, daß *der schwarze Witwr* beabsichtige, seine Karriere wieder aufzunehmen. Es hing ein Gedicht im Fenster, und dies Gedicht hieß »Der Traum des Joe Vitale«; es berichtete, wie er davon geträumt, noch einmal die Brust den Wogen zu bieten, das Meer zu besiegen.

Am nächsten Tage erschien eine letzte Notiz – es war tatsächlich eine Einladung, in der wir alle aufgefordert wurden, am 20. August nach Rockaway zu kommen, denn an diesem Tage wolle er von da zum Jones-Strand hinüberschwimmen, eine weite Strecke. An den noch dazwischen liegenden Sommertagen saß Mr. Vitale vor seinem Laden auf einem Klappstuhl, die Wirkung seiner verschiedenen Ankündigungen auf die Vorübergehenden beobachtend, saß da, träumerisch und reserviert, lächelnd und höflich nickend, wenn Nachbarn kurz stehenblieben, um ihm Glück zu wünschen. Ein vorlautes Bürschchen erkundigte sich, warum er das e bei Witwr ausgelassen habe, und er gab sehr milde zur Antwort, daß dies e bei Witwer nur für Frauen sei.

Eine Zeitlang geschah nichts weiter. Eines Morgens dann wachte die Welt auf und verlachte den Traum des Joe Vitale. In jeder Zeitung war seine Geschichte, die Boulevardblätter brachten sein Bild auf den Titelseiten. Und klägliche Bilder waren es noch dazu, denn da war er nicht im Augenblick des Triumphes, sondern des tiefsten Jammers, da stand er am Strand von Rockaway, Polizisten rechts und links. Und in ihren

Berichten nahmen die Zeitungen zumeist diese Haltung ein: es war einmal ein verrückter alter Idiot, der sich mit Fett einschmierte und hinunter ans Meer trottete, doch als die Rettungswache ihn so weit hinausschwimmen sah, stiegen die Männer in ihre Boote und holten ihn ans Ufer; so ein Heimlicher, dieser komische alte Kerl, denn im Augenblick, da sie den Rücken gewandt hatten, war er schon wieder auf und davon, und so ruderte die Rettungswache nochmals hinaus, und *der schwarze Witwr,* an den Strand geschleift wie ein halbtoter Haifisch, kam nicht unter den Gesängen der Meermädchen zurück, sondern unter Flüchen, Verwünschungen und Polizeitrillerpfeifen.

Gehört hätte es sich, daß man hingegangen wäre und Joe Vitale versichert hätte, wie leid es einem tut, wie tapfer man ihn findet, und was man eben so sagen kann; der Tod eines Traumes ist nicht weniger traurig als wirklicher Tod und verlangt von den Betroffenen gleich tiefe Trauer. Doch sein Radioladen ist geschlossen; er ist es nun schon lange Zeit; nirgendwo ist irgendein Zeichen von ihm, und sein Gedicht hat sich von der Stelle abgelöst, ist außer Sicht gefallen.

Hilary sagte, ich solle kommen und Tee trinken, ehe noch die anderen Gäste erschienen. Obgleich er eine entsetzliche Erkältung hat, bestand er darauf, die Party durchzuführen; natürlich, warum auch nicht? Gastgeber spielen ist sein Allheilmittel. In wessen Haus man auch sein mag, sobald Hilary dort ist, ist es sein Haus, ist man sein Gast. Manche finden diese Haltung zu anmaßend, aber die eigentlichen Gastgeber sind stets entzückt, weil Hilary mit seiner großen, eindrucksvollen Erscheinung und den tönenden, von Gelächter begleiteten Monologen noch den trübseligsten Anlässen einen überschäumenden Glanz verleiht. Hilary wünscht sich so, daß jedermann glänzt, die Gestalt aus einem Märchenbuch ist; irgendwie bringt er sich selbst zu der Überzeugung, daß die grauesten Geschöpfe von sagenhaftem Schimmer umgeben sind; mehr noch: er überzeugt auch sie davon, und das erklärt zum Teil die liebevolle Art, in der die gemeinhin nicht weichherzige Allgemeinheit von ihm spricht.

Ein weiterer Grund für seine Anziehungskraft ist, daß Hilary sich stets gleich bleibt, immer bringt er einen zum Lachen, wenn man verdammt nahe am Heulen ist, und dann ist da dies merkwürdige Gefühl, daß er, wenn man weggegangen ist, nun für einen noch heult. Hilary mit einer Velvetschlafdecke über den Knien, ein Telefon in der einen Hand, ein Buch in der andern; ein Radio, eine Musikbox, ein weiteres Telefon und ein Plattenspieler, die alle aus den Nebenräumen herübertönen.

Als ich zum Tee kam, saß Hilary wohlverpackt im Bett, von dem aus er seine Party zu dirigieren gedachte. Die Wände dieses Zimmers sind mit Fotografien tapeziert, von beinahe jedem, den er irgendwann einmal gekannt hat: unverheiratete Damen, Debütantinnen, irgendjemandes Sekretärin, Filmstars, College-Professoren, Ballettmädchen, Zirkusclowns, Ehepaare der reichen Gesellschaft, Geschäftsleute – sie mögen mit ihm auseinandergekommen sein, aber er erträgt es nicht, jemanden zu verlieren, oder irgend

etwas. Bücher sind in Winkeln gestapelt, lasten auf Borden, darunter seine alten Schulhefte und uralte Theaterprogramme, Haufen aus Muscheln, zerbrochenen Schallplatten, vertrockneten Blumen, Vergnügungspark-Souvenirs verwandeln die Wohnung in ein Dachboden-Wunderland.
Es mag eine Zeit kommen, da es keinen Hilary mehr gibt; es wäre nicht schwer, ihn zu zerstören – möglich, daß jemand es tut. Könnte es sein, daß die Wandlung von der Ahnungslosigkeit zur Erkenntnis in jenem Augenblick geschieht, da wir entdecken, nicht von aller Welt geliebt zu werden? Die meisten von uns begreifen dies allzu früh. Aber Hilary weiß es bis heute noch nicht. Ich hoffe, er lernt es nie, denn ich fände es schrecklich, wenn er plötzlich sähe, daß er ganz allein auf dem Spielplatz spielt und seine Liebe an Zuschauer verschwendet, die niemals da waren.

August. Obgleich die Morgenblätter einfach schön und warm schrieben, war es um die Mittagsstunde offenkundig, daß etwas Außergewöhnliches vor sich ging, und Büroangestellte, die mit dem benommenen, mißlaunigen Ausdruck eingeschüchterter Kinder vom Mittagessen zurücktrudelten, begannen Wetterbericht zu wählen. Um die Mitte des Nachmittags, als die Hitze sich wie eine Mörderhand über dem Mund des Opfers schloß, schlug die Stadt um sich und wand sich, doch mit ihrem erstickten Aufschrei, ihrer gedrosselten Eile, ihren behinderten Regungen war sie wie ein ausgedörrter Brunnen, irgendein sinnloses Monument, und versank in starre Reglosigkeit. Die dampfigen weidenschlaffen Strecken im Zentralpark waren wie ein Schlachtfeld mit vielen Gefallenen – reihenweise lagen erschöpfte Opfer zusammengekrümmt im totenstillen Schatten, während Bildreporter, die das Desaster dokumentarisch festhalten wollten, gespenstisch zwischen ihnen herumschlichen. Bei Nacht öffnet die Hitze einer Stadt den Schädel, ihr bleiches Hirn bloßlegend und ihr Zentralnervensystem, das sirrt wie das Innere einer elektrischen Birne.

Ich würde wahrscheinlich ein gut Teil mehr Arbeit fertigbringen, wenn ich New York verließe. Indessen stimmt das höchstwahrscheinlich wiederum nicht. Wenn man nicht ein gewisses Alter erreicht hat, erscheint einem das Land als eine langweilige Sache, und ich jedenfalls liebe die Natur nicht allgemein, sondern nur im besonderen. Ungeachtet dessen ist die Stadt – man sei denn verliebt oder gesättigt, ehrgeizbesessen, auch ohne Neugier oder schicksalergeben (was neuerdings gleichbedeutend mit glücklich zu sein scheint) – wie eine Riesenmaschine, rastlos darauf gerichtet, Zeit zu vergeuden, Illusionen zu verschlingen. Binnen kurzem kann die Suche, das Entdeckenwollen, unheilvoll gehetzt, angstschweißtreibend werden, ein Rennen über Hürden aus Benzedrin und Nembutal. Wo ist, wonach du Ausschau hältst? Und was übrigens ist es überhaupt, wonach du Ausschau hältst? Es ist ein Elend, eine Einladung abzulehnen; immerzu weigert man sich, um dann nur überraschend aufzutauchen; schließlich ist es schwer, fortzubleiben, wenn etwas geisterhaft flüsternd hartnäckig behauptet, daß du durch dein Abseitsbleiben die Liebe aus dem Fenster fliegen ließest, dir die Antwort versagt, auf immer verloren hast, wonach du Ausschau hieltest – o bedenke, dies alles erwartet dich bloße zehn Querstraßen weiter – eil dich, setz den Hut auf, bemüh dich nicht erst um den Bus, schnapp dir ein Taxi, na also, eil dich, drück auf die Türklingel, hallo, du wieder einmal 'reingefallener Narr.

Heute ist mein Geburtstag, und wie immer hat Selma daran gedacht: ihre traditionelle Gabe, ein sorgfältig in einen Bogen Seidenpapier gewickeltes Zehncentstück, kam mit der Morgenpost. Dem Alter wie der Zeit nach ist Selma meine älteste Freundin; seit dreiundachtzig Jahren lebt sie in derselben Kleinstadt von Alabama; ein verkrümmtes Weiblein mit pergamentdürrer aschgrauer Haut und lebhaften Augen unter schweren Lidern, war sie siebenundvierzig Jahre lang Köchin im Hause meiner drei Tanten; doch nun, da diese tot sind, ist sie auf den Bauernhof ihrer Tochter gezogen, um – wie sie sagt – stillzusitzen und es gemütlich zu haben. Doch ihrem Geschenk beigelegt war so etwas wie ein Brief, und darin schrieb sie, ich solle bereit sein, da sie nun also an einem der nächsten Tage den Überlandbus nach dieser »grandosen Stadt« nehmen würde. Das hat gar nichts zu bedeuten; sie wird nie kommen, aber sie droht damit seit Menschengedenken. Den Sommer, ehe ich zum erstenmal New York sah – und das ist vierzehn Jahre her – saßen wir immer schwatzend miteinander in der Küche, unsere Stimmen surrten den lieben langen Tag dahin, und worüber wir zumeist sprachen, das war die Großstadt, in die ich bald gehen würde. Sie bildete sich fest ein, daß es dort weder Bäume noch Blumen gebe, und sie hatte erzählen hören, daß die meisten

Menschen unter der Erde lebten oder wenn nicht unter der Erde, dann im Himmel. Außerdem gab es »nichts Nahrhaftes zu essen«, keine guten Butterbohnen, Wildartischocken, Okraschoten, Yamwurzeln, Wurst – so wie wir sie daheim hatten. Und kalt ist es, sagte sie, jajadumeinje, geh nur dahin in diese kalte Gegend, bald wir dich wiedersehen, wird deine Nase erfroren und abgefallen sein.

Aber dann brachte Mrs. Bobby Lee Kettle ein paar Dias von New York mit, und danach begann Selma ihren Freundinnen zu erzählen, daß sie mit mir gehen würde, wenn ich nach dem Norden reiste. Das Städtchen schien ihr mit einemmal zusammengeschrumpft und armselig. Und so kauften ihr meine Tanten denn eine Rückfahrkarte in der Annahme, daß sie mit mir hinfahren, umkehren und zurückkommen sollte. Alles ging prächtig, bis wir zum Busbahnhof kamen; da begann Selma zu weinen und sagte, daß sie nicht fahren könne, daß sie sterben würde so weit weg von zu Haus.

Für einen ganz jungen Menschen ist die Großstadt eine freudlose Stätte; es war ein trauriger Winter, drinnen und draußen, rundherum. Später dann, wenn man älter ist und verliebt, gibt der gedoppelte Eindruck, den man mit der Geliebten teilt, den Erfahrungen Struktur, Gestalt, Bedeutung. Alleine reisen ist Fahrt durch ödes Land. Aber wenn man nur genug liebt, vermag man zuweilen für sich selbst und gleichzeitig für den andern zu sehen. So ging es mir mit Selma. Ich sah alles zwiefach: den ersten Schnee und Schlittschuhläufer, im Park dahinfliegend, die feinen Pelzmäntel der drolligen Kalte-Gegend-Kinder, die

Rutschbahn in Coney-Island, Kaugummi-Automaten in der Untergrund, die magischen Automatenbuffets, die Inseln im Strom und das Glitzern auf der dämmernden Brücke, das Aufschluchzen einer Kinomusik, die Männer, die Tag für Tag in den Hof kamen und die gleichen abgeleierten heiseren Lieder sangen, das prächtige Märchen eines Zehn-Cent-Ladens, wo man nach der Schule hinging, um zu stibitzen; ich beobachtete, hörte, sammelte es auf in mir für die geruhsamen Küchenstunden, da Selma, wie immer, sagen würde: »Erzähle mir von da, aber wahre Geschichten jetzt, keine von deinen Schwindeleien.« Meist aber waren es Schwindeleien, was ich erzählte; es war nicht meine Schuld, ich konnte mich nicht recht erinnern, weil es war, als sei ich auf einem jener unwirklichen Schlösser gewesen, die von Gestalten aus Märchen aufgesucht werden; hat man sie verlassen, erinnert man sich an nichts, geblieben allein ist das geisterhafte Echo des Wunderspuks.

Brooklyn

Auf dem einsamen Platz ragt schwarz und verfallen eine verlassene Kirche empor; ein Schild mit der Aufschrift *zu vermieten* verunstaltet ihre barocke Fassade; Spatzen nisten zwischen den steinernen Blumen über dem Portal, das mit Kreideinschriften beschmiert ist (Kilroy war hier, Seymour liebt Betty, Du Stinktier!); im Innern, wo das Sonnenlicht auf zerbrochene Kirchstühle fällt, haben alle möglichen streunenden Geschöpfe eine Heimstatt gefunden: man gewahrt dunkle Katzen, die aus den Fenstern sehen, hört die Schreie seltsamer Tiere, und Kinder aus der Umgegend, die sich gegenseitig zum Betreten der Kirche herausfordern, schleppen beim Herauskommen Knochen mit, von denen sie behaupten, es seien menschliche. (Yeah, es ist so! Wenn ich dir's sage; den Kerl habn'se umgebracht.) Diese grundhäßliche Kirche verkörpert für mich etwas von Brooklyns wesentlichen Elementen: Ich habe das unbehagliche Gefühl, daß man, würde ein ihr ähnliches Gebäude zerstört, unverzüglich daranginge, ein andres, gleichermaßen altes und abscheuliches zu errichten; denn ungleich Manhattan hat Brooklyn, oder genauer die Kette der unter diesem Namen verbundenen Städte, keinerlei Interesse an architektonischer Wandlung. Es bezeigt auch keine Nachsicht gegenüber dem Individuum: verzweifelt betrachtet man die endlosen Straßenzüge

einander gänzlich gleicher geschmackloser Bungalows aus Braunsandstein, die unweigerlich verlassenen, aschgrauen Viertel, wo die traurigen, süßen, heftigen Kinder Blätter und Bauholz für ihre Oktoberfeuer sammeln, die traurigen, süßen Kinder, die die glastenden Auguststraßen entlangjagen; Tötet den Juden! Tötet den Italiener! Tötet den Nigger! – ein Brauch dieses Landes, wo die geistige Architektur unwandelbar ist wie die der Häuser.
Freunde aus Manhattan, die nicht gewillt sind, die umständliche, niederdrückende U-Bahn-Fahrt auf sich zu nehmen (O komm doch, B., ich schwöre dir, man braucht nicht mehr als vierzig Minuten, und du mußt ganz bestimmt nur dreimal umsteigen), sagen jede Einladung ab. Deshalb hänge ich oftmals dem Wunschtraum nach, die Kirche zu mieten und zu renovieren: wer könnte dem widerstehen, eine so eigenartige Behausung zu besuchen? So wie die Dinge liegen, habe ich zwei Zimmer in einem Braunsandsteinhaus, das sich zwanzigmal auf dem Platz wiederholt; das Innere ist ein viktorianischer Dschungel: In moderne griechische Schleier gehüllt, tänzeln schmutzige lilienbleiche Damen mit plumpen Gesichtern scharenweise über die Tapeten; in der Halle sind eine leere, angelaufene Schale für Besuchskarten und ein Hutständer, knorrig wie eine flüchtigen Blicks an der britannischen Küste erspähte Fichte, elegante Erinnerungsstücke aus Brooklyns besseren Tagen; der Salon quillt über mit staubigen befransten Möbelstücken, über dem verstimmten alten Klavier paradiert in Daguerreotypie die ganze Familiengeschichte, überall tun Schondecken wie gehäkelte Fähnchen den Zu-

stand der Ehrbarkeit kund, und wenn ein Zugwind durchs Zimmer geht, lassen perlgezierte Lampen orientalische Weisen erklingen.

Es gibt jedoch Telefone: zwei im oberen Stock, drei unten und hundertfünfundzwanzig im Erdgeschoß; meine Wirtinnen sind nämlich in eben diesem Erdgeschoß mehr oder weniger an ein Schaltbrett gekettet: Mrs. Q., eine watschelnde verkümmerte Frau mit rotem Bulldoggengesicht, lavendelblauen Knopfaugen und leuchtend orangefarbenem, unglaublichem Haar, das sie, wie Miss Q., ihre Tochter, wild bis auf die Hüften herabfallend trägt, ist eine mißtrauische Person, und ihr Mißtrauen ist das derjenigen, die, alles verachtend, nach einem Grund suchen. Die arme Miss Q. ist einfach nur müde; sanft und honigsüß, arbeitet sie in einer gewissermaßen lebenslangen Müdigkeit, und manchmal frage ich mich, ob sie wirklich Miss Q. ist oder Zasu Pitts. Nichtsdestoweniger besteht zwischen uns eine liebenswürdige Beziehung, die hauptsächlich darauf beruht, daß wir beide von haarsträubendem Kopfweh geplagt sind. Fast täglich schleicht sie sich zu mir herauf und bittet, über ihre ungehörige Keckheit kichernd, um ein Aspirin. Ihre Mutter, eine Anhängerin Bernarr MacFaddens, verbietet Aspirin wie alle übrigen Medikamente als »Teufelsgebräu«. Ihre Geschichte ist eine altbekannte: Mr. Q., »ein unbestreitbar führender Leichenbestatter«, ging »ganz einfach und ohne Ankündigung« dahin, »während er die *New York Sun* las«, und ließ seine Frau und eine unverheiratete Tochter »ohne alle Existenzmittel« zurück, weil »ein Schwindler Papa dazu gebracht hatte, all sein Geld in einer Fabrik zur Fertigung künstlicher Trauerkränze zu investieren«. Deshalb richteten sie und ihre Mutter im Erdgeschoß einen Telefondienst ein. Seit zehn Jahren wechseln sie einander Tag und Nacht darin ab, Anrufe für Leute entgegenzunehmen, die verreist oder ausgegangen sind. »Ach, es ist ein Elend«, sagt Miss Q. mit gespielter Verzweiflung, ist doch diese Rolle einer erfolgreichen Frau die konkreteste Illusion ihres Scheinlebens, »ich spreche die lautere Wahrheit, wenn ich Ihnen sage, daß ich seit wer weiß wie vielen Jahren nicht eine ungestörte Stunde gehabt habe; Mama ist zwar auch vollauf beschäftigt, Gott segne sie, doch Mama hat ja, wie Sie wissen, eine Menge Beschwerden, und so muß ich sie fast buchstäblich im Bett festbinden. Spät in der Nacht manchmal, wenn mein Kopfweh einsetzt, dann – nun ja, dann blicke ich auf das Schaltbrett, und plötzlich ist mir, als wären all die langen Drähte Arme und Finger, die mich zu Tode quetschten.« Von Mrs. Q. weiß man, daß sie gelegentlich das Türkische Bad in der Nähe der Borough Hall aufsucht, die Abgeschlossenheit ihrer müden Tochter jedoch ist vollständig; wenn man ihr Glauben schenken darf, so hat sie das Erdgeschoß in acht Jahren nur ein einzigesmal verlassen – und an diesem freien Tag ging sie mit ihrer Mutter in die Carnegie Hall, um einer Gymnastikvorführung Mr. McFaddens beizuwohnen.

Voller Furcht höre ich manchmal nachts, wie Mrs. Q. die Treppe heraufkeucht, um bald darauf in meiner Tür zu erscheinen; in einen fadenscheinigen seidnen Kimono gehüllt, das in der Farbe des Sonnenuntergangs leuchtende Haar wikingergleich herabwallend, bleibt sie dort stehen und sieht mich mit einem unheilvollen Glitzern an: »Schon wieder zwei«, sagt sie, und ihr rauher Bariton suggeriert Feuer und Schwefel. »Wir haben sie vom Fenster aus gesehen, zwei ganze Familien fuhren mit Möbelwagen vorbei.«

Wenn sie die Zitrone ihrer Bitterkeit ganz ausgequetscht hat, frage ich:

»Was für Familien, Mrs. Q.?«

»Afrikaner«, verkündet sie dann mit rechtschaffenem eulenhaftem Blinzeln, »die ganze Nachbarschaft wird zu einem schwarzen Alptraum; erst Juden, und nun das; Räuber und Diebe, allesamt – mir gruselt's.«

Obwohl ich glaube, daß Mrs. Q. es sich nicht klarmacht, ist das keineswegs Theater, sie fürchtet sich wirklich: Das, was da draußen vor sich geht, deckt sich mit keiner ihrer Erfahrungen; der Gatte, von dessen Denken sie zehrte, ist dahingegangen, und sie selbst, die nur über entlehnte Ansichten verfügte, besaß niemals eine eigene Meinung. An allen Türen hat sie eine unwahrscheinliche Zahl von Riegeln und Schlössern anbringen lassen, ein Teil der Fenster ist vergittert, und ein verraßter Köter läßt sein ohrenbetäubendes Gebell ertönen: jemand draußen, ein gestaltloser Jemand, begehrt Einlaß. Jeder Schritt macht ihr Gewicht deutlich, während sie nun die Treppen hinabsteigt; unten tastet ein Schatten, ihr eigener, über den Spiegel: Mrs. Q., die sich nicht erkennt, hält inne, ihr Atem geht schwer, während sie überlegt, wer dort wohl wartet: ein Schauer überläuft sie: heute zwei neue, morgen weitere, die Flut steigt, ihr Brooklyn ist ein verlorenes Atlantis, selbst ihr Spiegelbild (ein Hochzeitsgeschenk, der Spiegel, weißt du noch? vierzig Jahre: o mein Gott, wo ist die

Zeit geblieben?), selbst es ist ein Jemand, ein Etwas. »Gute Nacht«, ruft sie. Die Schlösser klirren, die Haustür wird abgeschlossen; hundertfünfundzwanzig Telefone summen im Dunkel, die griechischen Damen tanzen im Schatten, das Haus seufzt, kommt zur Ruhe. Der Wind, der von draußen hereinweht, trägt aus einer blöckeweit entfernten Bäckerei den süßen Duft von Cookies herüber; Seeleute, die zur Sands Street wollen, überqueren den erleuchteten Platz, ihr Blick gleitet am Gerippe der Kirche empor und begegnet dem gelben Wissen kalter Katzenaugen. »Gute Nacht, Mrs. Q.«

Ich hörte einen Hahn krähen. Seltsam zuerst, schien es doch weniger seltsam, als ich an die geheime unsichtbare Stadt dachte, den Kontinent von Hinterhofgärtchen, die nirgendwo zahlreicher sind als hier: Hausierer und Schuhverkäufer als Ackerbauern: »Unsre eignen Rettiche, müssen Sie wissen.« Unlängst hat man eine Frau aus Flatbush eingesperrt, weil sie in ihrem Hinterhof Schweine hielt. Zweifellos trieb der Neid ihre Nachbarn zur Beschwerde. Wenn man des Abends von Manhattan kommt, ist es fast etwas entmutigend, in einen echten Sternenhimmel zu sehen und laubbedeckte Straßen entlangzuschlendern, durch die unverfälscht der neblige Ruch des Herbstes zieht, und wo die Stimmen im Dämmerlicht rollschuhlaufender Kinder durch die Stille eindrucksvolle Botschaften herantragen: »Sieh mal, Myrtle, was für'n Mond – wie'n Allerheiligenkürbis!« Drunten brodelt die Untergrundbahn, droben zersticht des Neonlicht die Nacht, ja und doch hörte ich einen Hahn krähen.

Als Gruppe gesehen, stellen die Brooklyner eine verfolgte Minderheit dar: die einfallslose Hartnäckigkeit wenig gebildeter Hanswurste hat es dahin gebracht, daß die bloße Erwähnung ihrer Heimat zwangsläufig schallendes Gelächter auslöst; mittels derart zwerchfellerschütternder Propaganda sind ihr Dialekt, ihr Äußeres und ihre Manieren zum Inbegriff der rohsten, der vulgärsten Aspekte unseres heutigen Lebens geworden. All dies, das vielleicht durchaus gutartig begonnen haben mag, bewegt sich inzwischen auf dem messerscharfen Grat an der Grenze der Bosheit: es ist heutzutage nicht ganz respektabel, eine Brooklyner Adresse zu haben. Zweifellos eine besondere Ironie, denn in dieser unglücklichen Gegend wacht der Durchschnittsmensch, da er sich unmittelbar am Rande des Ausgestoßenseins befindet, mit morbider Intensität über die Durchschnittlichkeit; er macht in der Tat aus der Ehrbarkeit eine Religion; Unsicherheit ruft jedoch Heuchelei hervor; und so nimmt er den Großen Spaß mit dem lautesten Gelächter von allen auf: »Jaaa, is Brooklyn nich 'ne Wucht – so was Komisches!« Irrsinnig komisch, ja, aber Brooklyn ist ebensosehr auch traurig brutal provinziell einsam und menschlich ruhig lümmelhaft rauh verloren leidenschaftlich subtil bitter unreif unschuldig pervers zart geheimnisvoll, die Stadt, die Crane und Whitman Gedichte schenkte, ein mythisches Reich, an dessen Küste die Wasser von Coney Island in schwacher Wehklage plätschern. Kaum jemand vermag hier über den Weg Auskunft zu geben; niemand weiß, wo irgend etwas ist, selbst der älteste Taxifahrer wirkt unsicher; glücklicherweise habe ich mein Diplom im Untergrundbahnfahren erworben, obwohl es, dessen bin ich sicher, glühenderen Fleißes bedarf, das Fahren auf diesen Gleisen zu erlernen, die, in den Fels eingegraben, den Adern versteinerten Farns gleichen, als man für die Arbeit auf einen Doktorgrad hin aufwenden muß. Während man durch die sonnenlosen, sternlosen Tunnel schaukelt, hat man das Gefühl, aufs offene Meer hinauszufahren: der Zug, der unter unwahrscheinlichem Land dahinsaust, scheint für Nebel und Sprühregen bestimmt, und einzig das Aufblinken bekannter Stationen enthüllt unsere Identität. Einmal sah ich, unter dem Fluß hindonnernd, ein Mädchen, sie war ungefähr sechzehn und, wie ich vermute, gerade erst in eine Studentinnenvereinigung aufgenommen. Sie trug einen Korb, der mit kleinen, scharlachroten Papierherzen gefüllt war: »Kaufen Sie ein einsames Herz«, jammerte sie, durch den Wagen gehend, »Kaufen Sie ein einsames Herz«; doch die bleichen, ausdruckslosen Fahrgäste, von denen keiner eins brauchte, schnippten nur gegen die Seiten ihrer *Daily News*. – Jede Woche esse ich ein paarmal im Cherokee-Hotel zu Abend. Es ist ein Apartment-Hotel und äußerst ehrwürdig, sowohl im Hinblick auf Dekor wie Klientel: der jüngste Irokese, so nennen sie sich selbst, ist sechsundsechzig und der älteste achtundneunzig; natürlich sind die Frauen in der Überzahl, doch gibt es auch eine Haut-und-Knochen-Ansammlung von Witwern. Ab und an bricht ein Krieg zwischen den Geschlechtern aus, und man kann das Eintreten eines solchen Ereignisses stets unschwer daran erkennen, daß der gemeinsame Aufenthaltsraum verwaist ist; sowohl die Herren wie die Damen haben ihren eigenen Salon, und die kampfbereiten

Truppen pflegen sich in diese speziellen Heiligtümer zurückzuziehen, die Damen schmollend und beleidigt, die Herren wie immer schweigend und grimmig. Beide Salons weisen außer zahlreichen niederdrückenden Erzeugnissen der Bildhauerkunst Radios auf, und wenn ein Krieg ausgebrochen ist, drehen die Damen, die sonst nicht das mindeste Interesse bezeigen, ihren Apparat so laut wie möglich auf in dem Versuch, die Abendnachrichten der Herren gewissermaßen zu ersticken. Das Dröhnen ist drei Blöcke weit zu hören, und Mr. Littlelow, der Besitzer, ein nervöser junger Mann, um das vorweg zu sagen, saust hin und her und droht die Radioapparate gänzlich zu entfernen, oder aber, was noch schlimmer ist, die Verwandten seiner Pensionäre zu benachrichtigen. Von Zeit zu Zeit muß er zu dieser letztgenannten Maßnahme seine Zuflucht nehmen, so zum Beispiel im Falle Mr. Gilbert Crockers, der so hartnäckig sündigt, daß dem armen Littlelow schließlich nichts anderes übrigblieb, als seinen Enkel herbeizuholen. Zusammen und öffentlich machten sie dem alten Mann Vorhaltungen: »Ständig gibt er Anlaß zum Streit«, klagte ihn Littlelow an, mit dem Finger auf den Übeltäter zeigend. »Er verbreitet bösartige Gerüchte über die Hotelverwaltung, behauptet, wir läsen seine Post, behauptet, wir hätten ein Beteiligungsabkommen mit dem Beerdigungsinstitut Cascades, er sagte Miss Brockton, der siebte Stock sei gesperrt, weil wir ihn an eine flüchtige Verbrecherin (eine Beilmörderin, sagte er) vermietet hätten, wo doch alle wissen, daß ein Wasserrohr geplatzt ist. Miss Brockton verlor vor Angst fast den Verstand, und ihr Flatterherz ist seitdem wesentlich schlimmer geworden. Wir waren bereit, über all dies hinwegzusehen, doch als er auch noch anfing, Glühbirnen aus den Fenstern zu werfen, dachten wir: nun ist es wirklich an der Zeit!«

»Warum hast du Blühbirnen aus dem Fenster geworfen, Großvater?« fragte ihn der Enkel; er sah dabei nervös auf seine Uhr und wünschte ganz offensichtlich, daß der alte Mann das Zeitliche bereits gesegnet hätte.

»Es waren keine Glühbirnen, mein Junge«, berichtigte Mr. Crocker geduldig. »Es waren Bomben.«

»Ja, gewiß, Großvater. Und warum hast du die Bomben geworfen?«

Mr. Crockers Blick wanderte über die Versammlung seiner Mit-Irokesen, und dann nickte der alte Mann mit finsterem Lächeln in Miss Brocktons Richtung. »Sie –«, sagte er, »sie wollt' ich in die Luft sprengen: sie ist ein widerwärtiges Scheusal: sie und die Köchin haben untereinander ausgemacht, mir niemals was von der Schokoladensauce zu geben, damit dieses dicke, fette Weib sie ganz allein auffressen kann.«

Augenblicklich versammelten sich die Damen um sein auserkorenes Opfer, dessen Flatterherz sie unvermittelt bis an die Decke flattern zu lassen drohte; über dem empörten Glucken schwangen klar und deutlich Mrs. Allen T. Bonapartes Gedankensprünge: »Die arme Miss Brockton ermorden, man denke nur, haben Sie jemals das Londoner Wachsfigurenkabinett besucht? Sie wissen, was ich meine: sehen alle gleich aus, nicht wahr?« Und es verstand sich von selbst, daß die Radios an diesem Abend sämtliche Fensterscheiben würden erzittern lassen.

Eine der Bewohnerinnen aber ist so furchterregend, daß sie selbst Littlelow außer Gefecht zu setzen vermag. Mrs. T. T. Huett-Smith ist sehr groß, und wenn sie mit ihren funkelnden, gelblich gewordenen verstaubten Diamanten im Speisesaal erscheint, entbehrt ihr Auftritt lediglich eines Fanfarentuschs: Mit unsicheren Schritten geht sie auf ihren Tisch zu (es ist der, auf dem eine Rose steht, der einzige, auf dem eine Rose steht: und noch dazu aus Papier) und nimmt im Vorübergehen die Huldigungen der gesellschaftlich Ambitionierten entgegen: sie verkörpert ihre letzte Erinnerung an jene weit zurückliegenden Tage, als auch Brooklyn noch eine gehobene Gesellschaftsschicht besaß. Doch wie fast alle Dinge, die ihre gesunde Jugendfrische überlebt haben, ist auch Mrs. T. T. ein wenig dekadent und zu einer tragikomischen Übertreibung geworden: Lippenstift und Rouge, die sie in hemmungslosem Ausmaß benutzt, wirken ranzig auf ihrem mageren, zerknitterten Gesicht, und ihre Vergnügungen sind perverser Natur: nichts liebt sie mehr, als bestimmte sadistische Enthüllungen zu machen. Als Mrs. Bonaparte in das Hotel einzog und zum erstenmal den Speisesaal betrat, verkündete Mrs. T. T. bei ihrem Anblick lauthals: »Ich erinnere mich noch der Zeit, als die Mutter dieser Person Putzfrau im *schäbigsten* Bad von Coney Island war.« Eine andre Zielscheibe für sie sind die scheuen und stillen Schwestern Webster: »Verwünschte alte Jungfern nannte mein Mann sie immer.«

Ich weiß um ein Geheimnis, das Mrs. T. T. betrifft. Sie stiehlt. Jahrelang hat sie das billige Warenhaussilber des Cherokee-Hotels in ihre gestickte Handtasche gleiten lassen, um dann eines Tages, zweifellos in einem Augenblick geistiger Umnachtung, im Büro mit der Bitte zu erscheinen, man möge ihre Sammlung sicher im Safe des Hotels einschließen. »Aber meine liebe Mrs. Huett-Smith«, sagte Littlelow, sich von seiner Überraschung erholend, »dies hier kann doch wohl kaum Ihr Eigentum sein, jedenfalls ist das Monogramm nicht das Ihre.« Mrs. T. T. betrachtete die Messer und Gabel mit erstauntem Stirnrunzeln: »Natürlich nicht«, sagte sie, »nein, natürlich nicht: wir hatten stets nur das Beste.«

Es ist ein paar Wochen her, daß ich zuletzt im Cherokee-Hotel war. Ich hatte einen Traum. Ich träumte, daß eine von Mr. Crockers Bomben sie allesamt in die Luft gesprengt hätte: Und um die Wahrheit zu gestehen – ich fürchte mich ein wenig davor, hinzugehn und nachzusehen.

28. Dezember. Ein kristallblauer Tag, zu köstlich für Mrs. Q.s muffigen Bereich, darum ging ich mit einem Freund auf den Brooklyn Heights spazieren; von allen Städten, die ich kenne, vermögen nur Bostons Beacon Hill und Charleston einen ähnlichen Eindruck von der Vergangenheit hervorzurufen (das *vieux carré* von New Orleans nehme ich aus, weil es in seiner Art zu offensichtlich fremdländisch ist); von den dreien aber erscheint mir Brooklyn Heights am wenigsten konstruiert und ganz sicher am wenigsten ausgebeutet. Natürlich ist es zum Untergang verdammt, heute schon wird es untertunnelt, ein Highway ist geplant; mit stählernen Gebissen fressen sich Maschinen durch seine Palisaden, viele alte Herrschaftshäuser harren in

herrenlosem Dunkel des Einreißtrupps; im ehrbaren Schatten kleiner Dickensscher Straßen – Cranberry, Pineapple, Willow, Middagh – glitzern nagelneue rote Schilder mit der Aufschrift: *Vorsicht! Bauarbeiten,* und der Staub gesprengten Steines steht wie ein Urteilsspruch in der Luft. Als es dunkelte, kauften wir einen kleinen Pekannußkuchen; wir setzten uns auf eine Bank und sahen zu, wie in den Türmen über dem Fluß die Lichterkette aufstrahlte. Der Wind peitschte weiße Schaumkrönchen über das kalte Wasser, sang durch die harfenähnliche Brücke, fegte schreiende Möwen im Wirbel dahin. Mein Teil des Kuchens verzehrend, saß ich da und blickte auf Manhattan, und ich überlegte, wie seine Ruinen wohl einmal aussehen mochten: was Brooklyn anlangt, so werden die Archäologen einer kommenden Zivilisation ebensowenig wie die Taxifahrer der unseren jemals das Geheimnis seiner Straßen enträtseln, ihre Bestimmung, ihren Sinn.

Hollywood

Sich Los Angeles nähern, auf dem Luftwege jedenfalls, das ist – so stelle ich's mir vor – wie ein Überqueren der Mondoberfläche: prähistorische Formen, in steinernen Rippen hochgetürmt und verwittert, schielen herauf, und paläontologische Fische schwimmen in schattendunklen Teichen zwischen Wüstenbergen: ausgebrannt und vereist, gibt es da nichts Lebendiges mehr, einzig Fels, der einst ein Vogel war, Knochen, die Sand sind, Farne zu Feuerstein gewandelt. Schließlich eine willkommenbietende Wolkenflottille – wir haben den Tunnel eines Zauberers durchkrochen, Schnee liegt auf den Bergen, doch bunt von Blumen ist das Land, eine Sommersonne steht neben der winterlichen See des Dezembers, tiefer, tiefer stößt das Flugzeug durch fedrige goldene unglaubliche Luft. Oh, stöhnte Thelma, ich vertrag das nicht, sagte sie und goß sich einen Wasserfall Kaugummibonbons in ihren Mund. Thelma war in Chikago an Bord gekommen – sie war eine junge Negerin, recht nett aussehend, bildhübsch angezogen, und es war das Herrlichste, was ihr überhaupt je passieren konnte, diese Reise nach Kalifornien: »Ich weiß bestimmt, es wird einfach großartig werden. Drei Jahre lang war ich Platzanweiserin am Lola-Theater in der State Street, nur um mir das Reisegeld zusammenzusparen. Meine Tante kann kartenlegen, und die hat gesagt: Thelma,

Schätzchen, auf nach Hollywood mit dir, weil da 'ne Stelle als Privatsekretärin bei 'ner Filmschauspielerin nur auf dich wartet. Bei welcher hat sie mir allerdings nicht gesagt. Hoffentlich ist's nicht Esther Williams. Schwimmen tu ich nicht sehr gern.«

Später fragte sie, ob ich's auch beim Film versuchen wolle, und weil ihr dieser Gedanke zu gefallen schien, sagte ich ja. Alles in allem war sie sehr ermutigend und versicherte, daß sie mich – sobald sie als Privatsekretärin etabliert sei und damit Zugang zum Gehör der Großen habe – nicht vergessen, ja mir ganz gewiß jeglichen Beistand gewähren würde.

Am Flughafen war ich ihr beim Gepäck behilflich, und schließlich nahmen wir gemeinsam ein Taxi. Dabei kam heraus, daß sie keinen eigentlichen Bestimmungsort hatte, sie wünschte einfach, der Fahrer möge sie nur »mitten in Hollywood« absetzen. Es war eine lange Fahrt, und sie saß die ganze Zeit über auf der äußersten Kante, unerträglich gespannt Ausschau haltend. Aber es gab da gar nicht so viel zu sehen, wie sie sich vorgestellt hatte. »Es stimmt irgendwie nicht«, sagte sie schließlich, gerade so, als habe man uns einen üblen Streich gespielt, denn auch hier wieder, wenngleich verhüllt, war die Mondoberfläche, nirgendwo eine Stätte, doch wie sehr stimmte es letztlich, daß wir hier am Ende des Kontinents nichts als einen Abladeplatz alles dessen finden sollten, was am ausgesprochensten amerikanisch ist: Ölpumpen, die wie Herzschläge von Dämonen klopfen, straßenweise unbebaute Plätze mit Gebrauchtwagen, Selbstbedienungsläden, Motels, das hach Paps ich war noch nie im Chevrolet hach Paps hach Mam hach quitsch quatsch der allgemeinen Rederei, das Allergrößte, Allerbreiteste, Allerbeste, ausgespreizt und wehrlos narkotisiert von der Makellosigkeit des Sonnenscheins, vom Meeresrauschen und der überirdischen Anmut im Dezember blühender Blumen.

Während der Fahrt war der Himmel aschgrau geworden, und als wir in den frischgewaschenen Glanz des Wilshire Boulevards einbogen, murrte Thelma, mit einem schützenden Griff nach ihrem empfindlichen Federhütchen, bei der Vorstellung eines möglichen Regens. Kommt nicht in Frage, sagte der Fahrer, bloß Wind, der Staub aus der Wüste herüberbläst. Diese Worte waren noch nicht aus seinem Munde, als schon die Palmen unter einem heftigen Guß erzitterten. Aber Thelma wußte nicht wohin mit sich, außer auf die Straße, so ließen wir sie denn dort stehen, wo der Regen ihr Kostüm auseinanderzerrte. Als uns die Verkehrsampel an der Ecke stoppte, kam sie angerannt und steckte ihren Kopf durchs Fenster: »Paß auf, Schätzchen, denk dran, was ich gesagt habe: wenn du Hunger hast oder sonstwas, sieh nur zu, wo ich bin.« Dann, mit einem reizenden Lächeln: »Und hörst du, Schätzchen: doll viel Glück!«

3. Dezember. Heute war ich, dank der Bemühung einer gemeinsamen Freundin, Nora Parker, zum Lunch bei der sagenumwobenen Miss C. geladen. Eine Festungsmauer umschließt ihren Besitz, und am Eingangstor wurden wir von einem Wachposten mehr oder weniger durchsucht, der dann unser Kommen telefonisch ankündigte. All dies war höchst befriedigend: es ist hübsch, zu wissen, daß doch wenigstens jemand so

lebt, wie berühmte Filmstars leben sollen. An der Haustür wurden wir von einem rotbackigen überfütterten Kind in Empfang genommen, dem ein bonbonrosa Band im Haar baumelte. »Mammi meinte, ich soll Sie so lange unterhalten, bis sie 'runterkommt«, sagte sie lustlos, dann führte sie uns in ein großes und – wenn ich jetzt darüber nachdenke – monströses Zimmer: es sah aus, als habe sich irgendein reicher alter Schurke persönlich ein üppiges Liebesnest eingerichtet: verworfene, tiefeinsinkende Ruhelager, ganze Haufen wollüstiger Velvetkissen und Lampen mit sinnlich geschwungenen Rundungen. »Möchten Sie Mammis Sachen sehen?« fragte die Kleine.

Ihr erstes Ausstellungsstück war eine beleuchtete Vitrine. »Das«, sagte sie, auf ein Stück aus chinesischem Porzellan deutend, »ist Mammis antike Vase, für die sie bei Gump dreitausend Dollar bezahlt hat. Und das ist ihr goldener Cocktailshaker und die goldenen Becher dazu. Ich hab' vergessen, was die gekostet haben, 'ne Unmenge jedenfalls, an die fünftausend Dollar etwa. Und sehen Sie die alte Teekanne hier? Sie glauben gar nicht, was die wert ist . . .« Es war eine widerliche Aufzählung, und gegen das Ende zu sagte Nora, die sich benommen im Zimmer auf der Suche nach einem anderen Gesprächsthema umgeblickt hatte: »Solch wunderschöne Blumen! Sind die aus euerm eigenen Garten?«

»Du lieber Himmel, nein«, erwiderte die Kleine verächtlich, »die bestellt Mammi jeden Tag beim teuersten Blumengeschäft von Beverly Hills.«

»Oh?« sagte Nora, zusammenzuckend. »Und was sind Deine Lieblingsblumen?«

»Orchideen.«
»Na hör mal. Daß Orchideen deine Lieblingsblumen sein können, glaube ich einfach nicht. So ein junges Ding wie du!«
Sie dachte einen Augenblick nach. »Also ehrlich gesagt, sind sie's auch nicht. Mammi sagt bloß, das seien die teuersten.«
Genau in diesem Moment raschelte es an der Tür, Miss C. kam wie ein Schulmädchen quer durchs Zimmer gesprungen – ihr berühmtes Gesicht war ohne Make-up, Haarnadeln baumelten lose. »Nora-Darling, rief sie, ihr die Arme entgegenstreckend, »entschuldige bitte, daß es so lange gedauert hat, ich war oben beim Bettenmachen.«

Gestern, plötzlich ausgehungert, erinnerte ich mich an hinreißend schöne Obstaufbauten vor einem großen Laden, an dem ich verschiedentlich bewundernd vorübergefahren war. Riesenorangen, Trauben groß wie Pingpongbälle, hochgetürmte rötliche Apfelpyramiden. Entfernungen sind hierzulande verblüffend, nichts ist so nah, wie man glaubte, und es ist nicht ungewöhnlich, fünfzehn Kilometer um eine Schachtel Zigaretten zu fahren. Es waren drei Kilometer Fußmarsch, ehe ich den Obstladen überhaupt sichtete. Die langen Ladentische waren schräggestellt, damit man schon von möglichst weither die prächtige Ware überblickte, Äpfel, Birnen. Ich griff nach einem dieser außergewöhnlich schönen Äpfel, aber er schien in der Kiste zu kleben. Eine Verkäuferin gickerte: »Gips«, sagte sie, und ich lachte ebenfalls, vielleicht ein bißchen hektisch. Dann folgte ich ihr bedrückt in die tieferen Regionen des Ladens, wo ich sechs kleine, ziemlich mehlige Äpfel kaufte und sechs kleine, ziemlich mehlige Birnen.

Es ist die Weihnachtswoche. Und Abend ist es jetzt lange. Unterm Fenster wird das Tal von einem Lampensee elektrisch erleuchtet. Von der bedrückend spürbaren Ungesichertheit ihrer Häuser auf den Gipfeln blicken Augen ungesichert darauf nieder, fast so als könnten sie urplötzlich verlöschen, wie Kerzen, die endlich aufgezehrt sind.
Früher am Tage heute fuhr ich im Bus den ganzen Weg von Beverly Hills bis hinein nach Los Angeles. Die Straßen sind girlandengeschmückt, wir kamen an einem Motorschlitten vorüber, der im Dahinrollen eine Fahrspur weißer Cornflakes ausspuckte, an Straßenecken klingeln Wollemänner im Schatten serienmäßig hergestellter Bäume mit Glöckchen; Weihnachtslieder, aus Lautsprecherkandelabern heulend, ergießen ihren Sirup in die Lüfte, und überall hängt im vierundzwanzigkarätigen Sonnenschein glitzernd, Lametta wie schimmelndes Moos. Mehr Weihnachten könnte es gar nicht sein – oder weniger. Ich habe mal eine Frau gekannt, die eine rosige Villa Stein um Stein aus Italien herüberbringen und auf einer feinsäuberlichen Grasfläche in Connecticut wiederaufbauen ließ – Weihnachten ist in Hollywood genau so fehl am Platze wie es diese Villa in Connecticut war. Und was ist Weihnachten ohne Kinder, von denen so viel Wesentliches abhängt? Vergangene Woche traf ich einen Mann, der eine Reihe Beobachtungen mit dem Ausspruch abschloß:

»Und dann wissen Sie natürlich, daß dies eine Stadt ohne Kinder ist.«
Fünf Tage lang habe ich diese Bemerkung nachgeprüft, erst nur so nebenher, nun mit tödlicher Bestürzung: ungeheuerlich, ich weiß, aber seit ich dies rätselhafte Unternehmen begann, habe ich noch nicht einmal ein halbes Dutzend Kinder gesichtet. Doch zunächst eine hierhergehörige Feststellung: eine Hauptklage hier ist die Übervölkerung; die alte Garde der Einwohner erklärt mir, die Gegend quelle über von »unerwünschten« Elementen, von Scharen ehemaliger Soldaten, von Arbeitern, die während des Krieges zuzogen, und von jenen heimatlosen Intellektuellen, den jungen, nirgends seßhaften; doch beim Umherwandern habe ich manchmal das Gefühl eines Menschen, der an einem gespenstischen Morgen in einer zum Schweigen gebrachten, verödeten Welt erwacht, aus der über Nacht, wie die Mannschaft an Bord der *Maria Celeste,* jede lebende Seele verschwunden ist. Es herrscht eine Atmosphäre feiertäglicher Leere; hier, wo keiner zu Fuß geht, gleiten Wagen in einem nichtabreißenden schimmernden ruhigen Strom dahin – mein Schatten, der sich auf der blendend weißen Straße bewegt, wirkt wie das einzig lebende Element in einem Chirico. Es ist nicht die behagliche Stille, die man in amerikanischen Kleinstädten spürt, obwohl die äußerliche Atmosphäre der Vorderveranden, Hausgärten und Hecken sehr oft die gleiche ist. Der Unterschied liegt darin, daß man in wirklichen Städten ziemlich sicher sein kann, was für eine Sorte von Menschen sich hinter diesen numerierten Türen birgt, hier jedoch, wo alles vorübergehend, kurzlebig

scheint, gibt es kein allgemeingültiges Bevölkerungsschema, und nichts ist geplant – diese Straße, jenes Haus: Zufallspilze, und ein Riß in der Mauer, der anderswo reizvoll sein könnte, schlägt nur einen Mißton an, Untergang kündend.

Kürzlich prüfte hier eine Lehrerin den Wortschatz, indem sie ihren Schülern aufgab, den Gegenbegriff zu *Jugend* zu nennen. Mehr als die Hälfte der Klasse schrieb *Tod*.
Kein schickes Hollywoodheim wird für völlig installiert gehalten ohne einen ganzen Schwung moderner Meister zur Aufhellung der Wände. Ein Regisseur hat schon so etwas wie eine kleine Galerie; er spricht von Bildern nur als gute Kapitalsanlage. Seine Frau ist weniger bescheiden: »Natürlich verstehen wir was von Kunst. Schließlich sind wir in Griechenland gewesen, nicht? Kalifornien ist auch so wie Griechenland. Genauso. Sie würden sich wundern. Gehen Sie doch mal 'rüber zu ihm und unterhalten Sie sich mit meinem Mann über Picasso, da kann der Ihnen richtig Bescheid sagen.«
An dem Tag, als ich mir ihre berühmte Sammlung ansah, hatte ich ein Bild bei mir, das ich zum Einrahmen bringen wollte, eine kleine farbige Klee-Lithographie: »Nett«, meinte die Regisseursgattin vorsichtig, »selbergemalt?«

Auf einen Bus wartend, lief ich P. in die Arme, für die ich ziemliche Bewunderung empfinde. Sie hat jene Art von Witz, der jede Bosheit ausschließt, und – was noch ungewöhnlicher ist – hat dreißig Jahre in Hollywood mit Humor und Würde zu leben verstanden. Natürlich ist sie nicht besonders reich. Zur Zeit wohnt sie über einer Garage. Es ist interessant, weil sie nach hiesigen Begriffen erfolglos war, was – obendrein mit zunehmendem Alter – unverzeihlich ist, dennoch wird ihr vom Erfolg gehuldigt, und ihre sonntäglichen Kaffee-Sitzungen sind recht glanzvoll besucht, weil sie da über der Garage versteht, ein flüchtiges Gefühl der Sicherheit zu geben und allen die Empfindung, Wurzeln zu haben. Zudem ist sie ein unerschöpfliches Album, die Zeiten verschieben sich in ihrer Unterhaltung, entgleiten, bis – während sie einen mit ihren kornblumenblauen Augen fest anschaut – Valentino, leicht deinen Arm streifend, vorübergeht, die junge Garbo am Fenster lehnt, John Gilbert auf dem Rasen erscheint, dasteht wie eine Statue im Dämmer, und Fairbanks der Ältere die Einfahrt heraufgedonnert kommt, zwei bellende Bulldoggen neben sich auf dem Lakaiensitz.

P. erbot sich, mich heimzubringen. Wir fuhren über Santa Monica, damit sie ein Geschenk bei A. vorbeibringen konnte, dieser übernervösen traurigen Frau, die einmal, nach dem Abgang ihres dritten Mannes, einen Oscar ins Meer warf.

Das, was mich am meisten bei A. beschäftigte, war die Art, wie sie ihr Make-up auftrug – eine derart brutal sachliche Verrichtung – kalten Blickes, berechnend, handhabt sie ihre Schminken und Puder allesamt, als gehöre das Gesicht jemand anderem, mit welcher Methode ihr gelingt, wegzubringen, was immer die Jahre ihr geschenkt haben.

Als wir fortgingen, kam das Mädchen heraus, um zu

sagen, daß A.s Vater uns gern noch sehen wolle. Wir fanden ihn in einem Garten zum Meer zu – ein gichtischer, phlegmatischer alter Mann mit bläulichweißem Haar und einer Haut, brauner als Jod, so saß er zusammengesunken in einem Flecken Sonne, mit geschlossenen Augen, kein Laut, der ihn störte, nur der einschläfernde Wellenschlag und das duselnde Summen der Bienen. Alte Leute lieben Kalifornien: sie schließen ihre Augen, und das Säuseln des Windes durch die winterlichen Blumen sagt Schlafe, das Meer sagt Schlafe – es ist eine Vorschau des Himmels. Vom Anbruch des Tages bis zur Dunkelheit folgt A.s Vater der Sonne durch seinen Garten, und an regnerischen Tagen vertreibt er sich die Zeit damit, Armbänder aus Bierflaschenkapseln zu machen. Er gab jedem von uns eins dieser Armbänder und sagte mit einer Stimme, die kaum die honigsüße, leichtbewegte Luft durchdrang: »Fröhliche Weihnachten, Kinder.«

Haiti

Vom Anblick her ist Hippolyt wohl ein häßlicher Mensch: affendürr, hohlwangig, recht dunkelgetönt, blickt er (durch silbrige Lehrerinnnenbrille), lauscht, mit der beständigsten, liebenswürdigsten Sorgfalt, wobei seine Augen ein subtiles und tiefgehendes Verständnis zurückwerfen. Man empfindet bei ihm eine gewisse Sicherheit, es ist zwischen einem jener allzu seltene Zustand geschaffen: man hat kein Gefühl der Isolation.

Diesen Morgen hörte ich, daß im Laufe der Nacht seine Tochter gestorben sei, eine Tochter von acht Monaten; es sind mehr Kinder da, er ist mehrmals verheiratet gewesen, fünf oder sechsmal; dennoch: wie schwer muß es sein, denn er ist nicht mehr jung. Niemand hat mir etwas gesagt, ich möchte wissen, ob es eine Totenfeier gibt; in Haiti sind sie überspannt, diese Totenfeiern, und voll von übertriebenen Zeremonien: die Trauernden – zum großen Teil Fremde – krallen die Luft, schlagen trommelnd den Boden mit ihren Köpfen, stöhnen dumpf im Chor wie ein Hundeheulen; bei Nacht vernommen oder plötzlich auf einer Landstraße erblickt, wirkt dies so fremdartig, daß man im Innersten erbebt, und dann erkennt man, daß dies im Grunde Gebärdenspieler sind.

Weil er der populärste primitive Maler Haitis ist, könnte sich Hippolyt ein Haus mit fließendem Wasser, richtigen Betten und elektrischem Licht leisten; tatsächlich aber lebt er mit Lampe und Kerze, und alle die Nachbarn – alte verhutzelte, kokosnußköpfige Damen und gutaussehende Schiffer und verkrümmte Sandalenmacher – können in seine Angelegenheiten hineinsehen wie er in die ihren; vor einiger Zeit unternahm es einmal ein Freund eigenmächtig, Hippolyt ein anderes Haus zu mieten, so etwas wie einen wohlgegründeten Wohnsitz mit festem Boden und Wänden, hinter denen man sich bergen konnte, doch war er natürlich nicht glücklich darin, er hat weder Verschwiegenheit nötig, noch Komfort. Und dies ist der Grund, weshalb ich Hippolyt so wunderbar finde, denn nichts an seiner Kunst ist raffiniert verstellt, er nimmt, was in ihm selber lebt, und das ist die Geistesgeschichte seines Heimatlandes, dessen Gesänge und Kultbegriffe.

Ins Auge fallend aufgestellt ist in dem Raum, darin er malt, eine riesige trompetenförmige Muschel; rosig und vollendet schön gewunden, gleicht sie irgendeiner Meeresblume, einer Unterwasser-Rose, und wenn man hineinbläst, tönt aus ihr ein heiserer und verlorener Klagelaut, wie ein Windheulen: es ist ein Zauberhorn für Seeleute, das den Wind herbeiruft, und Hippolyt, der eine Reise um die Welt an Bord seines eigenen Schiffes mit roten Segeln plant, übt regelmäßig darauf. Einen Großteil seiner Energie und all sein Geld verschlingt der Bau dieses Schiffes; es ist etwas an seiner Hingegebenheit, das man häufig bei denen beobachtet, die das Planen ihres eigenen Leichenbegängnisses in die Hand nehmen, den Bau ihrer

eigenen Grabstätte: – hat er erst einmal Segel gesetzt und ist der Sicht entschwunden, frage ich mich, ob ihn wohl irgend jemand je wieder erblicken wird.
Von der Terrasse, wo ich des Morgens lesend oder schreibend sitze, kann ich die Berge immer blauverschwimmender zur Bucht hinunter entgleiten sehen, dort unten liegt das ganze Port-au-Prince, eine Stadt, deren Farben durch Jahrhunderte voll Sonne zu abblätternden historischen Pastellen verblaßt sind: himmelgraue Kathedrale, hyazinthener Brunnen, grünrostiges Gitter. Zur Linken, und wie eine Stadt innerhalb der anderen, liegt ein großer kreidiger Park aus barockem Gestein: das ist der Friedhof, hier ist es, wohin man, mitten unter geschmackloses Metallglitzern und Denkmäler wie Vogelkäfige, seine Tochter bringen wird: man wird sie den Berg heraufbringen, ein Dutzend von ihnen, schwarzgekleidet und mit Strohhüten, die Luft schwer von Wickenduft.

1. Sag mir, warum gibt es hier so viele Hunde? wem gehören sie, und wozu sind sie da? Räudig, mit verletztem Blick, tappen sie in kleinen Rudeln durch die Straßen wie verfolgte Christen, harmlos genug all das bei Tage, doch kommt die Nacht, wie überschlagen sich da ihr Geltungsbedürfnis und ihre Stimmen! Erst einer, ein anderer, dann alle, stundenlang kann man ihre aufgebrachten, erbitterten, mondbeschwörenden Tiraden hören. S. sagt, es sei wie ein umgekehrter Wecker, denn sobald die Hunde anfangen – und das wahrhaftig noch früh am Tage –, ist es an der Zeit, ins Bett zu gehen. Man kann das auch gut und gern; die Stadt hat bis um zehn die Läden dichtgemacht, das

heißt ausgenommen an Rahrah-Wochenenden, wenn Trommeln und Betrunkene die Hunde übertönen. Aber gern höre ich eine Morgenvielzahl von Hahnenschreien; sie bringen einen unerwarteten Glücksregen des Widerhalls zum Erklingen. Andererseits, was ist irritierender als der Krach von Autohupen? Haitaner, die Wagen besitzen, scheint das Drücken auf die Hupe zu beseligen; man hat diese Betätigung langsam im Verdacht, politische und / oder sexuelle Bedeutung zu haben.

2. Wenn es möglich wäre, würde ich hier gern einen Film drehen; außer gelegentlicher Musik würde er stumm sein, einzig eine Kamera als geistvoller Rahmen für Architektur, Gegenstände. Da ist ein fliegender Drachen, auf dem Drachen ist ein gezeichnetes Auge, jetzt löst sich das Auge und weht im Wind, es stößt gegen einen Zaun und wir, das Auge, die Kamera, sehen ein Haus (wie das von M. Rigaud). Das ist ein hohes, zerbrechliches, ein wenig absurdes Gebäude, keiner bestimmten Stilperiode zuzurechnen, sondern allem Anschein nach eher unzähligen Kreuzungen entstammend: dem französischen Einfluß und England im düsterstrengen viktorianischen Gewand; etwas Orientalisches hat es auch, Andeutungen, die an gefältelte Papierlaternen denken lassen. Es ist ein holzgeschnitztes Haus, seine Erker, Türmchen, Säulenvorbauten sind zierlich besetzt mit Engelsköpfen, Schneekristallornamenten und Valentinstag-Herzen: während die Kamera sie einzeln nachzeichnet, hören wir eine peinigende musikalische Untermalung rhythmisch klopfender Bambusstäbe. Urplötzlich ein Fen-

ster; der zuckerweiße Baiserschaum eines Vorhangs, und eine runde Augenmasse und dann ein Gesicht, eine Frau wie eine altmodische gepreßte Blüte, Jettschmuck um die Kehle und Jettkämme in ihrem Haar; wir gehen durch sie hindurch und in den Raum, zwei grüne Chamäleons flitzen über den Spiegel der Chiffonniere, in dem ihr Abbild schimmert. Wie Dissonantklänge auf dem Klavier, so bewegt sich die Kamera mit schnellen, harten Anschlägen, und wir werden der Vorgänge gewahr, die unsern Augen nie auffallen: das Fallen eines Rosenblattes, das Schiefrutschen eines Bildes. Jetzt also haben wir angefangen.

3. Vergleichsweise wenig Touristen kommen nach Haiti und eine erhebliche Zahl derer, die es tun, vor allem die amerikanischen Durchschnittsehepaare, sitzen in ihren Hotels herum, in erhabener Übellaunigkeit. Das ist bedauerlich, denn von allen westindischen Inseln ist Haiti durchaus die interessanteste; immerhin, wenn man die sachlichen Ziele dieser Ferienreisenden in Betracht zieht, ist ihre Haltung nicht unbegründet: der nächste Strand liegt drei Fahrstunden entfernt, das Nachtleben ist unerheblich, es gibt kein Restaurant, dessen Menü etwas Besonderes böte. Neben den Hotels gibt es nur wenige Lokale, wohin man noch spät am Abend auf einen Rumsoda gehen kann; zu den annehmbaren von ihnen gehören die Freudenhäuser, die entlang der Bizonton-Road ins Laubwerk zurückgesetzt liegen. All diese Häuser haben Namen, recht prahlerische, wie beispielsweise *Das Paradies*. Und sie sind kompromißlos anständig, vollendete Salonmanieren werden gewahrt: die Mäd-

chen, von denen die meisten aus der Dominikanischen Republik stammen, sitzen auf der Vorderveranda und schaukeln sich in Schaukelstühlen, fächeln sich mit Postkartenbildchen von Jesus und machen auf eine sanft plaudernde und lachende Weise Konversation; es ist wie irgendeine sommerliche Szene in Amerika. Bier, nicht Whisky oder gar Champagner, wird als *de rigueur* angesehen, und wenn man Eindruck zu machen wünscht, so ist dies als Getränk zu bestellen. Ich kenne ein Mädchen, das dreißig Flaschen hinuntergießen kann; sie ist älter als die andern, trägt lavendelfarbenen Lippenstift, hat Rumbahüften und eine Natternzunge, was alles zusammen sie zu einer wahrhaft populären Dame macht, obgleich sie selbst sagt, sie werde sich nicht als Erfolg empfinden, ehe sie sich's nicht leisten könne, jeden einzelnen Zahn in ihrem Haupt in pures Gold umwandeln zu lassen.

4. Die Regierung Estimé hat ein Gesetz erlassen, wonach das Umhergehen auf der Straße *sans* Schuhe verboten ist: das ist eine harte, unökonomische Verordnung, und eine unbequeme noch dazu, vor allem für die Bauern, die ihre Erzeugnisse zu Fuß zum Markt bringen müssen. Allein die Regierung, neuerdings sehr bemüht, das Land mehr zum Anziehungspunkt für Touristen zu machen, hat das Gefühl, daß schuhlose Haitaner dies mögliche Geschäft drücken könnten, daß die Armut des Volkes nicht so offenkundig sein sollte. Indessen sind die Haitaner ganz allgemein arm, doch ist um diese Armut nichts von jener bösartigen und erbärmlichen Atmosphäre, die jene Art von Armut umgibt, die ein Aufrechthalten

äußeren Scheins verlangt. Es macht mich immer ganz elend, wenn sich irgendeine gebräuchliche Redensart als wahr erweist; jedoch ist es, glaube ich, Tatsache, daß die freigebigsten unter uns jene sind, die am wenigsten zum Freigebigsein besitzen. Fast jeder Haitaner, der zu einem kommt, wird seinen Besuch damit abschließen, einem ein kleines, gewöhnlich seltsames Geschenk zu überreichen: eine Büchse Sardinen, eine Rolle Garn; aber diese Gaben werden mit solcher Würde und Herzlichkeit dargeboten, daß ach! die Sardinen Perlen verschluckt haben, das Garn reines Silber ist.

5. Dies ist eine Geschichte von R. Vor ein paar Tagen ging er aufs Land hinaus um zu malen; plötzlich, am Fuß eines Berges angelangt, sah er ein hochgewachsenes, schlitzäugiges, zerlumptes Mädchen. Sie war an den Stamm eines Baumes gebunden, Draht und Stricke fesselten sie daran. Anfangs, weil sie ihn anlachte, hielt er es für einen Scherz, doch als er sie loszumachen versuchte, erschienen mehrere Kinder und begannen mit Stöcken auf ihn einzustechen; er fragte sie, warum das Mädchen an den Baum gebunden sei, doch sie kicherten nur und schrien und wollten ihm keine Antwort geben. Kurz darauf trat ein alter Mann herzu, er trug einen wassergefüllten Kürbis. Als R. ihn wegen des Mädchens fragte, sagte der Alte, die Augen von Tränen getrübt: »Sie ist schlecht, Monsieur, es nützt nichts, sie ist so schlecht«, und schüttelte seinen Kopf. R. begann den Berg wieder hinaufzusteigen; dann sah er, sich umwendend, wie der alte Mann ihr aus dem Kürbis zu trinken gab, und

als sie einen letzten Schluck tat, spie sie ihm ins Gesicht; mit einer milden Langmut wischte sich der Alte ab und schritt von dannen.

6. Ich mag Estelle und muß sagen, ich bin dahingekommen, weniger für S. übrig zu haben, weil er das nicht tut: es ist keine Sorte Intoleranz so ärgerlich wie jene, die darin gipfelt, Eigenschaften zu verdammen, die man selbst besitzt: nach Meinung von S. ist Estelle wollüstig, gewöhnlich und eine Angeberin; S. freilich ist, mit Ausnahme der erstgenannten, selber nicht ohne diese Anlagen. Jedenfalls beweist es einen feineren Charakter, unbewußt gewöhnlich als bewußt tugendhaft zu sein. Aber natürlich ist S. sehr intim mit der amerikanischen Kolonie hier, und deren Ansichten sind, mit einigen vereinzelten Ausnahmen, oft verstaubt und immer streng. Estelle wird von keiner einzigen Gruppe nett behandelt: »Als ob einem das nicht verdammt egal wäre«, sagt sie. »Sieh mal, Eierkopp, du aufgewecktes Kind, mit mir ist gar nichts weiter los, als daß ich so unerhört gut aussehe, und wenn ein Mädchen so gut aussieht wie ich und sie läßt nicht jeden Lauskerl auf sich 'rumkrabbeln, na dann: abgemeldet, verstehste?«
Estelle ist eines der größten Mädchen, die ich je gesehen habe, mit Leichtigkeit ihre eins achtzig; ihr Gesicht ist kräftig und starkknochig, nach Art der Schweden, ihr Haar rötlich, ihre Augen katzengrün: immer ist um sie ein Hauch, der einem den Gedanken eingibt, sie sei eben in einem Wirbelsturm umhergeworfen worden. Es sind mehrere Estelles in ihr, tatsächlich. Eine davon ist die Heldin eines nicht sonder-

lich guten Romans: heute hier – morgen da, hallo du Herzeleid der ganzen Welt, diese Sorte Firlefanzereien; eine andere Estelle ist eine kolossale Gans von einem Mädchen, blindversessen auf Liebe: ständig ist sie ganz überzeugt, daß die unwahrscheinlichsten Menschen die ehrbarsten Absichten haben. Eine dritte Estelle ist nicht so sehr fragwürdig als zu Fragen anregend: wer ist Estelle? was tut sie hier? wie lange beabsichtigt sie zu bleiben? was veranlaßt sie dazu, am Morgen aufzustehen? Hier und da pflegt dieser dritte Bestandteil der vielfältigen Miss E. auf ihre »Arbeit« anzuspielen. Doch wird die Art dieser Arbeit niemals näher bezeichnet. Die meiste Zeit sitzt sie in einem Café am Champ de Mars und trinkt, zu einem Preis von zehn Cent pro Runde, Rumpunsch. Der Mixer schläft ständig, und sobald sie etwas will, stelzt sie hinüber und pufft ihn gegen den Kopf, als sei der eine reife Wassermelone. Da ist ein verrückter kleiner Hund mit Hängeohren, der ihr überall nachläuft, und gewöhnlich hat sie überdies noch irgendeinen menschlichen Kameraden bei sich. Ihr Favorit ist ein blasser steifer Mensch, der ein Bibelverkäufer sein könnte; wie das so geht, ist er ein herumreisender Schausteller, der von Insel zu Insel hopst, mit einem Koffer voll Marionetten und einem Kopf voll Unsinn. An heiteren Abenden schlägt Estelle ihr Hauptquartier an einem Tisch auf dem Bürgersteig vorm Café auf; viele der jungen Eingeborenenmädchen bringen ihre Liebesprobleme hierher an diesen Tisch: über anderer Leute Liebe ist sie ernsthaft und bekümmert. Einmal war auch sie verheiratet, wann oder mit wem, weiß ich nicht, sie ist da völlig vage, aber – und dies

obgleich sie erst fünfundzwanzig ist – es muß schon sehr lange her sein. Gestern abend kam ich an dem Café vorbei, und wie gewöhnlich saß sie an ihrem Tisch auf dem Bürgersteig. Doch war da ein Unterschied. Sie hatte Make-up aufgelegt, was sie selten tut, und trug ein schlichtes Nachmittagskleid; zwei rosa Nelken glühten in ihrem Haar, eine Art der Dekoration, deren ich sie nie für fähig gehalten hätte. Außerdem hatte ich sie nie zuvor richtig betrunken gesehen. »Eierkopp, hallo, bist du's? Jajaja«, sagte sie und tippte mir dabei gegen die Brust, »paß auf, Kind, ich werd dir jetzt'n Beweis geben, positiv, ich werd dir zeigen, daß's Tatsache is, Tatsache isses, daß wenn du jemanden liebst, der jemand dich jede gottverfluchte Sache fressen lassen kann. Paß auf« – und sie riß eine Nelke aus ihrem Haar – »der liebt mich wahnsinnig«, sagte sie, die Blume dem kleinen Hund zuwerfend, der zu ihren Füßen hockte, »der frißt das, bloß weil ich ihm sage, er soll, un verdammt, wenn nich.«
Aber der Hund schnüffelte nur.

Die paar letzten Wochenenden hier sind den dem Karneval vorausgehenden Rahrahs gewidmet gewesen, und der Karneval, der gestern begann, dauert drei Tage. Rahrahs sind kleine Vorschauen auf den Karneval selbst; am Samstag, bald nach der Mittagsstunde, beginnen die Trommeln, einzeln zuerst, eine oben in den Bergen, eine andere näher der Stadt, hin und zurück gehen die Signale, sanft drängend, beharrlich, bis da eine durchdringende Schwingung entstanden ist, die auf der Oberfläche der Stille schimmert, sich kräuselnd wie Hitzewellen; und von hier, wo ich bin, allein in diesem arsenfarbenen Zimmer, scheint alles Geschehen ihrem Klang zu entstammen: dumdidum, da drüben, schau: Licht zittert im Wasserkrug, ein kristallenes Bläschen, in Bewegung gesetzt, rollt über den Tisch, zerplatzt am Boden, Wind, vorhangfangend, Bibelblätter umbiegend, erzählt dumdidum. Mit der Dämmerung nimmt die Insel die sich ausbreitende Gestalt eines Trommelklangs an. Kleine Banden durchziehen feiernd die Straßen, sie bestehen aus Familiengruppen oder Geheimgesellschaften, alle verschiedene Lieder singend, die ganz gleich klingen. Der Anführer jeder Schar trägt Federn im Haar, ein verrückt wattiertes Flimmergewand und jeder von ihnen eine billige dunkle Brille; während die anderen singen und mit den Füßen stampfen, dreht er sich um sich selbst, reibt seine Hüften, ruckt mit dem Kopf von der einen zur andern Seite wie ein bösartiger Papagei; alles lacht, und einige Paare fassen einander, tanzen mit zurückgeworfenen Köpfen, offenen Mundes, dumdidum, der Rhythmus schwenkt ihre Hüften herum, ihre Augen sind glänzende Monde, dumdidum.

Gestern abend nahm mich R. mitten hinein in den Karneval. Wir wollten uns die Zeremonie eines jungen *houngan* ansehen, das heißt eines Wodu-Priesters, dieser ein außergewöhnlicher Bursche, dessen Namen ich nie gehört hatte. Sie wurde in einiger Entfernung von der Stadt abgehalten, und so mußten wir einen Autobus nehmen, einen engen Wagen, der zehn Passagiere unbequem transportieren kann; aber wir waren fast das Doppelte dieser Zahl, einige davon im Kostüm, darunter ein Zwerg, der eine Schellenkappe

trug, und ein alter Mann mit einer Larve wie Rabenflügel. R. saß neben dem Alten, der an einer Stelle sagte: »Kennen Sie den Himmel? Ja, ich dachte mir das schon, aber ich war es, der ihn gemacht hat.«
Worauf R. erwiderte: »Ich nehme an, Sie haben auch den Mond gemacht?«
Der Mann nickte. »Und die Sterne, das sind meine Enkel.«
Ein lärmendes Weib schlug die Hände zusammen und verkündete, daß der alte Mann verrückt sei. »Aber liebe Dame«, entgegnete er, »wenn ich verrückt wäre, wie hätte ich denn dann all diese herrlichen Dinge tun können?«
Es war eine langsame Fahrerei; der Autobus blieb stehen, Menschenwogen umbrandeten ihn, Gesichter, hinter Larven verborgen, baumelten im düsteren, altertümlichen Licht der Kerzenfackeln, das sie wie ein wunderlicher gelber Regen übersprühte.
Als wir beim *houngan* angelangt waren, einem stillen Ort, über der Stadt gelegen, durchschrillt allein vom nächtlichen Lärm der Insekten, hatte die Zeremonie bereits begonnen, wenngleich der *houngan* selbst noch nicht in Erscheinung getreten war. Den Tempel, einen langen, strohgedeckten Schuppen mit Altarräumen an beiden Enden (die Türen zu diesen Räumen waren geschlossen, da hinter einer von ihnen der *houngan* seinen Auftritt abwartete), umstanden etwa hundert schweigende feierlich-ernste Haitaner. In dem offenen Gemach zwischen den beiden Räumen bewegten sich sieben oder acht barfüßige Mädchen, alle weißgekleidet und weiße Kopftücher um ihr Haar gewunden, in schlängelndem Kreisen, sich die Hüften

klatschend und eine Weise singend, der zwei Trommler Echo gaben. Eine Petroleumlampe warf rauchige horizontale Schatten der Tänzerinnen, und die Trommler, beide ganz vertieft, beide froschähnlich, waberten an den Wänden. Plötzlich verstummten die Trommeln, die Mädchen bildeten einen Gang, der zu einer Altartür führte. Es war so still, daß man beinahe die verschiedenen Arten nächtlich musizierender Insekten unterscheiden konnte. R. bat um cinc Zigarette, doch wollte ich ihm keine geben – wer raucht in einer Kirche? Und Wodu ist schließlich eine richtige, sehr vielfältig zusammmengesetzte Religion, die indessen von der Bourgeoisie Haitis verächtlich angesehen wird, die, wenn überhaupt etwas, dann katholisch ist, und daher kommt es, daß – als Ausgleich möchte man meinen – so viel Katholizismus in den Wodu eingesickert ist: ein Bild der Jungfrau Maria beispielsweise und ein Abbild des Jesuskindes, das zuweilen durch eine selbstgefertigte Puppe dargestellt ist, wird man den Altar nahezu eines jeden *houngan* schmücken sehen. Und die Grundfunktionen des Wodu scheinen mir nicht so fundamental verschieden von denen anderer Religionen: Anflehen bestimmter Gottheiten, Symbole, die Bedrängnisse des Bösen beschwichtigen, der Mensch ist schwach, doch Gott schützt ihn, es gibt allerwege Magie, sie gehört den Göttern, die können das Weib eines Mannes schwanger werden lassen oder zulassen, daß die Sonne seine Ernte verbrennt, ihm den Atem aus dem Körper stehlen, doch ihn dafür mit einer Seele belohnen. Im Wodu gibt es indessen keine Grenze zwischen dem Land der Lebenden und

der Toten; die Toten rufen die Toten auf und wandeln unter den Lebenden.
Nun begannen die Trommeln wieder, wobei die Stimmen der Mädchen das Intervall zwischen jedem zögernden dramatischen Schlag ausfüllten, und dann tat sich die Tür zum Altar auf: drei Knaben traten heraus, jeder eine Schale mit einem andersartigen Inhalt tragend – Asche, Maismehl, schwarzes Pulver – und Kerzen, wie für einen Geburtstagskuchen, brannten in der Mitte dieser Masse; die Schalen auf einem gerundeten Stein vorsichtig abstellend, knieten die Knaben mit dem Gesicht zur Tür. Die Trommeln wurden leiser, es begann ein aufreizendes rhythmisches Rasseln, das von einem ausgehöhlten, getrocknete Schlangenwirbel enthaltenden Kürbis herrührte, und geschwind wie ein Geist, der sich unerwartet materialisiert hat, glitt der *houngan* flüchtig wie ein Vogel durch die Mädchenkolonne und rund um den Raum, wobei seine Füße, Silberreifen klingelnd um die Knöchel, den Boden überhaupt nicht zu berühren schienen und seine losen seidenen Scharlachgewänder wie Flügel raschelten. Ein Kopfputz aus rotem Samt war um sein Haupt geschlungen, eine Perle schimmerte in seinem Ohr. Hin und wieder verhielt er, wie ein Kolibri, und umfaßte die Hände eines Andächtigen; er nahm auch die meinen, und ich blickte ihm ins Gesicht, ein erstaunliches Hermaphroditengesicht, wahrhaft schön, eine verwirrende Verbindung von bläulichschwarzer Haut und kaukasischen Zügen; er kann nicht mehr als zwanzig gewesen sein, dennoch war an ihm etwas unerklärbar alt, wie schlafend, unter einem Bann.

Endlich, eine Handvoll Maismehl und Asche nehmend, begann er ein *verver* auf den Boden zu zeichnen; es gibt im Wodu Hunderte von *ververs,* was schwierige, ein wenig surrealistische Zeichnungen sind, bei denen jede Einzelheit verborgene Bedeutung hat, und sie auszuführen erfordert nicht allein ein derart geschultes Gedächtnis wie es ein Pianist braucht, der, sagen wir, ein ganzes Bachprogramm spielen würde, sondern überdies ungewöhnlich gewandte Technik, Kunstfertigkeit. Während die Trommeln explodierend schnell wurden, bückte er sich hier und dorthin, ganz in seine Kunst vertieft, wie eine rote Spinne, die statt des Seidenfadens ein grausames Aschennetz mit Kronen, Kreuz- und Querstrichen, Schlangen, phallischen Formen, Augen, Fischschwänzen ausspeit. Dann – als der *verver* vollendet war – ging er zurück in den Altarraum und erschien wieder, nun in Grün, in den Händen eine große Eisenkugel. Während er dastand, fing der Ball Feuer, heiliges Blau umhüllte ihn wie die Lufthüllen der Erde; ihn noch immer haltend, fiel er auf die Knie, kroch am Boden, während Gesänge und Zurufe ihn priesen, und als die Flammen erloschen, erhob er sich, seine unverbrannten Handflächen emporstreckend. Ein Zittern erfaßte seinen Körper, als sei ein unbekannter Wind hindurchgegangen, die Augen rollten ihm im Schädel, der Geist (Gott und Dämon) sprang auf wie Samen und blühte auf in seinem Fleisch: geschlechtslos, unbestimmbar, nahm er in seine Arme Mann und Weib, wer auch immer sein Partner war, sie wirbelten über die Augen und Schlangen des *verver,* auf geheimnisvolle Weise sie nie völlig zerstörend, und wenn er zu einem anderen

Partner wechselte, schleuderte sich der Fortgeworfene gleichsam ins Unbegrenzte, zerriß sich die Brust, schrie gellend. Und der junge *houngan,* schweißglänzend, sein Perlenohrring lose baumelnd, raste krachend gegen die weitestentfernte ungeöffnete Tür; singend, schluchzend, hämmerte er mit den Händen dagegen, bis sie blutige Abdrücke hinterließen; es war, als sei er eine Motte, die Tür der Riesenglanz einer elektrischen Birne, denn hinter diesem Hindernis, unmittelbar dahinter, da war die Magie: das Geheimnis der Wahrheit, reiner Friede. Und wenn die Tür aufgegangen wäre, was sie nie tun wird, würde er es dann gefunden haben, dies Unerreichbare? Daß er dies glaubte ist alles, worauf es ankommt.

Nach Europa

Stand man ganz reglos, so konnte man eine Harfe hören. Wir kletterten auf die Mauer, und da, unter den leuchtenden regennassen Blumen des Schloßgartens, saßen vier geheimnisvolle Gestalten – ein junger Mann, der die Saiten einer Harfe zupfte, und drei verkümmerte alte Männer, deren Kleidung aus schwarzen Flicken bestand: wie dunkel sie sich vor dem sturmgrünen Himmel abhoben. Sie aßen Feigen, die saftig-feuchten italienischen Feigen, und der Saft tropfte von ihren Lippen. Der Garten grenzte hart an den marmorweißen Strand des Gardasees, dessen Wellen sich im Wind aufkräuselten, und in diesem Augenblick fühlte ich, daß ich mich immer davor fürchten würde, dort zu schwimmen, weil sich in den Tiefen dieses so unwahrscheinlich durchsichtigen Wassers wüste Geschöpfe bewegen müssen, wie Verzerrungen hinter der Schönheit von Waldglasfenstern. Einer der alten Männer schleuderte eine Feigenschale zu weit hinaus, und ein Trio aufgestörter Schwäne rauschte durch das schilfbestandene Wasser. D. sprang von der Mauer herab und winkte mir, ihm zu folgen; doch ich konnte es nicht, nicht in diesem Augenblick: denn plötzlich wurde es wahr, und ich wollte diese Wahrheit noch ein wenig verlängern – niemals wieder würde ich sie so unbedingt spüren, schon die Bewegung eines Blattes mußte sie zerstören, genauso wie ein Husten für immer Tourels hohen Ton verderben mußte. Und was für eine Wahrheit war es? Nichts anderes als die Wahrheit der Rechtfertigung: ein Schloß, Schwäne und ein Knabe mit einer Harfe, die ganze Welt eines Kindermärchenbuches – ehe der Prinz auftritt oder die Hexe ihren Zauber darüberwirft.

Ich hatte recht daran getan, nach Europa zu gehn, und wenn es nur deshalb gewesen wäre, um wieder voller Verwunderung sein zu können. Es ist sehr schwer, Verwunderung zu empfinden, wenn man einmal ein gewisses Alter überschritten und gewisse Erfahrungen gemacht hat; am besten versteht man es als Kind; später dann wird man, wenn man Glück hat, eine Brücke finden, die einen in die Kindheit zurückführt. Und nach Europa zu gehen kam dem gleich. Es war die Brücke zur Kindheit, und sie führte mich übers Meer und durch die Wälder geradewegs in die frühesten Landschaften meiner Phantasie. Auf die eine oder andre Weise war ich ein gutes Stück herumgekommen, von Mexiko bis nach Maine – und dann zu denken, daß ich bis nach Europa reisen mußte, um heimzufinden in meine Vaterstadt, zum heimischen Herd, wo Geschichten und Legenden stets jenseits unserer Stadtgrenzen lebendig zu sein schienen. Und dort waren die Legenden: in der Harfe, im Schloß, im Rauschen der Schwäne.

Eine ziemlich wilde Autobusfahrt hatte uns an jenem Tage von Venedig nach Sirmione gebracht, diesem zauberhaften kleinen Städtchen an der Spitze einer Halbinsel, die in den Gardasee vorspringt, in diesen blauesten, traurigsten, ruhigsten, schönsten See Italiens. Ich bezweifle, daß wir ohne das widerwärtige Zwischenspiel mit Lucia Venedig überhaupt verlassen hätten. Ich war restlos glücklich dort, abgesehen natürlich davon, daß es unglaublich laut ist; nicht der gewöhnliche Großstadtlärm, sondern das unaufhörliche Widerstreiten menschlicher Stimmen, gleitender Ruder, hastender Füße. Oscar Wilde hatte man einst vorgeschlagen, sich dorthin vor der Welt zurückzuziehen. »Um ein Denkmal für die Touristen zu werden?« war seine Gegenfrage.

Dennoch war es ein ausgezeichneter Ratschlag, und mancher andere hat ihn befolgt: in den Palazzi längs des Canal Grande leben ganze Kolonien von Menschen, die sich seit Jahrzehnten nicht in der Öffentlichkeit gezeigt haben. Die faszinierendste Gestalt unter ihnen war eine schwedische Gräfin, deren Dienerschaft in einer schwarzen, mit Silberglöckchen geschmückten Gondel ausfuhr, das Obst für sie einzukaufen; das Geläut dieser Glöckchen war eine sphärische und zugleich unheimliche Musik. Lucia aber verfolgte uns in einer Weise, die uns zur Flucht zwang. Ein kräftiges Mädchen, ungewöhnlich groß für eine Italienerin und stets vom Geruch nach schlechtem Speiseöl umgeben, war sie die Anführerin einer Bande jugendlicher Gangster, heimatlos umherziehender Jugendlicher, die zur Saison nordwärts nach Venedig gewandert waren. Sie konnten bezaubernd sein, einige von ihnen, obwohl sie Zigaretten verkauften, die mehr Heu als Tabak enthielten, obwohl sie einen beim Geldwechseln betrogen. Die Geschichte mit Lucia begann eines Tages auf der Piazza di San Marco.

Sie kam auf uns zu und bat um eine Zigarette; worauf ihr D., dessen Herz nicht weiß, daß wir vom Goldstandard abgekommen sind, eine ganze Packung Chesterfield gab. Niemals wurde vollständiger von zwei Menschen Besitz ergriffen. Was zunächst durchaus angenehm war; Lucia folgte uns wie ein Schatten, wohin wir auch gingen, und ließ uns in reichem Maße die Vorteile ihrer Klugheit und Protektion zugutekommen. Doch gab es häufig Unannehmlichkeiten; so wurden wir beispielsweise aus den eleganteren Läden ihres übertriebenen Feilschens mit den Inhabern wegen immer hinausgeworfen; und überdies war sie so über alle Maßen eifersüchtig, daß es uns unmöglich wurde, mit irgend jemand sonst in Kontakt zu kommen: einmal trafen wir zufällig auf der Piazza eine harmlose und achtbare junge Dame, die im selben Wagen wie wir von Mailand gereist war. »Vorsicht!« sagte Lucia mit ihrer heiseren Stimme, »Vorsicht!« und brachte es beinahe fertig, uns einzureden, daß es sich um eine Frau mit berüchtigter Vergangenheit und schändlicher Zukunft handle. Ein andermal gab D. einem ihrer Trabanten eine Dollar-Uhr, die der sehr bewundert hatte. Lucia war wütend; als wir sie das nächstemal sahen, trug sie die Uhr an einer Schnur um den Hals, und es hieß, der junge Mann sei über Nacht nach Triest abgereist.

Lucia hatte die Angewohnheit, zu jeder ihr genehmen Stunde in unserem Hotel aufzutauchen (wo sie wohnte, vermochten wir nicht zu erraten); kaum sechzehn Jahre alt, pflegte sie sich niederzulassen, eine ganze Flasche Strega auszutrinken, alle Zigaretten zu rauchen, deren sie habhaft werden konnte, um dann in einen erschöpften Schlaf zu fallen: nur wenn sie schlief, glich ihr Gesicht dem eines Kindes. Eines schrecklichen Tages aber hielt sie der Hotelgeschäftsführer in der Halle an und erklärte ihr, daß sie uns nicht länger auf unseren Zimmern besuchen könne. Es sei dies, sagte er, ein untragbarer Skandal. Woraufhin Lucia ein Dutzend ihrer brutaleren Gefährten zusammentrommelte und eine derartige Belagerung über das Hotel verhängte, daß man die Eisengitter vor den Türen herunterlassen und die Polizei herbeirufen mußte. Von da an taten wir unser Möglichstes, sie zu meiden.

In Venedig jemanden auszuweichen aber ist ungefähr dasselbe wie Versteckspielen in einer Einzimmerwohnung, denn es gibt und gab keine Stadt, die auf engerem Raum zusammengedrängt wäre. Es gleicht einem Museum mit karnevalistischen Obertönen, einem riesigen Palast ohne Türen, in dem alles miteinander verbunden ist, eines ins andere führt. Immer aufs neue kehren dieselben Gesichter im Verlauf eines Tages wieder, so wie Präpositionen in einem langen Satzgebilde: um eine Ecke gebogen, und da war Lucia, die Dollar-Uhr baumelte zwischen ihren Brüsten. Sie war so sehr verliebt in D. Bald aber wandte sie sich gegen uns mit jener Intensität, die den Gekränkten eigen ist; vielleicht verdienten wir es, aber es war unerträglich: wie ein Mückenschwarm folgte uns ihre Bande über die Piazza, Beschimpfungen hervorsprudelnd; setzten wir uns zu einem Drink nieder, versammelten sie sich im Dunkel jenseits des Tisches und riefen zügellose Witze herüber. Wir verstanden nur die Hälfte von dem, was sie sagten, obwohl offensichtlich alle Welt sonst es begriff. Lucia selbst beteiligte sich nicht offenkundig an dieser Verfolgung; sie hielt sich abseits und lenkte ihre Operationen aus der Ferne. Schließlich also beschlossen wir, Venedig zu verlassen. Lucia wußte darum – sie hatte ihre Spione überall. Am Morgen unserer Abreise regnete es; gerade als unsre Gondel ins Wasser glitt, erschien ein kleiner Junge mit irrem Blick und warf uns ein in Zeitungspapier gewickeltes Bündel zu. D. löste die Umhüllung. Eine tote gelbe Katze kam zum Vorschein; um ihren Hals trug sie die Dollar-Uhr. Es verursachte uns ein Gefühl endlosen Fallens. Und dann plötzlich sahen wir sie, Lucia; sie stand allein auf einer der kleinen Kanalbrücken, und sie beugte sich so weit über das Geländer, daß es aussah, als werde sie gleich herunterfallen. *»Perdonami«,* rief sie, *»m'a t'amo«* (verzeih mir, aber ich liebe dich).

In London sagte ein junger Künstler zu mir: »Wie wundervoll muß es für einen Amerikaner sein, zum erstenmal in Europa zu reisen: Sie werden niemals ein Teil davon sein, also ist keine seiner Qualen die Ihre, Sie werden sie niemals zu ertragen haben; ja, für Sie gibt es nur die Schönheit.«

Ich verstand nicht, was er meinte, und ärgerte mich; später jedoch, nachdem ich ein paar Monate in Frankreich und Italien verbracht hatte, erkannte ich, daß er recht hatte: Ich war kein Teil Europas, würde es nie sein. Gesichert, konnte ich abreisen, wann immer ich wollte, und für mich gab es dort einzig das honigsüße, geheiligte Lied der Schönheit. Doch es war nicht so wundervoll, wie der junge Mann gemeint hatte; es war ein verzweifeltes Gefühl, zu spüren, daß man niemals ein Teil so ergreifender Augenblicke sein konnte, daß man für alle Zeit von dieser Landschaft und diesen Menschen isoliert bleiben würde; und dann wurde mir nach und nach bewußt, daß ich gar kein Teil von ihm zu sein brauchte: daß vielmehr es ein Teil von mir sein konnte. Der unvermutete Garten, ein Opernabend, wilde Kinder, die Blumen abreißen und eine dunkelnde Straße entlangrennen, ein Kranz für die Toten und Nonnen im Mittagslicht, Musik von der Piazza, ein Pariser Pianola und das Feuerwerk von La Grande Nuit, die herzbewegende Überraschung von Bergpanoramen und Wasserausblicken (Seen wie grüner Wein im Kelch von Vulkanen, das Flimmern des Mittelmeers am Fuße der Klippen), verlassene abgelegene Türme, die im Zwielicht verschwimmen, und Kerzen, die den juwelengeschmückten Leichnam von St. Zeno in Verona entflammen – all dies ein Teil von mir, Elemente, auf die sich meine eigenste Anschauung gründet.

Als wir Sirmione verließen, kehrte D. nach Rom zurück und ich fuhr nach Paris. Es war eine seltsame Reise. Um von vorn zu beginnen: ich hatte durch einen schwindlerischen italienischen Fahrkartenvermittler einen Schlafwagenplatz für den Orientexpreß belegt; als ich in Mailand ankam, entdeckte ich jedoch, daß das ganze Arrangement nur vorgetäuscht und kein Platz für mich reserviert war; tatsächlich bezweifle ich, daß ich überhaupt mitgekommen wäre, wenn ich mich nicht entschlossen hätte, einigen Leuten auf die Hühneraugen zu treten, denn der Zug war gerappelt voll mit Ferienreisenden. Unter diesen Umständen gelang es mir, mich zusammen mit sechs anderen Passagieren in ein stickiges, von der Augusthitze erfülltes Abteil zu quetschen. Der Name Orientexpreß erweckte in meinen Adern die prickelndsten Erwartungen: man denke an die außergewöhnlichen Vorfälle, die sich in jenem Zug ereigneten, zumindest wenn man Agatha Christie oder Graham Greene Glauben schenken darf. Dennoch war ich gänzlich unvorbereitet für das, was sich wirklich ereignete.

Im Abteil waren zwei langweilige Schweizer Geschäftsleute, ein etwas exotischerer Kaufmann aus Istanbul, eine amerikanische Lehrerin und zwei elegante Italienerinnen mit schneeweißem Haar, hochmütigen Augen und Gesichtszügen so zart wie Fischknochen. Sie waren wie Zwillinge gekleidet, diese Damen; fließende schwarze Gewänder und ein Hauch von Spitze, am Hals gerafft von perlenbesetztem Amethyst. Sie hielten die behandschuhten Hände gefaltet und sprachen kein Wort, außer wenn sie sich gegenseitig eine luxuriöse Pralinenpackung reichten. Ihr einziges Gepäckstück war offensichtlich ein riesiger Vogelkäfig; darinnen sah man, obwohl er teilweise mit einem Seidenschal bedeckt war, einen betagten grünen Papagei herumflattern. Hin und wieder brach der Papagei in ein lautes, irrsinniges Gelächter aus; sooft dies geschah, lächelten die beiden Damen einander zu. Die amerikanische Lehrerin erkundigte sich, ob der Papagei sprechen könne, und eine der Damen antwortete mit der flüchtigen Andeutung eines Nickens, ja, mit seiner Grammatik allerdings sei es nicht weit her. Als wir uns der italienisch-schweizerischen Grenze näherten, begannen Zoll-

und Paßbeamte ihre lästigen kleinen Pflichten auszuüben. Wir glaubten schon, daß sie mit unserem Abteil fertig seien, doch kurz darauf kamen sie zurück, mehrere von ihnen, und blieben vor der Glastür stehen, den Blick auf die aristokratischen Damen geheftet. Es hatte den Anschein, als unterhielten sie sich lebhaft über die beiden. Jedermann im Abteil verstummte, den Papagei ausgenommen, der unirdisch lachte. Die alten Damen schenkten der Szene nicht die mindeste Beachtung. Weitere Uniformierte schlossen sich den bereits auf dem Gang Versammelten an. Schließlich wandte sich eine der beiden Damen uns übrigen zu und sagte, an ihrer Amethystbrosche herumzupfend, erst auf Italienisch, dann auf Deutsch und zuletzt auf Englisch: »Wir haben nichts Unrechtes getan.«
In diesem Augenblick aber wurde die Tür zurückgeschoben, und zwei Beamte betraten das Abteil. Sie sahen die alten Damen nicht einmal an, sondern gingen unmittelbar auf den Vogelkäfig zu und zogen den verdeckenden Schal beiseite. *»Basta, basta«*, schrie der Papagei.
Mit einem plötzlichen Ruck kam der Zug in der Dunkelheit des Gebirges zum Stehen. Die abrupte Bewegung ließ den Käfig umkippen, und der so unvermittelt befreite Papagei flog lachend von einer Wand des Abteils zur andern, während die Damen aufgeregt und selber flatternd nach ihm haschten. Die Zollbeamten begannen den Käfig auseinanderzunehmen; im Futternapf waren rund hundert Briefchen mit Heroin, wie Kopfwehpulver verpackt, und in der Messingkugel oben auf dem Käfig waren noch mehr. Die Entdeckung schien die Damen in keiner Weise zu irritie-

ren; sie regten sich einzig über den Verlust ihres Papageis auf. Denn der war unversehens aus dem heruntergelassenen Fenster geflogen, und die verzweifelten Damen standen da und riefen ihm nach: »Tokio, du wirst erfrieren, komm zurück, kleiner Tokio! Komm zurück!«

Er lachte irgendwo im Dunkel. Ein kalter nördlicher Mond stand am Himmel, und einen Augenblick lang sahen wir ihn flach und dunkel vor seiner strahlenden Scheibe dahinfliegen. Endlich wandten sie sich um und sahen zur Tür, in der sich jetzt die Gaffer drängten. Gelassen, verachtungsvoll schritten die Damen vorwärts, Gesichtern entgegen, die sie allem Anschein nach nicht wahrnahmen, und Stimmen, die sie gewiß niemals hörten.

Ischia

Ich weiß nicht mehr, warum wir hierherkamen: Ischia. Es wurde so viel davon geredet, obgleich wenige es wirklich gesehen zu haben schienen – es sei denn der kurze Blick übers Meer auf den gezackten blauen Schatten von den Höhen des berühmten benachbarten Capri aus. Manche rieten von Ischia ab und gaben dafür, soviel ich mich erinnere, recht gruselige Gründe: sind Sie sich klar darüber, daß es dort einen tätigen Vulkan gibt? Und wissen Sie das mit dem Flugzeug? Auf dem regulären Flug zwischen Kairo und Rom zerschellte ein Flugzeug am Gipfel eines der Berge von Ischia; es gab drei Überlebende, die jedoch keiner mehr lebend erblickt hat, weil sie von Ziegenhirten zu Tode gesteinigt wurden, die das Wrack ausplündern wollten.

Demzufolge sahen wir die kreidige Fassade Neapels mit gemischten Gefühlen schwinden. Es war ein klassisch schöner Tag, ein wenig kühl für Süditalien im März, doch frisch und mit Auftrieb wie ein Papierdrachen, und die *Principessa* flitzte durch die Bucht wie ein übermütiger Delphin. Es ist ein kleines hübsch aufgemachtes Schiff mit einer winzigen Bar und einer etwas ausgefallenen Klientel: Strafgefangene auf ihrem Weg zur Gefängnisinsel Procida oder, genau das Gegenteil, junge Menschen, die auf Ischia ins Kloster eintreten wollen. Selbstverständlich gibt es auch weniger dramatische Passagiere: Inselbewohner, die in Neapel eingekauft haben, hie und da ein Fremder – merkwürdig wenige indessen: Capri ist der Haupttouristenfang.

Inseln sind wie vor Anker liegende Schiffe. Wenn man den Fuß auf sie setzt, ist es, als betrete man eine Laufplanke – man wird vom gleichen berückenden Schwebezustand ergriffen – nichts Unfreundliches oder Gewöhnliches scheint einem geschehen zu können; und als die *Principessa* gemächlich in den buchtartigen Hafen von Porto d'Ischia glitt, schien dies, mit dem Blick auf die blassen, abblätternden Eiskremfarben der Strandfassade, so vertraut und beruhigend wie der eigene Herzschlag. Im Gedränge des An-Land-Gehens verlor und zerbrach ich meine Uhr – etwas aufgetragen symbolhaft, überdeutlich: im Augenblick war erkennbar, daß Ischia kein Ort für den eilenden Lauf der Stunden war – Inseln sind das nie.

Ich nehme an, daß man Porto die Hauptstadt von Ischia nennen könnte, jedenfalls ist es die größte Stadt und sogar ziemlich elegant. Die meisten von denen, die die Insel besuchen, irren selten weit davon ab, denn es gibt dort mehrere vorzügliche Hotels, einen ausgezeichneten Strand und, wie ein Riesenhabicht über dem freien Meer hockend, das Renaissance-Schloß der Vittoria Colonna. Die drei anderen größeren Städte sind unzivilisierter. Es sind dies: Lacco Ameno, Casamicciola und, am äußersten Ende der Insel, Forio. Dort in Forio war es, wo wir uns niederzulassen beabsichtigten.

Wir fuhren durch frühes Dämmern unter einem Himmel mit den ersten Sternen dahin. Die Straße zog sich hoch über dem Meer entlang, auf dem unten die Fischerboote, von Fackeln erhellt, wie glitzernde Wasserspinnen herumkrochen. Pelzige kleine Fledermäuse durchschwirrten die Dämmerung; *buena sera, buena sera,* riefen undeutliche Abendstimmen am Weg entlang, und Herden von Ziegen, die bergauftrotteten, blökten wie verstopfte Flöten. Der Wagen rollte über einen Dorfplatz – es gab kein elektrisches Licht, und in den Cafés verräuchterte das trügerische Licht von Kerzen und Petroleumlampen die Gesichter der dort versammelten Männer. Zwei Kinder jagten uns nach in das Dunkel jenseits des Dorfes. Keuchend klammerten sie sich an den Wagen, als wir, schiefliegend, den steilen Aufstieg begannen, und unser Pferd hauchte, dem Gipfel näherkommend, in der kühlgewordenen Luft einen Nebelstreif hinter sich. Der Fahrer schnalzte mit seiner Peitsche, das Pferd schwenkte um, die Kinder zeigten: schaut. Dort war es, Forio, fern, mondblaß, vom Meer umbrandet, ein leiser Vesperglockenklang wie ein Vogelschwarm daraus aufsteigend. *Multo bello?* fragte der Fahrer, *Multo bello?* fragten die Kinder.

Wenn man ein Tagebuch erneut überliest, sind es gewöhnlich die anspruchsloseren Bemerkungen, die zufälligen Randnotizen, die, wiedererblickt, sich als Furche im Gedächtnis eingraben. Zum Beispiel: »Heut hinterließ Gioconda im Zimmer ein Sortiment farbiger Papierstreifchen. Sind sie ein Geschenk? Weil ich ihr die Flasche Kölnischwasser gebracht habe? Sie werden reizende Buchzeichen abgeben.« Das weckt Widerhall. Zunächst Gioconda. Sie ist ein hübsches

Mädchen, wenngleich ihre Schönheit von ihrer Laune abhängt – wenn sie mürrisch gestimmt ist, und das scheint allzuhäufig der Fall, sieht sie aus wie eine Schüssel kalter Haferschleim – man vergißt dann leicht die Fülle ihres Haars und die Sanftheit ihrer mediterranen Augen. Sie ist, weiß der Himmel, überanstrengt. Hier in der *pensione,* wo sie gleichzeitig Zimmermädchen und Serviererin ist, steht sie vor Morgengrauen auf und wird auf dem Trab gehalten, zuweilen bis zur Mitternacht. Ehrlich gestanden, kann sie von Glück sagen, die Stellung zu haben, denn Arbeit ist das Hauptproblem der Insel – die meisten Mädchen würden nichts lieber tun als sie verdrängen. In Anbetracht dessen, daß es kein fließendes Wasser gibt (mit allem, was dies einbegreift), macht es uns Gioconda außerordentlich behaglich. Es ist die angenehmste *pensione* in Forio, zudem von anziehender Billigkeit: wir haben zwei sehr große Räume mit weitflächigen Kachelböden und hohen Holzjalousietüren auf kleine eiserne Balkone hinaus mit dem Blick übers Meer; das Essen ist gut, und es gibt beinah zuviel davon: fünf Gänge mit Wein zum Mittag- und Abendessen, alles inbegriffen kostet das jeden von uns etwa hundert Dollar im Monat. Gioconda spricht kein Englisch, und mein Italienisch ist – nun, lassen wir das. Nichtsdestoweniger sind wir innige Freunde. Mit Gebärdenspiel und übermäßigem Gebrauch eines zweisprachigen Wörterbuches gelingt es uns, einander eine erstaunliche Menge mitzuteilen – was der Grund ist, daß die Kuchen jedesmal mißlingen: an trüben Tagen, wenn nichts anderes los ist, sitzen wir in der Patio-Küche und probieren Rezepte für amerikanisches Gebäck aus (»Zollhaus, was ist?«), doch sind sie nie ein Erfolg, weil wir viel zu beschäftigt mit dem Herumblättern im Wörterbuch sind, als daß wir der Backerei sonderlich Aufmerksamkeit schenkten. Gioconda: »Letztes Jahr war in dem Zimmer, wo Sie sind, ein Mann aus Rom. Ist Rom wie er erzählte, so wunderbar? Er sagte, ich solle kommen und ihn besuchen in Rom, und das würde ganz in Ordnung sein, denn er sei Veteran aus drei Kriegen. Erster Weltkrieg, Zweiter und Abessinien. Da können Sie sehen, wie alt er war. Nein, ich habe Rom noch nie gesehen. Ich habe Freunde, die dortgewesen sind und mir Postkarten geschickt haben. Sie kennen die Frau, die bei der *posta* arbeitet? Sie glauben doch selbstverständlich an den bösen Blick? Die hat ihn. Man weiß das, ja. Darum kommt auch nie mein Brief aus Argentinien.« Daß sie diesen argentinischen Brief nicht bekommt, ist der wahre Grund von Giocondas Trübsal. Ein treuloser Liebhaber? Ich habe keine Ahnung; sie weigert sich, darüber zu reden. So viele junge Italiener sind nach Südamerika ausgewandert, um Arbeit zu suchen; es gibt Frauen hier, die fünf Jahre gewartet haben, ob ihnen ihre Männer die Passage herüberschicken würden. Jeden Tag, wenn ich mit der Post ankomme, stürzt mir Gioconda entgegen.

Die Post abzuholen ist eine freiwillig übernommene tägliche Pflicht. Es ist das erste Mal im Laufe des Tages, daß ich die anderen hierlebenden Amerikaner sehe – zur Zeit sind es vier, und wir treffen uns in Marias Café auf der Piazza (aus dem Tagebuch: »Wir wissen alle, daß Maria ihre Drinks verwässert. Doch verwässert sie sie mit Wasser? Gott, mir ist gräßlich!«). Wenn einen die Sonne so wärmt und Marias Bambusvorhänge im Winde klirren, gibt es keinen netteren Platz, um auf den Briefträger zu warten. Maria ist eine untersetzte Frau mit einem Zigeunergesicht und einem spöttisch achselzuckenden Wesen; wenn es hier herum irgend etwas gibt, was man haben möchte, von einem Haus bis zu amerikanischen Zigaretten, so erledigt sie das. Einige behaupten, sie sei der reichste Mensch in Forio. Niemals sind irgendwelche Frauen in ihrem Café; ich bezweifle, daß sie das gestatten würde. Steigt der Mittag höher, sammelt sich der ganze Ort auf der Piazza – wie Schwarzdrosseln schwärmen die Schulkinder in Umhängen und Holzsandalen daher und singen in den kleinen Nebenstraßen, und Schwadronen untätiger Männer lungern, derb lachend, unter den Bäumen; Frauen, die an ihnen vorübergehen, schlagen die Augen nieder. Wenn der Postbote kommt, gibt er mir die Briefe für unsere *pensione;* dann muß ich mich den Berg hinunterbegeben, um Gioconda gegenüberzutreten. Manchmal schaut sie mich an, als sei es mein Fehler, daß der Brief niemals kommt, als sei er mein, der böse Blick. Eines Tages warnte sie mich, ja nicht mit leeren Händen heimzukommen, und so brachte ich ihr eine Flasche Kölnischwasser.

Aber die kunterbunten Papierstreifchen, die ich in meinem Zimmer fand, waren nicht, wie ich vermutet hatte, ein Gegengeschenk. Es war gemeint, daß wir sie auf die Statue der Heiligen Jungfrau hinunterregnen lassen sollten, die, kürzlich erst auf der Insel eingetroffen, eine Rundreise durch fast alle Ortschaften machen würde. Den Tag, da die Madonna zu

Besuch kam, war jeder Balkon mit schönen Spitzen und noch schönerem Linnen geputzt – einer alten Bettdecke, wenn die Familie nichts Besseres hatte; Blumengirlanden hingen über den gepackt vollen Straßen, alte Damen brachten ihre längsten Schals zum Vorschein, Männer bürsteten sich ihre Schnurrbärte, jemand steckte den Dorftrottel in ein sauberes Hemd, und die Kinder, alle weiß gekleidet, trugen Engelsflügel aus Goldpappe an die Schultern geheftet. Die Prozession sollte gegen vier Uhr das Städtchen betreten und unter unserm Balkon vorüberkommen. Von Gioconda alarmiert, waren wir rechtzeitig auf unserem Posten, bereit, die hübschen Papierchen zu werfen und, laut Anweisung: *»Viva la Vergine Immacolata«* zu rufen. Ein trübseliger Nieselregen setzte ein; um sechs wurde es dunkel, aber genau wie die die Straßen verengende Menge, die unten wartete, blieben auch wir standhaft. Mit ärgerlich gerunzelter Stirn und flatternden schwarzen Röcken donnerte ein Priester auf seinem Motorrad davon – man hatte ihn abgeschickt, um die Prozession zur Eile anzutreiben. Dann war es Nacht, und ein Flackerpfad von Petroleum ergoß sich auf dem Wege, den die Prozession verfolgen sollte. Plötzlich, ganz unversehens, erklang das aufreizende Ratata einer Militärkapelle, und mit einem schreckenerregenden Knistern sprang der Flackerpfad zum Leben auf, als grüße er so die nahende Jungfrau. Auf einer blumenübersäten Tragbahre daherschwankend, das Gesicht von einem dunklen Schleier verhüllt, gefolgt von der halben Insel, erschien sie beladen mit goldenen und silbernen Uhren, und als sie vorüberkam – unter dem Schweigen, das ihre unmittelbare Nähe umgab –, war da einzig das bezaubernde, surrealistsiche Geräusch dieser Opfergaben, der Uhren – ticktickticktick. Später geriet Gioconda ganz außer sich bei der Entdeckung, daß wir noch immer die leichten Papierschnitzel umklammert hielten, die wir in unserer Aufregung zu werfen vergessen hatten.

»5. April. Ein langer und gefährlicher Spazierweg. Wir entdeckten einen neuen Strand.« Ischia ist felsig, ein starres Eiland, das an Griechenland oder die Küste von Afrika denken läßt. Es gibt Orangenbäume, Zitronenbäume; und, terrassenförmig die Berghänge hinauf, silbergrüne Traubenhaine – der Wein von Ischia wird hoch geschätzt, und hier ist es, wo man den Lacrimae Christi keltert. Wenn man über den Ort hinauswandert, kommt man bald auf sich verzweigende Pfade, die durch die Weingärten klettern, wo Bienen wie ein Schneesturm einherbrausen und Eidechsen grünlich auf den sich entfaltenden Blättern glimmen. Die Bauern sind braun und schwer wie irdenes Geschirr, und sie haben den Horizont im Blick wie Seeleute. Denn das Meer ist stets bei ihnen. Der Weg längs der See verläuft über die schroffabfallenden vulkanischen Klippen; es gibt da kritische Stellen, wo es am besten ist, einfach die Augen zu schließen – es gäbe einen tiefen Fall, und die Felsen unten sind wie schlafende Dinosaurier. Eines Tages fanden wir beim Spaziergang auf den Klippen eine Mohnblüte, dann eine zweite; sie wuchsen vereinzelt zwischen dem finsteren Gestein, wie die auf einer Gummischnur aufgereihten chinesischen Glöckchen. Plötzlich führte uns die Fährte der Mohnblumen den Pfad hinunter auf eine unbekannte und versteckltiegende Strandbucht. Sie war von Klippen umschlossen und das Wasser so klar, daß man die Seeanemonen und die Dolchstoßbewegungen der Fische beobachten konnte; unweit der Küste lagen flach hervortretende Felsen wie Schwimmflöße, und wir paddelten von einem zum andern – uns in die Sonne hinaufziehend, konnten wir zurück über die Klippen schauen und die grünen Weinterrassen und einen umwölkten Berg sehen. In einen Felsen hatte die See einen Stuhl eingeschnitten, und es war das allergrößte Vergnügen, dort zu sitzen und die Wellen herauf und über einen hinwegstürzen zu lassen.

Aber es ist nicht schwierig, in Ischia einen Privatstrand zu finden. Ich weiß allein von dreien, wo nie jemand hinkommt. Der Ortsstrand von Forio ist übersät mit Fischernetzen und umgekippten Booten. An diesem Strand war es, wo ich zum ersten Mal der Mussolini-Familie begegnete. Des verstorbenen Diktators Witwe und drei ihrer Kinder leben hier in einem, wie ich vermute, stillen selbstgewählten Exil. Es ist etwas Trauriges und Teilnahme-Erregendes um sie. Die Tochter ist jung, blond, lahm und offensichtlich witzig; die ortsansässigen Jünglinge, die sich mit ihr am Strande unterhalten, scheinen ständig zu lachen. Wie irgendeine der einfachen Frauen der Insel ist Signora Mussolini oft zu sehen, wenn sie, in schäbiges Schwarz gekleidet, vom Gewicht einer Einholtasche schiefgezogen, den Berghang emporwandert. Sie ist recht ausdruckslos, doch einmal sah ich sie lächeln. Es kam da ein Mann durch das Städtchen mit einem Papagei, der gedruckte Wahrsagezettel aus einer Glasbüchse zog, und Signora Mussolini, die stehengeblieben war, um ihn zu konsultieren, las ihre Zukunft mit einem angedeuteten Da-Vinci-Kräuseln ihrer Lippen.

»5. Juni. Nach Mittag ist weiße Mitternacht.« Nun, da die Hitze da ist, sind die Nachmittage wie weiße Mitternächte: Fensterläden sind geschlossen, Schlaf schleicht durch die Straßen. Um fünf macht man dann die Läden wieder auf, im Hafen strömen eine Menge Leute zusammen, um die *Principessa* zu begrüßen, und später wird jedermann an der Piazza promenieren, wo irgendwer ein Banjo, eine Harmonika, eine Gitarre spielen wird. Jetzt aber ist Siesta und es gibt einzig den ungetrübt blauen Himmel, das Krähen eines Hahnes. Es sind zwei Schwachsinnige im Ort, und die sind Freunde. Der eine trägt ständig einen Blumenstrauß, den er, wenn er seinen Freund trifft, in zwei gleiche Hälften teilt. In den stillen, schattenlosen Nachmittagsstunden sieht man nur sie in den Straßen. Hand in Hand, ihre Blumen tragend, schlendern sie über den Strand und die Steinmauer, die weit ins Wasser vorstößt. Von meinem Balkon aus kann ich sie dort sitzen sehen, zwischen den Fischernetzen und den leiseschaukelnden Booten, ihre geschorenen Köpfe glänzen in der Sonne, ihre Augen sind farblos wie das Grenzenlose. Die weiße Mitternacht ist für sie geschaffen, dann nämlich gehört die Insel ihnen.

Wir sind mit dem Frühling gegangen. In den vier Monaten seit unserer Ankunft hier sind die Nächte wärmer geworden, die See wurde weicher, das grüne, noch winterliche Wasser des März hat sich im Juni zu Blau gewandelt, und die Rebstöcke, ehemals grau und leer an den verflochtenen Stützen, schwellen von ihren ersten grünen Traubenbüscheln. Da ist ein zartes Strichmuster aus Schmetterlingen, und auf dem Berg gibt es vielerlei Süßes für die Bienen; im Garten, nach einem Regenguß, kann man, jawohl, das ganz zarte Aufbrechen der Blütenknospen hören. Und wir wachen am Morgen früher auf, ein Anzeichen des Sommers, und bleiben abends noch spät auf, was ebenfalls ein Zeichen dafür ist. Doch fällt es eben schwer in diesen Nächten, sich zum Hineingehen zu entschließen: Der Mond zieht herauf, er blinkt auf dem Wasser mit erschreckender Helle, und am Terrassenumgang der Fischer-Kirche, der wie der Bug eines Schiffes zur See vorspringt, wandern flüsternde junge Leute hin und her, über die Piazza und in irgendein geheimes Dunkel. Gioconda sagt, es sei der längste Frühling, dessen sie sich entsinne – der längste ist der schönste.

Tanger

Tanger? Von Marseille aus braucht man mit dem Schiff zwei Tage, eine zauberhafte Fahrt längs der spanischen Küste, und ist man jemand, der vor der Polizei flieht, oder jemand, der ganz einfach flieht, so sollte man unter allen Umständen hierherkommen: von Höhenzügen umsäumt und am Meer hingelagert, gleicht diese internationale Stadt einem weißen Cape, das malerisch über die afrikanische Küste gebreitet ist; acht Monate des Jahres – von März bis Oktober ungefähr – ist das Klima ausgezeichnet. Der Strand ist herrlich, wahrhaft außerordentliche Flächen aus zuckerfeinem Sand und Brandung. Das Nachtleben, falls man sich dafür interessiert, erstreckt sich, wenngleich weder besonders unschuldig noch ausgesprochen vielfältig, vom Einbruch der Dunkelheit bis zum Morgengrauen. Und wenn man in Betracht zieht, daß die meisten Leute den ganzen Nachmittag verschlafen und nur sehr wenige vor zehn oder elf Uhr zu Abend essen, ist das nicht besonders ungewöhnlich. Aber fast alles sonst in Tanger ist ungewöhnlich, und ehe man hierherfährt, sollte man drei Dinge tun: sich gegen Typhus impfen lassen, seine Ersparnisse von der Bank abheben und sich von seinen Freunden verabschieden – denn der Himmel allein mag wissen, ob man sie jemals wiedersehen wird. Dieser Rat ist durchaus ernst gemeint, denn es ist alarmierend, wie viele Touristen, die zu einem kurzen Ferienaufenthalt gelandet sind, hier ansässig werden und die Jahre dahingehen lassen. Denn Tanger ist ein Becken, das einen festhält, ein zeitloser Ort; hier vergehen die Tage unmerklicher als der Schaum eines Wasserfalls; ich stelle mir vor, daß so die Zeit in den Klöstern dahingeht, unaufdringlich, auf leisen Sohlen; übrigens haben beide Institutionen, das Kloster und Tanger, noch einen weiteren Zug gemeinsam: das In-sich-Abgeschlossensein. Beispielsweise glaubt der Durchschnittsaraber, daß Europa und Amerika ein und dasselbe sind und sich am gleichen Punkt der Erdoberfläche befinden, wo immer der sein mag – jedenfalls macht er sich keine Gedanken darüber; und es kommt des öfteren vor, daß Europäer, fasziniert vom Klirren einer Oud und dem wimmelnden Schauspiel ringsum, sich diese Meinung zu eigen machen.

Einen großen Teil seiner Zeit verbringt man damit, auf dem *Petit Soko* herumzusitzen, einem Platz am Rande der Kasba, auf dem sich ein Café ans andere drängt. Auf den ersten Blick erscheint er als eine Miniaturausgabe der Galleria in Neapel, doch bei näherer Betrachtung gewinnt er einen so grotesk individuellen Charakter, daß man ihn billigerweise mit keinem anderen Platz auf der Welt vergleichen kann. Es gibt keine Tages- oder Nachtstunde, zu der der *Petit Soko* nicht voller Menschen wäre; Broadway, Piccadilly, all diese Plätze haben ihre ruhige Zeit, der kleine Soko aber braust zu jeder Stunde. Zwanzig Schritt weiter, und das Dunkel der Kasba verschlingt dich; die Gestalten, die aus diesem Dunkel in den Leierkastentumult des Sokos gleiten, vereinigen sich zu einem bunten Bild: hier ist das Tätigkeitsfeld der Prostituierten, das Hauptquartier der Rauschgifthändler, ein Zentrum der Spionage; aber es ist auch der Platz, wo schlichtere Leute ihren Abend-Apéritif trinken.

Der Soko hat seine eignen Berühmtheiten, doch es ist eine Auszeichnung auf Widerruf; praktisch jeden Augenblick kann man gestürzt und abgetan werden, denn das Soko-Auditorium, das so gut wie alles gesehn hat, ist übermäßig launisch. Gegenwärtig aber ist Estelle sein Star, ein wunderschönes Mädchen, das geht wie ein sich entrollendes Seil. Sie ist halb Chinesin, halb Negerin und arbeitet in einem Bordell, das Schwarze Katze heißt. Es geht das Gerücht, daß sie früher einmal in Paris lebte, dort Modell war und mit einer Privatjacht hier ankam und natürlich auch die Absicht hatte, auf demselben Wege wieder abzufahren; es hat jedoch den Anschein, daß der Besitzer der Jacht eines schönen Morgens davonsegelte und Estelle auf dem Trocknen sitzenließ. Eine Zeitlang war dann Maumi ein heftiger Konkurrent für sie; der Soko wußte Maumis Talente als Flamenco-Tänzer wie als Unterhalter zu schätzen: wo immer er saß, ertönte lautes Gelächter. Aber ach, der arme Maumi, ein exotischer junger Mann, der die Gewohnheit hatte, sich mit einem spitzenbesetzten Fächer Kühlung zuzuwedeln, wurde schließlich eines Nachts in einer Bar erstochen und schied somit aus dem Rennen aus. Weniger feierlich proklamiert, doch für meinen Geschmack interessanter sind Lady Warbanks und ihre beiden Anhängsel, ein seltsames Trio, das jeden Morgen erscheint, um an einem der auf den Gehsteig gerückten Tische das Frühstück einzunehmen. Dies Frühstück bleibt unveränderlich das gleiche – eine Schüssel gebackener Tintenfisch und eine Flasche Pernod. Jemand, der es eigentlich wissen müßte, behauptet, daß die heute ausgesprochen deklassierte Lady Warbanks einst als die größte Schönheit Londons galt; wahrscheinlich stimmt das: ihre Züge sind fein geschnitten, und sie besitzt – ungeachtet der enganliegenden Matrosenkostüme, in die sie sich hineinzwängt – einen ganz besonderen, angeborenen Stil. Mit ihrer Moral allerdings steht es nicht zum besten, und dasselbe darf man wohl von ihren Gefährten behaupten. Was diese beiden anlangt: der eine ist ein zudringlicher junger Bursche mit unverschämtem Gesicht und einer Zunge, die Skandale aufrührt wie ein Schöpflöffel die Suppe im Kessel – er weiß einfach alles. Die Dritte im Bunde ist ein robustes spanisches Mädchen mit kurzem glattem Haar und lederfarbenen Augen. Sie wird Sunny genannt, und wie man erzählt, ist sie – von Lady Warbanks finanziert – im Begriff, die einzige Frau Marokkos zu werden, die über eine organisierte Schmugglerbande gebietet: Schmuggeln ist hierzulande ein weitverbreiteter Beruf, der Hunderte ernährt, und Sunny besitzt allem Anschein nach ein bemanntes Boot, das allnächtlich über die Meerenge nach Spanien hinüberfährt. Das genaue Verhältnis der drei zueinander ist nicht unbedingt druckfähig; es mag genügen zu sagen, daß sie sich untereinander zu jedem nur erdenklichen Laster vereinigen; das aber interessiert den Soko nicht, den Soko beschäftigt vielmehr ein ganz anderer Aspekt: wie lange wird es noch dauern, bis man Lady Warbanks ermordet, und wer von den beiden wird es tun, der junge Mann oder Sunny? Die Engländerin ist sehr reich, und wenn es die Habgier ist, die ihre Gefährten an sie bindet – wie es so offensichtlich der Fall ist –, dann deutet alles auf einen gewalttätigen Akt hin. Jedermann wartet darauf. Und mittlerweile sitzt Lady Warbanks arglos da, knabbert Tintenfische und trinkt mit kleinen Schlucken ihren Morgen-Pernod.

Der Soko ist aber auch eine Art Modezentrum, ein Prüfstein für die neuesten Einfälle der Mode. Eine Neuheit, die von den grelleren Typen beifällig aufgenommen wurde, sind Schuhe mit Bändern statt Schnürsenkeln, die bis fast unters Knie gebunden werden. Sie sind unkleidsam, doch ist diese Mode nicht annähernd so bedauerlich wie die Leidenschaft für dunkle Brillen, die sich unter den Araberinnen ausbreitet, deren Augen, nur eben über den Schleier hervorlugend, zu allen Zeiten so großen Reiz ausgeübt haben. Das einzige, was man jetzt noch sieht, sind die großen schwarzen Gläser, wie Kohlenstücke eingebettet in einen linnenen Schneeball.

Abends gegen sieben erreicht der Soko seinen Höhepunkt. Es ist die belebte Stunde des Apéritifs, rund zwanzig Nationalitäten drängen sich auf dem kleinen Platz zusammen, und das Summen der Stimmen gleicht dem Gesang riesiger Moskitos. Einmal aber, als wir dort saßen, senkte sich unvermittelt Stille über den Platz: eine arabische Kapelle bewegte sich fröhlich schmetternd an den hellerleuchteten Cafés vorüber die Straße entlang. Es war die einzige heitere maurische Musik, die ich je zu hören bekam, alles übrige klang wie ein trauriges und verstümmeltes

Wehklagen. Der Tod jedoch, möchte man annehmen, ist für die Araber kein kummervolles Ereignis, denn diese Kapelle erwies sich als Vorhut eines Leichenzuges, der, sich vergnügt durch das Gedränge windend, hinterdreinkam. Jetzt schwankte der Leichnam, ein halbnackter Mann auf unbedeckter Bahre getragen, vorüber, und eine mit Simili behängte Dame grüßte ihn, sich über den Tisch lehnend, gefühlvoll mit einem Glas Tio Pepe: Und im nächsten Augenblick lachte sie goldgezähnt, Pläne schmiedend. Das war der kleine Soko.

»Falls Sie die Absicht haben, über Tanger zu schreiben«, sagte mir jemand, den ich um bestimmte Auskünfte bat, »dann lassen Sie bitte das Gesindel weg; wir haben eine Menge netter Leute hier, und es ist uns sehr unangenehm, daß die Stadt einen so schlechten Ruf hat.«

Nun ja – wenngleich ich durchaus nicht sicher bin, daß unsere Begriffe miteinander übereinstimmen –, es gibt zumindest drei Menschen, die ich ungemein nett finde. Jonny Winner zum Beispiel. Jonny Winner ist ein reizendes, drolliges Mädchen. Sehr jung, sehr amerikanisch; wenn man ihr betrübtes, sehnsüchtiges Gesicht betrachtet, würde man niemals annehmen, daß sie imstande wäre, für sich selbst einzustehen: und um die Wahrheit zu sagen, ich glaube auch nicht, daß sie es kann. Nichtsdestoweniger lebt sie seit zwei Jahren hier, reiste allein durch Marokko und in die Sahara. Natürlich ist es Jonny Winners eigenste Angelegenheit, aus welchem Grund immer sie den Rest ihres Lebens in Tanger verbringen will; offensichtlich ist sie verliebt: »Aber lieben Sie es nicht auch? aufzuwachen und zu wissen, daß man hier ist, zu wissen, daß man immer man selbst sein kann, nichts sein muß, was man nicht ist? Immer Blumen zu haben, und aus dem Fenster zu schaun und zu sehn, wie die Hügel dunkler werden, und die Lichter im Hafen? Lieben Sie es nicht auch?« Andererseits aber liegen sie und die Stadt in beständiger Fehde miteinander; wann immer man sie trifft, macht sie eine neue Krise durch: »Haben Sie es schon gehört? der abscheulichste Unfug: irgendein Dummkopf in der Kasba hat sein Haus gelb angestrichen, und jetzt machen es ihm alle nach – ich bin grade unterwegs, um zu sehn, ob ich dem Ganzen nicht ein Ende machen kann.«

Gelbangestrichen wäre die Kasba, traditionell blau und weiß wie Schnee in der Abenddämmerung, gräßlich, und ich hoffe, daß Jonny sich durchsetzt – obwohl natürlich ihr Feldzug, mit dem sie die Räumung des *Grand Soko* zu verhindern suchte, erfolglos blieb, ein herzzerreißendes Beginnen, das sie dazu getrieben hat, in Tränen aufgelöst durch die Straßen zu streifen. Der Grand Soko ist der große arabische Marktplatz: von den Bergen heruntergestiegene Berber mit Ziegenfellen und Körben hocken im Kreis unter den Bäumen und lauschen den Märchenerzählern, Flötenspielern und Zauberern; übervolle Stände brechen beinahe unter der Fülle von Blumen und Früchten; in der Luft hängen Haschischrauch und der Minzgeruch arabischen Tees; feurige Gewürze dörren in der Sonne. Und all das soll anderswohin verpflanzt werden, wahrscheinlich um einem Parkplatz zu weichen, und Jonny ringt die Hände: »Soll ich mich vielleicht nicht aufregen? Ich empfinde so, als wäre Tanger mein Haus, und was würden Sie wohl dazu sagen, wenn jemand in Ihr Haus käme und anfinge, die Möbel umzustellen?«

Also zog sie aus, den Soko in vier Sprachen zu retten, Französisch, Spanisch, Englisch und Arabisch; doch obwohl sie alle vier Sprachen ausgezeichnet spricht, hat sie mit Ausnahme des Portiers am Holländischen Konsulat nirgendwo Verständnis bei den Behörden gefunden. Ihre einzige wirkliche emotionelle Unterstützung kommt von einem arabischen Taxichauffeur, der sie kein bißchen verrückt findet und sie umsonst herumfährt. Vor ein paar Tagen sahen wir Jonny am späten Nachmittag über ihren geliebten, der Auflösung verfallenen Grand Soko schlurren; sie sah völlig erledigt aus und trug ein räudiges, über und über mit Wunden bedecktes Kätzchen im Arm. Jonny hat so eine Art, ohne Umschweife das zur Sprache zu bringen, was ihr am Herzen liegt. Sie sagte: »Ich hatte so ein Gefühl, als ob ich einfach nicht mehr weiterleben könnte, und da fand ich Monroe: das ist Monroe«, sie streichelte das Kätzchen, »und er hat mich beschämt: er will so gern leben, und wenn er es vermag, warum sollte ich es dann nicht?«

Und wenn man sie ansah, Jonny und das Kätzchen, beide so schmutzig und wund, wußte man, daß irgendwie irgend etwas sie durchbringen würde: wenn nicht praktischer Verstand, so doch ihr Lebenswille.

Ferida Green besitzt eine Menge praktischen Verstand. Als Jonny mit ihr über die Lage des Grand Soko sprach, sagte Miss Green: »O meine Liebe, Sie müssen sich nicht beunruhigen. Sie sind immer dabei, den Soko abzureißen, aber es geschieht niemals wirklich; ich erinnere mich, daß man ihn 1906 in eine Walfang-Zentrale umwandeln wollte: Stellen Sie sich den Geruch vor!«

Miss Ferida ist eine von Tangers drei Grand-Dames Green, zu denen noch ihre Kusine, Miss Jessie, und ihre Schwägerin, Mrs. Ada Green, gehören: einer von ihnen gelingt es meist, hier den Ausschlag zu geben. Alle drei sind sie über siebzig: Mrs. Ada Green ist berühmt für ihren Chic, Miss Jessie für ihren Witz und Miss Ferida, die älteste, für ihre Weisheit. Sie hat ihr heimatliches England seit über fünfzig Jahren nicht mehr gesehen; dennoch verraten ihr auf den Kopf gerammter Strohhut und das an schwarzem Band herabbaumelnde Pincenez dem Beobachter, daß sie in der Mittagshitze ausgeht und unverrückbar am Fünf-Uhr-Tee festhält. Zeit ihres Lebens übt sie jeden Freitag ein Ritual aus, das der Mehlmorgen genannt wird. Am unteren Ende ihres Gartens sitzt sie an einem Tisch und verteilt, jeden Fall der Reihe nach prüfend, Mehl an arabische Bittsteller, für gewöhnlich alte Frauen, die andernfalls verhungern würden: sie bereiten aus dem Mehl einen Teig, mit dem sie bis zum nächsten Freitag auskommen müssen. Es gibt viel Scherzen und Lachen, denn die Araberinnen beten Miss Ferida an, und für sie sind all diese alten Frauen, die uns andern immer als anonyme Wäschebündel erscheinen, Freundinnen, deren Persönlichkeit sie in einem großen Hauptbuch kommentiert: »Fathma ist jähzornig, aber nicht böse«, schreibt sie von einer, und

von einer anderen: »Halima ist ein gutes Mädchen. Man kann sich unbedingt auf sie verlassen.«
Und das eben ist es, glaube ich, was von Miss Ferida zu sagen wäre.

Jeder, der länger als einen Tag in Tanger bleibt, wird unweigerlich von Nysa hören: wie sie, mit knapp zwölf Jahren durch einen Australier von der Straße aufgelesen wurde, der sodann, in unverfälschtem Pygmalion-Stil, aus diesem zerlumpten Araberkind eine vollendete, ungewöhnlich elegante Persönlichkeit schuf. Soweit ich weiß, ist Nysa das einzige Beispiel einer europäisierten Araberin in Tanger, eine Tatsache, die ihr seltsamerweise keiner ganz verzeiht, weder die Europäer noch die Araber, die ihre Verbitterung ganz offen zeigen und, da Nysa in der Kasba lebt, unaufhörlich Gelegenheit finden, ihrem Groll Luft zu machen: Die Frauen beauftragen ihre Kinder, Obszönitäten auf Nysas Tür zu schmieren, und die Männer zögern nicht, auf der Straße vor ihr auszuspucken, hat sie doch die in ihren Augen schwerwiegendste aller Sünden begangen: Christin zu werden. Eine solche Situation muß das heftigste Ressentiment bewirken, doch scheint sich Nysa, zumindest soweit man aus oberflächlicher Betrachtung schließen kann, in keiner Weise bewußt zu sein, daß es irgendeinen Grund zur Entrüstung gäbe. Sie ist ein bezauberndes, ruhiges Mädchen von dreiundzwanzig; es ist Unterhaltung genug, einfach still dazusitzen und ihre Schönheit zu bewundern, die schrägstehenden Augen und ihre blumengleichen Hände. Mit Menschen kommt sie nur wenig in Berührung; wie die Prinzessin im Märchen bleibt sie hinter den Mauern und im Schatten ihres Patios verborgen, liest, spielt mit ihren Katzen und einem mächtigen weißen Kakadu, der jede ihrer Bewegungen nachahmt: zuweilen schießt der Kakadu auf sie los und küßt ihre Lippen. Der Australier lebt bei ihr; seit er sie, noch als Kind, auflas, war sie nicht einen Augenblick lang von ihm getrennt; wenn ihm etwas zustieße, gäbe es für Nysa wirklich keine Möglichkeit der Umkehr: sie könnte niemals wieder eine Araberin sein, und es ist unwahrscheinlich, daß sie es vermöchte, völlig in eine europäische Welt hinüberzuwechseln. Doch der Australier ist nun ein alter Mann. Eines Tages klingelte ich bei Nysa; niemand öffnete. Das obere Teil der Tür besteht aus Gitterwerk: ich spähte hindurch und sah sie hinter einem Schleier aus Weinranken und Blättern im Schatten ihres Patios stehen. Als ich erneut klingelte, verharrte sie dunkel und bewegungslos wie eine Statue. Später erfuhr ich, daß in dieser Nacht der Australier einen Schlaganfall erlitten hatte.

Ende Juni beginnt mit dem Wachsen des neuen Mondes der *Ramadan*. Für die Araber bedeutet der *Ramadan* einen Monat des Fastens. Bei Einbruch der Dunkelheit wird in der Luft ein farbiges Seil gespannt, und sobald es unsichtbar geworden ist, rufen Muschelhörner die Araber zu Speise und Trank, die sie während des Tages nicht anrühren dürfen. Von diesen Festen in dunkler Nacht geht eine beschwingte Stimmung aus, die erst mit der Morgendämmerung endet. Von weitentfernten Türmen herab spielen Oboenbläser vor dem Gebet eine Abendmusik; hinter verschlossenen Türen versteckt, aber doch hörbar, erklingt das

Tamtam von Trommeln, und aus den Moscheen dringen die Stimmen der koransingenden Männer in die schmalen, mondhellen Straßen. Noch hoch auf dem Berge über Tanger hört man den Oboisten im fernen Dunkel klagen, er webt ein feierliches Band aus Tönen von hier über ganz Afrika bis hin nach Mekka. Sidi-Kacem ist ein endloser, saharagleicher Strand, von Olivenhainen gesäumt; wenn der *Ramadan* zu Ende geht, kommen die Araber aus ganz Marokko nach Sidi-Kacem, in Lastwagen, auf Eseln, zu Fuß: für drei Tage entsteht dort eine Stadt, eine zerbrechliche Traumstadt mit bunten Lichtern und Cafés unter windlichterhellten Bäumen. Gegen Mitternacht fuhren wir dorthin; der erste flüchtige Blick auf die Stadt war wie das Bild eines lichterstrahlenden Geburtstagskuchens im verdunkelten Zimmer, und er erfüllte den Betrachter mit der gleichen erregenden Scheu: man wußte, daß man nicht alle Kerzen ausblasen konnte. Gleich zu Anfang wurden wir von unseren Begleitern getrennt, aber es war in dem Wogen und Drängen ganz unmöglich, beisammenzubleiben, und nach den ersten furchterfüllten Minuten gaben wir uns gar keine Mühe mehr, sie zu finden: die Nacht ergriff Besitz von uns, und es blieb gar nichts anderes übrig, als zu einem dieser maskierten, ekstatischen Gesichter zu werden, die im Fackellicht glänzten. Überall spielten kleine Kapellen. Stimmen, süß und schwer wie *Kif*-Rauch, sangen über dem Trommelklang, und irgendwo gerieten wir, unter den silbernen, leichtbewegten Bäumen entlangstolpernd, mitten in eine tanzende Menge: alte bärtige Männer im Kreis schlugen den Takt, und die Tänzer, so ihrem Tun hingegeben, daß man sie mit einer Nadel hätte pieken können, glitten dahin, als wehe der Windhauch sie auf und ab. Nach dem arabischen Kalender schreiben wir das Jahr 1370; und wenn man durch die Seide eines Zeltes einen Schatten gewahrte, eine Familie beobachtete, die über einem flachen Feuer aus Zweigwerk Honigkuchen buk, inmitten der Tänzer und dem Trillern einer einsamen Flöte am Strand lauschend, fiel es nicht schwer, zu glauben, daß man im Jahr 1370 lebte und die Zeit für immer stillstünde.

Ab und an mußten wir uns ausruhen; unter den Olivenbäumen lagen Strohmatten, und wenn man sich auf einer von ihnen niederließ, brachte ein Mann heißen Minztee. Und während wir Tee tranken, sahen wir einen seltsamen Zug von Männern, die einzeln hintereinander vorbeischritten. Sie waren in schöne Gewänder gehüllt, und der Mann, der voranging, alt wie ein Stück Elfenbein, trug eine Schale mit Rosenwasser, das er, zur Begleitmusik von Dudelsäcken, nach beiden Seiten aussprengte. Wir standen auf und schlossen uns dem Zug an, folgten ihm aus dem Hain und zum Strand. Der Sand war kalt wie der Mond; hügelige Dünen zogen sich zum Wasser hinunter, und flackernde Lichter zerrissen das Dunkel wie fallende Sterne. Endlich zogen der Priester und sein Gefolge in einen Tempel ein, den zu betreten uns verboten war, und so wanderten wir weiter den Strand entlang. »Schau, eine Sternschnuppe«, sagte J., und dann zählten wir die Sternschnuppen, es waren ihrer so viele. Der Wind flüsterte im Sand, und es klang wie das Meer; mörderische Gestalten hoben sich silhouettengleich vor dem sinkenden orangefarbenen Mond ab,

und der Strand war so kalt wie ein Schneefeld, aber J. sagte: »Oh, ich kann einfach meine Augen nicht länger offenhalten.«
Wir erwachten in blauem Licht, das fast schon das des frühen Morgens war. Wir lagen hoch oben auf einer Düne, und dort unter uns, über den Strand verstreut, waren alle die Zelebranten; ihre leuchtenden Kleider flatterten in der morgendlichen Brise. In dem Augenblick, als die Sonne den Horizont berührte, erhob sich ein lautes Geschrei, und zwei Reiter, sattellos auf ihren Pferden, spritzten durch die Brandung und jagten über den Strand. Wie ein hochgehender Vorhang krochen die Strahlen der aufgehenden Sonne über den Sand auf uns zu, und wir erschauerten bei ihrem Nahen in dem Bewußtsein, daß wir, wenn sie uns einmal erreicht hatte, wieder in unserem Jahrhundert sein würden.

Fahrt durch Spanien

Der Zug war ganz zweifellos alt. Die Sitze sackten nach unten wie die Backen einer Bulldogge, viele Fenster zeigten leere Rahmen, und diejenigen, die noch Scheiben aufzuweisen hatten, wurden von Leukoplaststreifen zusammengehalten; im Gang war ein herumstreichender Kater offensichtlich auf Mäusejagd, und es schien nicht unwahrscheinlich, daß seine Bemühungen erfolgreich sein würden.

Langsam krochen wir aus Granada heraus, so als wären der Lokomotive alte Kulis vorgespannt. Der südliche Himmel war weißglühend wie eine Wüste; eine einsame Wolke stand darin, trieb dahin wie eine wandernde Oase.

Unser Ziel war Algeciras, der spanische Hafen gegenüber der afrikanischen Küste. In unserem Abteil saß ein Australier in mittleren Jahren; er trug einen fleckigen Leinenanzug, hatte tabakverfärbte Zähne und schmutzige Fingernägel. Nach kurzer Zeit schon erzählte er, daß er Schiffsarzt sei. Es schien seltsam, hier inmitten dieser dürren, strengen spanischen Ebenen jemanden zu treffen, der mit dem Meer verbunden war. Neben ihm saßen zwei Frauen, Mutter und Tochter. Die Mutter war eine vollgefressene, schmuddlige Frau mit trägen, mißbilligenden Augen und einem dünnen Schnurrbart. Der Brennpunkt ihrer Mißbilligung wechselte; zuerst fixierte sie mich ziemlich scharf, denn als das Sonnenlicht stärker flammte und Hitzewellen durch die zerbrochenen Fenster hereinwogten, hatte ich mein Jackett ausgezogen – ein Benehmen, das sie, vielleicht zu Recht, als unhöflich ansah. Später dann empfand sie Abneigung gegen den jungen Soldaten, der gleichfalls in unserem Abteil saß. Der Soldat und die nicht sonderlich unzugängliche Tochter der Frau, ein dralles Mädchen mit den rauflustigen Zügen eines Preisboxers, schienen zu einem Flirt übereingekommen. Sooft der streunende Kater an unsrer Tür erschien, mimte die Tochter Erschrecken, worauf der Soldat tapfer mit sch-sch! den Kater wieder auf den Gang scheuchte; und dies stumme Spiel bot ihnen hinreichend Gelegenheit zu gegenseitiger Berührung.

Der junge Soldat war einer von vielen im Zug. Ihre mit Quasten verzierten Mützen elegant aufs Ohr gesetzt, lungerten sie auf den Gängen herum, rauchten süße schwarze Zigaretten und lachten in geheimem Einverständnis. Sie schienen sich zu amüsieren, anscheinend etwas, das sie eigentlich nicht hätten tun sollen, denn sobald ein Offizier auftauchte, sahen die Soldaten unverwandt aus den Fenstern, als wären sie hingerissen von den roten Felsenbrüchen, den Olivenfeldern und den strengen kahlen Bergen. Ihre Offiziere trugen Paradeuniform mit vielen Bändern und einer Menge Blech; einige hatten an der Seite schimmernde, unwahrscheinliche Säbel. Sie mischten sich nicht unter die Soldaten, sondern saßen in einem Abteil der ersten Klasse beieinander; sie sahen gelangweilt aus, beinahe so wie stellungslose Schauspieler. Ich glaube, es war ein Segen für sie, daß sich zu guter

Letzt etwas ereignete, das ihnen Gelegenheit gab, mit ihren Säbeln zu rasseln.

Das Abteil unmittelbar vor dem unseren nahm eine Familie ein: ein zarter, magerer, ungewöhnlich eleganter Mann, der einen Trauerstreifen ums Revers genäht trug, und in seiner Begleitung sechs schlanke, sommerliche Mädchen, wahrscheinlich seine Töchter. Sie waren allesamt schön, der Vater wie die Kinder, und alle auf die gleiche Weise: dunkles, glänzendes Haar, pimentfarbene Lippen und Augen wie Sherry. Die Soldaten warfen flüchtige Blicke in ihr Abteil und sahen dann fort, so als hätten sie direkt in die Sonne geschaut.

Sobald der Zug hielt, stiegen die beiden jüngsten Töchter des Mannes aus und spazierten im Schatten ihrer Sonnenschirme auf und ab. Sie erfreuten sich zahlreicher ausgedehnter Promenaden, denn der Zug stand die meiste Zeit über still, was niemanden außer mir aufzubringen schien. Einige Reisende hatten anscheinend auf jeder Station Freunde, mit denen sie um einen Trinkwasserbrunnen sitzen und lange und gemütlich schwatzen konnten. Eine alte Frau wurde in rund einem Dutzend Städtchen von kleinen Gruppen begrüßt – und zwischen diesen Begegnungen weinte sie so hemmungslos, daß der australische Arzt sich beunruhigt zeigte: Aber nein, sagte sie, er brauche sich nicht zu bemühen, sie sei nur so glücklich, alle ihre Verwandten wiederzusehen.

Bei jedem Aufenthalt rannten wahre Wirbelstürme bloßfüßiger Frauen und halbnackter Kinder mit überschwappenden irdenen Krügen voll Wasser den Zug entlang, heiser *Agua! Agua!* rufend. Für zwei Peseten konnte man einen ganzen Korb dunkler, überreifer Feigen erstehen, und es gab Tabletts voll seltsamer weißgezuckerter Krapfen die dazu bestimmt schienen, von jungen Mädchen in Kommunionkleidern verspeist zu werden. Gegen Mittag hatten wir unseren Lunch zusammengekauft – eine Flasche Wein, einen Laib Brot, eine Wurst und Käse. Unsre Abteilgenossen waren gleichfalls hungrig. Man zog Päckchen hervor, Wein wurde entkorkt, und eine Weile lang herrschte eine fröhliche, nahezu anmutige Festlichkeit. Der Soldat teilte sich mit dem Mädchen in einen Granatapfel, der Australier gab eine heitere Geschichte zum besten, und die Mutter mit dem bösen Blick zog aus ihrem Busen einen in Papier gewickelten Fisch hervor, den sie mit mürrischem Behagen verzehrte.

Danach wurden alle schläfrig. Der Doktor schlief so tief, daß eine Fliege ungestört im Zickzackkurs über sein Gesicht mit dem weitoffnen Mund spazieren konnte. Stille betäubte den ganzen Zug. Die Mädchen im nächsten Abteil lehnten entspannt auf ihren Sitzen wie sechs müde Geranien; selbst die Katze hatte das Umherstreunen eingestellt und lag träumend im Gang. Wir waren höher hinaufgeklettert, der Zug kroch über ein Plateau mit grobem gelbem Weizen, dann zwischen den Granitwänden tiefer Schluchten entlang, wo fremdartige, dornenbewehrte Bäume im Wind, der von den Bergen herabkam, erzitterten. Irgendwo zwischen den Bäumen bot sich ein Ausblick auf etwas, das ich gern gesehn hätte, ein Schloß auf einer Anhöhe – es saß dort oben wie eine Krone.

Es war eine Landschaft für Banditen. Irgendwann im Frühsommer dieses Jahres war ein junger Engländer, den ich kenne (wenn auch nur vom Hörensagen), mit dem Auto durch diesen Teil Spaniens gefahren, und an einer einsamen Stelle unterhalb eines Berges hatten dunkelhäutige Schurken seinen Wagen umringt. Sie raubten ihn aus, banden ihn an einen Baum und kitzelten seine Rippen mit der Schneide eines Messers. Ich dachte an diese Geschichte, als ohne Einleitung eine Gewehrsalve die schläfrige Stille zerriß.

Es war eine Maschinenpistole. Geschosse regneten durch die Bäume wie das Rasseln von Kastagnetten, und der Zug kam mit einem verwundeten Quietschen zum Stehen. Einen Augenblick lang hörte man nichts als das Belfern der Maschinenpistole. Dann sagte ich mit lauter, furchtbarer Stimme: »Banditen!«

»Bandidos!« schrie die Tochter.

»Bandidos!« echote die Mutter, und das schreckliche Wort flog durch den Zug wie eine Nachricht, die auf der Urwaldtrommel weitergegeben wird. Das Ergebnis war eine schauerliche Clownerie. In einem zusammengeduckten Haufen von Armen und Beinen fielen wir auf dem Boden übereinander. Einzig die Mutter schien ihre Fassung zu bewahren; sie stand auf und begann systematisch ihre Wertsachen zu verbergen. Sie schob einen Ring in ihren Haarknoten und hob ohne Scham ihre Röcke hoch, um einen perlenbesetzten Kamm in ihrem Schlüpfer verschwinden zu lassen. Die bezaubernden Mädchen im Nebenabteil ließen zartes Zwitschern der Betrübnis hören, es klang wie Vogelrufe in der Dämmerung. Befehle bellend stol-

perten die Offiziere im Gang umher und rannten sich gegenseitig über den Haufen.

Dann plötzlich Stille. Von draußen kam das Murmeln des Windes in den Blättern und das Murmeln von Stimmen. Gerade als das Gewicht des Doktors, das auf mir lastete, unerträglich zu werden begann, flog die Außentür unseres Abteils auf. Ein junger Mann stand da. Er schien nicht klug genug, um ein Bandit zu sein.

»Hay un médico en el tren?« fragte er lächelnd.

Der Australier löste den Druck seines Ellbogens von meinem Magen und rappelte sich auf. »Ich bin Arzt«, bekannte er und klopfte seine Kleider ab. »Ist jemand verletzt?«

»Si, Senor. Ein alter Mann, er hat eine Kopfwunde«, sagte der Spanier, der kein Bandit war, sondern, ach, nur ein gewöhnlicher Reisender. Wir kehrten auf unsere Sitze zurück und vernahmen, sprachlos vor Verlegenheit, was vorgefallen war. Während der letzten Stunden schien ein alter Mann als blinder Passagier mitgefahren zu sein, er hatte sich hinten am Zug festgehalten. Eben jetzt hatte er den Halt verloren, und ein Soldat, der ihn fallen sah, hatte seine Maschinenpistole in Tätigkeit gesetzt, um so den Lokomotivführer zum Halten zu bringen.

Meine einzige Hoffnung war, daß niemand sich daran erinnern würde, wer als erster von Banditen gesprochen hatte. Und anscheinend tat das auch keiner. Der Arzt begab sich zu seinem Patienten, nachdem er eins meiner sauberen Hemden an sich genommen hatte, das er als Verband benutzen wollte, während die Mutter, uns mit griesgrämiger Prüderie den Rücken zuwendend, nach ihrem Perlenkamm angelte. Die Tochter und der Soldat folgten uns, als wir ausstiegen und unter den Bäumen auf und ab gingen, wo sich ein großer Teil der Reisenden versammelt hatte und den Vorfall diskutierte.

Zwei Soldaten trugen den alten Mann herbei; mein Hemd war um seinen Kopf gewunden. Sie setzten ihn unter einen Baum, und alsbald umdrängten ihn die Frauen, die darin wetteiferten, ihm ihren Rosenkranz zu leihen; jemand brachte eine Flasche Wein, die ihm mehr zusagte. Er schien vollkommen glücklich und stöhnte ausgiebig. Die Kinder, die im Zug mitfuhren, standen im Kreis um ihn herum und kicherten.

Wir befanden uns in einem Wäldchen, das von Orangenduft erfüllt war. Ein Pfad führte zu einem schattigen Vorsprung: von dort sah man über ein Tal, in dem wogende Flächen versengten goldgelben Grases zitterten, als bebe die Erde. Das Tal und das Schattenspiel des Lichts auf den tieferliegenden Hügeln bewundernd, saßen die sechs Schwestern, von dem eleganten Vater begleitet, unter ihren aufgespannten Sonnenschirmen wie Gäste auf einer Fête champêtre. Die Soldaten umkreisten sie in unbestimmter Begierde; sie wagten nicht recht, sich zu nähern, wenngleich ein kecker, dreister Bursche bis zum Rand des Vorsprungs ging und rief *»Yo te quiero mucho.«* Die Worte kamen mit dem hohlen Unterton eines vollkommenen Echos zurück, und die Schwestern versenkten sich errötend tiefer in den Anblick des Tals.

Finster wie die felsigen Berge hatte sich am Himmel eine Wolkenbank zusammengeballt, und das Gras drunten wogte wie das Meer vor dem Sturm. Jemand sagte, es werde wohl Regen geben. Doch keiner mochte gehen: weder der verletzte Mann, der kräftig einer zweiten Flasche Wein zusprach, noch die Kinder, die das Echo entdeckt hatten und nun fröhlich ins Tal hinabsangen. Das Ganze war wie ein Fest, und wir alle schlenderten zögernd zum Zug zurück, so als wolle jeder der letzte Gast sein, der aufbrach. Der alte Mann, der mein Hemd wie einen riesigen Turban um den Kopf trug, wurde in ein Abteil erster Klasse gebracht, wo mehrere eifrige Damen zu seiner Pflege zurückblieben.

In unserem Abteil fanden wir die dunkle, schmuddlige Mutter geradeso auf ihrem Sitz vor, wie wir sie verlassen hatten. Sie hatte sich außerstande gesehen, an der Gesellschaft teilzunehmen. Sie warf mir einen langen, funkelnden Blick zu. *»Bandidos«,* sagte sie schroff und mit unnötigem Nachdruck.

Der Zug fuhr so langsam weiter, daß Schmetterlinge durch die Fenster ein und ausflogen.

Inhalt